古川裕教授榮退記念

中国語学・教育研究論文集

古川裕教授榮退記念
中国語学・教育研究論文集刊行会 編

白帝社

古川裕教授 近影

序

得益于"天时、地利、人和"，我的汉语人生每天都洋溢着幸福的光辉。

1978 年 4 月，我踏入了大阪外国语大学中国语专业，与汉语结下了深厚的缘分。那时正值大阪外国语大学作为国立大学二期校的最后一个春季学期。尽管这并非我心中的第一志愿，但恰逢中国实施对外开放政策、签署日中和平友好条约的历史性时刻，未来仿佛一扇扇明亮的窗户在我眼前陆续打开，闪耀着希望的光芒。

如今回首，我深感与汉语的相遇是命运之手赐予我的天时。

在大阪外国语大学，我得到了大河内康宪先生和杉村博文先生等严师的悉心指导；在东京大学中文研究室，平山久雄先生对我更是严格要求。留学期间，我有幸向北京大学的朱德熙先生等我敬仰的名师请教，聆听他们的谆谆教诲，深感受益匪浅。

回首往昔，我不禁思索在大阪、东京和北京这三所母校所获得的恩泽，我究竟能够回报多少，心中难免浮现出惶惑与不安之情。

1988 年 10 月，经过十年的汉语修行，我终于重返母校，踏上了教书育人的征程。在前辈和同事们的鼎力支持下，我与后辈学生、研究生们共同沉浸在汉语世界的美好时光中。在这段汉语教学与研究的旅程里，我结识了许多国内外挚友，也培养了不少优秀的学子。此外，在职期间，我有幸再次向北京大学中文系的陆俭明先生请教，最终在五十岁之前顺利获得博士学位。这一切的成就，皆得益于同事们的理解与家人的无私支持，让我倍感珍惜与感恩。

2025 年春季三月，我将告别因大学合并而更名为大阪大学外国语学部的母校教坛。

在即将退休之际，我有幸获得弟子们为我精心编纂的这本精彩论文集。衷心感谢所有为本书贡献佳作的老师们，以及为编辑工作倾注心血的每一位。书中所收录的每一篇论文，必将推动日本的中国语教育和全球汉语研究的蓬勃发展，我对此深信不疑。

此刻，我心中充满了对我的汉语人生无怨无悔的感激之情……谢谢大家！

古 川 裕

序

　わたしの中国語人生は"天時、地利、人和"に恵まれた幸せな日々でした。

　1978年4月，国立大学二期校として最後の春であった大阪外国語大学中国語学科に入学し，中国語と出会い，終生の縁を結ぶことになりました。第一志望校に入学したわけではありませんでしたが，中国が対外開放政策に舵を切り，日中平和友好条約が締結された歴史的な年でもあり，明るい未来へと続く窓が目の前で次々に開いてゆくような気がしました。

　いま振り返って，中国語と出逢えたことは天の時がわたしに与えてくれた運命の采配であったと感じます。

　大阪外国語大学で大河内康憲先生や杉村博文先生など厳しい先生方から中国語の手ほどきを受け，東京大学の中文研究室で平山久雄先生に鍛えられ，留学先の北京大学では朱徳熙先生をはじめ憧れの先生方の謦咳に接し，貴重な教えを受けることができました。

　はてさて省みるに，大阪，東京，北京の三つの母校でいただいた学恩にどれほど報えたものか，甚だ心もとない不安に襲われます。

　1988年10月に十年間の中国語修行を経て母校の教壇に戻ることができました。先輩や同僚の先生方に支えていただきながら，後輩にあたる学生や大学院生たちと共に中国語漬けになれる時間と空間を与えてもらいました。中国語の教育と研究の過程において，国内外で数多くの親しい友人と出会うことができ，優秀な教え子たちが育つお手伝いができました。また，教授在職中に北京大学中文系の陸倹明先生の下へ再び通い，五十歳になる前に博士学位を得ることができたのも，同僚の理解と家族のサポートを得られればこその有り難いことでした。

iv

　そして 2025 年春 3 月，大学統合によって大阪大学外国語学部という名に変わった母校の教壇を去ります。

　退職に当たり，教え子の皆さんのおかげで，かくも素晴らしい論文集を編んでいただけることになり，このうえなく光栄です。玉稿を寄せていただいた先生方，編集作業に注力していただいたすべての皆様に心からのお礼を申し上げます。本書に収められた論文のいずれもが将来の日本の中国語教育，そして世界の中国語研究をさらなる発展に向けて推し進めるものと確信しています。

　今はただ，我が中国語人生に悔いなし…という感謝の念で胸がいっぱいです。ありがとうございました。

古 川 　裕

古川裕教授　略歴

1959 年 8 月　京都市東山区において，古川逸朗と美代子の長男として出生。

1978 年 4 月 – 1982 年 3 月　大阪外国語大学外国語学部中国語学科で学ぶ。1 年次から学部の卒業論文，そして現在に至るまで，大河内康憲先生のご指導を仰ぐ。

1982 年 4 月 – 1984 年 3 月　東京大学文学部中国語中国文学専修課程に学士入学。

1984 年 4 月 – 1986 年 3 月　東京大学大学院人文科学研究科中国語学専攻に進学し，平山久雄先生に師事。

1986 年 9 月 – 1988 年 7 月　北京大学中文系朱徳煕先生，陸倹明先生，馬真先生の下で留学研修，身分は中国政府奨学金高級進修生。

1988 年 10 月　大阪外国語大学外国語学部助手に採用され，母校の教壇に立つ。その後，同学講師（1990 年 1 月），助教授（1993 年 1 月），教授（2005 年 3 月）。

1989 年 3 月　北京留学中に書いた《副詞修飾"是"字情況考察》（《中国語文》1989 年第一期）と《"的 s"字结构及其所能修饰的名词》（《语言教学与研究》1989 年第一期）が公刊され，斯界デビュー作となる。

1994 年 4 月 – 1996 年 3 月　大学入試センター教科（中国語）専門委員。

1996 年 10 月 – 1997 年 3 月　北京日本学研究センターで客員助教授として「対照言語学」などの授業を担当。

2004 年 9 月 – 2008 年 7 月　北京大学中文系博士課程に在職留学し，陸倹明先生のご指導を仰ぐ。

2007 年 10 月　大学統合により，大阪大学言語文化研究科教授に配置換え。

2008 年 4 月 – 2009 年 3 月　北京オリンピックイヤーに NHK『テレビで中国語』講師を担当，ゲストは小池栄子さん。

vi

2008 年 7 月　論文《基于认知"凹凸转换"原则的现代汉语语法研究》により，北京大学中文系から文学博士学位を授与される。

2011 年 4 月 – 2013 年 3 月　大阪大学上海教育研究センター長を兼務。

2021 年 3 月　中国語で書いた既発表の論文 18 本を収めた《现代汉语认知语法与教学语法研究》が，コロナ禍にあった北京・商務印書館より刊行される。

2022 年 4 月　学内改組により大阪大学人文学研究科外国学専攻教授。

2025 年 3 月　大阪大学人文学研究科を定年退職。

2025 年 4 月　大阪大学名誉教授。

まえがき

　2025年3月に古川裕先生が定年を迎え，大阪大学の教壇を離れられる。本論集の計画を立て始めた頃は，先生のご退職など遥か先のことに思えて現実味がなかったのだが，原稿がそろい，こうしてまえがきを書く時期となると，なんとも言えない不安と寂しさがこみ上げてくる。

　古川先生は1988年10月，大阪外国語大学外国語学部に着任されてから，今日に至るまで，長年中国語の研究，教育に従事され，これまでに数多くの研究者を輩出された。本論集は古川先生のご退職を記念して，先生とご親交の深い研究者，そして先生から教えを受けた門下生より，先生への感謝の気持ちを込めて捧げるものである。

　親しみを込めて「古老師」と呼ばれる古川先生は，日ごろから常に中国語で話し，中国語で書いておられた。授業から日常のwechatでのやりとりに至るまで，様々な場面で先生と中国語でやりとりすることがあった。中国語で中国語母語話者をも笑わせる先生の話術は本当にお見事で，先生の周りはいつも笑顔と笑い声で包まれていた。その一方で，研究に関しては厳しい面も持っておられた。学生達の研究に，いつでも鋭く的確なコメントをしておられ，日本語モードで話される先生は厳格で，「古川先生のゼミでの発表前は本当に緊張する…」という声を度々耳にした。

　古川先生は，ご自身の研究活動においても，中国語で話し（研究発表し），中国語で書く（論文執筆する）ことを実践してこられた。先生のご研究の集大成は，中国語で執筆された代表的論文18編を収録し，《現代汉语认知语法与教学语法研究》と題して商務印書館より2021年に出版されている。このことは古川先生のご研究が，日本のみならず，中国及び世界各地の中国語研究者にも広く影響力を持つことを示している。先生は我々後進に，日本の中だけではなく，外へ出ていくことの重要性を，身をもってお示しくださった。中国語で多くの研究成果を発表されるなかでも，先生は日本語母語話者の目で，中国語を観察することの大

切さを，度々強調しておられた。先生のお言葉より，中国語を母語としない我々が，外で中国語母語話者と学術上戦っていくためには，日本語を武器に，中国語母語話者と違う角度から中国語を捉える必要があると学んだ。

　先生の教えを受けた門下生は数多くいるが，私は幸運にも最も長く先生のもとで「学生」でいられた。私は修士課程への入学をきっかけに古川先生門下に弟子入りし，修士課程，博士課程，そして私が大阪大学に着任してからも，院生の時と変わらず，古川先生のゼミに毎週お邪魔し，学ぶことができた。本論集に提出した論文も，先生のゼミで発表を行い，先生からたくさんのご助言をいただいた。最後の最後まで（今も毎週ゼミにお邪魔している），先生の「学生」でいられたからこそ，先生が退職されることの不安や焦りは一層大きい。急に独り立ちするよう迫られているような気持ちである。いつまでも先生の「学生」であることに甘えているわけにもいかないため，先生が安心してご退職できるように，今後一層，中国語の研究と教育に精進しようと日々思いを強くしている。

　本論集は，多くの方々のご協力によって出版することができた。まずは玉稿をお寄せくださった執筆者の皆様に，心よりお礼を申し上げる。また企画をお引き受けくださった白帝社の佐藤和幸社長，丁寧に最後まで編集作業を行ってくださった杉野美和様，ご多忙の中，原稿整理やチェック等の作業を助けてくださった古川門下生の袁暁今先生，小川典子先生，李佳先生，黄勇先生に，この場をお借りして感謝申し上げたい。そして何よりも，古川先生を通じて，多くの研究者及び古川門下生がここに集うことができた。このような得難い機会を与えてくださった古川先生，ありがとうございました。

　　2024 年 11 月

　　　　　　　　　　　　　　　　　　　　　　中 田 聡 美

ix

目　次

序 ……………………………………………………古川　裕　　i

古川裕教授　略歴 …………………………………………………　v

まえがき ………………………………………………中田聡美　vii

【中国語学】

程度副词“比较”的语义

　　——兼论如何分析程度副词 ……………………毕　鸣飞　　1

“SVOV 得 C”型重動句の意味と構造 ………………池田　晋　14

常態を表す限定選択構文“要么 X，要么 Y”“不是 X，就是 Y”

　　に関する一考察——報道文に見られたいくつかの現象から——

　　………………………………………………島村典子　31

起点聚焦模型下“X 起来”的多义性探究 ……………高　　渊　48

言語学関連の学術文書における日中翻訳ストラテジー研究

　　………………………………………………葛　　婧　58

从底层结构分析看“动 + 得 + 形”状态补语句的语义指向

　　及“动 + 得”的语法性质 ……………………吉田泰謙　74

现代汉语中的旋转运动事件 ……………………………李　梓嫣　87

性質形容詞述語が選択されるとき

　　——“大”，“小”，“好”，“多”の場合—— …………前田真砂美　102

语言视点与语义格的转化及动词的支配能力 …………任　　鹰　118

“盖”の多義構造 ………………………………………森　宏子　136

対照研究の比較ペアをどのように探すか

　　——連用修飾フレーズ“仔細 VP”を例に—— …………太田匡亮　152

否定型差比句“没有”句的反预期功能

　　——兼论与“不比”句的功能互补 ……………王　　峰　167

汉语公示语常见处置表达

　　——从“把”字句的使用回避谈起 ……………王　　枫　178

中国語の「動詞転成ヒト名詞」……………………………袁　　晓今　193

日中両言語における擬声語の対照研究………………………张　　恒悦　211

"一音一义"的语法……………………………………………张　　黎　226

吴语泾县方言"三不知"的语义及功能………………………章　　天明　245

〈祈使〉"不VP"の成立条件と形式特徴……………………中田聡美　256

认知理论下"统共""共计"和"总共"的异同分析

　　——为纪念古川裕教授退职而作 ………………………周　　韧　273

【中国語教育】

从偏误看表示存在的"有字句"教学 …………………………郭　　修静　289

日语母语者汉语情感谓词句习得偏误分析……………………黄　　勇　299

语言教学中教师研究的意义与作用——试论"教学实践、教师成长、

　　教师认知"三位一体模式的构建………………………………李　　光曦　314

个性化语速选择对日本中级汉语学习者听力的影响……李　　佳　330

中国語初級テキストに記される日本語対訳のもつ意義

　　——アスペクト助詞"了"をめぐる現状と課題から——

　　……………………………………………………………鈴木慶夏　344

来华留学生中国文化教学模式创新探索………………………刘　　文雯　361

日本中国语检定考试词汇特点考察……………………………鲁　　思含　372

不同人际关系对选取理解型交际策略的影响分析………西　　香織　384

継承中国語学習者の言語能力

　　——中国ルーツの大学生への縦断調査から——………小川典子　398

【参考資料】

在日本潜心汉语教学与研究三十六载

　　——古川裕先生学术生涯记述………………………………黄　　勇　417

古川裕教授　業績目録………………………………………………　433

執筆者紹介……………………………………………………………　445

中 国 語 学

程度副词"比较"的语义
——兼论如何分析程度副词

毕 鸣飞

1 "比较"的语义争议与程度副词的模糊性

关于程度副词"比较",学界对其是否表示"低量"或"中量",以及应如何理解"低量""中量"的语用效果等一直存在争议。试看下面三例:

(1) 今天天气比较冷。

(2) 他最近比较忙,你别去找他了。

(3) 今年以来,煤炭系统经济效益比较显著。

(《人民日报》1983 年)

对于例(1),"比较冷"一般的理解是"冷,但是没那么冷","比较"也因此被认为"表示具有一定的,不高的程度"。然而如果"比较"的语义仅止于此,如何理解例(2)(3)?如果是"忙,但没那么忙"的话,那似乎也不需要"别去找他了"。而作为一个明确表达高量的形容词,"显著"又何故被表示"低量""中量"的"比较"修饰?

面对上述问题,前人也对"比较"的语义做过一些探讨,如谢平2010:69-84 提出"比较"具有"区别性"(弁别性)特征,"比较 X"不表示具体的程度而仅作"X"和"不 X"间的区别,因而"比较"所表示的程度相对模糊;前田真砂美 2013:451-473 则认为"比较"具有"外在相对性",说话人在不想明确表达高程度时,通过"比较"的"外在相对性"来避免主观判断,达到模糊程度的目的;毕鸣飞 2021 认为"比较"不包含说话人的判断基准,而仅有"一般社会标准",说话人将判断的基准交给了听话人,因而"比较"的程度显得时高时低。

2

不难发现，不支持"比较"表示"低量"的先行研究基本都认为"比较"的表义"模糊"，可高可低。并进一步提出种种理论或假说，最终都是解释"比较"为什么语义模糊。

诚然，程度范畴本身就具有模糊性，且如果我们要同时说明例(1)–(3)，也确实容易得到"表意模糊"的结论。但这种解释方式留下了两个问题：其一，虽然总体上看可以说"比较"表意模糊，但落实到一个个具体句子时，句义依然是相对明确的，我们仍需要对各个句子中的"比较"做出解释，而不能以"模糊"一言蔽之；其二，若"比较"单纯是"语义模糊"，那又是为什么大家对于例(1)的解释又都趋于统一呢？

事实上，这一类"语义模糊"，不仅限于"比较"，而是整个程度副词研究中的"老大难"问题。许多程度副词研究最终都会提及"模糊"，并或多或少地将其结于程度范畴的"模糊性"。

需要承认，"模糊性"是客观存在的。我们描述和认识程度范畴时，不可能像科学制图一样总是精确到某个固定的数值。所谓的"程度"一定是一段区间而不是一个具体的量。但是"模糊"不代表这段区间是随机的，可高可低的。在面对具体的语境，具体的句子时，我们仍需要说明这段区间的大致位置。

迄今为止的程度副词研究，往往聚焦程度副词本身。但实际上，在我们讨论"程度"或者说"程度范畴"时，我们在讨论什么？

先贤的研究中为"程度"提供了许多种分类模式，这些模式的精细程度虽然有别，但是基本都是将"程度副词"本身作为一类，去分析其中的程度高低。这听起来理所当然，毕竟名字就叫程度副词，那自然是由程度副词表现程度高低。但过于关注程度副词内部的对比分析，却让我们忽视了一点——程度副词是依附于其后的形容词存在的，我们讨论的程度，本质上也是形容词的程度。是"程度副词＋形容词"表现了具体的程度高低。先行研究中许多不清楚或者有争议的地方，许多的"模糊"，往往来自于研究只关注程度副词的特点，而忽视了形容词在语义与语用上的多样性。事实上，即使我们对一个程度副词做出了的概括性的解释，其结合不同形容词依然可以产生截然不同甚至相反的语义。而关注不同的形容词与程度

副词的组合，也能让我们更好地解释程度副词，或者说"程度副词＋形容词"短语的语义。

本文将以"比较"为例，确定"比较"的基本语义，同时具体地讨论形容词的语义如何影响"比较＋形容词"的语义。

2 "比较"与比较语境

在具体讨论"比较"与"形容词"的结合前，本节将首先对"比较"与"比较语境"的关系作一梳理，理清"比较"的性质，以便在下一节中进一步分析。

不少先行研究将"比较"归类为"相对程度副词"，认为比较的主要功能是在处"比"字句以外的比较句中表示低量或中量（如马真 1988:81-86，周小兵 1995:100-104，张谊生 2000，张亚军 2003:60-64 等）。同时，也有观点认为"比较""常常不用于比较句，而只表示具有一定的、不高的程度"（刘月华 2001）。

这里我们赞同后一种观点，同时我们进一步认为，"比较"哪怕在"比较语境"里，也往往不提示具体的比较对象。理由有三，首先，"比较"不能用于"比"字句：

（4a）　今天比昨天更冷。

（4b）*今天比昨天比较冷。

长久以来我们都有疑问，如果说"比较"是相对程度副词，也可以表示两两相较，那么缘何其不能用于"比"字句呢？若说是因为"比较"没有提示明确的量差，那"*今天比昨天比较冷一点儿"也不能说又是为何？对此疑问最简明的回答似乎正是——因为"比较"无法提示明确的比较对象。

其次，在非"比"字句但有明确比较对象的上下文中，"比较"也仍不能指向比较对象，例如：

（5a）拍卖师：三万元一次！有更高的吗？

（5b）拍卖师：三万元一次！有比较高的吗？

拍卖场景下，说"更高"，听者很容易理解是在说和刚才的出价相比价格更高，但说"比较高"，不仅难以直接解读为和刚才的出价相比，甚至会有一种"至今为止的出价都不够高"的言外之意。

最后，脱离的比较语境，"比较"往往难以补出，也不需要一个明确的比较对象，例如：

（6a）这次手术的结果更理想。

（6b）这次手术的结果比较理想。

对于例（6a），我们可以立刻意识到"更理想"是在拿"这次手术"对比"上次手术"，反过来说，如果没有"上次手术"，那此句将难以成立。而对于例（6b），首先，如果不重读"这次"，我们一般不会认为此句是在和"上次手术"做对比；其次，即使没有"上次手术"，也完全不影响此句的合法性。

以上三点，前两点说明了"比较"无法出现在需要有明确比较对象的句式中，哪怕上下文已经提供了这个对象，用"比较"还是难以指向它。第三点说明了在非比较句式中，"比较"同样不具有提示明确比较对象的功能。综合来看已经可以清楚说明，"比较"不提示具体比较对象。不过，若是如此，要如何说明下面这种"比较"用于除"比"字句以外的比较句的例子呢？

⑺ 20 世纪我国蛋品工业同国外发展情况相比，差距<u>比较</u>大。

（BBC 科技文献）

事实上，非"比"字句的比较句中，除了"比较"之外，也可以使用其他如"很"、"非常""太"等绝对程度副词。例如：

⑻ 李富荣指出，中国足球与世界先进水平及中国体育优势项目相比，差距<u>很</u>大，人民不满意。

（《人民日报》2001 年）

⑼ 国内油价目前还未采取市场化的定价机制，与国际油价走势相比，滞后性<u>非常</u>强。

（《文汇报》2005 年）

⑽ 我们住在北京城里的地方人士对解放战争的负担比起农民来<u>太轻</u>

了。 （《人民日报》1950年）

这一现象先贤也多有提及与解释，如张亚军2003:60-64就认为"很"虽然"无标记用法是基于一般心理认同标准，但其有标记用法则同样可以基于某一明确的参照标准"。

本文对绝对程度副词进入比较句的现象不做深入讨论，但从这一现象里我们可以看出，进入非"比"字句的比较句并非相对程度副词的专利，进入这些比较句中的程度副词其本身的用法也并非一定需要明确的比较对象。再结合上文讨论，我们认为"比较"本身不提示具体比较对象，也很难说是典型的相对程度副词。

不过，"比较"是不是相对或绝对程度副词并不是本文想要讨论的重点。我们的问题在于：如果"比较"不提示比较对象，那么它的作用是什么，是通过什么来表达程度，又表达了怎样的程度义呢？

面对这些问题，我们认为，在论述程度副词的语义时，不仅要考虑程度副词自身的特点，同时要考虑与其组合的形容词的特点。"程度副词＋形容词"的程度义是两者共同作用的结果。下一节将分析"比较"与不同形容词组合时的语义特点。

3 "比较"与形容词的"极性值"

本节中将借用程度语义学中"极性程度意义"以及"极性值"的概念，对"比较"进行定义与分析。我们认为，"比较"的语义是提示形容词"接近或达到极性值"。而其在语义上的模糊性则来源于其与各类形容词搭配时语义凸显的不同，并主要有三种引申语用效果，前两种是由"接近或达到"而引申出的"不足"以及"强调"，还有一种则是由"极性值"引申出的"客观表达"。

袁毓林2022:131-144在讨论性质形容词作谓语的完句性时引入了"极性程度意义"的概念，指出"性质形容词是一种属性值，对立性的性质形容词刻画事物在某个属性上所达到的程度的极性值……可以说性质形容词是为某种维度的属性取值进行定性的词语"。此后，其进一步介绍了程度

语义学中等级形容词（gradable adjectives）以及其中程度论元的概念，指出"每一个等级形容词都投射一个相应的量级"。以"高"为例，如果把"高"的程度表示为一条从 0 到正无穷的数轴，"在关于男子身高的标尺上，达到 1.75 米这个刻度大概就可以说'高'……于是，'高'的意义可以抽象成为：个体 x 在向上维度的长度程度为 y。比如'武二郎高'的意思大概是：武二郎的身高达到 1.75 米以上这种程度。"（袁毓林 2022:131-144）

上述形容词的性质，汉语学界也早已有过类似论述。如陆俭明 1989:46-59 就提出的"量度形容词"概念，实质上就是极性形容词的一种。但这类对形容词量级的讨论中，虽然多少会涉及程度副词，却又往往仅仅将程度副词作为分类形容词的工具，缺乏对程度副词本身的讨论。例如，张国宪 1996:33-42 提出了"定量形容词"和"非定量形容词"，并认为不同程度副词体现了不同非定量形容词的记量方式。但对于为什么某个程度副词表达了某种量，如为什么"比较"是客观计量形容词的"中量表述"，它与其他中量表述有何异同等，则仍待讨论。

我们认为"比较"的语义为"接近或达到极性值"，而这一语义与不同的形容词组合产生了不同的表达效果。

首先，与程度量级明确的形容词组合时，"比较"往往表示"低量"，例如：

⑾ 他哥哥长得比较高。

⑿ 由于天气比较热，不少学生喜欢在运动前或者运动后吃冷饮，其实这是极不科学的。

(BBC 科技文献)

程度量级明确的极性形容词其实就是"量度形容词"，在语义上的特征体现为大多数人对其中的"极性值"，即达到或接近什么位置我们会说一个事物是"高"而非"矮"，是"热"而非"冷"的认识是趋同的。上面两例中，人们对"高"与"热"的程度认识相对一致，如果将其表现为"身高"以及"温度"的数轴，那么"比较高"与"比较热"会落在其中我们认为接近极性值的地方。就上例来说，可能是身高 1.75-1.8 米以及

气温 28-30 摄氏度。对于这一类明确、易感知的量级，我们在确定"比较高"的程度同时也会意识到其仅仅是达到了极性值，其上依然存在空间。我们借由我们对于这一量级的极性值本身的认识，引申出了"男性 1 米75，高，但还不是太高""天气 28 度，热，但还不是太热"的"低量"义并产生了"不足"的语用效果。

低量义多见于我们最常见的一些形容词（如高低、粗细、宽窄、冷热等），由于其表义最为明确，最容易被感知，因此它往往成为了我们对"比较"意义的基本认识。先行研究中多将"比较"定义为"低量"或"中量"，也是这个原因。但需要注意，"低量"以及"不足"等等，并非"比较"固有的语义特征，而是其在与此类形容词结合后引申出的评价态度。

其次，也有许多形容词，虽然也是极性形容词，但是对其极性值的判断却因人而异，例如：

⒀ 北京的新源里菜市场是卖高档农产品的高档农贸市场，可以买到真正的银鳕鱼，只是价格也比较贵。　　　　　　　　（BBC 微博）

⒁ 走廊上的光线比较暗，她的脸看上去只是一条模糊的白色，眼睛、鼻子、眉毛都像一滴滴淡墨溶入乳液里一样。　　　　（《白桦文选》白桦）

"贵—便宜"、"亮—暗"虽然也是处在"价格""亮度"等同一量级上成对的概念，但对于其中极性值，即"接近或达到哪个值叫做贵、暗"，人与人的认识则可能存在很大差异，甚至对于说话者本人来说，这个值也不确定，因而对达到这一极性值后，上方有多少空间，是否"不够贵""不够暗"也无从判断。因此在这一类的"比较 + 形容词"中，就难以引申出"低量""不足"等评价态度。而"达到极性值"的一面则得到凸显，其语义偏向肯定，说"比较贵"是强调"不是不贵"，说"比较暗"也是强调"不是不暗"。因此对于此类形容词，可以说"比较"引申出的语义是"肯定"，并带有"强调"的语用效果。日常生活中这一类"比较"也同样常用，例如例⑵中的"比较忙"，指说话人"不是不忙"，肯定了"他"处于"忙"的状态，并据此提出"你不要找他"。类似的例子还有：

⒂ 王非：我这个人比较直，无论是说话还是做事，也因此得罪了不少人。　　　　　　　　　　　　　　　　　（《人民日报》2001 年）

"这个人比较＋形容词"是我们对自己或他人做出评价时常用的一个说法，这里的"比较"一般也和"低量"无关，是一种肯定评价，确认"这个人"属于形容词所描述这种属性。

第三，也有许多形容词，尤其是双音节的性质形容词的极性义并不明显，这体现在它们单独做谓语时，通常很难直接让人联想到其具有对立性的另一端。试看下例：

（16a）他的成绩好。

（16b）他的成绩优异。

（17a）小王个子高。

（17b）小王个子高挑。

当我们看到例（16a）（17a），很容易联想到"你的成绩差"、"小李个子矮"。但对于例（16b）（17b），我们则更容易想到"他的成绩优异，在班里数一数二"、"小王个子高挑、身材又好"等等补充性说明。即使将句子补完成对比性的"他的成绩优异，你的成绩平平"、"小王个子高挑，小李个子矮笨"，我们也能发现，与"冷-热"、"高-矮"等在同一个程度量级中具有强对比性的词相比，"优异-平平"、"高挑-矮笨"虽然也属于相对的概念，但并不具有强对比性，也很难说是否在同一个属性的量级轴的两端。

这一现象也很好理解，单音节性质形容词往往表达比较简单、基本的属性，而双音节性质形容词则往往表达更为复杂的属性。简单的属性容易量化，也就容易以一对相反的词语表现一个量级的两端并形成一个数轴。但我们描述复杂的属性往往是为了表达某一种细腻而具体的状态，因此虽然极性值，即达到什么程度就可以说这种状态相对明确，但量级却反而模糊了。对比单音节性质形容词，对于双音节性质形容词，我们通常既不关注其量级的另一端怎么描述，也不关注如果将这个量级展开成为数轴会是什么样。要在一个数轴上区分什么是"个子高"与"个子矮"很容易，"个子比较高"与"个子很高"之间也有一段易于感知的距离。但是要给"高挑"的数轴再去明确地划分出"很高挑""特别高挑""极其高挑"就比较困难，如果说 1.75 米 100 斤是"高挑"，那 1.9 米 90 斤是"特别高挑"吗？

似乎不仅不是,反而完全无法用"高挑"形容,变成"皮包骨头的巨人"了。这不是说我们不会使用"很高挑"等词语,而是说当我们使用"高挑"时,其中已经包含了"身材高、瘦且令人满意"等一系列状态,因而难以量化。我们用不同的程度副词修饰这类形容词,更多的是语用上的需求,而非对程度等级的进一步划分。

"比较"在修饰这一类形容词时,也很难以"低量"解读,试看:

⒅ 东阳民风素来淳朴,一般的农家子弟都<u>比较忠厚</u>、勤快,因而他们习艺后,很受雇主的欢迎。　　　　　　　　　　(BBC 科技文献)

⒆ 焦虑症和抑郁症<u>比较相似</u>,不同的是它入睡困难。而通常抑郁症有 70% 的人又伴随着焦虑症,所以病人一般<u>比较痛苦</u>。

(《都市快讯》2003-6-13《精神病房紧张的一天》)

我们在说农家子弟"比较忠厚"时,绝不是对其"为人忠诚、待人厚道"的程度评价偏低。恰恰相反,达到"忠厚"的水准就已经是一个高评价了,也因此他们才会"很受雇主的欢迎"。而我们说病人"比较痛苦"也是在强调病人的精神状态已经达到可以称之为"痛苦"的程度了,而不是在说病人的难受程度还不够高。

可以看到,与此类缺乏对比性或对比性不明显的形容词组合时,"比较"中"达到极性值"的特点进一步凸显。其表意完全倾向于"肯定"。虽然如前所述,这一类形容词本身就没有也不需要十分明确的量级区分,但由于其强烈的肯定性,人们的理解会倾向于"高量",但需要注意,这种"高量"仍只是一种引申而来的语用效果。而比起"高量","客观表达"则是这类"比较"更常见的语用效果。

这一类"比较"在正式语体或学术语体中都很常见,例如:

⒇ 因为性质形容词本身包含<u>比较强烈</u>的对比性意义,所以由它们做谓语构成的句子会表示对比意义。

(《形容词的极性程度意义及其完句限制》袁毓林)

(21) 譬如汉语副词的情况就<u>比较复杂</u>,其意义大都<u>比较虚化</u>,主要表示各种功能义和语法义,但却都可以充当句法成分。

(《现代汉语虚词》张谊生)

我们在 BBC 语料库的报刊分区中对经常出现在新闻语体中的"显著""普遍""一致""复杂""严重""落后"等六个词与"比较"以及"很"的共现次数，结果如下表：

	显著	普遍	一致	复杂	严重	落后
很	634	1350	79	2209	4365	1129
比较	623	1815	561	2834	4057	3313

严明 2015:76-79 对国家语委现代汉语语料库中的 17 个程度副词做了词频统计，发现"很"的频率是 1.7553‰，排在第一位。而"比较"是 0.3449‰，排在第六位。基本可以认为"很"的频率是"比较"的 5 倍。而在上表中，虽然频度有别，并且也存在使用"很"比使用"比较"多的情况，但仍可以看出"比较"在报刊中的使用频率是远高于其总体的使用频率的。

那么，为什么正式语体或者学术语体中多用"比较"？我们在第二节中论证了"比较"并不明确提示比较对象，但没有明确比较对象不代表毫无比较。"接近或达到极性值"中的"极性值"，其本质是一种说话人心目中的一般社会认知，而"接近或达到"其实就是在与一般社会认知中的"极性值"做比较。这种比较避免了说话人的主观，因而具有一定的客观性。在与对比性弱的形容词结合时，由于量级模糊而使"低量"义难以激发，这种"客观性"得到了凸显。因此，"比较"多用于需要客观表达的正式语体与学术语体中。

以上三种结合，构成了"比较 + 形容词"的语义。可以看到，如果单从量级分类看，乍一看既然我们有远远超出了某一形容词的极性值的"非常""太"等词，那么把"接近或达到极性值"的"比较 X"称之为"低量"，似乎也并无大碍。但"接近或到达极性值"在面对不同形容词，不同语境时，并非都表示低量。对于一些形容词来说，"接近或达到极性值"可能就是足量甚至高量。

最后做一小结，我们认为"比较"的基本语义是"接近或达到极性值"，

这一语义在和形容词组合时，因不同形容词在人们认知中极性值的明确程度不同，使"比较＋形容词"产生了"低量"与"肯定"两种不同的语义，并由此引申出了"不足""强调""高量""客观表达"等语用效果。

4 "程度副词＋形容词"与汉语教学

上一节中我们分析了"比较"的特点以及其与不同形容词搭配引申出的不同语义。同时我们认为，程度副词与不同形容词搭配有不同语义绝非是"比较"的个例。这不是说要给程度副词分出几个义项，而是要在关注程度副词的同时关注形容词，注意做"程度副词＋形容词"的整体分析。程度副词可以只有一个义项，但"程度副词＋形容词"的语义可以有多种解释。不仅在本体研究中如此，在汉语教学中更是如此。我们认为，我们对程度副词的教学也应立足于"程度副词＋形容词"的组合。

关于这一点，最典型的例子是表示"超量"的"太"。"太"与不同形容词结合的不同语义也是最早被学界所关注的，对此亦有相当数量的分析，这里不多赘述。"太"的例子也提示我们，形容词影响"程度副词＋形容词"语义的要素是多样的，除了上文所提到的极性值外，褒贬也是要素之一。再说到教学，我们同意"'太'只有"超量"一个意义……表达褒义的'太X了'是其中一个有标记的特殊情况"（李宇凤 2023:26-39）这一主张，但具体到教学中，我们仍然需要分别强调负面评价的"太"与正面评价的"太"。因为褒义评价的"太X了"，如"太好了""太好吃了"等，恰恰是日常生活中常用的形容词。

"程度副词＋形容词"组合在教学中的重要性也不局限于语义，以"非常"为例，一般认为"非常"与"很"基本意义一致，只是"非常"的量级比"很"高。因此两者通常可以互换。但如果对二者说明仅限于此，那么学生要么完全没有使用"非常"的动机，要么对于二者的使用完全随意。其实，"非常"对形容词的音节选择有倾向性，更倾向于与双音节形容词搭配，这一点在写作教学中应着重强调。

总而言之，我们对程度副词的研究与教学，都不能只着眼于各个程度

副词之间的对比，而也应着眼与程度副词与形容词之间的组合。

当然，形容词的数量庞大，汉语教学太过抽象了不行，太过具体了也不行。毕竟学生的记忆能力是有限的，规则太多也不利于使用。因此我们还要做到抓住主要矛盾，注意哪些搭配是常用的搭配，哪些是易错的搭配。以"比较"来说，应在把我核心语义的前提下，重视对其"低量"与"肯定"义的教学，而"客观表达"意在多见于书面或正式语体，在初级或初中级阶段可暂时搁置。

5　结语

本文分析了"比较"的语义，并利用形容词"极性值"概念，分析"比较"在与不同形容词搭配时产生的不同语用效果。最终得出结论："比较"的基本语义是"接近或达到极性值"，和不同形容词组合时会有"不足""强调""客观表达"等语用效果。同时，本文还提出，对程度副词的分析与教学都应注意其与形容词的搭配，虽然程度副词本身可能只有一个基本语义，但与不同形容词组合时仍能产生不同语义。

最后我们补充一点，由于形容词是一个庞大的开放类，且其在语义上的特征也远不止本文所提到的那些，所以我们在分析中难免有不充分、不到位的地方。程度副词的研究应当抓住形容词的哪些特点，我们认为这也应当今后研究的课题之一。

参考文献

謝平 2010　中国語の程度副詞"比较"について─弁別性の観点から─，『ことばの科学』第 23 号，pp.69-84

前田真砂美 2013　程度副詞"比较"の（相対性），『木村英樹教授還暦記念中国語文法論叢』，pp.451-473，白帝社

毕鸣飞 2021　程度副词的体系研究，大阪大学博士学位论文

李宇凤 2023　程度副词"太"的核心超量义及主观评价功能，《汉语教学学刊》第 17 辑，pp.26-39

刘月华 2001　《实用现代汉语语法（增订本）》，商务印书馆

陆俭明 1989 说量度形容词,《语言教学与研究》第 3 期, pp.46-59

马真 1988 程度副词在表示程度比较的句式中的分布情况考察,《世界汉语教学》第 2 期, pp.81-86

严明、葛建民 2015 程度副词"比较"的语义和语法特征分析,《大庆师范学院学报》第 5 期, pp.76-79

袁毓林 2022 形容词的极性程度意义及其完句限制条件,《中国语文》第 2 期, pp.131-144

张国宪 1996 形容词的记量,《世界汉语教学》第 4 期, pp.33-42

张亚军 2003 程度副词与比较结构,《扬州大学学报》第 2 期, pp.60-64

张谊生 2000 《现代汉语虚词》, 华东师范大学出版社

周小兵 1995 论现代汉语的程度副词,《中国语文》第 2 期, pp.100-104

(Bì・Míngfēi 大阪大学・同志社大学非常勤講師)

"SVOV 得 C" 型重動句の意味と構造

池田　晋

1　問題の所在

　"得" によって導かれる様態補語には，"听得入迷 ［聞いて夢中になる］" のように V が原因となって C という結果を引き起こすことを表すタイプと，"睡得正香 ［ぐっすりと眠る］" や "唱得不好 ［歌うのが上手くない］" のように動作行為に伴う様態やそれに対する評価を表すタイプの 2 種類がある（刘・潘・故 1983：367-370 など）。ここでは仮に前者を「因果型」，後者を「様態型」と呼んでおく。また様態型は一時的状態を表す場合と恒常的属性を表す場合がある。

　因果型と様態型では意味的な差異が大きいように見えるが，実際は様態型の C も広義の結果である。陈玥 2018：356 は以下の例を挙げ，"V 得 C" の C が V の結果から推測された様態であることを説明する。

　(1) 这报告做得很细心，没有漏掉任何细节，看得出你费了很大的功夫。［この報告書は注意深く書かれていて］　　　　（陈玥 2018：356）

話し手は報告書を読んだだけで，相手の執筆作業を直接目にしたわけではない。そうである以上，"细心" は単なる動作の様態とは理解できず，"做" の成果物である報告書を通して読み取った特徴と理解するほかない。この意味で，様態型の C も広義の結果であると見なし得る。一定の差異は有しつつも，共に結果を表すという点において，因果型と様態型には，同じ "V 得 C" という形式を用いる動機が存在している。

　この因果型と様態型の区別に対応して，様態補語を伴う重動句（以下，"SVOV 得 C" と記す）にも同様の区別が存在する。

⑵ a. 我看书看得忘了吃饭。[本を読んで食事を忘れた]【因果】

(刘・潘・故 1983：370)

b. 昨天"西单""中友"搞活动搞得特别大。[昨日西单, 中友で大々的にイベントをやっていた]【様態（状態）】　(孙红玲 2020：97)

c. 他游泳游得很好。[彼は泳ぐのがうまい]【様態（属性）】

因果型"V 得 C"と様態型"V 得 C"は，一定の差異は見せつつも，広義の結果という点で共通性を持つ。では，"V 得 C"を構成要素に含む重動句"SVOV 得 C"はどうだろうか。一定の違いを含む 2 つのタイプの"V 得 C"が重動句の構成要素となったとき，それらの"VO"と"V 得 C"の関係は全く同一であり得るだろうか。従来，この点を深く追求した先行研究は存在しない。本稿ではこの点について考察をおこない，因果型重動句と様態型とで構造が異なっている可能性を指摘したい。

2　本稿で扱う重動句の範囲

重動句とは，前後に同一の動詞 V が生起し，前方の V が目的語を，後方の V が補語 C を伴って構成される(3a)のような構造を指す。"VOV ……"が間にポーズを含む如何なる成分も介在させず連続する（3a）のような形が，重動句の最も典型的な形である。

⑶ a. 我看书看得忘了吃饭。

b. 他爬两层楼就爬得气喘吁吁。[2 階建ての建物に登って息が切れた]

(王灿龙 1999：122)

c. 近数天来，每天都是吃猪肉，吃得大家喜气洋洋。[ここ数日, 毎日豚肉を食べて，皆喜んでいる]　(CCL：《人民日报》)

(3b)(3c)のように，"VO"と"V（得）C"の間に副詞やポーズなどの成分が入ると，意味や構造に変化が生じる場合が少なくなく，これらを重動句に含めるか否かは，研究者によって立場が異なる。しかし，間に如何なる成分も介在しない"VOV（得）C"の形を典型と見なす点については，全ての先行研究で見解が一致している。本稿では以下，間に副

詞などの成分を伴わない典型的な用例を中心に分析を進めて行く。

重動句を構成し得る補語の種類は多岐にわたる。本稿ではこのうち様態補語を含む重動句を考察対象とする。同じく"得"によって構成される可能補語については，本稿では考察対象外とする[1]。

3 因果型 "SVOV 得 C" と様態型 "SVOV 得 C"

具体的な議論に先立って，まず因果型 "SVOV 得 C" と様態型 "SVOV 得 C" の特徴とそれらの分類基準を整理しておく。

重動句の分類については，C が文中のどの要素を意味的に指向しているかに基づいて行う方法が最も一般的で，多くの成果を収めている。即ち，(i)C が S を指向する類，(ii)C が O を指向する類，(iii)C が V を指向する類，に分ける方法である。

C の意味指向は，因果型と様態型の区別と一定の相関性があるとされるが（刘・潘・故 1983 など），従来の研究では明確な対応関係が示されるまでには至っていない。本節では 3.1 で C の意味指向のあり方をより単純な形で捉え直し，C の意味指向と因果型・様態型との間に一対一の対応関係が成り立つことを示す。3.2，3.3 では，C の意味指向について判断の難しいケースを取り上げ，それらに対する本稿の考え方を説明する。3.4 では様態型における一時的状態と恒常的属性の関係を概観する。

3.1 C の意味指向と因果型・様態型

本節では C の意味指向と因果型・様態型との対応関係を整理する。まず，C が S を指向する場合，"SVOV 得 C" は因果型となる。因果型においては，C が S を指向するのが最も典型的なケースである。因果型の C には一般に動詞句，または S の状態を表す形容詞句が用いられる。

(4) a. 我看书看得忘了吃饭。

b. 大概是因为玩得太兴奋走路走得又太累，所以他睡着后情不自禁了。[歩き疲れたこともあり]　　　　　　（CCL：王朔《无人喝彩》）

(4a)でC"忘了吃饭"が指向しているのはS"我"である。「私」が本を読むことによって、「私」自身が食事を忘れるのである。(4b)では「彼」が歩いたことによって,他ならぬ「彼」自身が疲れたことを表している。

唐翠菊 2001：81 は「致使性重動句」(本稿の因果型に相当)の分類基準として,「"VO 把 SV（得）C"への変換ができる」という点を採用している。Sを"把"で導く処置文への変換が可能であるという点からも,典型的な因果型重動句のCがSを指向していることが見て取れる。

また,処置文への変換が可能という事実から分かるように,因果型が表すのは一種の使役事態である。(4)のような典型的な因果型の場合,VOとCの間には時間的な継起性があり,「SがVOを〈スル〉ことによってS自身がCという状況に〈ナル〉」という再帰的な使役事態の意味になる。この点は,因果型と様態型の区別を考える上で重要である。

動作主Sは通常の主語位置での生起を基本とするが,ときに"得"の直後に現れることもある。

(5) 你要经常做鱼给李卿吃! 鱼补脑。吃鱼吃得 李卫公 满身的腥味，
　　饭后散步时常有大队的猫跟在身后。[李衛公は魚を食べて全身生臭
　　くなった]
　　　　　　　　　　　　　　　　　　　　　(BCC：王小波《怀疑三部曲》)

(5)は李衛公が「魚を食べた」結果として,李衛公自身に「体中が生臭くなる」という変化が生じたことを表す。この例において動作主"李卫公"は通常の文頭位置ではなく"得"の後方に生起している。このような例は,"VOV 得 SC"と記しておく。

文頭のSとは異なる主語が"得"の後方に生起する場合もあり,これは"SVOV 得 S'C"と記すことにする。この場合はCがS'を指向していると見なすことができる。"VOV 得 SC"と"SVOV 得 S'C"では,SまたはS'を主語とする主述フレーズ全体が様態補語を構成していることになる。

(6) a. 他走路走得 满身 大汗。[彼は歩いて全身汗だくになった]

　　　　　　　　　　　　　　　　　　　　　(刘・潘・故 1983：370)

　　b. 小明写字写得 铅笔尖 都秃了。[小明が字を書いて鉛筆の先がちび

た］ (刘・潘・故 1983：370)

　　c. 你看你，刷牙刷得到处是水。［あなたときたら，歯磨きで辺りが
　　　水浸しだよ］ (孙红玲 2020：118)

（6a）は主語Sの身体部位に当たり，実質的にSを指向するタイプと変
わらない。これに対して（6b）ではVの道具が，（6c）ではVを行う場所
がそれぞれCの主体になっている。以上のように，因果型はCがSを
指向し，再帰的使役事態を表すものを典型としながらも，それ以外にS
とは別のS'がCの指向対象となるような例も存在する。因果型はCが
SかS'を指向するものだとまとめることができる。

　続いて様態型を見てみよう。様態型のCには一般に形容詞句が用い
られるが，（7b）の"不是时候"のように評価を表す慣用表現が用いられ
ることもある。これらのCが意味的に指向するのはVOである。

　(7) a. 我一向写东西写得很快　［私は昔からずっとものを書くのが速い］
　　　　　　　　　　　　　　　　　　　　　　　　　　　（CCL：老舍《樱海集》）

　　　b. 我又接了个座机的电话，好像刚刚打电话打得不是时候。［さっ
　　　　き電話したのはタイミングが悪かったようだ］　　　（CCL：网络语料）

（7a）（7b）で「速い」「タイミングが悪かった」と言っているのは，VO
"写东西""打电话"のことにほかならない。

　従来，意味指向に基づく分類を行った先行研究では，CがV単体を
指向すると考えることが多かった。しかし，重動句のOは非指示的
（nonreferential）概念であることが多く（Li & Thompson1989：447），重
動句のVOも全体で1つの概念を表していると捉えられる（聂仁发 2001：
117，钟小勇 2010：203）。(7)において"写东西""打电话"は単に1つの動
作行為と捉えられているにすぎず，"东西""电话"が具体的な1つの対
象を指示しているわけではない。このようなVとOを切り離して理解
することは得策ではない。以上の点から本稿では，(7)をはじめとする
様態型の例において，CはVO全体を指向していると考える。

　まとめると，"SVOV 得 C"型重動句の意味タイプとCの意味指向と
の対応関係は以下のようになる。

"SVOV 得 C" 型重動句の意味と構造　19

(8)　因果型：　C → S または S'　　　〔C ＝動詞句，主述句など〕
　　　様態型：　C → VO　　　　　　　〔C ＝形容詞句など〕

3.2　C は O を指向するか？

　重動句の O の扱いには注意が必要である。先行研究では O も C の指向対象になると考えるものが多い。

　(9)　a. 他敲门敲得咚咚响。〔彼はドアをコンコン叩いた〕（町田 1992：98）

　　　 b. 他们打扫房间打扫得十分干净。〔彼らは部屋をきれいに掃除した〕

（町田 1992：98）

先行研究の分析によれば，(9a)は「ドアをノックした」結果としてドアが「コンコン鳴る」という事態を表しており，(9b)は「部屋を掃除した」結果として部屋が「きれいになる」という事態を表しているという。

　しかし，これらの例における O が本当に C の指向対象であるかどうかは疑わしい。本稿では，因果型か様態型かを問わず，O が単独で C の指向対象となることはないと考える[2]。

　その最大の理由は，重動句の O は，Li & Thompson1989：447 などが指摘するように，非指示的概念であることが圧倒的に多いということである。非指示的概念が現実世界において「コンコン鳴る」ことや「きれいになる」ことは原理的にあり得ない。C が O を指向するという主張は，このような構文的特徴と矛盾するものであり，明らかに妥当性を欠く。

　また，O が C を指向するような状況には，通常 "把" 構文や受動者主語文などを用いることが一般的であり，敢えて重動句によってそのような意味を表す動機が乏しいという問題もある。

　(10)　a. 他们把房间打扫得十分干净。〔彼らは部屋をきれいに掃除した〕

　　　　b. 房间打扫得十分干净。〔部屋はきれいに掃除されている〕

(9)の C が O の結果状態を表しているとするならば，(10)の "把" 構文などとの機能上の差異を説明することは可能だろうか。町田 1992：98-99 は，重動句の C が O を指向すると認めた上で，"把" 構文と重動句の違いとして，後者には「C という結果が動作主の意図を介さず自然発生的

に出現した」という意味的特徴が見られるとする。だが，こと(9)に関して言えば，この説明は成功しているとは言い難い。ノックをしておきながら「ドアがコンコン鳴る」ことを意図しない，掃除をしておきながら「部屋がきれいになる」ことを意図しない，という説明は俄かには受け入れ難い。CがOを意味的に指向するという前提の下では，"把"構文などとの違いを明確にすることは困難であるように思われる。

　実際のところは，(9)のCが指向しているのはOではなく，VO全体である（孙红玲2020：176）。即ち，(9)の例はVの結果状態であるCを通してVOという動作行為がどのようであるかを説明する文だと捉えられる。(9)の例はCがVOを指向する様態型と処理すべきものである[3]。

　重動句においてCが単独のOを指向することはなく，VOは常に1つのまとまった動作行為として捉えられる。そこでは，Oの事象の参与者としての役割は既に背景化しているものと考えられる。(9)と"把"構文，受動者主語文との違いは，CがVO全体を指向するか単体のOを指向するかという点に尽きると言ってよい。

　(9)のように，先行研究においてCがOを指向すると見なされてきた文は，いずれもCがVOの様態を表していると解釈しても差し支えがないものばかりである。事実，CがOの変化を表すとしか理解できないような場合，文の容認度は明らかに低下する[4]。

　　(11) a.＊我惹他惹得生气了。［私を彼を焚きつけて怒らせた］

（町田1992：98）

　　　 b.＊他踢小杨树踢得哗哗直抖。［彼は丈の低い楊樹を蹴ってざわざわと震えさせた］　　　　　　　　　　　　　　　　　（町田1992：98）

以上に鑑み，先行研究においてCがOを指向すると分析されていた文は，本稿では一律にVOを指向するものと見なし，様態型と認定する。

3.3　C→SともC→VOとも理解できる場合

　Cの意味指向について，いま1つ注意すべき点は，CがSを指向するともVOを指向するとも理解できる例が存在することである。Cが感情

や態度を表す形容詞句である場合がこれに相当する。次の（12a）における C は S を指向するとも VO を指向するとも理解でき，曖昧性を持つ。即ち，「酒を飲んで愉快になる」という意味にも，「愉快に酒を飲む」という意味にも理解することができる。一方，同じく"高兴"を C とする例であっても，（12b）のように因果型と解釈されやすい場合もある。

⑿ a. 成亲之日摆酒请客，裁缝师傅喝酒喝得很高兴，忽然想起了十
　　几年前埋在桂花树底下的几坛酒（……）[仕立て屋が愉快に酒を
　　飲んでいると／酒を飲んで愉快になっていると]　（CCL：网络语料）

　　b. 楚王请晏子喝酒，喝酒喝得正高兴的时候，公差两名绑着一个
　　人到楚王面前来。[酒を飲んでまさに愉快になったとき]

（CCL：网络语料）

使役事態を表す因果型は VO と C の間に時間的な継起性が認められるが，（12b）では C が"正［まさに／ちょうど］"と共起しており，VO の開始時点と C の発生時点の間に時間差があると判断することができる。このため，この例は「VO の結果として S に C という状況が生じた」という使役的事態と解釈されるのである。（12b）は C が S を指向する因果型である。これに対し，（12a）には"正"のような手掛かりがなく，C が S を指向するか VO を指向するかを確定する術がない。この（12a）のような文は曖昧性を持つ例として，因果型と様態型の中間に位置付けられる。

　4.3 までの議論を一言でまとめれば，"SVOV 得 C"型重動句の意味タイプと C の意味指向との関係は，因果型が C が S か S'を指向し，様態型が VO を指向する，という形で整理ができる。両タイプは意味的な違いこそ大きいものの，C が単体の O を指向しないという点では共通している。この点は，重動句という形式に共通する最も根本的な特徴と見なしてよいのではないかと思われる。

3.4　様態型：一時的状態と恒常的属性

　様態型には一時的状態を表す場合と恒常的属性を表す場合がある。前

述のように，因果型・様態型を問わず"V 得 C"の C は広義の結果を表す。ここから，様態型"SVOV 得 C"も VO の実現を前提として成立する表現であり，一時的状態を表す用法を基礎とするものだと理解される。しかし S，VO，C の組み合わせや文脈などの要因によって，"VOV 得 C"が S の恒常的属性として解釈される場合もある。恒常的属性として理解されるか否かには程度差があり，一時的状態としか理解できない例もあれば，恒常的属性としての読みのほうが優勢となる例も存在する。

⒀ a. 玉芬和她说话说得好好的，忽然挂上话机，也不知道哪句话得罪了她，将挂机只管按着，要秀珠继续地接话。[玉芬は彼女と機嫌よく話をしていた]　　　　　　　　（CCL：张恨水《金粉世家》）

b. 昨天"西单""中友"搞活动搞得特别大。[昨日，西単・中友はことのほか大々的にイベントを行った]

c. 你游泳游得很好。[きみ，泳ぐの上手いね]

(13a)の"VOV 得 C"は C に状態形容詞が用いられていることから，特定の時点における具体的な動作行為のあり様を描いた「一時的状態」としてしか理解できない。(13b)も「昨日」という一時点における特定の「イベント」に対する評価であり，ここでの"搞活动搞得特别大"は一時的状態であると考えられる。しかし，(13a)とは異なり，「西単」「中友」といった百貨店が頻繁に大々的なイベント活動を行っていることが何らかの形で観察されたとすれば，"搞活动搞得很大"をこれらの百貨店に内在する属性として理解することもできる[5]。実際に（13b）から"昨天"という時間詞を落とせば，恒常的属性と理解することも可能である。一方，(13c)に関しては，仮にこれが特定の時点で観察されたものであったとしても，恒常的属性の読みが優勢となる。例えば，友人と一緒に海に遊びに行き，はじめて友人が泳ぐのを目撃したという状況で，話し手が（13c）を発話したとする。その場合も，この文は友人が内在的に備えている恒常的属性の意味で理解され，その日限りの一回的な出来事に対する評価とは見なされにくい。

（13c）が（13b）と異なっているのは，それが「泳ぎの上手さ」という

技能に関する評価だという点である。技能が具わっていれば，特別な障害がない限り，何度でも同じ状況を再現できるはずであり，一回だけの観察であっても，その再現可能性を予測することができる。それに対し，百貨店のイベント活動の規模はその時々で異なることが多く，一回の観察で再現性を予測することは困難である。この点で，(13c)のほうが(13b)よりも恒常的属性として理解されやすいと言うことができる。

　ところで，恒常的属性の意味と関連する現象として，「準定語」の存在を指摘することができる。準定語とは，(14b)の"他的老师"のように，形式上は"他的"が"老师"を連体修飾していながら，意味上は"他的当老师"という関係を成すもののことを指す。重動句の一部のものは「準定語」を含む文に変換できることが知られており，(14)が示すように"SVOV 得 C"型にもこのような変換が成立し得る。

　　(14) a. 他当老师当得好。→ b. 他的老师当得好。[彼は教師としてうまくやっている]

　しかし，"SVOV 得 C"が常にこのような形に書き換えられるわけではない。まず，因果型は準定語文に書き換えることができない。

　　(15) 我看书看得忘了时间。→ *我的书看得忘了时间。

　様態型については，(14)のように準定語文への書き換えが可能なものと(16)のように可能でないものがある。

　　(16) 他骂老师骂得好。→ *他的老师骂得好。[彼は先生を上手く罵った]

「教師」という職業が上手くこなせていることを表す(14)は準定語が問題なく成立するが，「教師を罵る」という行為については対応する準定語が成立しない。

　呉怀成 2008：128 は準定語成立の条件として，O が［＋技能性］という意味特徴を持つことを挙げているが，次の(17)のように［＋技能性］とは呼びにくいものでも準定語が成立する場合がある。

　　(17) a. 他的书读得很用功。← 他读书读得很用功。[彼は熱心に勉強する]
　　　　b. 三环路的车堵得很厉害。← 三环路堵车堵得很厉害。[三環路は渋滞がひどい]

以上から判断するに，準定語文の成否を左右しているのは，［＋技能性］というよりも，むしろ"VOV 得 C"全体がSに内在する恒常的属性として理解できるか，という点であるように思われる。「勤勉である」ことは技能ではないが，人物の属性と理解することは可能であるし，「渋滞がひどい」も環状道路に備わった属性と捉えられる。離合詞のO（"游泳"の"泳"など）のように語としての資格に乏しいものが準定語になりにくいことを除けば，準定語文を成立させる"VOV 得 C"は，概ねSの属性と見なせるようなものばかりである。(16b)の不成立は，「教師を罵る」という行為が習慣化し，人物の内在的属性になるという状況が想像しにくいことが原因と考えられる。

　また，学習に関する事柄を例にとってみると，(18a)のような特定の科目・特定の項目の成績は属性と見なされやすいが，特定の科目・項目の学習態度になると属性らしさは低下するように感じられる。これと呼応するように，準定語の容認度も低下する。

　　⒅ a. 他的［汉语／汉字］学得很好。← 他学［汉语／汉字］学得很好。
　　　　　　［彼は中国語／漢字の勉強がよくできる］
　　　　 b. 他的［?汉语／*汉字］学得很认真。← 他学［汉语／汉字］学得很认真。［彼は中国語／漢字の勉強がまじめだ］

(17a)(18a)は準定語が問題なく成立するが，(18b)は成立しにくい。ここからも恒常的属性としての読みが成立しやすいものほど，準定語への置き換えが成立しやすい，という関連性を見て取ることができる。

4　因果型と様態型の構造

　4節では因果型"SVOV 得 C"と様態型"SVOV 得 C"の構造について考察する。重動句のS，VO，V（得）Cが統語的にどういった関係にあるのか，連動文か主述述語文かはたまた題述文であるか，等々については今もなお議論が続いており，意見の一致を見ない[6]。議論が紛糾する１つの原因は，従来の研究がタイプの異なる様々な重動句を全て同一

の構造の下で捉えようとしていたことにある。本稿ではそのような見方を採用せず，重動句の構造は非均質的であり，タイプによって構造が異なるという立場を採る。

重動句の述語の中心であるCは，"V得"とともに動補フレーズを構成する。(19)のようにCの指向対象を主語に取ることから，"V得C"は意味的にも構造的にもCを核とするフレーズであると考えられる。

(19) a. 他走得很累。[彼は歩いて疲れた]

　　 b. 房间打扫得十分干净。

"SVOV得C"において"V得C"が述語としての役割を担っているという点は，因果型，様態型とも同様である。それでは因果型，様態型において，"V得C"はそれぞれ何を主語として取っているのだろうか。以下，まず4.1で様態型の構造を，続く4.2で因果型の構造を考察する。

4.1　様態型は主述述語文である

様態型のCはVOを意味的に指向する。ここから，Cを核とする"V得C"もまたVOを叙述対象としていると見なすことができる。杉村1976：95が指摘するように，様態型は，"V得C"がVOについて叙述し，更に"VOV得C"全体がまたSに対する1つの叙述となる構造——即ち，主述述語文の構造——を持つ。

(20) a. 他念课文念得很熟。[彼は課文の音読がこなれている]

　　 b. [主語1 他] [述語1 [主語2 念课文] [述語2 念得很熟]]。

主述述語文"$S_1 + S_2 + V$"におけるS_2は，S_1を特徴付けるための基準を表すものであり，概念的な存在であることが求められる。重動句のVOに関しては，これまでの研究で，(i)多くの場合Oは非指示的（non-referential）概念である，(ii)V_1はアスペクト助詞を伴わない（Li & Thompson1981：448），(iii)VOと"V（得）C"は「背景—目的」（聂仁发2001：115）という関係にある，などといった特徴が指摘されてきた。その意味で，重動句のVOは主述述語文のS_2に相応しい特徴を備えたものであると言える。

なお，様態型の一部のものは，準定語への書き換えが可能であり，この点でも通常の主述述語文と並行している。

(21) a. 他学汉语学得很好。→ 他的汉语学得很好。

b. 小李眼睛大。→ 小李的眼睛大。［李くんは／の目が大きい］

方梅 2020：3 は重動句の VO を「弱化した叙述語」と見なしている。VO が弱化した叙述語である点は，因果型か様態型かを問わないが，弱化の程度は恒常的属性を表すタイプのほうが進んでいるように見受けられる。というのも，(21)のように準定語に書き換えられる例では，VO という叙述語としての形式すら不必要となっていると見なせるからである。更に言えばこのタイプの重動句は，V_1 を落として“SOV 得 C”としても意味が変わらないとされる（杉村 1976：96）。

4.2　因果型の構造

様態型は主述述語文であると考えられるが，因果型を主述述語文と見なすことはできない。なぜならば，因果型の C は S を指向するものであるため，VO と“V 得 C”が主述の関係を構成しないからである。“V 得 C”は S に対する述語であると考えるほかないが，そうなると問題となるのは残る VO の位置付けである。

意味的に見れば VO は使役事態における原因事象であり，これが C という結果事象を生じさせていることになる。意味に忠実に表現するのであれば，本来は“*VO 得 C”という形を取らなければならないはずであるが，周知のようにこのような表現形式は，助詞“得”の構造的制約のために成立しない。そこでこの制約を回避するために，“VOV 得 C”という重動句の形式が使用されているわけである。

では，この VO をどのように分析すべきであろうか。高増霞 2023 は重動句の 2 つの V が照応の関係にあると指摘しているが，本稿ではこの照応説をもう一歩推し進め，“VO”と“V 得”は所謂“緊邻回指”であり，同格の関係にあると捉えることを提案したい。即ち，これらが“电脑这个东西［パソコン‐このもの→パソコンというもの］”のような構造を

構成しているということである。この同格関係を利用することによって，"V 得 C"における V の詳細――即ち，原因事象の全体像――を具体的に示すことが可能になるという仕組みである。

⑵ a. 我看书看得忘了吃饭。

　　b. [主語我][述語[動[同格看书][同格看得]][補忘了吃饭]]。

したがって VO は，"V 得"の V がどのような動作行為であるかをタイプとして示せさえすればそれで良く，それ自体が実体的な動作行為である必要はない。このために因果型の VO もまた概念的な存在であることが最も相応しいとされる。ただし，"V 得"を詳しく述べるものである以上，VO という叙述語としての形式は留めておく必要がある。この点で，恒常的属性を表すタイプとは異なっている。

　なお，因果型の特殊事例として，⑸のように S が後方に移動し"VOV 得 SC"という形を取るものがある。このような表現は，重動句の中でも"得"様態補語を伴う重動句の因果型のみに見られる。重動句としては極めて異質な形式であり，構造的には動詞"使得"を用いた使役文と並行的に捉えることができる。

⑵ a. 吃鱼吃得李卫公满身的腥味。（＝⑸）

　　b. 紧张的工作使得他更加消瘦了。[激しい仕事で彼は一層やつれた]

（小学館『中日辞典（第 3 版）』：1411）

"使得"は，コトを表す名詞句を主語にとり，"NP$_1$（コト）＋使得＋NP$_2$＋X"という使役文を構成する動詞である。後方に被使役者となる名詞句 NP$_2$ を伴い，その NP$_2$ の身に X という状況が生じることを表す。(23a)と(23b)は，主語が名詞句か VO か，動詞が"使得"か"V 得"かという違いはあるが，構造的には同様の分析が可能である。通常の因果型において VO は単に"V 得 C"の V の全体像を示すだけのものに過ぎなかったわけだが，(23a)のような例では，VO というコトが事態誘発者として再解釈され，文の主語として振る舞うようになったものと考えられる。また，⑹の"SVOV 得 S' C"タイプの例に関しては，C の主体となる事物が"得"の後方に生起するという点で，通常の因果型と比べて，(23a)

のタイプに一歩接近したものと見なし得るだろう。

　以上見たように，因果型と様態型は基本的にそれぞれ異なる構造であるが，（12a）のような例を接点として連続的に繋がり合っているのだと考えられる。更に因果型は"SVOV 得 S'C"，"VOV 得 SC"を通じて，通常の使役文にも繋がっている。"SVOV 得 C"型重動句の構造は以下の図のようにまとめられる。

【様態型】　他的汉语学得很好。*[主述文（S 的 O｜V 得 C）]*
　　　　　　他学汉语学得很好。*[主述述語文]*
　　　　　　"西单""中友"搞活动搞得特别大。
　　　　　　裁缝师傅喝酒喝得很高兴。
【因果型】　我看书看得忘了吃饭。*[主述文（S｜VO-V 得 C）]*
　　　　　　小明写字写得铅笔尖都秃了。
　　　　　　吃鱼吃得李卫公满身的腥味。*[使役文]*

図　"SVOV 得 C"の構造

5　まとめ

　従来の重動句研究では，重動句の下位分類こそ積極的に行われてきたものの，どの下位類でも重動句の構造は全て共通するという前提の下で分析が進められてきた。本稿では，そのような前提に対して疑問を呈し，重動句はタイプによって構造が異なる可能性を指摘した。本稿では，"SVOV 得 C"型重動句を対象とし，因果型・様態型という 2 つの下位類と C の意味指向との対応関係を整理し直した上で，因果型については VO と"V 得"が同格関係にある主述文であるという仮説を提示し，様態型については VO を小主語とする主述述語文であると主張した。重動句の複雑な意味と構造の関係は，重動句の非均質性を前提としたアプローチを採ることによってはじめて適切に捉えることができるものと考えられる。

注

1) "得要命"など"得"を伴う程度補語については，様態型の一種と見なす。

2) 先行研究でも，OがCを指向するタイプは出現頻度が低く，意味的な制約がかかるなどの特殊性が指摘されている（施春宏2018など）。

3) ただし，(9a)はCが動詞句（"咚咚响"）であり，典型的な様態型からはやや逸脱が見られる。ここで動詞句の形をとっている理由としては，"咚咚(的)"の自立性が低いために動詞"响"を補ったという可能性が考えられる。(9a)に対するもう1つの解釈の可能性として，「SがVOを〈スル〉ことの結果として，Cという状況が『その場』において出来した」という現象文的な理解が考えられる。その場合は，「その場」に対応する語句こそ表面上現れないが，(6c)と類似の状況を表す因果型と見なし得る。この解釈を採るのであれば，町田1992の言う「自然発生的」という特徴付けにも一定の合理性が認められることになる。

4) 町田1992では(11a)の文が容認されるとするが，筆者のインフォーマント5名は全員がこの文を不自然と判断した。

5) 陳玥2023：126参照。

6) 連動文説に対する批判としては黄・刘2018などがある。近年では，黄・刘2018，方梅2020などに代表されるように，VOを主題と見なす説が注目を集めている。確かにVOが主題として理解できる例は数多く見られるが，実際には(V)Oが焦点となる場合もあり，VOが常に主題であるとは限らない。
   (i) 想什么想得这么出神？　（孙红玲2020：76）
   またVO主題説には，VOがなぜメイントピックではなく，サブトピックの位置に現れるのかという点について明確な理由を示していないという問題もある。

参考文献

杉村博文1976　〈他课文念得很熟〉について，『中国語学』223号，pp.92-97

陳玥2023　受動者主語文"V得"構文の意味機能について，『現代中国語研究』第25期，pp.115-134，朝日出版社

町田茂1992　「動詞―賓語―動詞＋得―程度補語」式の文法的意味―処置の"把"と未処置のV―，『中国語学』239号，pp.95-104

陈玥2018　"V起来"句与"V得"句的语义功能研究―从"知识"与"体验"两个视角，《语法研究和探索（十九)》，pp.349-379，商务印书馆

方梅 2020　汉语重动句—基于篇章功能得语言对比分析,《汉日语言对比研究论
　　　丛（第 11 辑)》,pp.3-18,浙江工商大学出版社
黄哲·刘丹青 2018　试析汉语中疑似连动式的话题结构,《世界汉语教学》第 1 期,

刘月华·潘文娱·故韡1982　《实用现代汉语语法》,外语教学与研究出版社
聂仁发 2001　重动句的语篇分析,《湖南师范大学社会科学学报》(1),pp.114-
　　　118
施春宏 2018　《汉语动结式的句法语义研究》,北京语言大学出版社
孙红玲 2020　《现代汉语重动句研究》,人民日报出版社
唐翠菊 2001　现代汉语重动句的分类,《世界汉语教学》第 1 期,pp.80-86
王灿龙 1999　重动句补议,《中国语文》第 2 期,pp.122-125
吴怀成 2008　"准定语＋ N ＋ V 得 R"句的产生机制,《语言科学》第 2 期,pp.
钟小勇 2010　重动句宾语话语指称性分析,《世界汉语教学》第 2 期,pp.199-211
Li, Charles N. & Thompson, Sandra A. 1981. *Mandarin Chinese*：*A Functional*
　　　Refenrence Grammar, University of California Press.

例文出典

北京大学中国语言学研究中心语料库 http：//ccl.pku.edu.cn：8080/ccl_corpus/
北京语言大学语料库 https：//bcc.blcu.edu.cn/

（いけだ・すすむ　佛教大学）

常態を表す限定選択構文 "要么 X，要么 Y"
"不是 X，就是 Y" に関する一考察
──報道文に見られたいくつかの現象から──

島村　典子

1　はじめに

　本稿では，(1)(2)に代表される限定選択構文 "要么 X，要么 Y" および "不是 X，就是 Y" を対象とし，コーパスの "报刊"（報道文）[1]で観察されたいくつかの現象から，両構文が常態を表す際の共通点と相違点，談話における特徴，語用論的意味，また，限定選択構文が表すマイナスの事態について考察することを目的とする。

(1) 在不少人眼中，考古学**要么深不可测，要么**枯燥无趣，可杨林却怀有特殊的热爱。[多くの人の目には，考古学は計り知れないものか，退屈でおもしろみのないものに映るが，楊林は特別な情熱をもっている。[2]]　　　　　　　　　　　　　　　　（《人民日报》2020_06）

(2) 父亲原本是不会的，滚出来的汤圆**不是不够圆，就是**易散不够紧实。[父は，以前は作ることができず，転がして作ったタンユェンは丸さが足りないか，もろくて堅さが足りなかった。]（《人民日报》2021_02）

　限定選択構文に関する論考のうち，初期のものに邢福义 1987 がある。"要么 X，要么 Y" については，"明确限定选择对象，强调二者择一，别无他物"［選択される対象を明確に限定し，二者択一で，それ以外のものがあってはならないことを強調する］とされる（同上：13）。また，"不是 X，就是 Y" については，これと "要不 X，要不 Y" を同じ類に帰属させ，"非此即彼，二者必居其一"［これかあれかのいずれかで，2 つのうちのどちらか

である〕を表すと考える論考が多い，としている（同上：15）。後の長谷
川 2018 や张宝 2019 においても，両構文を限定選択構文とし議論を展開
している[3]。本稿でも“要么 X，要么 Y”“不是 X，就是 Y”を限定選
択構文とし，両構文の報道文における特徴について複数の側面から考察
を行う。

2　先行研究―限定選択構文間での比較

　限定選択構文に関しては，すでに類義の構文間での比較を通して，詳
細な記述と体系的な考察が行われている。
　上述の邢福义 1987 は，“要么 X，要么 Y”と類似構文である“不是 X，
就是 Y”“要不 X，要不 Y”とを比較し，微細な違いに言及している。
特記すべき点は，(i)限定選択構文が「不確定性」を表すことについて
の示唆と，(ii)限定選択構文が表す選択義のタイプに“析事性選択”（事
実分析的選択）と“意欲性選択”（意欲的選択）[4]があるという指摘である。
　まず(i)について，“要么 X，要么 Y”が表す選択には，(3)のように「可
能性」を表すものと，(4)のように「交替性」を表すものとがあるとい
う（同上：13）。

> (3) 他不知这是怎样造成的。**要么**是自己想得太多了，**要么**就是宋丹
> 身上的一种什么东西征服了他。

> (4) 是么！人家**要么**神气十足，**要么**高深莫测的，咱们还是远着点走
> 吧！
> 　　　　　　　　　　　　　　　　　　　　（以上，邢福义 1987：13）

(3)の「可能性選択」は，選択項として 2 つの可能性が提示されているが，
どちらであるかの確証は得られていない。(4)は述べられている状況が既
成の事実として異なる人間の身に発生しており，“有的……有的……”
の意味に近いとされる（同上：13）。以上の分析は，限定選択構文が「不
確定性」の特徴をもつことを示していると考えられる。中俣 2011 は日
本語の選択型の接続詞に共通する特徴として「不確定性」を挙げる。不
確定性とは，「並列された要素のうちどれが真であるか発話時点ではわ

からない，あるいは問題にしない」（同上：245）ことであり，(4)のように，主体に複数性がある場合も，どの主体にXもしくはYで述べられる事態が当てはまるかは不確定，あるいは問題にしないので不確定性があるという。

次に，(ii)に関して，"要么X，要么Y"は「意欲的選択」「事実分析的選択」の両方を表すのに対し，"不是X，就是Y"は通常，後者の選択しか表し得ないとされる（邢福义1987：16）。

(5) a. **要么**把我排第一，**要么**干脆别排！（意欲）

　　 b.***不是**把我排第一，**就是**干脆别排！（〃）

(6) a. 她的成绩**要么**第一，**要么**第二。（事実分析）

　　 b. 她的成绩**不是**第一，**就是**第二。（〃）　　（以上，邢福义1987：16）

(5)に代表される意欲的選択では，XもしくはYによって述べられる行為が人の意向や欲望と関係し，主観的色合いが濃いとされる。一方，(6)の事実分析的選択では，XもしくはYによって述べられる状況が事実に対する叙述や反映であり，相対的に客観性が強いとされる（同上：16）。

長谷川2018は，意欲的選択と事実分析的選択が具体的にどのような事態の選択を指すのかという問題意識に基づき，各限定選択構文の典型的用法，表現機能の特性についてさらに体系的で詳細な考察を行っている。それによると，邢福义1987の意欲的選択とは，「これから採るべき動作行為が2つの選択項のうちのいずれかであることを提示する」タイプの選択である。一方，事実分析的選択は「起こり得る動作行為や状態が2つの選択項のうちのいずれかであることを表す」タイプの選択であり，(i)これから起こる（未然），あるいはすでに起こった（已然）一回的な事態が，2つの選択項のうちいずれかであることの推定，(ii)2つの選択項がある種の原理原則や恒常的な動作を表す，(iii)2つの選択項がある主体の属性を表す，の3つの事態が含まれる（長谷川2018：511-515）。以下に用例を転載する。

意欲的選択

(7) 拉拉说："给你两个选择，**要么**我现在告诉你答案，**要么**你今晚回去想一想。"[あなたに二つの選択肢を与えよう。私が今あなたに答えを教えるか，あなたは今晩帰って考えるかだ。]

(用例・訳文ともに長谷川 2018：511)

事実分析的選択

(8) a. 他肯定会提升：**要么**当主任，**要么**当处长。
　　b. 他肯定会提升：**不是**当主任，**就是**当处长。[彼はきっと昇進するだろう。主任になるか処長になるかのどちらかだ。]

(用例・訳文ともに長谷川 2018：512)

(9) 平面上的两条直线，**要么**相交，**要么**平行。[平面上の二つの直線は，交わるか並行するかのどちらかである。]

(用例・訳文ともに長谷川 2018：513)

(10) 可是不幸儿子患了精神病。她想尽办法要把儿子的病治好，但是每次她端药端茶给她儿子喝的时候，她儿子**不是**不吃**就是**把碗打破，老大娘想不出其他办法，就把她的苦衷告诉大川同志。[しかし彼女が薬とお茶を運んできて息子に飲ませようとする度，息子は飲まないか，お碗を割るかで，……。] 　　　　　　　　　　(同上)

(11) 但是，目前城市公厕**要么**标志五花八门，**要么**什么标志都没有。[しかし，現在都市の公衆トイレは標識が多種多様であるか，何の標識もないかである。] 　　　　(用例・訳文ともに長谷川 2018：514)

　このうち，一回的事態(8)を除き，原理原則(9)，恒常的動作(10)，属性(11)はある主体の不変の性質であるため，「恒常的な状態」として捉えられる（同上：515）。以上のように，先行研究では，"要么 X，要么 Y"と"不是 X，就是 Y"とがともに表し得る事態は事実分析的選択の(i)(ii)(iii)であることが明らかにされている。

　さらに，長谷川 2018：516 では，"要么 X，要么 Y"は選択項に名詞句を置くことができず，属性を示すことには制限があるため，意欲的選択が最も典型的な用法であるとする。他方，"不是 X，就是 Y"は大多

数が恒常的動作や属性などある種の状態を表す文であり，恒常的な状態を示す用法が最も典型的な用法であるとされる。

以上の指摘に対し，本稿が収集した報道文の用例では，両構文とも(ⅱ)(ⅲ)の事態タイプ，すなわち恒常的な状態を表す文が多数を占めた。このことから，"要么 X，要么 Y""不是 X，就是 Y"は，報道文においては多く恒常的な状態を表し，それには何かしらの特徴が存在すると推測される。以上の経緯から，本稿では両構文が報道文において(ⅱ)と(ⅲ)の事態を表す際にどのような特徴を呈するかについて考察を行う。なお，以下で限定選択構文という場合，特にことわりのない限り"要么 X，要么 Y"と"不是 X，就是 Y"を指すものとする。

3　考察

本稿の用例は，《北京大学中国语言学研究中心》が提供するコーパスを用いて，2020 年代に発表された"报刊"より，"要么 X，要么 Y""不是 X，就是 Y"を含む文をそれぞれ 100 例ずつヒットした順に収集した。

3.1　属性

まず，"要么 X，要么 Y""不是 X，就是 Y"が属性を表す例を見てみたい。

⑿ 除了担任主播，何清还是节目的主要策划人和撰稿人。她常在想，怎样用更具感染力的方式去传递生态环保的理念？ "**要么**有科学价值，**要么**有用，**要么**观点犀利，**要么**给人美的享受。"何清说，"要让大家能听懂，数据才有价值。"［キャスターの他に，何清は番組のプロデューサーとコピーライターも務める。彼女はいつも生態系・環境保護の理念をどうすればより効果的に伝えられるかを考えている。「科学的価値があるか，役に立つか，観点が鋭いか，美しさを与えられるか。」何清は言う。「人々に理解してもらうためには，データこそが価値をもつ。」］　　　　　　　　　　（《人民日报》2020_06）

属性とは物事に備わる特質であるが，発話時点において，所与の主体（ここでは「番組」）がその特質を備えておらず，備えるべき特質として選択項が提示される場合，“不是 X，就是 Y”を用いることが難しい。これは，“不是 X，就是 Y”の本務が「事実に対する描写や反映」であり，属性であっても，眼前に存在しないものについては描写できないことに起因する。ある事物にある属性をもたせようとするなら，それに即応した動作行為がこれから選択されることになる（例えば，番組に客観性をもたせるために，データを収集し提示するなど）。将来的に備えるべき属性が，「これから採るべき動作行為」と密接な関係をもつと考えれば，備えるべき特質の提示に“要么 X，要么 Y”が用いられることは理解に難くない。

　また，下記のケースも“不是 X，就是 Y”を用いて表すことが難しい。

　　⒀　在腊月，花信风也吹着。瑞香、兰草、水仙、山茶……这些花骨朵，**要么雅致，要么**野性，叫腊月有了些许的浪漫。［臘月には開花を誘う風も吹く。沈丁花，フジバカマ，水仙，ツバキ…こうした花の蕾は優雅，もしくは野性的であり，臘月に情緒を添えている。］

（《人民日报》2020_01）

　⒀に“不是 X，就是 Y”を用いた場合，主体の属性が必ず選択項 X か Y のいずれかであるという判断を表し，その他の属性の存在を排除する[5]ために，所与のコンテクストにおける文意を損なうと考えられる。中俣 2015：32 は，「他にはない」という推意を「排他的推意」を呼び，語用レベルの概念であると説明する。この点を援用すると，“不是 X，就是 Y”には排他的推意があり，“要么 X，要么 Y”は排他的推意がないケースを許容すると考えられる。この現象が⑿のような 3 つ以上の選択項[6]の存在にもつながっており，“要么 X，要么 Y”は時に列挙の様相[7]を帯びてくるのではないかと考える。また，“不是 X，就是 Y”は「より毅然とした断定であり，語気が硬い」のに対し，“要么 X，要么 Y”は「相対的に柔軟な語気」であるという指摘がある（邢福义 1987：16）。この現象についても，“不是 X，就是 Y”は排他的推意があ

ることから「他にはない」という断定の口調となり、"要么 X，要么 Y" は他の選択肢を想起させる余地があるため、断定の口調にはならず、柔軟な語気になると考えられる。

3.2 多発的事態から抽出される一般的状況―常態

　既述したように、長谷川 2018：513 によると、事実分析的選択には恒常的な動作を表す文が含まれる。以下のようなケースである。

⑭ ……以前，为了购买年货，阿里木江**要么**得赶往 400 多公里外的伊宁市，**要么**得等到集市开集。［…以前は，正月用品を買うために、アリムジャンは 400 キロメートル以上離れたグルジャ市に行くか，定期市が開かれるのを待つしかなかった。］　　（《人民日报》2020_01）

⑮ 一来路远，二来花钱，村里人生了病，**不是**喝姜汤捂汗，**就是**拔火罐，往往小疾拖成大病。［1 つめに距離が遠く，2 つめにお金がかかるので、村の人は病気になると，生姜スープを飲んで汗を出すか，吸玉治療をするかで，軽い病気をこじらせて大きな病気にしてしまうことがよくあった。］　　（《人民日报》2020_11）

⑭は，特定の人である"阿里木江"が正月用品を買うために、ある時は遠く離れたグルジャ市へ行き，ある時は定期市が開かれるのを待つ，という事態を表す。また、⑮の主体"村里人"は複数性を備え，病気になった場合，ある村民は生姜スープを飲んで汗を出し，ある村民は吸玉治療を行うという解釈が通常である。いずれのケースも断続的に生起する多発的事態から抽出された一般的な状況[8]（本稿では「常態」と呼ぶ）が，X か Y であることを表す。

　常態には，ある種の状態や，ある種の事象が多発的に生起することを含意するものもある。

⑯ 2018 年，村里正在念书的中小学生有 255 人，另外还有 7 个**要么**辍学在家，**要么**干脆没上过学。［2018 年，村で学校に通っていた小中学生は 255 人で、他に 7 人が中退して家にいるか，はなから学校に通ったことがないかであった。］　　（《人民日报》2020_04）

⑰ 周女士说，这家知名医院每天上午 9 点放号，她每次都准时守在手机边。"奇怪的是，总是挂不上号。**不是**显示'您的请求正在处理中'，**就是**'当天已无号'。"［周さんが言うには，この有名な病院では毎日午前 9 時に受付が始まり，彼女は毎回時間通りに携帯電話を手元に用意し待機しているという。「おかしいことに，ずっと予約できないんです。『リクエストは処理中です』と表示されるか，『本日の受付は終了しました』と表示されるんです。」］　　（《人民日报》2021_02)

例えば，⑯は 7 人の子供が X（＝中退して家にいる）という状態にあるか，Y（＝はなから学校に通ったことがない）という状態にあるかを示している。7 人の子供のうち，「甲という子供は X という状態と結びつき，乙という子供は Y という状態と結びつき，丙という子供は…」というように考えれば，こうした結びつきは多発的に生じていると言える。また，⑰の"每次"は頻度を表し，X（＝「リクエストは処理中です」と表示される）の事象と，Y（＝「本日の受付は終了しました」と表示される）の事象が多発し，常態化していることを表す。このように，限定選択構文が表す常態は，多発性を基盤としていることがわかる。

以下では，常態を表す限定選択構文で多く観察された 2 つのタイプの用例について考察を行う。

3.2.1　限定選択構文が表す背景的情報

常態を表す限定選択構文では，以下のような用例が多く観察された。

1 つめは，"要么 X，要么 Y"もしくは"不是 X，就是 Y"が表す常態が談話（discourse）において前景的情報とのコントラストをなすというケースである。下記の⑱では，"不是 X，就是 Y"が故郷の過去の常態―不衛生的環境―を構成する一要素を表し，後続文脈では現在の村の変化―清潔で美しくなった―が示されている。同様に，⑲でも"要么 X，要么 Y"が過去の常態―穀物を植えるか，出稼ぎに行くか―を表し，それを背景の情報として，前景的情報―観光客が増え，民宿がたくさんできた―が展開されている。

⑱ "记忆中，老家是个土旮旯，一下雨全是泥，家家户户门前**不是**拴

着牛，**就是**拴着骡，柴堆、粪堆、杂物堆满道、生活污水路上倒、院里倒、满街流。"陈洪浪说，"吉家庄现在的街道跟城市没有区别，柏油路通到家门口，汽车能开进院子里，村子干净漂亮了。"[「記憶では，故郷は土の山で，ひとたび雨が降ればすべて泥となり，どの家の前にも牛もしくはラバがつながれていて，薪，ふん尿，瓦礫の山が道いっぱいに積み上げられ，生活汚水は道や庭にまかれ，通りのあちこちを流れていました。」陳洪浪は言った。「吉家荘の現在の街並みは都市と変わりありません。アスファルトの道が玄関先まで続いていて，車は庭まで乗り入れることができ，村は清潔できれいになりました。」]

（《人民日报》2020_01）

⒆ "过去，我们这里就是个偏僻小乡村，大家**要么**种植玉米、谷子等粮食，**要么**出去打工。自打'长城一号'通了之后，游客越来越多，村里办起不少特色民宿……。"[「以前，ここは人里離れた小さな農村で，みんなトウモロコシや粟などの穀物を植えるか，出稼ぎに行くかでした。「長城一号」が開通してからは，観光客がますます増え，村では特色のある民宿がたくさんできました…。」]

（《人民日报》2020_09）

Hopper1979:213 は，談話の骨格をなす本筋の出来事を語る部分を「前景」（foreground）と呼び，本筋ではない副次的な出来事を語る部分を「背景」（background）と呼ぶ。また，前景の文は物語の個別的な出来事を表すため，動詞は通常，継続的・反復的ではなく瞬間的なものであり，逆に，継続的・状態的・反復的な動詞は背景の文に現れる傾向があるという（同上:215）。さらに，浜田 2000 によると，談話には「物語」と「説明」の２類型が存在し，物語では「何があったか」について，時間の流れにそって出来事が述べられ，「具体時性」を基調とする。それに対し，説明では「どのようであるか」についての判断が述べられ，「非具体時性」を基調とする。そして，具体時と非具体時は下記のような時間副詞句によって導入されるという。

(a)具体時を指定する時間副詞句：ある日のこと・昨日・去年・先週・

　　　　　　　　　ある朝・その朝・今・いつ

　(b)非具体時を指定する時間副詞句：昔・当時・あの頃・以前・前・
　　　　　　　　　かつては　　　　　　　（以上，浜田 2000）

　以上の知見を踏まえ，再度用例を確認すると，⒅⒆の限定選択構文
の前方にはそれぞれ"记忆中"⒅，"过去"⒆がある。前者は非具体時
性を示し，後者は非具体時を導入し，限定選択構文は談話における背景
や説明部分を構成していると考えられる。また，所与の限定選択構文は
多発性を基盤とした常態を表し，継続的・状態的・反復的事態と相通ず
る。

　本稿が収集した報道文の用例では，上記のケースは"要么 X，要么 Y"
により多く見られたが，"要么 X，要么 Y"と"不是 X，就是 Y"がと
もに常態を表す以上，両者に共通する現象と言えよう。

　また，報道文では「新しく一般にはまだ知られていない出来事や情
報[9]」が取り上げられることが多い。新しい出来事が好ましい事象であ
る場合，その新事象が形成される，または創出される契機や動機の１つ
に，好ましくない旧態の存在が挙げられる。その旧態（＝過去の常態）
を「説明」する際に限定選択構文が用いられると考えれば，本節で考察
した談話における限定選択構文の特徴は，報道文でよく見られる現象で
ある可能性がある。この点は，今後さらなる考察を行いたい。

3.2.2　"不是 X，就是 Y"が表す語用論的意味—「唯一性」「集中」

　２つめに，常態を表す"不是 X，就是 Y"では，「特定の主体がある
事柄に集中する」ことを表す用例が多く観察された。

　⒇　面对如此艰巨繁重的工程任务，刘虎迎难而上，全身心投入工程
　　　建设，自此"5+2""白＋黑"成了他的工作常态。他<u>不是</u>在水源
　　　<u>地总水厂，**就是**在施工现场</u>，严把质量关，协调解决问题。〔この
　　　ようにきわめて難しく負担の大きい建設の任務に対し，劉虎は困難に
　　　立ち向かい，建設事業に全力を注いだ。それ以来，「5+2」〔平日に加え，
　　　土日も働く〕「白＋黒」〔昼夜を問わず働く〕のワークスタイルが常態
　　　化した。彼は<u>水源地の浄水場にいるか，建設現場にいて</u>，品質管理を

徹底し，問題の調整や解決を行った。］　　　　　（《人民日報》2021_07）

⒇の"不是 X，就是 Y"は，主体である"他"が常に「水源地の浄水場」か「建設現場」にいることを表す。水道インフラ事業に携わる中で，常に上記の場所のいずれかに存在することは，常時現場にて仕事に従事することを意味する。また，類似の表現として，"不是 + 在～，就是 + 在～的路上"という定型表現も多く見られる。

　㉑ 陈薇的朋友评价她："**不是**在实验室，**就是**在去实验室的路上。只要她一钻进实验室，啥时候出来都不知道。"［陳薇の友人は，彼女について次のように評価する。「<u>ラボにいるか，ラボに向かっている途中で</u>，彼女が一度ラボに入ったら，いつ出てくるかもわからない。」］

（《人民日報》2020_09）

　㉑の X"在实验室"は，ある空間にいる（ラボにいる）ことによって，その空間で行う行為（ラボで実験を行う）を指し示しており，隣接関係に基づくメトニミー（metonymy）的表現であると考えられる。また，Y"在去实验室的路上"は「ラボで実験を行う」という目的に至る道にすでにあることを表し，障害がなければ，通常その目的は時間の推移にともない実現されることになる。このように考えると，X"在实验室"と Y"在去实验室的路上"には同様の事態構造「ラボで実験を行う」が含意され，どちらの選択項を選んでも同様の結果が得られることになる。限定された 2 つの選択項の表す意味が限りなく近いうえに，"不是 X，就是 Y"が「他にはない」という排他的推意をもつことから「それしかない」という「唯一性」が生じ，コンテクストによって「それに集中している」という意味を獲得すると考えられる。同様の用例では，いずれも"不是 X，就是 Y"が使用されている。

　㉒ "以前，我们一周要到县里参加三四个会。由于壶瓶山距离县城有110多公里，加上山路窄、弯道急，毫不夸张地说，我们的干部**不是**在开会，**就是**在开会的路上，哪有时间进村入户、谋划产业发展？"［以前は週に 3，4 回県の会議に参加していた。壺瓶山から県政府までは 110 キロメートル以上あり，加えて山道は狭く，急なカー

ブもあるため，少しも誇張せずに言うと，幹部たちは会議に出ているか，会議に出向く道中にあった。村民を訪問したり，産業の発展計画を考える時間などどこにあっただろうか。」]　　　　　（《人民日報》2020_04）

"不是 X，就是 Y" の選択項に同類の事態が置かれることは，王弘宇 1996：64-65，長谷川 2018：518-521 でつとに指摘されている。本稿が取り上げた上記の現象は，先行研究の指摘の延長上にあり，一種の誇張表現（hyperbole）にあたると考える。また，(21)のように，特定の主体が「ある事柄に集中する」ことを主体への評価とする用例も存在する。

3.3　限定選択構文とマイナスの事態

長谷川 2018：521 によると，恒常的な状態を表す "不是 X，就是 Y" では，2 つの選択項からなる構造全体がマイナスの事態を表すケースが多いとされる。用例を追加し，報道文において常態を表す "要么 X，要么 Y""不是 X，就是 Y" を 100 例ずつ観察したところ，プラスの事態，ニュートラルな事態，マイナスの事態に加え，構造全体はニュートラルな事態を表すが，コンテクストを参照するとプラスやマイナスの意味が読み取れるものがあった。

まず，プラスの事態について，用例を掲載する。下記(23)の "要么 X，要么 Y" は "收益" といったプラスの語彙を含み，プラスの事態を表す。しかし，コンテクストからプラスの意味が読み取れるものを含めても，プラス事態を表す用例は "要么 X，要么 Y" では 6 例，"不是 X，就是 Y" では 2 例ときわめて少なかった。

(23) "产业园能覆盖全县 14133 户 61205 名建档立卡贫困人口，每人**要么**有半亩猕猴桃股份收益，**要么**有 1 亩油茶或芒果股份收益，平均年收入能达 3000 至 4000 元。"[「産業園は県内の 14133 世帯の「建档立卡」〔個人資料を作成し，カードを発行して管理する〕貧困層 61205 名をカバーし，どの人もキウイフルーツ 0.5 ムーの株式収入か，油茶あるいはマンゴー 1 ムーの株式収入があり，平均年収は 3000 元から 4000 元に達する。」]　　　　　（《人民日報》2020_07）

次に，ニュートラルな事態を表すものは，"要么 X，要么 Y" では 14 例，"不是 X，就是 Y" では 16 例あった。

⒇ 大家知道，荷叶是不沾水的，水珠**要么**完整地"躺"在荷叶表面，**要么**沿着荷叶滑落。[周知のように，ハスの葉は水をはじき，水滴は ハスの葉の表面にそのまま「寝そべる」か，ハスの葉をつたって滑り 落ちるかである。]　　　　　　　　　　　　　　　（《人民日报》2020_11)

⒇ ……何柳英只要有空，就去看"开心"，每次**不是**带着玩具，**就是** 拿些图书，跟"开心"一起玩，教"开心"识字、讲故事。[…何 柳英は暇さえあれば「開心」に会いに行き，毎回おもちゃを持参する か本を持参して「開心」と一緒に遊び，「開心」に字を教えたり，読み 聞かせをする。]　　　　　　　　　　　　　　　（《人民日报》2020_03)

⒇はある種の原理原則を表す例であり，"要么 X，要么 Y" は好悪を 伴わないニュートラルな事態を表す。また，⒇の "不是 X，就是 Y" は持参するものが玩具か本かのいずれかであることを表し，それ自体に プラスやマイナスの意味合いはない。

　常態を表す限定選択構文では，大部分の用例がマイナスの事態を表す。 そうしたケースでは，X や Y に何らかのマイナス的要素を含むもの（否 定，不可能，過不足，劣悪，失敗，困難，破壊，被害，衝突，阻止，違 反等）もあれば，コンテクストからマイナスの意味を読み取れるものも ある。こうしたケースは，"要么 X，要么 Y" では 80 例，"不是 X，就 是 Y" では 82 例あった。

⒇ 段照说："过去手工播种，**要么**不出苗，**要么**太密。现在这种方式， 可以确保'一粒种、一棵秧、一兜禾'。[段照は，「以前は手で種を 蒔くと，発芽しないか，密生してしまうかでした。今のこの方法であ れば，『一粒の種に一本の苗，一本の稲』を確保できます」と話した。]　　　　　　　　　　　　　　　　　　　　　　（《人民日报》2020_04)

⒇ 我经常提醒，可电工**要么**回答"知道了"，**要么**说"爬了十几年没 出过事"，根本没把安全当回事。[私はいつも注意していたが，電気 工事士は「わかりました」と答えるか，「10 年以上登っているけど事故

が起きたことはない」と言うかで、まったく安全について考えていない。]

（《人民日报》2020_04）

　例えば、⒇では X と Y にそれぞれ否定や過剰を表す要素が含まれており、"要么 X, 要么 Y" はマイナスの事態を表す。一方、⒇の "要么 X, 要么 Y" は「『わかりました』と答えるか、『10 年以上登っているけど事故が起きたことはない』と言う」ことを表し、それ自体はニュートラルな事態を表すと考えられるが、後続する "根本没把安全当回事" を参照することにより、当該事態はマイナスの事態に読み替えられる。X "回答'知道了'" は注意に対してうわべを取り繕う行為であり、Y "说'爬了十几年没出过事'" は過去に問題が発生しなかったことから安全を顧みようとしない安直な考えの表れであり、いずれも「まったく安全について考えていない」ことの表出である。

　ところで、前節で考察した「唯一性」「集中」を表す "不是 X, 就是 Y" については、これをプラスの事態と捉えるべきであろうか。それとも、マイナスの事態と捉えるべきであろうか。結論を先に述べると、このタイプの "不是 X, 就是 Y" はマイナスの事態を表すと考える。

　⒇ 消防员这一职业，吴炳银干了 25 年，但他依然热情如初。"我们闲下来的时候一般都在看手机；但老班长不一样，**不是**在那儿捧着书看，**就是**在装备器材库里泡着。"队里另一位装备技师王朝康，对吴炳银很是佩服。［消防士という職業を、呉炳銀は 25 年続けているが、当初の情熱は健在である。「私たちは暇な時、たいてい携帯電話を見ている。しかし隊長は違って、そこで本を手にして読んでいるか、装備資機材の倉庫に入り浸っているかだ。」隊のもう一人の消防設備士である王朝康は呉炳銀に尊敬の念を抱く。］

（《人民日报》2021_08）

　⒇の "不是 X, 就是 Y" は「仕事関連の本を読むか、装備資機材の点検・補充等を行っている」と理解される。通常、人はそうした仕事ばかりの辛い状況を避けようとするが、所与の主体は常に人が敬遠する状況に身を置くため、それが職務上の貢献や美徳と見なされるのである。

したがって，この場合，"不是 X，就是 Y" は通常は敬遠される，マイナスの事態を表すと考えられる。

　以上の考察から，"要么 X，要么 Y" "不是 X，就是 Y" が常態を表す場合，その多くがマイナスの事態であることがわかった。限定選択構文にマイナスの事態が多いのは，選択肢が少数（特に "不是 X，就是 Y" の場合は 2 つ）に限られることが，自由がない，融通が利かない，動きがないというマイナスの事態に通ずるからであろう。そうした制限のある，単調な構造に置かれる事態は，往々にしてマイナスでいて類似性をもつ（＝単調である）のではないかと考えられる。

4　おわりに

　以上，本稿では常態を表す "要么 X，要么 Y" "不是 X，就是 Y" について，報道文で観察された現象を取り上げ分析を加えた。まず，両構文の差異として，"不是 X，就是 Y" が排他的推意をもつのに対し，"要么 X，要么 Y" は排他的推意をもたないケースも許容する。こうした排他的推意によって，"不是 X，就是 Y" には「唯一性」が生じ，コンテクストによって「それに集中している」という意味を表す場合がある。次に，談話においては，両構文は背景や説明部分を構成する要素となることが多く，前景情報との対比をなす。両構文は多くマイナスの事態を表すが，これは選択肢の数が少数に限定された，単調な構造が，マイナスかつ類似性をもつ事態と親和性を有するためであると考えられる。

注
1) ここでは主に《人民日報》のことを指す。
2) 特にことわりのない限り，本稿の用例の日本語訳，太字，下線は筆者による。
3) 長谷川 2018：505 は "要不 A，要不 B" についても「A か B のどちらかだ」を表し，類義の構文であるとする。张宝 2019 の主な研究対象は新型限定選択構文の "要么 X，要么 Y" であるが，類義構文に "不是 X，就是 Y" "要不 X，要不 Y" "或者 X，或者 Y" を挙げている。

46

4) 用語の日本語訳は，長谷川 2018 を参照。

5) この点は王弘宇 1996：64 がつとに指摘しており，"'不是 A，就是 B'格式的句法语义意义的全部应当是'二者必居其一，排除第三者'"と述べている。

6) 邢福义 1987：13 は，"……一个复句里'要么'所关联的选择项都不一定限于两个。有时出现三个或四个选择项，因此相应使用三个或四个'要么'"と指摘している。

7) 先述のとおり，邢福义 1987：13 が(4)の例文を「"有的……有的……"の意味に近い」とするのは，この点も示唆していると考えられる。

8) 山岡 2000：213-214 参照。山岡 2001：213 は，「習慣」は人物にしか適用できない概念として，事態の断続的生起をより一般化して「多発相」と呼んでいる。

9) 『大辞泉』の「ニュース」を参照。

参考文献

中俣尚己 2011　選択を表す接続詞「または」「あるいは」「もしくは」「ないし」「それとも」の使い分け，『實踐國文學』80 号，pp.247-229

中俣尚己 2015　『日本語並列表現の体系』（シリーズ言語学と言語教育 33），ひつじ書房

浜田秀 2000　物語と説明—談話における二類型—，『日本認知科学会テクニカルレポート 文学と認知・コンピューター 6 —ことばと文学—』，pp.160-168

長谷川賢 2018　中国語の限定選択構文の典型的用法と表現機能，「立命館法学」別冊『ことばとそのひろがり(6)』島津幸子教授追悼論集，pp.505-524

松村明監修，小学館国語辞典編集部編 2012　『大辞泉 第二版』，小学館

山岡政紀 2000　『日本語の述語と文機能』（日本語研究叢書 13），くろしお出版

王弘宇 1996　细说"不是 A，就是 B"格式，《世界汉语教学》（第 4 期），pp.64-68

邢福义 1987　现代汉语的"要么 P，要么 Q"句式，《世界汉语教学》（第 2 期），pp.13-18

张宝 2019　新兴限制构式"要么，要么"研究，『中国語文法研究』2019 年巻，pp.115-131

Hopper, Paul J 1979 Aspect and foregrounding in discourse, *Syntax and Semantics Volume12: Discourse and Syntax*, pp.213-241, Academic Press

例文出典
《北京大学中国语言学研究中心》コーパス

（しまむら・のりこ　京都外国語大学）

起点聚焦模型下"X起来"的多义性探究

高　渊

1　引言

　　词汇及表达的多义性探究是语言学研究的重要课题。在认知语言学视角下，词汇的多义性被视为人类认知结构、思维方式与自然环境互动的产物。一直以来，趋向表达作为构建空间认知的重要手段，其句法及语义特征备受学界关注。其中，"起来"作为颇具代表性的趋向动词，其语义结构的复杂性与丰富性，使之成为趋向表达研究的重要对象。从字面意义来看，"起来"可直观地描述从躺卧状态到站立状态的位移过程，还可以用于描绘物体由低位向高位的位移事件。从语法功能来看，"起来"还可以在"X起来"构式中充当趋向补语，赋予构件"X"运动、变化、发展的趋势。

　　现实交际中，其语义功能超越了纯粹物理空间变化的局限，巧妙地映射到复杂而微妙的心理活动和社会互动之中，形成了一套精细且广泛关联的语义网络。本文将在先行研究的基础上，对"X起来"的多义性进行梳理，并尝试从空间认知的角度，深入探讨隐藏在语言现象背后的各义项间的语义关联。

2　"X起来"的多义性

　　《现代汉语词典（第7版）》对补语"起来"进行了如下定义：

　　①用在动词后，表示向上：抬起头来◇1949年新中国成立，中国人
　　　民从此站～了。

②用在动词或形容词后，表示动作或情况开始并且继续：一句话把屋子里的人都逗得大笑～｜唱起歌来｜天气渐渐暖和～。

③用在动词后，表示动作完成或达到目的：球队已经组织～了｜想了半天，终于想～了。

④用在动词后，表示估计或着眼于某一方面：看～，他不会来了。

吕叔湘（1980）将补语起来的语义概括为以下五个层面：

a. 表示人或事物随动作由下向上运动。

b. 表示动作完成，兼有聚拢或达到一定的目的、结果的意思。

c. 表示动作开始，并有继续下去的意思。

d. 作插入语或句子的前一部分，有估计或着眼于某一方面的意思。

e. 形＋起来。表示一种状态开始发展或程度在继续加深。

刘月华（1998）进一步根据位移的主体及方式等移动要素，对补语"起来"的义项进行了合并，归纳为趋向义、结果义、状态义，其中对于一些难以类聚的例子标记为特殊用法。例句如下[1]：

(1) a. 这时从座位上**站起来**一个人。　　　　（趋向义——有生位移）

　　b. 太阳**升起来**了，黑暗留在后面。　　　（趋向义——无生位移）

　　c. 江涛猛地**抬起头来**笑了。　　　　　　（趋向义——自主位移）

　　d. 江涛**端起碗来**喝着汤。　　　　　　　（趋向义——致使位移）

(2) a. 这是一针针，一线线**缝起来**的裙子。　（结果义——连接聚合）

　　b. 全部中文系**加起来**，又有多少人呢？　（结果义——合并聚合）

　　c. 不料他却把纸**团了起来**，往地上一扔。（结果义——收缩聚合）

　　d. 我们应该互相帮助，**团结起来**。　　　（结果义——集中聚合）

(3) a. 一挨他的手，我就浑身**抖起来**了。　　（状态义——动作开始）

　　b. 我立刻又**得意起来**。　　　　　　　　（状态义——状态开始）

(4) a. 江涛，**说起来**不是外人。　　　　　　　（特殊用法——提及）

　　b. **看起来**，你还是不甘寂寞呀！　　　　　（特殊用法——看法）

　　c. 现在**想起来**，简直是荒唐。　　　　　　（特殊用法——回忆）

　　a. 这槐树**种起来**好活，**栽起来**好长。　　（特殊用法——评价）

通过以上例句能够发现，"X起来"的基本语义核心在于描述物体或

个体从低处到高处、由静止到活跃等变化。然而，各义项呈现的趋向义、结果义、状态义的内部并非均质，其语义会随着动作或状态的主体参与者，动作或状态的性质等要素的变化而变化。

在表达趋向义时，根据位移主体的特征，产生有生位移（即生命体的躯体运动）与无生位移（即物体的相对运动），以及自主位移（即生命体的自主运动）与致使位移（即生命体或物体的非自主性运动）的差异；在表达结果义时，根据动作方式的不同，产生"连接""收缩""合并"等语义，再加上动作参与者的数量差异，进一步产生"集中""聚拢"等语义；在表达状态义时，根据构件"X"的动作性特征或状态性特征，产生动作或状态进入新的阶段的语义。同样，动词"说""看""想""种""栽"在补语"起来"的驱动下产生了"提及""看法""回忆""评价"等具有个性化难以从意义上类聚的特殊用法。

由此可见，补语"起来"与其他各句法成分间的互动关系是促使"X起来"多义性产生的重要方式。各义项在一定的认知机制的作用下，产生了"由实到虚"的语义关联，建立起了由基本的空间义到抽象义之间的联系。为了能够更清晰地揭示"X起来"构式背后的认知原理，首先需要对趋向动词"起来"的认知机制进行探索。

3 "X 起来"的认知机制

3.1 起点义的认知形成

我们具有对空间方位的认知能力，尤其是对上下、高低的感知能力。在人类的早期经验中，物理的"上升"或"抬升"是最直观的动作之一，如由躺卧到坐立、从坐立到站立。"起来"正是我们不断积累、重复上向位移经验的过程中构建的语言表达。例如：

(5) 埃夏猛地**起来**坐在床上，伸手去取旁边桌上的香烟。　　　（BCC）

(6) 一位年龄三十上下的女士从座位**起来**，怒视着坐她对面的一个男子。　　　（BCC）

"由躺、卧而坐，由坐、跪而站"[2]是起来的基本空间义。根据不同的

初始身体姿态，"起来"表示的动作内含存在细微差异。例(5)描述了动作主体由躺卧位变换为坐立位的过程。如图1所示，A点表示臀部，B点表示头部。"由躺而坐"即指躯体的AB以A点所示的臀部为支撑点，按照虚线箭头所示方向，不断向AB'运动的过程。例(6)描述了动作主体由坐立位变换为站立位的过程。"由坐而站"即指躯体AB'部分继续向上运动，当A点所示的臀部脱离原始坐立点时，由低处向高处位移的空间认识将得到进一步强化。此时，伴随身姿由躺卧向坐立、由坐立向站立的调整，脱离原始坐卧点，即位移起点的空间认识得以形成。

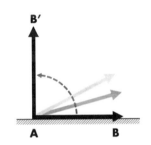

图1　由躺卧位转换为坐立位图示

(7) 社区长好像刚**起来**，穿衬衫和裤子坐在门阶上，叫妻子拿皮靴，用裹脚布包制，代替短袜。　　　　　　　　　　　(BCC)
(8) 他饭也不吃，一直在被窝里睡到午后四点钟的时候才**起来**。(BCC)

随着日常经验的不断积累，由躺卧到站立的位移变化与"睡醒后下床活动"等日常行为相互关联。这些行为在认知上逐渐映射到"起来"一词当中，使其不仅用于描述具体的物理运动，更多地用于描述抽象的状态变化。例(7)、(8)中的"起来"在某种程度上可以看作是一种复合行为，其语义既包括身体的上向位移（由卧到立），同时也包括状态的变化（由睡到醒）。

(9) 晚上，当炎热已经消退时，林苑里到处都**活跃起来**。　(BCC)
(10) 年轻人立刻又以超人的勇气使自己**振作起来**。　　　(BCC)
(11) 介绍一些好的做法，把工作逐步**规范起来**。　　　　(BCC)

如例(9)、(10)、(11)所示,"起来"作补语时,在不同的概念范畴下,其描述的状态的变化还可以被识别为从静止到运动、从消极到积极、从无序到有序等状态间的切换。这种状态变化的认知模式使得"起来"能够跨越具体的空间位移,扩展到如情绪、意志等更抽象的状态转换。当系统、个体或思想从一种静态、消极或无序的状态向动态、积极或有序转化时,这一转化的瞬间将被标记为一个新状态的起点。

3.2 "X起来"的起点聚焦

空间位移的描述离不开几个关键的要素:起点与终点定义了位移的边界,明确了变化的范围;位移路径描绘了从起点到终点的具体轨迹,可能涉及直线、曲线或复杂的三维路径;位移方向则指明了运动的朝向,是空间认识的重要指标。这些要素共同参与构建了人类对空间位移事件的认知模型。

Lakoff (1987) 巧妙地组织了上述多个位移要素,并借助认知图示构建了著名的"始源—路径—目标"图式。这一图式不仅成为描绘移动现象的经典框架,更深刻揭示了人类对于运动及其相关概念的认知模式。该图式将任何移动或变化的过程分解为三个基本组成部分:

①始源 (source),即运动或变化的起点;
②路径 (path),即从始源到目标的行进轨迹或发展路线;
③目标 (goal),即运动或变化的目的地或最终状态。

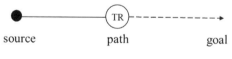

图 2　Lakoff (1987) "始源—路径—目标"图示

然而,我们在认识位移事件时,并非网罗性地捕捉上述所有的移动要素,而是对部分要素进行聚焦,使之置于前景,其余要素置于背景之中。古川 (2012) 在进行现代汉语"起"类词的功能扩展机制时指出,"起"的语义焦点于"上向"运动的始发点,即位移动作的"起点"之上。例如:

⑿ 从警卫室下来的警察将她**扶起来**。 (BCC)

⒀ 这时，月亮落山，太阳**升起来**了。 (BCC)

⒁ 他伸出一只手，托住她的下巴，将她的脸**抬起来**。 (BCC)

⒂ 有一只手，在她看来粗壮无比，抓住了那提梁，轻轻地就把那水桶**提起来**了。 (BCC)

例⑿"起来"在描述警察扶助她由坐到站或躺到站的过程中，虽然未提及具体的起点信息，但我们始终能够捕捉到以某处为起点进行位移的特征，而终点信息则始终至于背景之中。例⒀"起来"聚焦于太阳从水平线或地平线这一起点开始的上升动作，而具体的终点位置或高度则相对被置于背景之中。例⒁"起来"用于描绘他将她的脸由原本位置抬起的过程，凸显了脸部位移的起点状态，而脸部被抬起后的终点状态则相对模糊。同样，例⒂"起来"强调了水桶从地面或原本放置的位置这一起点开始的位移，而水桶被提起后的终点位置则并未成为描述的重点。

此外，通过大量的语言事实我们发现，除了起点信息外，"起来"还对上向运动的路径信息具有显著的聚焦作用。例如：

⒃　a. 提一桶水

　＊b. 一寸一寸地提一桶水

　c. 一寸一寸地提起一桶水来

⒄　a. 拔一根萝卜

　＊b. 一点点地拔一根萝卜

　c. 一点点地拔起萝卜来

⒅　a. 吊一袋沙子

　＊b. 猛地吊一袋沙子

　c. 猛地吊起一袋沙子

例⒃"一寸一寸地提起一桶水来"中，"起来"不仅提示了动作暗含的起点信息，同时还聚焦了从低到高的位移路径，因而能够接受"一寸一寸地"等位移过程描写成分的修饰。同理，例⒄、⒅中的"拔一根萝卜"和"吊一袋沙子"这一动作描写，无法直接接受用于位移过程描写成分"一

点点地""猛地"的修饰。在"起来"的作用下,"拔"和"吊"的位移路径信息得以凸显,因而能够接受位移过程描写成分的修饰。

3.3 基于"X起来"的起点聚焦模型

通过上述分析得知,"X起来"能够将上向位移事件中的起点与路径信息置于前景。相比之下,终点信息则相对被隐退至背景之中虚化。基于Lakoff(1987)"始源—路径—目标"图示,我们尝试构建了基于"X起来"的起点聚焦模型。

起点聚焦模型特别强调了"X起来"对于〈起点–路径〉(S-P)部分的凸显作用。如图3所示,在认知加工的过程中,起点(source)以及路径(path)处于前景之中,以实心圆和实线表示。终点(target)处于背景之中,以空心圆和虚线表示。

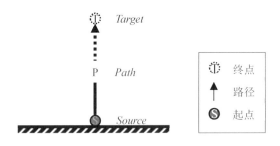

图3 基于"X起来"的起点聚焦模型

将该模型投射至不同的概念域时,其凸显的信息焦点亦随之变化。当投射至空间域时,空间位移的起点及路径信息得以凸显;转至时间域时,时间的起点及过程信息则成为关注的焦点;而当投射至心理域时,心理状态的起点及其变化过程信息同样得以凸显。例如:

(19) 大卫嘴唇哆嗦着,把自己掉在地上的书包**捡起来**。　　(BCC)

(20) 他坐下来,低下头,眼睛看着地,**抽起烟来**。　　(BCC)

(21) 国王看见他那心爱的巴黎城将会长时间没有歌剧院了,内心一阵酸楚,不免**悲伤起来**。　　(BCC)

例(19)中的起点是物体掉落的位置,路径是手部移动到物体并将其拾

起的过程，物体被捡起后的具体位置并没有明确描述。例⒇强调了“抽烟”这一动作的开始和持续。例㉑展现了内心“悲伤”这一心理状态的开始和持续。此外，“X 起来”的起点聚焦还能够对于动作或状态的持续过程进行特写。

㉒ 他**办起事来**很认真。 → 办事的过程评价

㉓ 牙疼不是病，**疼起来**真要命。→ 疼的过程评价

㉔ 这个字**写起来**很难。 → 写的过程评价

㉕ 冰箱**收拾起来**真麻烦。 → 收拾的过程评价

“X 起来”勾勒出一个从开始到持续发展的动态过程，强调某一动作或状态随时间推移的过程。例如，“写起来很难”中的“写起来”，不仅指出写字的行为，更侧重于说话人对于实施该行为的过程性评价。该评价可以是正面的，如“办起事来很认真”所体现的积极态度；也可以是负面的，例如“收拾起来真麻烦”所传达的不悦或困扰。在表现客观事件的同时，也反应出动作主体或描述者的情感体验。

4 起点聚焦模型下“X 起来”的多义性分析

根据前文对的分析以及现行研究的概述，我们可以提取出“X 起来”的以下几个义项：

a. 自下而上的空间位移

b. 由分散到聚拢

c. 从无到有由静到动

d. 动作或状态开始并持续

e. 回忆或设想某一情景

f. 评价

通过上述义项可以看出，起点聚焦模型下，“起来”的语义从直接的物理空间位移（a 项）开始，逐渐扩展到较为抽象的概念，如聚集、状态变化（b、c 项），再到心理活动和认知过程（d、e、f 项）。这种扩展体现了人类认知由具体到抽象、由简单到复杂的演变路径。

表 1 　起点聚焦模型下 "X 起来" 各义项的语义特征

"X 起来" 各义项	起点聚焦模型下的语义特征
a. 自下而上的空间位移	"起来" 指向物体或人从低处向高处的位移，如从坐到站或物体被提升。起点信息被显性强调，同时路径（即上升的过程）也得到了关注，终点（如站立位置或物体的最终高度）则相对模糊。
b. 由分散到聚拢	起点可以视为分散状态，路径是聚合的过程，而终点（完全聚拢的状态）虽然重要，但在表达中不如起点和聚拢过程显著。"起来" 在此语境中突出了从各自为政到凝聚成一个整体的动态过程。
c. 从无到有由静到动	起点是无或静止的状态，路径是变化的过程，而终点（动态或存在的状态）虽然标志着变化的结果，但 "起来" 更多地聚焦于变化的起点和动态转化的过程。
d. 动作或状态开始并持续	起点为动作或状态的初始启动时刻，路径是持续进行的时间轴，终点（动作停止或状态改变）并不明确，重点在于持续的过程本身。"起来" 突出了启动点和持续的动态。
e. 回忆或设想某一情景	起点为当前思考的出发点，路径是进入记忆或设想的心理过程，侧重于从当前状态向过去或未来心理状态的转变过程。
f. 评价	起点为使用方法前的初始状态，路径是认知扫描的过程，强调的是从尝试到得出评价这一过程的起点和过程。

　　无论是在空间位移、状态变化还是心理活动的描述中，"起来" 都隐含了一个起点的概念，这个起点既是动作或状态的起始点，也是语义变化的出发点。不同义项中的起点虽各有侧重，但共同构成了 "起来" 语义网络的基础。从物理空间的位移（如站立、升起）到心理或社会状态的转变（如活跃、振作），说明 "起来" 在语言使用中实现了从具体空间概念向抽象概念的映射，这种映射基于人类对 "上升"、"向前" 等方向性的基本认知框架，形成了丰富的语义层次和关联。

　　"X 起来" 的多义性在起点聚焦模型下，展示了一种从物理空间的直

观体验出发，逐步延伸至抽象心理和社会状态的动态认知过程，各义项间通过共同的"起点"概念紧密相连，形成了一个包含由实到虚、由具体到抽象的语义网络。

注
1）例句引自刘月华（1998），括号中的注释均为笔者标注。
2）释义引自《现代汉语词典》（第七版）"起来"条目。

参考文献
丸尾誠 2017 『現代中国語方向補語研究』，pp.124-141，白帝社
高渊 2022 上升趋向表达的语义特征及其在日汉语教学策略思考，《国际汉语教育的新理念、新思路与新方法》，pp.256-265
古川裕 2012 汉语"起"类词的功能扩展机制及其感性教学，《汉语教学学刊》（第八辑），pp.50-59
古川裕 2021 《现代汉语认知语法与教学语法研究》，pp.50-59，商务印书馆
吕叔湘 1979 《现代汉语八百词》，pp.441-443，商务印书馆
刘月华 1998 《趋向补语通释》，pp.341-380，北京语言文化大学出版社
Lakoff, G. & Johnson. M 1980 Metaphors We Live, University of Chicago Press
Lakoff, G 1987 Women, fire, and dangerous things: What categories reveal about the mind, University of Chicago Press

例句出处
BCC 汉语语料库 https://bcc.blcu.edu.cn/
《现代汉语词典》（第七版）

（Gāo・Yuān 南京信息工程大学）

言語学関連の学術文書における
日中翻訳ストラテジー研究

葛　婧

1　はじめに

　中国における学術翻訳には，外国語で執筆された学術成果を中国語に翻訳すること，および，中国語で執筆された学術成果を外国語に翻訳することの両者が含まれる。中でも，海外文書の中国語翻訳については歴史が長く，清末から中華民国にかけて出版された学術翻訳だけでも，その数は2,293にまで達している（熊月之，1994:11）。一方，中国語文書の外国語翻訳については数が少なく，しかもそのほとんどが文学作品の翻訳に限られている。中国の学術書（社会科学や人文科学も含む）は，長い間海外に向け十分かつ適時に翻訳されてこなかった（Wang Chaohua, 2003:9）。このような背景から，「パンダ叢書(熊猫丛书)」「中華圏文化(大中华文化)」「中国古典国際出版プロジェクト（经典中国国际出版工程)」などの翻訳出版プロジェクトが次々と開始され，2010年には，中国社会科学基金によって新たに「中華学術外国語訳プロジェクト（中华学术外译项目)」が立ち上げられた。本プロジェクトは，中国の優れた学術成果を海外に紹介し，中国の学術イメージを向上させ，中国の学術的影響力を拡大することを目標に掲げている。

　本論文は，筆者が代表者として2017年に承認された国家社会科学基金学術外訳プロジェクト“《汉语和汉语研究十五讲》（日文版)”[1]の翻訳実践において浮き彫りとなった問題点を出発点とし，言語学の日本語翻訳分野において注意すべき点を指摘し，それに対応する翻訳ストラテ

ジーを提示することで，今後中国語言語学に関する学術文書を日本語に翻訳する際に参考となる知見を提供することを目的とする。

2 学術翻訳について

孫周興 2013:70-73 は，学術翻訳における四つの原則"语境原则（文脈原則)""硬译原则（硬訳原則)""统一原则（統一原則)""可读原则（可読原則)"を提案した。"语境原则（文脈原則)"は，翻訳者が原文に従って原文の意味を伝えることを求め，"硬译原则（硬訳原則)"は，基本的に魯迅氏が提唱した「硬訳」に相当し，「解釈された意味」ではなく「文字通りの意味」をとる方が良いと提唱している。"统一原则（統一原則)"は，「翻訳の一貫性と統一性」の原則を指し，"可读原则（可読原則)"とは，翻訳ではネイティブスピーカーが，学術翻訳では専門家が理解できるようにすることを指している。

周領順 2008:78-84 によると，学術翻訳はさらに，コミュニケーション的な意味での学術翻訳と言語科学的な意味での学術翻訳に大別でき，前者は翻訳内容を参考にすることを目的とする学術翻訳であり，後者は翻訳法を手段とし翻訳を言語の比較対照に用いる学術翻訳であるとされている。さまざまな研究分野の学術翻訳の中でも，言語学に関する学術文書の翻訳は，学術書としては対象国の読者の読書習慣を考慮しなければならず，言語課題を専門に扱う書物としては原著の文法構造に忠実でなければならないため，この2種類の学術翻訳の集合体と言えるだろう。

3 学術翻訳における考慮すべき点

3.1 専門用語の翻訳

王忻・李丹丹 2007:75-81 は，専門用語の翻訳はまず翻訳の一般原則に従う必要があり，第一は忠実で正確であること，第二は慣例に沿うことを挙げ，同時に第三の原則として簡潔であることを提起している。一

方，潘鈞 2021：92-101 によると，「用語の共通化は学術コミュニケーションの基礎である」という。学術専門書には多くの重要な専門用語があるため，専門用語が正しく厳密に翻訳されているかが学術翻訳を評価する重要な基準となる。誤訳となりやすい専門用語の翻訳は，二つのタイプに大別できる。一つは，日中両言語の用語が対応しているように見えて，実際には意味合いや拡張性が異なる場合であり，もう一つは二つの用語が類似しており，同じ単語であると錯覚してしまう場合である。

　中国語学と日本語学の専門用語の中には，一見すると互いに対応しているが，実際に指す概念の範囲が同じではないものは少なくない。中国語の用語の方が含まれる範囲が広い場合もあれば，その逆の場合もある。たとえば，日本語の「構文」は，中国語の"結構""句型""句式""构式"に対応している。中国語の"双宾结构""双宾句""双宾句式""双及物构式"は，いずれも日本語では「二重目的語構文」と訳して差し障りがない。"构式"という用語は，認知言語学の理論の枠組みにおける専門用語であり，他の言語理論では"构式"を使用することはほとんどなく，"句式"あるいは"句型"，"结构"という用語を使用するのが一般的である。したがって，研究者がどの理論の枠組みで研究を行うかによって"句式"と"构式"を使い分ける習慣が異なっており，厳密に区別する研究者もいれば，すべて"句式"を使用する研究者もいる。

　『中国語と中国語研究十五講』には，"結構""句型""句式""构式"といった用語が数多く登場している。本書では多くの言語学の理論が紹介されているが，各講の末尾にはその講で紹介された研究理論の限界を示し，そこから次の講に引き継がれるといった形式で，古い理論から新しい理論が順に紹介される構成となっている。この構成に基づき，"构式"という概念は，最後の講にはじめて登場する。それまでの講では，「構造」「文型」「構文」といった表現が使われていた。例えば，第2講"结构理论与结构层次分析"「構造理論と構造階層分析」では主に"结构"を使用し，第3講"变换理论与句式变换分析"「変換理論と構文変換分析」と第4講"特征理论与语义特征分析"「特徴理論と意味特徴分析」では，

主に"句式"が用いられている。第2講で主に使用されている"结构"については「構造」と訳出し，第3講と第4講では主に文型・構文の変換および各成分の意味特徴について論じているため，この講における"结构"は「構造」の訳に統一され，"句型"と"句式"は「文型」または「文構造」と訳した。

(1) 现代汉语双宾结构的上述特点，就是在运用变化分析考察、研究"把字句"的过程中才发现的。因为凡"把"的宾语为表示占有、领属的偏正结构，都不能变换为双宾结构。[このような現代中国語二重目的語構造の特徴は，変換分析を用いて"把"字句を考察，研究する過程で見つかったものである。"把"の目的語が所有や所属を表す修飾構造であるものは全て，二重目的語構造に変換できない。]　　　　　(陆俭明 沈阳《汉语和汉语研究十五讲》)

ここでいう"双宾结构"とは，構文文法における"双及物构式"とほぼ同じ用語であるが，ここで"双宾结构"を「二重目的語構文」と訳出してしまうと，この文法現象に関する研究が絶えず発展していく過程を示すことができない。文の主幹が「〜構文とは，〜構造を指す」となってしまうため，むしろ「構造」を使って前後に呼応できるようにしたほうがよい。

第11講「認知理論と言語認知分析」では，認知言語学の理論が紹介されているが，構文文法を紹介する章では，"句式"と"构式"の両方を含む文が散見される。たとえば，

(2) 按照构式语法理论的解释，(31a)(31b)两组左右两侧的句子其实并不是同一种句式，右侧的句子就是一种特殊的"构式"。[構文文法理論では，(31a)と(31b)の二組の左右二つの文は同じ文型ではなく，右側の文は特殊な構文であると解釈する。]

(陆俭明 沈阳《汉语和汉语研究十五讲》)

例(2)の「構文文法理論」の「構文」と「特殊な構文」の「構文」とでは明らかに同じ理論的枠組みの概念ではなく，「文型」と「構文」とを区別して翻訳する必要がある。

(3) 语义研究包括：语法形式和语法意义的关系研究；虚词（助词、语气词、副词等）的意义和用法研究；句式的特殊意义研究……等等。［意味研究には，文法形式と文法的意味の関係に関する研究，虚詞（助詞，語気詞，副詞など）の意味とと用法に関する研究，構文の特殊な意味に関する研究，…などが含まれる。］

(陆俭明 沈阳《汉语和汉语研究十五讲》)

　例(3)は中国語と中国語研究についての全体像を紹介する第1講の一節で，以降の各章で個別に論じられる言語現象を列挙している部分である。特別な意味を持つ"句式"とは，第11講「認知理論と言語認知分析」に現れる"构式"のことであるため，翻訳者はここでも"句式"を「構文」と訳出している。

　このほか，中国語学には"存在句""把字句""被字句"などの"〇〇句"といった語句が頻繁に用いられる。

(4) 上面(10)是一般说的"在字句"和"给字句"两种不同的句式，它们有大量平行变化，也有不平行的情况。［上の(10)は，一般的に言われる"在"字句と"给"字句の二つの異なる構文である。両者には大量のパラレルな変化があるが，パラレルではない状況もある。］　　　　(陆俭明 沈阳《汉语和汉语研究十五讲》)

　"把字句""被字句"は，現代中国語を研究する日本の学者にとって熟知した概念であり，すでに出版された中国語研究の日本語訳版では"把"構文，"被"構文などに訳されている。本書では移植の翻訳ストラテジーを用いて"〇"字句と直訳している。

(5) 上面(32)和(33)都是现代汉语里的存在句，这些句子不论动词后的名词看起来分别是动词的受事、主题、施事，也不论其中的各个部分是长是短，都得分析为A、B、C三部分，即"存在处所、存在方式、存在物。这三个部分就是构成"存在构式"的三个语块。［(32/33) は全て現代中国語の存在文であり，これらの文は，動詞の後ろの名詞が動詞の被動作主，主体，動作主のいずれかに関わらず，また，それが長いか短いかに関わらず，いずれもA，

B, C の三つの部分に分析できる。それはすなわち「存在場所」，「存在方式」，「存在物」である。この三つの部分は，存在構文を構成する三つのチャンクである。]

(陆俭明 沈阳《汉语和汉语研究十五讲》)

"句式""句型""构式"のような，現代中国語研究の異なる発展段階において，異なる研究理論の専門用語を翻訳する際には，まず理論的枠組みを確認した上で日本語の用語を選ぶべきである。

　また，形式は類似しており，意味上の違いもほとんどないが，それぞれ異なる研究分野に属する用語もある。例えば，中国語の"新造词"と"生造词"は意味上ほとんど差はないが，前者は語彙類型研究分野の用語であり，後者は社会用語規範化研究分野の用語である。"新造词"は「古語語」「方言語」「外来語」などの概念に並ぶ言葉であり，"生造词"は「ネット用語」「外来語」などの概念に並ぶ言葉である。そのため，翻訳ではそれぞれの分野で使われる日本語の用語に合わせて「新造語」と「新語」と訳出した。このような専門用語の翻訳は言葉を直訳にするのではなく，中国語と日本語の用語の意味とその分野を正確に把握した上で翻訳することが重要となる。

3.2　メタファー・メトニミーの翻訳

　メタファー・メトニミーは言語学界において盛んに研究されているテーマであり，言語学関連の学術書においてもメタファー・メトニミー表現がよく用いられている。日中両国における客観的な物事の捉え方に類似性があるため，似通った思考が生まれ，同じようなメタファー・メトニミーが生じている。この場合，中国語のメタファー・メトノミーをそのまま日本語に訳出できるが，一方で日本人の考え方にあわせて転換を必要とするメタファー・メトニミーも少なくない。王寅（2021:233）は翻訳目的語のメタファーを扱う次の三つの翻訳方法を提案している。1. メタファーを同じメタファーで訳す，2. 意訳により翻訳語の派生的意味を明示する，3. 翻訳対象語のメタファーに切り替える。これら三つ

の方法は，学術翻訳におけるメタファーに対してもそのまま適用することができ，意訳の場合には適切な注釈を付け加えるとよい。

3.2.1　メタファー・メトニミーを同じメタファー・メトノミーで訳す

『中国語と中国語研究十五講』は講義形式で進めるスタイルの著書で，表現豊かな言葉で書かれているため，メタファー・メトニミー表現も多用されている。第1講のタイトルにある“现代汉语的大家庭”，“现代汉语的‘家族基因’”などがそれである。“大家庭”は現代中国語という概念の指す範囲を隠喩し，“家族基因”は現代中国語の特徴を隠喩している。「家族」及び「遺伝子」といったメタファーは言語を超えて共通のメタファーと言えるので，「現代中国語の大家族」と「現代中国語の『家族遺伝子』」と直訳できる。さらに，ほかにも次のような例がある。

(6) 这“十五讲”就像“上菜”，读者可以“顺着吃”，也可以“挑着尝”。但不管“大餐”还是“小菜”，只要大家觉得“有营养”“合口味”，那就是本书作者最大的愿望了。[これらのメニューから，読者は順に料理を味わっても良いし，お好みの料理を選んで味わっても良い。メインディッシュであれデザートであれ，読者が「美味しくて」，「栄養がある」と感じていただければ，著者としてこれにまさる喜びはない。]

（陆俭明 沈阳《汉语和汉语研究十五讲》）

(7) 历史如此悠久的汉语却至今还“活着”，而且“越活越年轻”。[これほど長い歴史を持っている中国語だが，いまだに生き続けており，しかも活力に溢れている。]

（陆俭明 沈阳《汉语和汉语研究十五讲》）

本の内容を料理に喩える方法は日本語でもよく使われるメタファーであるため，例(6)ではグルメをそのまま味わうような言葉を用いて直訳した。例(7)のメタファー“活着”は「生き続ける」と直訳しても支障はないが，“越活越年轻”を「中国語はますます若々しくなります」と直訳すると日本人読者が理解する上では混乱を招くおそれがある。そこで，「活力に溢れている」と意訳する方が，日本人読者には伝わりやす

くなる。

3.2.2 メタファーを意訳する

　上の例(7)の"越活越年軽"と同じように，中国語のメタファーをそのまま日本語のメタファーに置き換えても意味の通らないものもあれば，日本語の習慣に合わせて調整しなければならないもの，解説を加えたほうがよいものもある。例えば，"汉语走过数千年"では，"汉语"が擬人化された主語として使われ，その後に"走过"という動詞句が続き，文全体が動詞述語文となっている。一方，日本語では「中国語」を名詞として扱い，その前に接続修飾語をつけて「数千年の歴史を経た中国語」と訳す方が日本語として受け入れられやすい。

　次に挙げるのは注釈をつけた例である。

　　(8)　两个红领巾走了过来。［二人の赤ネクタイ（をつけた少年先鋒隊員）が歩いてきた］　　　　　　　（陆俭明 沈阳《汉语和汉语研究十五讲》）

　中国では"红领巾"が「赤ネクタイをした少年先鋒隊員」という意味であることは容易に理解されるが，日本語において「赤ネクタイ」とは他意を持たない字面のままを意味する普通名詞である。そのため，括弧で「をつけた少年先鋒隊員」という注釈をつけ加え，日本人読者にも分かりやすい訳文にした。

　　(9)　也可以说主观分析的结果完全可能使一个句子<u>"横看成岭侧成峰"</u>。［主観的分析の結果によって，一つの文が<u>「見る角度の違いによって，見え方が異なる」</u>ことも十分にありうると言うこともできる。］　　　　　　　　　　（陆俭明 沈阳《汉语和汉语研究十五讲》）

　"横看成岭侧成峰"は蘇軾の詩句であり，違う角度から廬山を見ると景色も異なって見えるという意味を表すが，例(9)では主観的分析の違いにより，一つの文も違う理解ができるということの喩えである。詩句をそのまま直訳してしまうと，日本人読者に伝えたい内容がうまく伝えられなくなってしまうため，ここでは意訳の方法をとった。

3.2.3　翻訳対象語にあるメタファーに転換する

　また，中国語でも日本語でもメタファー・メトニミーを使用している

66

が，日本人の考え方にあわせて転換しなければならない場合もある。

⑽ 现在用当代理论做汉语研究的人其实也不算少，著作和成果也不可谓不多，但为什么还是常常被人说成"雷声大，雨点小"，甚至被指责为"花拳绣腿""隔靴搔痒"呢？〔現代的な理論を用いて中国語を研究し成果を発表している人も少なくないが，なぜか「掛け声だけ」や「見かけ倒し」「隔靴搔痒」などと言われることが多い。〕　　　　　　　　　（陆俭明 沈阳《汉语和汉语研究十五讲》）

⑾ 本书所讨论的内容几乎全都是大家感兴趣的难点热点，并没有故意回避汉语中的难题而让人觉得装聋作哑。〔本書で扱うテーマは多くの人々の興味を惹く難題やトピックであり，難題を避けたり，読者の目に触れないようにするようなことはしなかった。〕　　　　　　　　　（陆俭明 沈阳《汉语和汉语研究十五讲》）

例⑽は「雷の音が大きければ，暴雨になりそうだが，小雨で済んだ」という自然現象を用いて，みせかけは大きいが，実績はあまりないということを喩えている。しかし，日本には同じようなメタファーがないため，日本語で似たような意味を表す「掛け声だけ」と訳した。例⑾の"装聋作哑"はあえて耳が聞こえず口がきけないふりをするという意味で，難題を無視する意味を表す。日本語では「目」を使用した慣用句で訳出した。

3.3　同形語の翻訳

中国語と日本語には多くの同形語があるが，なかには意味と使用方法が基本的に一致するものの，内包と外延が異なる同形語も少なくない。基本的に意味が一致する同形語でも，異なる品詞で訳出する場合がある。次の例文の"思考"は，中国語では動詞として用いられているが，日本語に訳す場合は名詞として訳出するほうが，日本語としてまとまりが良い。

⑿ 人类思考问题就是在运用"语言"对客观世界进行命名、分类和进行判断、推理的思维活动。〔思考とは「言語」を使って客観的な世界に

対して命名，分類，および判断，推理を行う活動であること。］

（陆俭明 沈阳《汉语和汉语研究十五讲》）

　中国語では，"思考"は主語"人类"の述語であり，目的語"问题"を結び，完全な主語述語目的語構造"人类思考问题"となり，文全体の主題となっている。《现代汉语词典》（第 7 版：1237）は"思考"について，"进行比较深刻，周到的思维活动"［比較的深く，思慮深い思考活動をすること］と定義しており，"思考"は本来人間の思惟活動を指す。ここでいう思考する"问题"とは，特定の「答えや説明を必要とする問い」を指すのではない。ここで"信（忠実さ）"を求めるために「人類が問題を思考することは」と一言一句訳出してしまうと，かえって不自然になる。「思考」をそのまま名詞として文の主語に据えるだけで語意は変えずに読み手に伝えることができる。

　言語学研究では，よくさまざまな言語現象を分類している（例えば品詞分類，意味タイプの分類など）。『中国語と中国語研究十五講』にも"分几类""种类""类型"という類似の表現が何度も登場しており，日本語に訳出する場合，「種類」「類型」といった語句が使用される。"类""种类"を翻訳するときは，例⒀のように「種類」と訳出することができる。

　　⒀ 现代汉语里的动词按上述 " 配价理论 " 就可大致分为四类。［現代
　　　　中国語の動詞はこのような「結合価理論」を基に大きく 4 種類
　　　　に分類することができる。］（陆俭明 沈阳《汉语和汉语研究十五讲》）

　しかし，同形語の直訳が正確ではない場合もある。"类型"を翻訳する場合，直接「類型」と訳すのは適切ではない。中日辞典で「類型」を調べると，釈義には日本語の「類型」という言葉があるが，実際に日本語の「類型」と中国語の"类型"の使い方には少なからず意味上異なる点がある。言語学の分野における日本語の「類型」は，主として「類型論」のような比較的抽象的で概念的なものである。したがって，中国語の"类型"を翻訳するときには，例⒁のように「タイプ」を使ったほうがより適切な訳となる。

　　⒁ 根据一些学者（袁毓林 1992）的考察，现代汉语中的二价名词主

要有以下四种语义<u>类型</u>。［袁毓林（1992）などの考察によると，現代中国語の二項名詞には主として四つの<u>タイプ</u>に分けられる。］

（陆俭明 沈阳《汉语和汉语研究十五讲》）

また，"A 类" "B 类" のような言い方は，「A 類」「B 類」または，「A タイプ」「B タイプ」と訳すとよい。

3.4　曖昧表現と断定表現の翻訳

　中国語にも日本語にも曖昧な表現があるが，学術翻訳には厳密さが必要となるため，曖昧表現は詳細を確認してから翻訳する必要がある。例えば，『中国語と中国語研究十五講』では，"几乎" という語が全書にわたり 17 回も使用されている（序文での使用回数が 5 回と最も多い）。すべてを「ほとんど」と訳出してしまうと，日本人読者に雑然たる印象を与える可能性があるため，必要な箇所に具体的に除外すべき項目を明確にしたり，添え書きや原著に補足する形で記載するよう工夫している。

　⒂ 巴西北部有一种只有 350 人左右使用的语言叫 "Hixkaryana" 其句子的基本结构是 "宾语—动词—主语" 的形式，……这<u>几乎是世界上唯一</u>有这种语序的语言。［ブラジル北部に 350 人しか話者がいない言語（Hixkaryana）があるが，その文の基本構造は［目的語＋動詞＋主語］の語順である。…<u>世界中</u>でこのような語順を持つ<u>数少ない言語</u>である。］

（陆俭明 沈阳《汉语和汉语研究十五讲》）

　また，ある概念全体に対する断定的な表現についても，懐疑的でなければならず，十分な調査を行い，原著に対して必要な追加・補充を行う。以下の例⒃の原文では，インド・ヨーロッパ語族には声調の変化がないと書かれていたが，訳者グループが調べたところ，インド・ヨーロッパ語族のスウェーデン語やノルウェー語などの言語にも声調が存在することがわかった。そこで，訳者注を追加した。

　⒃ 而印欧语系都有词的形态变化，但是没有声调。［インド・ヨーロッパ語族の言語には単語の形態変化はあるが，声調はない（訳者注：

ただし，スウェーデン語，ノルウェー語，セルビア語，クロア
チア語などには声調現象が見られる。)]

（陆俭明 沈阳《汉语和汉语研究十五讲》）

3.5　その他

　学術研究の翻訳は最終的に公式出版物になるものが多いため，さまざ
まな規範を考慮しなければならない。中国語では一般に使用できる言葉
であっても，日本語では差別語になってしまうことがあり，翻訳の際に
は注意が必要となる。例えば，"哑巴"という言葉を中日辞典で引くと「唖
者」「おし」という意味が載せられているが，日本では差別語として扱
われており，そのまま使用することはできない。したがって，その意味
を汲み取り，「言葉が不自由な人・状態」あるいは「口の利けない人」
と訳出しなければならない。

　また，学術文書には多くの章・節のタイトルがあるが，訳文のタイト
ルは可能な限り原著のタイトルと形式を統一すべきである。例えば，原
著で呼応する二つのタイトルがある場合，訳文でも呼応関係を保つよう
にしたほうがよい。中国語の原著タイトルで"汉语研究的方方面面"と
"汉语研究的前前后后"における"前前后后"および"方方面面"は非
常に体系的である。"汉语研究的方方面面"は「中国語の研究のあらゆ
る側面」（ChatGPT3.5 翻訳）と直訳しても支障はないが，"汉语研究的前
前后后"を「中国語研究の最初から最後まで」（ChatGPT3.5 翻訳）と直
訳すると意味が通らない。そのため訳文は最終的に「中国語研究の横の
広がり」と「中国語研究の縦の流れ」と訳し，意味の正確さを担保した
上で形式上も原著と呼応する形をとった。

4　学術翻訳における文字・記号の使用に関する規定

　著書を公的に出版する場合，漢字，仮名，句読点は規定に則り使用し
なければならない。翻訳版における文字使用規定は，主に『NHK 漢字

表記辞典』（NHK 放送文化研究所，2021）および『記者ハンドブック - 新聞用字用語集』（第 14 版）に基づき定めた。

4.1　文字使用の規定

現代日本語の基本的な書き方は「漢字仮名交じり体」であり，漢字以外に仮名が使われている。日本語の漢字は同字異訓，異字同訓がかなりの数を占め，日本語常用漢字は 1 字あたり 2.1 音訓に対応するという（翟東娜・潘鈞 2008：60）。

「時」という語の場合，仮名でも漢字でも書けるが，仮名と漢字の使い分けについても規定があり，『記者ハンドブック新聞用字用語集（第14 版）』によると，「『困ったとき』『都合の悪いとき』など『…の場合』と言い換えられるケースは平仮名書きも」あるという（共同通信社，2022：345）。

⑰ 腰にしたたばこ入れの根付にまで新しい時の流行を見せたような若者だ。　　　　　　　　　　　　　　　　　　　（島崎藤村『夜明け前』）

⑱ 勉強するときはもっと行儀よくしなけりゃいけないよ。

（谷崎潤一郎『痴人の愛』）

「他」という漢字は「ほか」とも読めるし，「た」とも読める。「ほか」と読む場合は漢字「外」を書くこともある。『記者ハンドブック新聞用字用語集（第 14 版）』（共同通信社，2022：408）では読みと漢字・かなの使い分けについてこのように規定している。

ほか

＝外：範囲のそと。思いの外，もっての外。

＝他：それ以外。その他，他に道がない，他の意見。一般的には平仮名書きも使われている。使い分けに迷うときは平仮名書き。

本書の翻訳にあたっては，二つの規定と編集者のアドバイスに基づき，「ほかの例」「その他」のように，「ほか」と読む場合は「ほか」，「た」と読む場合は漢字の「他」と表記するよう定め，「思いの外」のような「範囲外」を指す場合は「思いのほか」と表記することとした。

4.2 数字使用の規定

　漢字数字とアラビア数字の使い分けについても，上記二冊の規定を参考に定めた。例えば，「一つ」「2 種類」「四分の三」という語句では，アラビア数字を使うべきか，漢数字を使うべきか判断に迷うところではあるが，『NHK 漢字辞典』には，次のように記されている。「原則として，左横書きの場合は，算用数字を用い，縦書きの場合は漢数字を用いる。ただし，横書きの場合でも，成句・慣用句をはじめ慣用として漢数字で書く語もある。また，縦書きの場合でも，数量や年月日，時刻などを算用数字で書くこともある」(NHK 放送文化研究所 2021：45)。近年，『記者ハンドブック』の基準では，縦書きの場合でもアラビア数字を使う傾向がある。

　「ひとつ，ふたつ」は『NHK 漢字表記辞典』では「1 つ，2 つ」で，「ひとり」と訓じる場合にも「1 人」と表記している。しかし，数字を訓読みするのは違和感があるため今回の翻訳版では「一つ，二つ」のように規定した。

5　おわりに

　学術翻訳には，中国における学術研究成果を外国に発信するという重要な意義がある。また，学術翻訳には，翻訳者の言語的知識だけでなく，その研究分野の専門的知識も必要となる。今回の中国語言語学に関する学術文書を日本語に翻訳する実践を通じて，筆者は日中学術翻訳を行う際に以下の四点を念頭に置くべきであると提案する。

　　(a) 原著のスタイルに応じて翻訳のスタイルを決定し，予測される読者に応じて用語の選択を決定する。

　　(b) 中国語と日本語の文字・記号の使用規範を熟知する。

　　(c) 中国独特の文化的語彙の訳し方や，メタファー・メトニミー，同形語の翻訳に細心の注意を払う。

　　(d) 厳格な姿勢で翻訳作業に臨み，翻訳時の不明点については常時

原作者と密にコミュニケーションをとって明らかにする。

王忻・李丹丹 2007 が提案した日中学術翻訳における三つの原則と孫周興 2013 が提起した四つの原則は学術翻訳が従うべき規定ではあるが,現在学術翻訳の質に対する評価基準がまだ明確に定められていない。学術翻訳は他の翻訳と同じ評価基準を踏襲すべきか,あるいは独自の評価基準を定めるべきかは,学術界において大いに議論すべき問題である。

注

1) このプロジェクトには,筆者のほか,大阪大学の古川裕先生と中田聡美先生,首都師範大学の畢暁燕先生が参加された。古川先生には,プロジェクト申請当初から最終的な翻訳原稿の総仕上げに至るまで,多大なご支援をいただいた。中田先生と畢先生にも,翻訳作業において貴重な助言とご協力を賜った。ここに記し,恩師である古川先生をはじめ,中田先生と畢先生に深く感謝申し上げる。

参考文献

一般社団法人共同通信社 2021『記者ハンドブック－新聞用字用語集（第 14 版)』, p.408, 共同通信社

NHK 放送文化研究所 2011『NHK 漢字表記辞典』（2021 年 12 刷), p45, NHK 出版

潘钧 2021 日语语言学术语规范问题再思考,《日语学习与研究》第 3 期, pp.92-101

孙周兴 2013 学术翻译的几个原则——以海德格尔著作之汉译为例证,《中国翻译》第 4 期, pp.70-73

王忻・李丹丹 2007 日语语言学术语翻译标准化问题理论与实践,《日语学习与研究》第 1 期, pp.75-81

王寅 2021《体认翻译学》（上）, p233, 北京大学出版社

熊月之 1994《西学东渐与晚清社会》, p11, 上海人民出版社

翟东娜・潘钧 2008《日语概论》, p60, 高等教育出版社

周领顺 2008 学术翻译研究与批评论纲,《外语研究》第 1 期, pp.78-84

中国社会科学院语言研究所词典编辑室 2016《现代汉语词典》, pp.1237

Wang Chaohua 2003 One China, Many paths, pp.9, verso

例文出典

陆俭明・沈阳《汉语和汉语研究十五讲（第二版)》，北京大学出版社

葛婧・畢暁燕・中田聡美訳，古川裕監訳『中国語と中国語研究十五講』，東方
　　書店

島崎藤村『夜明け前』，岩波文庫

谷崎潤一郎『痴人の愛』，新潮文庫

(Gě・Jìng　北方工业大学)

从底层结构分析看"动+得+形"状态补语句的语义指向及"动+得"的语法性质

吉田　泰謙

1　引言

　　关于"动 + 得 + 形（V 得 C）"状态补语句及其相关的问题，过去有不少学者讨论并提出了各种观点。本文在借鉴这些研究成果的基础上，试图重新探讨"动 + 得 + 形"状态补语句[1)]的语法性质。具体来说，就是根据"动 + 得 + 形"状态补语句的句法、语义特点，探讨"动 + 得 + 形"状态补语句的底层结构（underlying structure），并尝试用它来统一说明状态补语的语义指向、"动 + 得"的语法性质等问题。我们希望通过形式与意义相结合的分析方法能够给"动 + 得 + 形"状态补语句的多种语法现象提供一种统一的句法上的解释。

2　研究现状及问题的提出

2.1　状态补语的语义指向

　　刘月华等 2001:597-601 将状态补语的语义指向大体分为三种类型：一、指向动词的；二、指向施事（或当事）或受事等的；三、主谓结构充当状态补语时，补语中的谓语是说明（指向）补语中的主语的。如：
　　⑴ 他 说得 非常对，我完全同意。[2)]
　　　　［状态补语"非常对"指向动词"说"］
　　⑵ 老纪 听得 入了迷。
　　　　［状态补语"入了迷"指向施事"老纪"］

⑶ 小明写字 写得 铅笔尖都秃了。

　　[状态补语中的谓语"秃了"说明（指向）其主语"铅笔尖"]

　　范晓 1992 认为，状态补语表示"情境、状态、程度"，并指出六种类型的语义指向[3)]。

　　另外，杉村 1982:46 指出，有些状态补语的语义指向很难确定或判断。例如：

⑷ 高师傅给我们上课，讲了汽车制造厂的厂史。他 讲得 很好，很生动。

　　["很好，很生动"描述的是他讲话的方式，还是他讲话的内容？]

　　徐丽华 2001:57 也指出："大多数情况下，'得'后成分表现为双语义的指向"。

2.2　"得"字的语法意义

　　关于"得"字的语法意义和语法功能，学界也有各种看法或观点。比如：

　　一、"得"字的作用是"使前面的动词、形容词固定化，失去独立性，使听者期待着后面的补语。动词、形容词表现的事实一般是肯定的、已发生的"（李临定 1963:399）；

　　二、"得"字为谓词（动词、形容词）的"非述语化辞"。动词、形容词加上"得"后就失去了其作为独立的句子成分的功能，不能单独做谓语了（杉村 1994:93–94）[4)]；

　　三、"得"字为"指称标记"，是汉语的"自指标记"。其功能"在于把动词（包括形容词）变成一个自指形式，让它能够被陈述"（刘勋宁 2006：200、202）。

2.3　"动＋得"的语法性质

　　"动＋得（V 得）"的语法性质涉及到它与其后续成分（即状态补语）之间的结构关系的问题。这一点，语法学界主要有两种观点："述补结构"说和"主谓关系"说[5)]。

　　持后一观点的主要理由或依据可概括为如下：

一、"V 得"与后续成分之间具有被陈述与陈述的语义关系。而此时"V 得"可改写为"V 的 N"。例如：

⑸ 他 跑得 快。　→ 他 跑的速度 快。

　　他 写得 好。　→ 他 写的东西（字／内容／样子…）好。

二、在句法表现上也具有汉语主谓结构的一些特点。例如：

⑹ 他 写得 好。

　→ 他 写得 好不好？[*他 写得 好不 写得 好？／*他写不 写得 好？]

　　他 写得 不好。　[*他不 写得 好。]

　　他 写得 是不是好？

　　他呀，写得 呢，好。

2.4 问题的提出

从上节内容可看出，语法学界对有关状态补语句的一些问题尚未形成统一认识，甚至还没找到令人满意的解释或说明。比如，杉村 1982、徐丽华 2001 等所指出的"双语义／多语义指向"现象为什么会出现；同样的"V 得 C"结构为什么同时具有谓词性成分和体词性成分的句法表现等问题，还值得进一步去探讨。

下面，本文根据"动＋得＋形"状态补语句的句法、语义特点，试图提出"动＋得＋形"状态补语句的底层结构，并用它来统一说明状态补语的语义指向、"动＋得"的语法性质等问题。希望通过本文的分析能够给"动＋得＋形"状态补语句的一些语法现象提供一种统一的句法上的解释。

3 从底层结构分析看状态补语句

3.1 "动＋得＋形"状态补语句的底层结构

我们认为，"动＋得＋形"状态补语句的底层结构可分析如下：

"动＋得＋形"状态补语句

　　　　→ a式底层结构（事件句）　　　　b式底层结构（事态或性状句）

(7) 他 跑得 快。
　　　　→ a. 他 跑到 某一速度　　　　b. 其速度（很）快

(8) 他抽烟 抽得 很多。
　　　　→ a. 他抽烟 抽到 某一数量　　b. 其数量很多

(9) 他英语 说得 不错。
　　　　→ a. 他英语 说到 某种水平　　b. 其水平不错

(10) 这个小女孩 长得 很漂亮。
　　　　→ a. 这个小女孩 长成 某个样子　b. 其样子很漂亮

(11) 解放军战士 站得 笔直。
　　　　→ a. 解放军战士 站成 某个姿势　b. 其姿势是笔直的

(12) 他的脸 胀得 通红。
　　　　→ a. 他的脸 胀成 某种颜色　　b. 其颜色是通红的

根据状态补语句的句法语义特点，将它分析为 a 式底层结构（事件句）与 b 式底层结构（事态或性状句）。在 a 式底层结构里，将"动 + 得"改写为"跑到"、"长成"等"动结式"述补结构[6]的主要根据，是参照"V 得 C"里的"得"来源于"达到、达成"义的动词"得"的虚化（赵长才 2002 等）以及状态补语结构"V 得 C"里的"得"是从表完成的"V 得"结构中的"得"虚化而来等观点[7]。也就是说，我们认为，"V 得 C"里的"得"字还保留着作为结果补语的语法功能，是一种抽象程度较高的结果补语的句法形态之一。另外，根据"动 + 得"与其后续成分之间的语义关系，给"动结式"述补结构补上宾语名词[8]，就形成了 a 式底层结构。然后，在 a 式里补上的宾语名词与"动 + 得"后续成分之间建立起主谓关系（部分用"是"字来连接），就形成了 b 式底层结构[9]。

　　有些状态补语句在 a 式底层结构里能够补出两个或两个以上的宾语名词。例如：

(13) 玛丽汉语 说得 比我流利。
　　　　→ a. 玛丽汉语 说到 某种水平／程度
　　　　　　b. 其水平／程度比我（还）流利

⑭ 已经 走得 很远。

→ a. 已经 走到 某个距离／地方　　b. 其距离／地方很远

→ a. 已经 走到 某种程度　　b. 其程度是很远的

⑮ 她的脸 晒得 黑红黑红的。

→ a. 她的脸 晒到 某种颜色　　b. 其颜色是黑红黑红的

→ a. 她的脸 晒成 某个样子　　b. 其样子是黑红黑红的

其实，a 式里宾语名词为"程度"、"样子"的例句较多。这一点无疑是跟状态补语的语法意义（表"程度"、"情状"[10]）有关。

此外，我们还找到了 a 式里宾语名词为"时间"的例子。例如：

⑯ 我每天都 睡得 很晚。

→ a. 我每天都 睡于 某一时间　　b. 其时间很晚

⑰ 冬天，天 黑得 早。

→ a. 冬天，天 黑于 某一时间　　b. 其时间（很）早

⑱ 今年玉米 熟得 晚。

→ a. 今年玉米 熟在／于 某一时间　　b. 其时间（很）晚

从以上分析可看出，a 式里结果补语一般是由"到、成"等来充当（除宾语名词为"时间"的例句外）。这一点基本上也跟"得"字的来源和状态补语句的语义特征有关。

3.2　语义指向分析

根据前面对状态补语句的底层结构分析，我们认为，状态补语的语义指向基本上可理解为 a 式里"述结式"述补结构的宾语名词，即其论元。请看下面的分析。

⑲ 他英语 说得 不错。

→ a. 他英语 说到 某一水平　　b. 其水平不错

　　　　　　　　　　　　　　　["不错"的是其水平]

⑳ 国民经济 发展得 很快。

→ a. 国民经济 发展到 某种速度　　b. 其速度很快

　　　　　　　　　　　　　　　["很快"的是其速度]

(21) 他考得好，我考得很糟糕。

→ a. 他／我考**成**某一结果　　　b. 其结果好／很糟糕

［“好／很糟糕”的是其结果］

有的 b 式底层结构为“是”字句或“是…的”句式，但同样能够把其状态补语的语义指向理解为“述结式”述补结构的宾语名词（论元）。例如：

(22) 黑板上的字写得清清楚楚的。

→ a. 黑板上的字写**成**某一样子　　　b. 其样子是清清楚楚的

［“清清楚楚的”是其样子］

(23) 她的眼睛睁得圆圆的。

→ a. 她的眼睛睁**到**某一程度　　　b. 其程度是圆圆的

［“圆圆的”是其程度］

前面分析指出，a 式里的宾语名词有时可以补出两个或两个以上。尽管如此，那些状态补语仍然可理解为指向其宾语名词（请看上例(13)－(15)）。

3.3 “动＋得”的语法性质及“得”字

下面先把“动＋得＋形”状态补语结构及其底层结构用一些符号来表示：

(24)

表层结构 …… V 得 C［“动＋得＋形”状态补语结构］

底层结构 …… a 式：VR+N［述宾结构］

b 式：N+C［主谓结构[11]］

V 为动词／形容词；C 为状态补语成分；R 为结果补语；

N 为 VR 的论元

根据前面的底层结构分析，我们认为，“V 得”（或“V 得 C”）表现出谓词性成分的形式特征（A 类）时，就可理解为凸显了 a 式底层结构（VR+N）的句法结构特点。例如：

A 类：表层结构具有谓词性成分的形式特征

→ 凸显了 a 式底层结构的特点

80

⑵ 他**把斧子举得**跟头一样高。

→ a. 他**把斧子举到**某一高度

⑵ 对他，我**已经了解得**差不多了。

→ a. 对他，我**已经了解到**某一程度(了)

而"V得"表现出体词性成分（或主语、话题）的形式特征（B类）时[12]，就凸显了b式底层结构（N+C）的句法结构特点。例如：

B类：表层结构具有体词性成分的形式特征

→ 凸显了b式底层结构的特点

⑵ （字）**写得**很大。

（字）**写得是不是很大**？

→ b. 其**样子是不是很大**？

（字）**写得大不大／怎么样**？

→ b. 其**样子大不大／怎么样**？

（字）**写得不大**。[*字不**写得**大。]

→ b. 其**样子不大**

（字）**写得呢**，（我觉得）很大。

→ b. 其**样子呢**，（我觉得）很大

上面对B类的理解和认识，实际上是"写得（V得）"相当于"（其）样子（N）"。那么，b式里"（其）样子（N）"是从哪里来的？为什么能单独作b式中的主语呢？表层结构里"写得（V得）"如何实现取代（或指代、转指）b式里"（其）样子（N）"的呢？对此，我们提出如下观点：

一、b式里"（其）样子（N）"是利用"的"字的句法成分提取功能[13]从a式里"写成（某一）样子（VR+N）"中提取出来的。如：

⑵

<u>VR+N</u>（a式底层结构）

→ [通过成分提取] VR+<u>的</u>+N → <u>（VR+的）N</u>（b式里的N）

"写成（某一）样子"

→"写成的样子"→"（写成的／其）样子"

二、表层结构里"写得（V得）"指代（或转指）b式里"（其）样子

(N)"，跟"的"字结构转指中心语的现象一样，是通过"转喻"（metonymy）的手段[14]来实现的。如：

㉙

Ⅰ. VR+N（a式底层结构）

　　→［通过成分提取］VR+ 的 +N → VR+ 的转指 N

"写成（某一）样子"

　　→"写成的样子"→"写成的"转指"样子"

Ⅱ. VR+ 的

　　→［"R"还原为"得"］V 得 + 的

　　→［"得"与"的"为谐音］Vde（得 + 的）（表层结构）

"写成 的"

　　→"写得 的"→"写 de（得 + 的)"

基于上面的分析与观点，从 a 式与 b 式的底层结构到表层结构的形成过程分别构拟如下：

㉚

A 类：

VR+N（a式底层结构）+ N+C（b式底层结构）

　　　　　　　　　　　　　→ V 得 C（表层结构）

VR+N + N+C

→［a式与 b 式的"N"同指而合一］VR+(N) +C

→［根据"VR"与"C"之间的语义关系，"N"可省去不说。同时
　用"得"替换表相对具体意义的结果补语"R"］V 得 C

B 类：

VR+N（a式底层结构）+ N+C（b式底层结构）

　　　　　　　　　　　　　→ V 得 (得 + 的) C（表层结构）

VR+N + N+C

→［a式与 b 式的"N"同指而合一］VR+N+C

→［根据语义表达上的需要，从述宾结构"VR+N"里将"N"提取
　出来］VR+ 的 +N+C

82

→ [通过转喻手段，用"VR+的"指代（或转指）"N"]

$$VR + 的 + C$$

→ [用"得"替换表相对具体意义的结果补语"R"]　V 得 + 的 +C

→ ["得"与"的"谐音，因此用一个语言符号来表示]

$$V 得 _{(得 + 的)} C$$

通过以上分析，我们认为，"动 + 得 + 形（V 得 C）"的种种句法表现，基本上可以从其底层句法结构里找到依据或加以解释。另外，B 类"动 + 得（V 得）"实际上是"V 得（得 + 的）"，即 B 类"V 得 C"中的"得（de）"字同时蕴含着作为抽象结果补语的"得"和具有句法提取功能的"的"的语法意义和功能。这样，B 类"动 + 得（得 + 的）"就实现了指代或转指"N"（VR 的论元）的功能。

3.4　其他成分充当状态补语时的情况

以上主要观察分析了形容词（短语）充当状态补语时的情况。我们认为，其他成分充当状态补语（如动词（短语）、主谓结构（包括"因果型"）、代词等）时，也基本上能够利用上述方法去分析。例如：

⑶ 我们 团结得 像一个人一样。

　　→ a. 我们 团结到 某一程度　　b. 其程度是像一个人一样

　　→ a. 我们 团结成 某一状态　　b. 其状态是像一个人一样

⑶ 他 累得 手都发软了。

　　→ a. 他 累到 某一程度　　b. 其程度是手都发软了

　　→ a. 他 累成 某种状态　　b. 其状态是手都发软了

⑶ 我 跑得 冒（了）一身汗。

　　→ a. 我 跑成 某一结果／样子

　　　　　　　　b. 其结果／样子是冒（了）一身汗

⑶ 老人把种籽 包得 一包一包的。

　　→ a. 老人把种籽 包成 某一样子／结果

　　　　　　　　b. 其样子／结果是一包一包的

⑶ 你的腿 肿得 这样

→ a. 你的腿**肿到**某一程度　　b. 其程度是这样

→ a. 你的腿**肿成**某种状态　　　b. 其状态是这样

4　小结

以上本文探讨了"动 + 得 + 形（V 得 C）"状态补语句的底层结构，并以此为形式标准，对有关的语言事实或语法现象进行了考察和分析。下面是对本文的主要分析结果与观点的总结：

一、"(S+) V+ 得 +C"状态补语句可分析为底层结构"(S+) VR+N"（a 式，事件句）与"N+C"（b 式，事态或性状句）；

二、状态补语"C"在语义上指向底层结构里的"N（VR 的论元）"；

三、"V 得"表现出谓词性成分的特点（A 类）时，凸显了 a 式底层结构的句法语义特征，而表现出体词性成分（或主语、话题）的特点（B 类）时，则凸显了 b 式底层结构的句法语义特征；

四、B 类"V 得 C"中的"得（de）"字同时具有作为抽象结果补语的"得"和作为句法提取功能的"的"的语法意义或功能。B 类"V 得 C"中的"V+ 得（得 + 的）"可理解为指代或转指"N"（VR 的论元）。

以上分析主要是在共时平面上进行的，今后还有待于从历时角度或一些方言里的语言现象去进一步验证本文的分析与观点是否有道理。此外，按照本文的分析，大多数状态补语句基本上都可以找出底层结构里的结果补语"R"。但状态补语在语义上指向"态度"时，似乎找不出较合适的结果补语。例如：

㊱ 他**写得**认真

→ a. ??他**写于**某一态度　　b. 其态度（很）认真

→ a. 他**写到**某种状态　　　b. 其状态（很）认真

这些都是今后需要进一步思考或完善的问题。

注

1) 本文所考察的范围界定为朱德熙 1982：133-137 所提到的状态补语，暂不包括程度补语。为了集中探讨问题，本文主要观察"动＋得＋形"中的"形"为形容词（短语）的情况，补语为其他词组或结构的情况只做简要分析。

2) 本文所引用的例句，基本上是从相关研究的文献或一些语法书里转引过来的。为简省起见，不一一标明出处。例句中的边框、着重号、加粗、下划波浪线等皆为笔者添加。

3) 详见范晓 1992:6-7。

4) 原文为「"得"については，……『述詞（動詞・形容詞）の非述語化辞』という説明を与えましたが，動詞によって示される動作・行為や，形容詞によって示される性質・状態を説明の対象として取り上げ，その程度や結果などを解説するとき，動詞・形容詞に"得"を付加することが要求されます。そして一旦"得"が付加されると，述詞は独立した語としての機能を失い，単独では述語となることができなくなります」。中文为笔者译。

5) 详见徐丽华 2001:55。

6) "到"属于趋向补语，但这里表示"结果"意义（参看刘月华等 2001：546-570）。为了论述的方便，暂时将这类趋向补语处理为结果补语。

7) 关于"得"字的来源，语法学界有不同看法。请参看刘子瑜 2003、蒋绍愚 2005:194-204 等。

8) 这些宾语名词有时能够补出两个或两个以上（详见下面分析）。

9) 在不改变原句的语义关系的前提下，根据语法上的需要，b 式底层结构用"是"字句或"是…的"句式来表达。

10) 详见王邱丕、施建基 1990。

11) 暂不考虑 b 式底层结构为"是"字句或"是…的"句式的情况。

12) 这一类型主要是朱德熙 1982:134 的"断言型"V 得 C 以及金昌吉 2003 的"A型"V 得 C。

13) 详见袁毓林 1995。

14) 参考沈家煊 1999。

参考文献

史彤岚 2001 「V 得 C」構文における "得" の文法機能,『中国語学』第 248 号, pp.168-181, 日本中国語学会

杉村博文 1982　中国語における動詞の承前形式，『日本語と中国語の対照研究
　　6』，pp.43-62，大阪外国語大学日中語対照研究会
杉村博文 1994　『中国語文法教室』，大修館書店
杉村博文 1995　中国語における動詞句・形容詞句の照応形式，『語学研究大会
　　論集 3』，pp.51-66，大東文化大学語学教育研究所
范晓 1992　V 得句的"得"后成分，《汉语学习》第 6 期，pp.5-8
蒋绍愚 2005　带"得"的述补结构，《近代汉语研究概要》(第四章第三节二)，
　　pp.194-204，北京大学出版社
金昌吉 2003　述谓关系与现代汉语"V 得 C"结构，『言語文化研究』第 22 卷
　　第 2 号，pp.207-223，松山大学学術研究会
李临定 1963　带"得"字的补语句，《中国语文》第 5 期，pp.396-410
刘勋宁 2006　"得"的性质及其后所带成分，『中国語の補語』日中对照言语学会，
　　pp.193-208，白帝社
刘月华、潘文娱、故韡 2001　《实用现代汉语语法（增订本)》，商务印书馆
刘子瑜 2003　也谈结构助词"得"的来源及"V 得 C"述补结构的形成，《中国
　　语文》第 4 期，pp.379-381
沈家煊 1999　转指和转喻，《当代语言学》第 1 期，pp.3-15,61
施关淦 1985　关于助词"得"的几个问题，《语法研究和探索（三)》中国语文
　　杂志社编，pp.247-280，北京大学出版社
史彤岚 2005　描写型 V 得 A 与评价型 V 得 A，『中国文学会紀要』第 26 号，
　　pp.123-135，関西大学
王邱丕、施建基 1990　程度与情状，《中国语文》第 6 期，pp.416-421
王亚新 2006　状态补语"V 得 C"的语义与句法特征，『中国語の補語』日中对
　　照言語学会，pp.232-248，白帝社
徐丽华 2001　也说"动得"与后续成分之间的结构关系，《语言教学与研究》第
　　1 期，pp.55-60
袁毓林 1995　谓词隐含及其句法后果——"的"字结构的称代规则和"的"的语
　　法、语义功能，《中国语文》第 4 期，pp.241-255
赵长才 2002　结构助词"得"的来源与"V 得 C"述补结构的形成，《中国语文》
　　第 2 期，pp.123-129,190-191
朱德熙 1982　《语法讲义》，商务印书馆

＊本文曾在日本中国语学会第 60 届年会（神奈川大学，2010 年 11 月）上宣读，会上得到了与会专家的指教。此次成文做了较大修改。在修改过程中还蒙关西外国语大学王峰博士指正，谨此致以诚挚的谢意。如有疏漏，文责自负。

（よしだ・ひろあき　関西外国語大学）

现代汉语中的旋转运动事件

李 梓嫣

1 旋转运动的定义和特征

1.1 旋转运动事件和运动事件的联系

旋转运动是指移动过程中运动主体的运动轨迹为曲线的运动，包括转向、弯曲、环绕等。旋转运动事件是运动事件的一种，在汉语中的表达方式和认知模式都与一般的表示位移的运动事件相近。

旋转运动事件和一般运动事件的相关性最明显的表现在于二者句法结构相似，如：

(1)

a. 训练中，胡进要求队员一**上训练场**就要迅速进入状态，打好每一分球，争取主动。　　　　　　　　　　(《人民日报》1999 年 7 月 20 日)

b. 9 月 29 日至 10 月 5 日国庆黄金周期间，来自世界各地的游客们，将可从每天上午 9 点至晚上 7 点购票**进入到"鸟巢"内**参观游览，每天参观的人数将限制在 8 万人以内。

(《福建日报》2008 年 9 月 24 日)

c. 但仅仅为了取一点煤样，就要补打一百多公尺的斜孔，东方刚露鱼肚白，他就迈着轻快的步子**向队部走去**。

(《福建日报》1960 年 3 月 23 日)

(2)

a. 看这两人都挂了彩，高家哗瞥一眼闻人胤，马上把视线**调转**。

(BCC 语料库／夏娃《冰心》)

b. 陈文娣的雍容华贵的脸叫痛苦给**扭歪了**。　　(欧阳山《三家巷》)

c. 走路时，左脚抬不高，左手不摆，左手指**向掌心弯曲**，脚尖**向外侧**，
  走路不平衡。 （《福建日报》1982 年 10 月 26 日）

例(1)是不包含旋转特征的运动（以下称为"一般位移运动"），例(2)是旋转运动。在描述运动及其轨迹时，(1a)和（2a)只用了主要动词，(1b)和（2b)同时使用了主要动词和补语，而（1c)和（2c)则用了动词和介词结构的组合，二者用来表示运动及其轨迹的句法成分是相同的。

相似的句法结构在一定程度上与相似的认知模式有关。事实上，除句法结构这一外显性特征以外，两种事件的概念图示也基本相同。不同的认知语言学理论从不同角度对运动事件的概念图示进行了描述，其中以Fillmore（1968:1-88）提出的"源点-途径-目标（Source-Path-Goal)"概念图示影响最为深远。而 Lakoff（1987:269-303）也认为，人类在身体经验的基础上形成一定意象图式（Image Schema），并在意象图式的基础上形成句法结构，人类动觉的意象图式之一便是"始源-路径-目的地（Source-Path-Destination)"。两位研究者的运动事件认知框架理论可以简要概括为"起点-过程-终点"模型，这一模型也适用于旋转运动事件。

(3)

a. 莎丽通常围在妇女长及足踝的衬裙上，先**从腰部围到脚跟**成筒裙
  状，然后将末端下摆披搭在左肩或右肩。

  （《人民日报》2001 年 2 月 9 日）

b. 这一趟**从厨房绕出来**，他手中托着一盘港式烧卖，热气腾腾，显
  然刚从蒸笼里端出来。 （BCC 语料库／凌淑芬《男佣正传》）

例(3)两个句子都展现了完整的从起点到终点的运动轨迹，可与"起点-过程-终点"模型对应。只是在一部分运动事件表述中，起点信息会作为背景知识而被省略。

此外，在实际的运动事件中，位移经常伴随着方向的改变，而一部分表示转向的语义已经融合在位移动词的语义中，这些动词的语法特征与一般位移动词无异，主体的位移与旋转不可截然分开。如例(4)中加粗的动词，旋转可被视为对运动状态的描述。

(4)

a. 阿英反复地叫着，拖着很长的余音，在夜市的大街上**迂回**。

（BCC 语料库／曾明了《宽容生活》）

b. 她只能在湖边**徘徊**，徘徊……　　　　　　（戴厚英《诗人之死》）

c. 她娇软地吟呓着，双臂无意识地**蜿蜒**上他的颈项。

（BCC 语料库／凌淑芬《俏皮小姐》）

d. 老爸给她的宣传单多到车子重心不稳，再加上逆风而行，她几乎是蛇行到市场。　　　　　（BCC 语料库／程浅《恋人未满》）

1.2　旋转运动与一般位移运动的差异

旋转运动的句法特征和认知模型都与一般位移运动相似，但二者之间依然存在一定差异。

Talmy（2000:103-105）认为语言中普遍存在着用表示运动的语言形式描述非真实运动（存在、位置关系、朝向等）的现象，并将这一现象称为"虚构运动"，视线的改变和物体朝向的变化就属于虚构运动现象。Lamarre（2017:95-128）指出，汉语不能用补语描述视线方向的改变（"*看上"），必须使用介词结构（"向上看"）。我们发现这样的现象也可见于其他表示转向的句子中，如：

(5)

a. 两岸的人背负的重量太大了，它的腰弹动着，原想尽力地挺起来，但最终还是**弯下来**。　　　　　　（张炜《秋天的愤怒》）

a'.*两岸的人背负的重量太大了，它的腰弹动着，原想尽力地挺起来，但最终还是**弯下**。　　　　　　　　　　　　　　（自拟）

b. 司马瑜腾不出手来招架，无可奈何之下，只得把自己的身子**侧过来**迎上去！　　　　　　（BCC 语料库／司马紫烟《罗刹劫》）

b'.*司马瑜腾不出手来招架，无可奈何之下，只得把自己的身子**侧来**迎上去！　　　　　　　　　　　　　　　　　　（自拟）

"下、来"在一般位移运动中都可以单独作补语，表示运动的方向，但当我们将例（5a）和（5b）中动词的补语"下来、过来"分别换为"下"和"来"后，构成的（5a'）和（5b'）两句在语法上不成立。在这一点上，

旋转运动事件表现出和一般位移事件不同的规律。

除表示方向变化的补语外，在旋转运动中，标记位移起点或终点的方式有时也和一般位移运动不同，如例(6)中三个以主要动词"绕"搭配介词"从"的例子：

(6)

a. 话方出口，霍然起身，伊如**从鬼门关**绕了一个圈回来，私下也不敢再有半分存疑，立即转身离去。

（BCC 语料库 / 马荣成《风云续集》）

b. 我们**从小路**上绕过去，敌人又在一个村口停下了，正在用白布向空中摇摆。 （《人民日报》1951 年 2 月 19 日）

c. 采用灵活机动的游击战术，常常**从侧翼**绕到敌人后方，主动袭击……

（《人民日报》1980 年 9 月 7 日）

d. 他**从村前的稻田**绕个大弯，又**从村庄左侧**绕过一片竹园，然后走上一条不足半尺宽的田埂路。 （CCL 语料库 / 廉声《月色狰狞》）

在一般位移运动中，"从"常用来标记位移的起点（"**从这儿**往南去"）或经过的路线、场所（"队伍刚**从操场**经过"）（吕叔湘 1999:130-131）。在旋转运动中，"从"除了可以标记起点（例 (6a)）、经过的路线或场所（例(6b)、例 (6c)）外，还可以如例 (6d) 一样表示运动的范围。

可见，旋转运动事件既表现出运动事件的普遍特征，又在语法方面和一般位移事件存在差异。汉语母语者可以依据语感说出符合语法规律的句子，但学习汉语的非母语者则可能会出现如例(7)所示的问题：(例句均选自 HSK 动态作文语料库，括号中是笔者对原句的修正，"×"表示删除。)

(7)

a. 更令人头疼的是，如果在发育期间的同学非要谈恋爱不可，而**目标从异性转于（向）**同性，那后果更是不堪设想。

b. 个子矮的和尚在前面，个子高的和尚在后面，就（×）水桶渐渐地**歪着（向）前面**，碰到个子矮的和尚，以后还（换）了方向也一样，还（又）还（换）了另外的和尚也一样。

c. 我觉得可以**绕走（绕开）**的困难或挫折应刻**绕走（绕开）**。

d. 我们绕（围）着一张圆圆的桌子用餐，特别是她亲手做的饺子的好（×）味道，（我）到现在也不能忘记。

从例(7)可以看出，学习者在介词、补语和动词等不同方面都可能出现误用现象。因此，对旋转运动的表达方式进行深入分析不仅有助于我们构建更完整的汉语运动事件语法体系，也有助于我们更准确地分析和纠正汉语学习者的语言问题。

2 自旋运动与绕旋运动

2.1 旋转运动的两种类型

旋转运动和一般位移运动既有联系又有区别，但旋转运动也不是完全相同的整体。从运动的形式来看，旋转运动可以分为表示主体自身朝向改变的自旋运动（例(5)）和表示主体围绕另一物体移动的绕旋运动（例(6)）两种类型。两种旋转运动的认知模型如图1和图2所示（黑点表示运动主体，白点表示位移参照物，实线箭头表示实际的运动轨迹，虚线箭头表示虚拟运动轨迹）。

图 1　自旋运动认知模型　　　图 2　绕旋运动认知模型

在自旋运动中，发生变化的是运动主体"面部"发射出的虚拟射线（我们可将之视为虚拟运动轨迹），主体和参照物的空间关系实际上并未随着运动而改变，我们推测动作与其结果在认知上的分离是造成自旋运动与一般位移运动间语法差异的原因。在绕旋运动中，运动主体围绕参照物进行类圆周运动，运动的形式和一般位移运动相似，区别在于绕旋运动的轨迹并不是一条直线，而是以参照物为圆心的弧线，这条弧线可构成一个扇形平面，这为例（6d）中标记范围的介词"从"提供了认知上的可能性。

需要说明的是，有些表示旋转的位移动词既可以表示自旋运动也可以表示绕旋运动，如"转、弯、回"等，所以我们在判断旋转运动类型时要考虑事件的具体情况，而不能将动词作为唯一判断标准。

旋转运动和一般位移运动的不同特征造成了二者语言表述上的区别，而旋转运动内部又存在自旋和绕旋两种不同的认知模型，因此两种旋转运动之间存在哪些异同也是值得探讨的问题。接下来我们将从句法位置和语法组合规律两个角度进一步分析二者的特征。

2.2 自旋轨迹与绕旋轨迹的句法位置

一定的语义内容要依附于一定的语言单位、语言结构或语境才得以显现。在运动事件语言表述中，运动的轨迹一般由动词（"**去**"）、趋向补语（"**走上**"）、介词结构（"**向北**走"、"走**向北方**"）和宾语（"走**直线**"）表达（李梓嫣 2022）。

旋转轨迹由主要动词表示的情况可同时见于自旋运动和绕旋运动，如：

(8)

a. （自旋）可于而龙却觉得，她更像芦花，不论多大的压力，决不低头**弯腰**。　　　　　　　　　　　　　　　　　　　（李国文《冬天里的春天》）

b. （自旋）今晚罗莉的整场表演果如其绰号所言，每个动作的力量都很足：倒立、回环、**转体**、**屈体**、空翻，虎虎有生气，其力度犹如炮弹出膛。　　　　　　　　　　　　（《人民日报》1994 年 4 月 24 日）

c. （绕旋）一群鸟儿从红柳丛中惊飞，在夜空中久久**盘旋**，远方传来阵阵狼叫……　　　　　　　　　　　　　　　　　　（刘慈欣《微观尽头》）

d. （绕旋）全部工程可用一立方公尺的土墙**环绕地球**周半。

（魏巍《东方》）

用动词表示旋转轨迹的用法较为自由，除例(8)中的动词外，"侧、歪、回、翻、扭、缠绕、弯曲"等大部分带有旋转义的动词都可以独立表示旋转轨迹。

补语的情况则不然，汉语中的趋向补语仅"上、下、回、到、来、去"等，但这些趋向补语都无法单独表示旋转。但我们发现部分表示自旋的动

词能够以结果补语的形式出现，如例(9)所示。绕旋运动则没有类似的用法。我们认为这是由于绕旋运动多表达主体自主的运动，带有意志性，而结果补语多是非意志的。

(9)

a. 那突来的举动，像是知道些什么，让小丁一阵紧张，险些将茶壶**打翻**。　　　　　　　　　　　　　(BCC 语料库／祁欢《天堂鸟的眼泪》)

b. 敌人不闪不避，坐马低打，脚前头后，双脚**踢歪**大刀，举剑便劈斩朱大面门。　　　　　　　　　　(BCC 语料库／刘定坚《刀剑笑》)

汉语中严格意义上的介词的数量也有限，常用介词中没有能够单独表示旋转的。但"围、绕、环"等动词能够以动宾结构的形式充当状语，表示绕旋轨迹，如例(10)所示。

(10)

a. 他**围着磨盘走**了两圈。　　　　　　　　　(萧红《家族以外的人》)

b. 沿着那玻璃柜，我开始慢慢地**环着房间走**，一面凝视着柜子中陈列的那些岩石。　　　　　　　　　　　　　(琼瑶《菟丝花》)

例(10)中"围、环"的语法特征和介词相近，如不可重叠或否定、小句中存在另外的主要动词等，但它们在语义上仍保留一定动词特征，这一点和"向、沿、随、通过"等类似。因此在本文所讨论的运动事件的范围内，我们倾向于将这些词和宾语的组合均视为介词结构。

在一般位移运动中，以宾语表示运动轨迹的情况较少，如"摆桌上"、"走西口"。这些例子或隐含趋向补语"到"，或沿袭自惯用语，能产性较低。但在实际使用时仍有少量在认知上为线性的事物也可用来表示运动轨迹，当该事物为曲线形状时则可表示旋转运动，如"跑圈"、"走弧线"、"飞S形"等。但这类表达方式涉及空间关系的变化，只能使用在绕旋运动中。

据此，我们将动词、补语、介词结构和宾语独立表示自旋和绕旋轨迹的情况总结为下一页的表1：

2.3　自旋与绕旋的语法组合规律

上一节我们分析了自旋轨迹与绕旋轨迹在句中所占的句法成分，本节

94

表 1　句法位置与旋转轨迹的对应关系

	动词	补语	介词结构	宾语
自旋轨迹	○	○	×	×
绕旋轨迹	○	×	○	○

我们讨论当主要动词表示旋转时（为便于叙述，下文称为"旋转动词、自旋动词、绕旋动词"），自旋动词和绕旋动词与句中其他成分组合的情况。

2.3.1　宾语

例⑾是自旋动词和绕旋动词直接加宾语的例子。

⑾

a.（自旋）每啄上一口，还**歪歪脖子**朝我望望。　　（萧乾《点滴人生》）

b.（自旋）而在这时候，其中的一个人又扭伤了脚，他的朋友丢下他朝前走去，再也没有**回头**……　　（霍达《穆斯林的葬礼》）

c.（绕旋）**绕庙走**了三周，他们顺着毛毛的行人小道回来……

（萧红《生死场》）

d.（绕旋）污染物进入大气，只要几天就能**环球**一周。

（《人民日报》1998 年 2 月 14 日）

结合例⑾及前文的例（8）可以发现，自旋动词后的宾语均是运动主体（或主体的身体部位），绕旋动词后的宾语则均为位移参照物。在实际语料中，大多数自旋动词都只能容纳运动主体作宾语，仅在如"**目光转我这边来了**"这样的例子中是参照物宾语。但这样的例子在使用上非常受限，一是该表达只适用口语语境，二是如果去掉该例中的"这边"或"来"，句子不再成立，因此我们认为它应当被视为省略补语"到"的特殊用例，与一般位移事件中的"飞北京"类似。

将参照物放在宾语的位置上符合大多数运动事件表述的特征，而自旋运动与一般位移运动的情况正相反。我们推测，这是因为在自旋运动中，参照物所标记的并不是运动轨迹上的点，而是主体的朝向，参照物和运动之间的认知关系是间接的，难以直接成为动词的宾语。

2.3.2 补语

和一般位移词相同，旋转动词也可以搭配"上／下、来／去、进／出、回"等补语。其中，"来／去"单独作补语只能和"绕、转"等少数旋转动词组合；"进／出"属于边界跨越运动，有明确的空间关系变化，只能用于存在空间位移的绕旋运动中；"回"既能和自旋动词组合也能和绕旋动词组合，均表示移至本来的方向或位置，如例⑿。

⑿

a. （自旋）……匪徒们被炸死了六七个，剩下的六七个狼狈地扭回头便逃窜。　　　　　　　　　　　　　　　　　　　（曲波《林海雪原》）

b. （绕旋）那道姑挥起腰带，拍的一声轻响，已**缠回腰间**，姿态飘逸，甚是洒脱。　　　　　　　　　　　　　　　　　（金庸《神雕侠侣》）

接下来我们主要讨论自旋和绕旋中均可使用但存在较大差异的补语"过"和"上／下"。

"过"既可以搭配自旋动词，也可以搭配绕旋动词，但在两种运动中的语义不同。

⒀

a. 朱义智懒得回答，冷冷地**转过脸**。

　　　　　　　　　　　　　　　　（BCC 语料库／王晋康《少年闪电侠》）

b. 她迅速就走出了门，又**折过脸**来说："记着走时把门关好。"

　　　　　　　　　　　　　　　　（BCC 语料库／何顿《只要你过的比我好》）

c. 他**弯过手肘**，吭吭地喘着粗气，肘部的皮肤里突出一个吓人的骨节头。　　　　　　　　　　　　　　　（BCC 语料库／张承志《辉煌的波马》）

⒁

a. 再说，李子荣只穿着件汗衫，袖子**卷过胳臂肘儿**，手上好些铜锈和灰土，因为他正刷洗整理货物架子。　　　　　　　　（老舍《二马》）

b. 自小路**兜过网球场**，穿过泳池去大门，看到有人在跳水，教练在一旁指导。　　　　　　　　　　　　（BCC 语料库／亦舒《少男日记》）

c. 佟磊**环过手臂**，才刚触及她的肩胛及纤腰，映心已然发出警告。

　　　　　　　　　　　　　（BCC 语料库／陈毓华《温柔贝勒靓刺客》）

d. 穆飞烟吓坏了，猛抽一口气，手忙脚乱地扣上布钮，**缠过腰带**。

（BCC 语料库／黄朱碧《炊情圣手》）

例⒀和⒁分别是自旋动词＋"过"和绕旋动词＋"过"的例子。在自旋运动中，"过"后的宾语均是运动主体；绕旋运动中，"过"后的宾语则有运动主体（"手臂、腰带"）和位移参照物（"胳膊肘儿、网球场"）两种情况，因此"过"在不同的旋转运动中可能表现出了不同的语义。刘月华（1998：260-282）指出，补语"过"的趋向意义有超过、趋近、改变方向等。根据这样的分类，自旋运动中的"过"均可视为"改变方向"义，而绕旋运动中"过"的语义则有两种情况：当宾语为位移参照物时，"过"表示"超过"；当宾语为运动主体时，其语义结构类似一般位移事件中的"接过一杯水"，此时的"过"表示"趋近"。

但值得注意的是，虽然我们可以简单地将"过"的趋向义分为三类，但实际上"过"在运动事件中有着特殊的使用条件。如，在同样表示趋近或趋远运动时，"你别**来／去**"和"你别**过来／过去**"适用的语境并不相同，在一些非典型的运动事件或虚拟运动事件中，表示趋近或趋远时也必须使用"过"（如"＊坐**来**"和"坐**过来**"、"＊看**来**"和"**看过来**"等）（Li 2023：339-352）。从自旋运动认知模型上可以看出，自旋运动中存在一条连接主体"面部"和参照物的虚拟的轨迹，而该虚拟轨迹可能和虚拟运动现象有相似之处。因此"过"在自旋运动中所表示的"改变方向"义还值得从认知角度深入探讨。但这方面的研究需要建立在我们对汉语虚拟运动现象进行更系统的分析之上，并非本文目前能够解决。

在例（5a）中我们曾指出，"弯下来"不可替换为"＊弯下"。一般来说，自旋运动表示旋转方向时需使用"向／往／朝"的介词结构，只有表示左右旋转时，可将"左／右"置于状语的位置上，如例（15a）。而在表示上下转向时，虽可使用趋向补语"上／下"，但需要和直指（deictic）趋向动词"来／去"共同构成"上来／上去／下来／下去"的形式，除前文的例（5a）和（5a'）外，也可对比例（15b）和（15b'）。旋转词中仅"弯"可直接与"下"组合，但此时必须有宾语，如果去掉例（15c）的宾语"腰"，构成例（15c'）的形式，则不合语法。

(15)

a. 她制造了两个好怪异的小铁球，圆圆的有两层，能**左转**、**右转**、**向上转**及**向下转**，十二分的好玩灵巧。

(BCC 语料库／刘定坚《刀剑笑》)

b. 路往往走着走着就打了折，**折下去**是台阶，**折上去**也是台阶，小山城的模样总是这样罢。　　(《人民日报》1997 年 11 月 11 日)

b'.* ……**折下**是台阶，**折上**也是台阶……　　　　　　　(自拟)

c. **弯下腰**，他抱起雪珂，打开房门，他抱着她往房内走。

(琼瑶《昨夜之灯》)

c'.* **弯下**，他抱起雪珂……　　　　　　　　　　　　　(自拟)

此外，在绕旋运动中，补语"上／下"除了可以表示位移方向以外还可以表示位移的终点或起点，和一般位移运动相同，如例(16)所示：

(16)

a. 只见江玉儿拿着一根长长的树枝缓步靠近欧少一……就见那蛇倏地**绕上树枝**……　　　　　(BCC 语料库／江昕《愣愣新娘》)

b. 端木恺将已喝完羹的碗往窗槛架上一搁，双臂随即**环上妻子**，心满意足的叹道……　　　(BCC 语料库／齐萱《最爱寒衣粘雪霜》)

c. 研卿看着窗外的车水马龙，车身迅速的**弯上高速公路**，车流很快。

(BCC 语料库／高晴《情挑浪子》)

d. 拐过几道山岭，汽车**绕下深谷**，克尔古提乡就到了。

(《人民日报》2012 年 5 月 7 日)

2.3.3　介词结构

运动事件中经常与位移动词搭配的介词有"从"、"向／往／朝"、"沿"、"跟"等，这些介词一般与表示位移参照物的成分组合为介词结构。其中"向／往／朝"在自旋和绕旋运动中均可表示旋转的方向，这一点在前文已有所提及。本节主要讨论"从"、"沿"和"跟"三个介词，三者的例句如例(17) – 例(19)所示。

(17) 从

a. 从南京路左转进入胜利街，在第三个巷口的一家婚纱店后面，穿

过低矮的门楼，才能找到何均辉摆在居民楼拐角处的修鞋摊。

（《人民日报》2015 年 12 月 19 日）

b. 你们**从前面向左拐弯**，到红色旅社去看看，如果那里也住满了，就向右拐弯……　　（《人民日报》1970 年 7 月 17 日）

我们在例(6)中讨论过介词"从"的问题。"从"在一般位移运动中可以标记位移起点、经过的路线和场所，在旋转运动中还可以标记运动的范围，例（6d）展示的即是绕旋运动中"从"标记运动范围的情况。自旋动词搭配的"从"也可以标记运动的范围,但由于自旋运动不涉及空间位移，运动范围往往被抽象成一个作为处所的"点",如例（17a）和（17b）。此外，"从"标记经过的路线、场所的这一用法涉及空间关系变化，只能和绕旋动词搭配。

⒅ 沿

a. （自旋）**沿斜边中线对折**两次……　　（《人民日报》2019 年 2 月 5 日）

b. （自旋）关于一点对称，就是中心对称图形，把原图形**沿中心点旋转** 180 度，如果可以和原图形重合，就是中心对称图形。

（CCL 语料库／网络语料）

c. （绕旋）司机是当地人，路熟开得快，**车沿着悬崖盘旋而下**时，一车的人都紧紧地抓住前座后面的把手大气也不敢喘。

（《文汇报》2003 年 7 月 11 日）

d. （绕旋）无奈之下，几个人只有**沿着山涧绕道而行**……

（BCC 语料库／黄易《成吉思汗》）

"沿"既能搭配自旋动词又能搭配绕旋动词，但由于自旋和绕旋的运动轨迹不同，自旋运动中"沿"的宾语既可以抽象为线形，也可以抽象为点状，分别如例（18a）和例（18b）；绕旋运动的宾语只能是线形，如例（18c）和例（18d）。

⒆ 跟

a. （自旋）……万多双眼睛**跟着毛主席在转动**……

（《人民日报》1958 年 11 月 4 日）

b. 山那边，几架"野马式"飞机正在上下翻腾，眼前却是光秃秃的，

只有尘土**紧跟着汽车滚流着**，叫太阳照得金闪闪的，一溜好几里地长。 （《人民日报》1952 年 1 月 12 日）

c. （绕旋）这一点，**我跟你绕着屋子兜了一圈**，就胸有成竹了。

（CCL 语料库／陈良廷、徐汝椿《毛格街血案》）

d. （绕旋）进村的小路**跟随着溪流盘旋**，灰瓦白墙的徽派民居则点缀在大小山坑间。 （CCL 语料库／网络语料）

介词"跟"能搭配的自旋动词仅限例（19a）所示的"转"类动词（"转、转动、转向、旋转"等）。其他自旋动词如"侧、歪、滚、翻"等不能和"跟"搭配。例（19b）虽然是"跟"和"滚"共现的例子，但不难发现，句中"跟"的宾语"汽车"并不是旋转运动的参照物，而是一般位移运动的参照物，此句不能视为"跟"与"滚"的共现。和自旋运动不同，"跟"在绕旋运动中的限制则较少，如例（19c）和（19d），和"绕、盘旋"等均可共现。

3 总结

本文围绕现代汉语中的旋转运动事件表述展开了分析，结果如下：

第一，旋转运动事件是运动事件的一种，既表现出运动事件的共性，也表现出和一般位移运动事件不同的特征。共性在于旋转运动事件在句法上使用运动事件中常用的句法结构，并在认知上符合运动事件的概念框架。此外，部分位移动词同时包括位移和旋转两种语义。旋转运动和一般位移运动的区别在于旋转运动表述中的补语和介词结构都有其特殊规律。

第二，旋转运动可分为自旋运动和绕旋运动两种，两种旋转运动的认知模型不同。二者语法方面的差异表现在：

(a)从旋转轨迹所能充任的句法成分看，自旋轨迹和绕旋轨迹都可以由主要动词表达，但除此之外，自旋轨迹仅能出现在补语位置，而绕旋轨迹仅能出现在介词结构和宾语位置。

(b)从旋转动词和句中其他成分的关系看，自旋动词和绕旋动词同宾语、补语、介词结构组合的规律各不相同：(i)在同宾语组合时，受动作和参照物之间关系的影响，自旋动词后的宾语均是运动主体，绕旋动词后

的宾语则是位移参照物。(ii)在同补语组合时,自旋动词的补语"过"为"改变方向"义;绕旋运动中, 当宾语为位移参照物时,"过"表示"超过", 当宾语为运动主体时,"过"表示"趋近"。此外,自旋动词一般不能和"上／下"组合, 表示方向改变时只能使用"上来／上去／下来／下去"的形式, 而绕旋动词的补语"上／下"还有标记位移终点或起点的用法。(iii)在同介词结构组合时,"从"无论搭配自旋动词还是绕旋动词都可以表示运动的范围, 但自旋运动的范围一般被抽象为点状的处所, 绕旋运动则可为平面状。另外, 只有在和绕旋动词搭配时,"从"可以标记经过的路线或场所。"沿"也可以和两种旋转动词搭配, 但和"从"类似, 两种旋转动词搭配的"沿"的宾语的"形状"也不相同。"跟"和绕旋动词的搭配较为自由, 和自旋动词搭配时只能搭配"转"类动词。

参考文献

Lamarre, C 2017 中国語の移動表現, 松本曜 著『移動表現の類型論』, pp.95-128, くろしお出版

李梓嫣 2022 《汉语位移表述中路径成分研究》, 大阪大学学位论文

刘月华 1998 《趋向补语通释》, pp.260-282, 北京语言文化出版社

吕叔湘 1999 《现代汉语八百词》, pp.130-131, 商务印书馆

Fillmore, Charles 1968 The case for case, In E. Bach & R. Harms (eds.). Universals in Linguistic Theory, pp. 1-88, Holt, Rinehart and Winston: University of Texas

Lakoff, G 1987 Women Fire and Dangerous Things: What Categories Reveal about the Mind, pp. 269-303, The University of Chicago Press

Talmy, L 2000 Toward a Cognitive Semantics: Volume I Concept Structuring Systems, pp. 103-105, MTI Press

Li, Z 2022 A Comparative Study of Two Motion Verbs Lái and Guò lái, Chinese Lexical Semantics: 22nd Workshop Part I, pp. 339-352, Springer-Verlag

例句出处

《人民日报》（1951、1952、1958、1970、1980、1994、1997、1998、1999、2001、
2012、2015、2019）人民日报出版社

《福建日报》（1960、1982、2008）福建日报社

《文汇报》（2003）文汇报出版社

戴厚英《诗人之死》安徽文艺出版社

霍达《穆斯林的葬礼》北京十月文艺出版社

金庸《神雕侠侣》广州出版社

老舍《二马》（收录于《二马 牛天赐传》）人民文学出版社

李国文《冬天里的春天》人民文学出版社

刘慈欣《微观尽头》（收录于《科幻世界》1999年6月第6期）《科幻世界》杂
志社

欧阳山《三家巷》中国青年出版社

琼瑶《菟丝花》长江文艺出版社

琼瑶《昨夜之灯》长江文艺出版社

曲波《林海雪原》人民文学出版社

魏巍《东方》人民文学出版社

萧红《家族以外的人》（收录于《萧红小说选》）中国文学出版社

萧红《生死场》（收录于《生死场 呼兰河传》）人民文学出版社

萧乾《点滴人生》文化艺术出版社

张炜《秋天的愤怒》安徽文艺出版社

BCC 语料库：https://bcc.blcu.edu.cn/

CCL 语料库：http://ccl.pku.edu.cn:8080/ccl_corpus

HSK 动态作文语料库：http://hsk.blcu.edu.cn/

（Lǐ · Zǐyān 杭州电子科技大学）

性質形容詞述語が選択されるとき
——"大"，"小"，"好"，"多"の場合——

前田　真砂美

1　はじめに

　現代中国語において，程度副詞などを伴わない性質形容詞（"甲类形
容词"〔朱德熙 1956〕，"性质形容词"〔朱德熙 1982〕）は，無標で述語にな
ると対比義を表し，多くが対比的コンテクストのなかで用いられるとさ
れる（朱德熙 1956, 沈家煊 1995, 张国宪 2006, 刘振平 2023 など）。下記のよ
うに対比される二項を明示するものが例として挙げられる。（太字は本
稿筆者による。以下同）。

(1) "我不要那么大的！**孩子小，玩艺儿大**，容易摔了！"［「そんなに
　　大きいのは要らないよ！子供が小さくておもちゃが大きいと落
　　としやすいからな！」］　　　　　　　　　　（BCC/ 老舍《四世同堂》）

(2) 扣扣跑过来："妈妈，**姥姥家的红地毯大，咱们家的红地毯小**。"
　　"唔。"甘平心不在焉地支吾着。"妈妈！小地毯是大地毯的孩子吗？
　　［扣扣が駆け寄ってきた。「ママ，おばあちゃんちの赤い絨毯は大きくて，
　　僕んちの赤い絨毯は小さいね」「うん」甘平はうわの空でごまかした。
　　「ママ！小さい絨毯は大きい絨毯の子供なの？」］

　　　　　　　　　　　　　　　　　　　　（BCC [1]/ 毕淑敏《送你一条红地毯》）

　下記のような例では，発話現場の状況により，他の子供のベッドとの
比較において"大"，"香"であると解釈される。

(3) 四五个小孩首先发言："我们会招待木头客人！教他和我在一块
　　睡！"然后争着说："**我的床大！**"另一个就说："**我的床香！**"说着

说着就要打起来。[4，5人の子供がまず発言した。「僕たちは木のお客さんにおもてなしできるよ！僕と一緒に寝てもらうんだ！」そして我先にと「僕のベッドは大きい！」と言うと，もう一人がすぐさま「僕のベッドはいい匂いだ！」と言い，言っているうちに喧嘩になりそうだった。]　（BCC／老舎《小木头人》）

　さらに下記のような例では，何との対比であるかが発話現場や文脈からは読み取れなくなり，強いて言えば他の（一般的な）人・モノ・状況との対比ということになる。

　(4) 但狼这东西，究竟是什么样子？象狗，那一定。野狗我是见过的：**尾子大**，拖到地上，一对眼睛骨碌骨碌圆的发亮，叫起来用鼻子贴到地面，（略）[しかし狼というのは，一体どんなものだろう？犬に似ている，それは間違いない。野犬なら見たことがある。尻尾が大きくて地面に引きずられ，目は丸く輝き，吠えるときは鼻を地面に押し付けて，（略）]　　　　　　　　（BCC／沈从文《猎野猪的故事》）

　上記(1)(2)と(3)(4)のように，対比には明示的なものとそうでないものがあり，後者は非対比的なコンテクスト内に形容詞述語が用いられている。本稿は，後者の非対比的コンテクストにおいて，裸の性質形容詞が述語になる際の語用的環境を観察し，この形式が積極的に選択される状況と，その要因について考察する。以降，文（sentence）か節（clause）かにかかわらず，性質形容詞が程度副詞や"是"などを伴わずに単独で述語になるものを，〈NA〉と記す。

2　先行研究と本稿の目的

　〈NA〉が用いられる言語環境については，"对举［対挙］"，"问答（"谁聪明？——小王聪明。[誰が賢い？―小王が賢い]"のような質問と応答）"に加え，"起始句［冒頭文］"（〈NA〉＋後続文），"煞尾句［結末文］"（先行文＋〈NA〉），"并列结构［並列構造］"などが挙げられる（周有斌1995，孙鹏飞2021，刘振平2023など）。このことは，〈NA〉が文レベルではなく

104

談話レベルで成立するものであることを示している[2)]。

2.1 〈NA〉は量が「足りない」

　〈NA〉が文レベルで成立しない理由については，程度量の不足（周有斌 1995，孫鵬飛 2021），情報量の不足（劉振平 2023）といった観点から，他の部分でそれを補う必要があるという主張を展開する先行研究が多くみられる。そしてその不足の解消手段のひとつとして対比が挙げられる。ここでの対比とは明示的なものである。

　他方，〈NA〉が対比項を明示しない非対比的コンテクストに生起する場合，足りない「量」は文脈によって補われるとされる。たとえば，周有斌 1995 は〈NA〉を「対話」と「一般的な陳述」に分け，いずれの場合も，文脈から性質形容詞の「量」が限定できることを，〈NA〉の成立条件としている。(5)は「対話」の例，(6)は「一般的な陳述」の例である。

(5) "榆娃，你有媳妇吗？"我问他，这里的农民间的亲热往往由此开始。"没，连订都没订哩！""咋？"我不解，因为在这一带，20 岁是成家立业的年岁。**"我家穷**，弟弟妹妹还小，我妈眼睛又瞎咧，全指望着我哩。"〔「榆娃，嫁さんはいるのかい？」私は彼に尋ねた。ここらの農民の親密さはしばしばここから始まる。「いない，婚約もしてないよ！」「どうして？」私は理解できなかった。ここらでは 20 歳が家庭を持つ年齢だからだ。「うちは貧乏で，弟妹はまだ小さいし，母は目が見えないし，全部俺にかかってるんだ」〕

(周有斌 1995:119／《桑树坪纪事》)

(6) 桑树坪**村子小**，能下地干活的就那么几十口，谁有多大能耐都清楚。〔桑樹坪は小さな村で，野良仕事ができる人は数十人しかおらず，誰がどのくらいの腕前かがはっきりしている。〕

(周有斌 1995:120／《桑树坪纪事》)

　(5)の"穷"の「量」は対話の内容から"穷得 20 岁还没订婚"と限定され，(6)の"小"の「量」は後続の内容から"小得能下地干活的就那

么几十口"と限定される。「どれくらい○○か」が前後の文脈で示されていれば，〈NA〉が成立するという主張である。

2.2 「論証」

(5)(6)のような非対比的コンテクストに生起する〈NA〉について，袁毓林 2022 は「論証（argumentation）」[3]の観点から説明する。「論証」とは，「一つの結論や主張の信憑性を高め，それに説得力を与えるために，論拠をあげて正当化するという言語の機能」（喜田 1999:4）を指す。

袁毓林 2022 は，性質形容詞そのものが強い対比の意味をもつという立場から[4]，(7a～d) のように明示的な対比の形をとらない〈NA〉については，"一个单一的主谓小句，有时可以成为比较完整的条件解释、因果推论性话语中的一个环节——表示某种结果情况的条件或原因；从而实现语句的论辩或叙事功能，使本来缺少完句能力的性质形容词谓语句得以在非对比性语境中出现。[ひとつの主述節が，比較の整った条件解釈，因果推論的な談話のなかの一部分となって，ある結果状況の条件や原因を表すことがある。それによって言語の論証または叙述機能を実現し，本来，文を完結させる力に乏しい性質形容詞述語文を非対比的コンテクストのなかに生起させることが可能となる]"（袁毓林 2022:135）と述べている。〈NA〉が談話において「部分」をなすという点は，重要な指摘である（例も袁毓林 2022:135 より引用）。

(7) a. 大家随和儿，[那么 / 所以]你也随和点儿。[皆人付き合いが良い，[それなら / だから] 君も付き合い良くして。]

　　b. 价钱便宜，[于是] 我就多买了几本。
　　　[値段が安い，[だから] 何冊か多めに買った。]

　　c. 今儿冷，[所以] 你多穿点儿!
　　　[今日は寒い，[だから] 多めに着込んだほうがいい。]

　　d. 今儿冷，[怎么] 你不穿毛衣?
　　　[今日は寒い，[どうして] セーターを着ないの？]

上記の例では，原因／条件を表す〈NA〉が結論や主張に直接結びつき，

文全体が「原因／条件 - 帰結」を構成している。本稿はこのような非明示的対比に着目し，さらにより大きな談話の流れのなかで，〈NA〉の論証機能がどのようなものかを探る。

2.3　明示的対比の〈NA〉はどれくらいあるか

　本稿が非対比的コンテクスト内の〈NA〉に着目するのは，それが周辺的なものではなく，実例のなかで無視できない割合を占めるからである。《现代汉语频率词典》（北京语言学院语言教学研究所编，1986，北京语言学院出版社）において使用頻度上位の"大"，"小"，"好"，"多"の4語を対象として行なった本稿の調査[5]の結果を表1に示す。

【表1　〈NA〉と〈N很A〉の対比・並列・終止の割合】
（小数点以下第二位を四捨五入しているため，合計は必ずしも100%にならない）

	N大	N小	N多	N好	N很大	N很小	N很多	N很好
対比	13.2% (92)	20.9% (87)	13.4% (129)	4.3% (48)	2.7% (32)	1.8% (9)	2.1% (25)	0.8% (10)
並列	31.5% (219)	17.8% (74)	19.6% (188)	23.6% (266)	5.7% (69)	2.2% (11)	2.7% (32)	5.5% (72)
終止	2.6% (18)	3.8% (16)	8.2% (79)	9.8% (110)	18.8% (227)	9.6% (48)	22.7% (265)	30.1% (392)
その他	52.7% (367)	57.5% (239)	58.8% (564)	62.4% (704)	72.8% (879)	86.4% (433)	72.4% (843)	63.6% (827)
総数	(696)	(416)	(960)	(1128)	(1207)	(501)	(1165)	(1301)

　調査にはBCCコーパス（北京語言大学）の「文学」ジャンルを用いた。「対比」は，(1), (2), のように前件と後件の主語が異なるもの（"$N_1 + A_1$（,）$N_2 + A_2$"），「並列」（孙鹏飞2021の"并列结构"）は同一の主語について複数の形容詞句や動詞句を連用するもの（"$N + A_1$、A_2（、A_3……）"），「終止」は"。"または"！"で文が完結し，かつ，直前の成分と対比または並列関係でないものとする。また，比較のために"很"が共起するもの（〈N很A〉と記す）の数も示した。結果は表1のようになる。割合が最も多い〈N大〉においても，「対比」と「並列」の合

計は 5 割に届かず，5 割以上の〈NA〉が非明示的な形で用いられていることがわかる。

表 1 の数字には主述述語構造に〈NA〉が生起するものを含んでいるが[6]，主述述語構造でなく，「対比」でも「並列」でもないもの（非対比的コンテクストの〈NA〉）の数は，〈N 大〉191 例，〈N 小〉111 例，〈N 多〉314 例，〈N 好〉517 例である。

3　非対比的コンテクストの〈NA〉

本章では，非対比的コンテクストにおいて〈NA〉が表す原因／条件について，その論証機能がどのようなものか，考察する。

3.1　原因

本節では，〈NA〉が原因・理由を表すことについて確認する。太字部分が波線部の原因・理由となり，禁止や依頼の正当性を示す論拠となっている。

(8) "同志，**事情小**，不要闹。（略）［「君，大したことじゃない，騒ぐな。」］
　　　　　　　　　　　　　　　　　　　（BCC／沈从文《芸庐纪事》）

(9) 三哥，别走！万一有什么麻烦呢，**你的主意多**，帮帮我！［三哥，行かないでくれ！もし何かトラブルがあったときには，あなたはアイディアが多いから，助けてくれ！］　　　（BCC／老舍《神拳》）

2.1 で見た(5)(6)，第 1 章で挙げた(3)においても，〈NA〉は原因であり，なんらかの論拠であるということができる。(5)では貧しさが婚約者もいないことの原因であり，(6)も，お互いを知り尽くしているのは村が小さいためである。(3)では大きい，いい匂いだということが自分のベッドを選ぶ理由であり，お客さんに自分と一緒に寝てほしいという主張を正当化する論拠となる。

原因を表し，結論や主張に論拠をもたせるという〈NA〉の論証機能は，原因を表すマーカーが共起する例においても見られる。注目すべきは，

〈NA〉を含む「原因 - 帰結」が，ある一定の方向に話を進める[7]なかで用いられ，それ全体が論拠として機能するという点である。

(10) 他在晚饭席上，对九斤老太说，这碗是在城内钉合的，因为**缺口大**，<u>所以要十六个铜钉，三文一个</u>，一总用了四十八文小钱。九斤老太很不高兴的说，"一代不如一代，我是活够了。三文钱一个钉；从前的钉，这样的么？从前的钉是……我活了七十九岁了，——"[彼は夕食の席で九斤婆さんに言った。この碗は城内で継いでもらったんだ。欠け口が大きいから，銅釘が16個必要だった。1つ3文，全部で48文払った。九斤婆さんは不愉快そうに言った。「一代ごとに悪くなるね。私はもう生きるのにうんざりだ。3文で釘一つ，以前の釘はそうだったかね？以前の釘は……私はもう79歳だよ」]

(BCC/ 鲁迅《风波》)

(11) "还是到福民去，因为**福民的医生好**，可以得到安全。钱呢，我再想法去。你的人要紧呀。假使原先就到福民去，免得你这样受苦。现在到福民去好么？"[「やっぱり福民に行こう。福民の医者はいいから，安心できる。お金なら方法を考えるよ。身体のほうが大切だ。最初から福民に行っていたらこんなに苦しまなくて済んだ。今から福民に行こう」]

(BCC/ 胡也频《牺牲》)

(12) 所以当天从大伯父家吃晚饭回来，他醉眼迷离，翻了三五本历史教科书，凑满一千多字的讲稿，插穿了两个笑话。<u>这种预备并不费心血</u>，身血倒赔了些，因为**蚊子多**。[だから，その日夕食をとって大叔父の家から帰ってから，彼は酔ってほんやりとした視界で歴史の教科書を4，5冊めくっては，千字あまりのスピーチをまとめ，笑い話も2つばかり挟んだ。このような準備に心血は必要なかったが，身血は代償として少し払った。蚊が多かったからだ。]

(BCC/ 钱钟书《围城》)

(10)は，割れた碗の修理代が（物価上昇で以前より）高くついたことを説明しており，下線部で示される「原因 - 帰結」は，さらに波線部の帰結へとつながっていく。(11)は，経済的事情から病院に行こうとしな

い妻に，福民医院での受診を勧める場面である。下線部は「福民に行く
べき」という夫の主張（波線部）を後押しするものである。⑿は酔っ
ぱらっていても原稿執筆を軽々とこなしたことを述べており，蚊が多く
て血を吸われたが，それが却って「ほとんど代償を払っていない」こと
を引き立たせている。

⑽～⑿の例について，中国語においては，"因为"などの接続詞の使
用そのものが論理性を高める手段であるという見方は否定できない。し
かし，〈N 很 A〉と原因マーカーとの共起例も見られるものの，前後の
コンテクストへの関わり方が〈NA〉とは異なっている。以下に〈N 很 A〉
の例を挙げる。

⒀ 那地方有很多好处：因为水里含碱，洗衣服不用肥皂，当然衣服
也很快就糟。因为风很大，可以放风筝，但是冬天也特别冷。伙
食有利于健康，但是热量也不够。［その土地には良いところがたく
さんある。水にアルカリが含まれているため，洗濯する際に石けんは
必要ないが，もちろん服もすぐにだめになってしまう。風が強いので
凧揚げができるが，冬はとりわけ寒い。食べ物は健康に良いが，その
分カロリーも足りない。］　　　　　　　　　（BCC／王小波《黑铁时代》）

⒁ 拖拉机手有一块篷布，车把式车上有一块塑料薄膜。车把式提议
把四辆车的棉花统统卸下来垛在一边，上边用篷布和塑料薄膜蒙
住，这样，在一般情况下可保无虞。杜秋妹和腊梅嫂不愿给他们
添麻烦，尤其是不愿给拖拉机手添麻烦，因为他的篷布很大，完
全可以把拖斗罩过来。拖拉机手稍微犹豫了一下，接着便表现得
慷慨大度，说了一些有苦同受有福同享之类的话，杜秋妹和腊梅
嫂一时都很感动，于是大家便按计划行动起来。［トラクター運転
手は防水シートを持っていて，車夫の車にはビニールシートがあった。
車夫は，4台の綿花をすべて降ろして一か所にまとめ，防水シートとビ
ニールシートで被うことを提案した。こうすれば，一般的に言って安
全だ。杜秋妹と腊梅嫂は彼らに迷惑をかけたくなかった。特にトラク
ター運転手には迷惑をかけたくなかった。彼の防水シートはとても大

きかったので，荷台を完全に覆うことができた。トラクター運転手は少しためらった後，寛大さを示し，苦楽を分かち合おうといったことを言った。杜秋妹と腊梅嫂は感動し，みんなで計画通りに行動した。]

(BCC／莫言《售棉大路》)

⒂ 妈妈又冻又饿，没有奶，哥哥发了一夜烧就死了。我想哥哥是个生命力很弱的孩子，不值得总是怀念。"我这辈子只有这一件事对不起你。" 因为重复的次数很多，妈妈也已不再悲痛。爸爸没有见过哥哥的面，这个话题就议论不下去了。[母は凍えて飢えてお乳も出ず，兄は一晩高熱が続いて死んでしまった。 兄は生命力が弱い子だったから，いつまでも悼む価値はないと思う。「私の人生でこれだけは唯一あなたに申し訳がたたない」と繰り返した回数が多いので，母もすでに悲しんではいなかった。父は兄の顔を見たことがないので，この話はそれ以上議論されることはなかった。]

(BCC／毕淑敏《匣子里的水牛》)

　下線部が「原因－帰結」の関係であることは〈NA〉の場合と同様である。しかし，⒀は"好处[良いところ]"と言いつつ実は悪いところを挙げているのだが，下線部「風が強いから凧揚げができる」こととその前後の事柄にはつながりがない。水にアルカリが含まれること，風が強いこと，食べ物が健康的であること，それぞれが個別の「良いところ（悪いところ）」の例示である。また，⒁ではシートが大きいことを示して，「（だから）それを使うことにした／使わせてもらおう」といった結論や主張を述べているわけではない。⒂の下線部からも，他の部分の言説に説得力をもたせる働きは見て取れない。

3.2　条件

　次に，条件解釈が可能な例についてみていく。以下の例でも，〈NA〉は後続の節と「条件－帰結」関係（下線部）を構成しながら，談話内のある主張や結論（波線部）の論拠となっている。

　⒃ 他心里有事，觉得今天不当着新月的面，把有些话和两位老人家

談談也好，就主动说，"最近一段时间，新月的体质恢复得很快
……""是啊，我看她情绪也比过去好，"韩子奇接过去说，"多亏
了卢大夫那么费心给她治病，也多亏了您关心她，鼓励她，她还
是个孩子，<u>就得这么哄着，**心情好**，病也就见轻</u>。您在编一本书？
我看她对这件事儿很上心……"[彼は思うところがあって，今日は
新月のいないところで老人二人と話すのもいいだろうと思い，自ら話
し出した。「このところ，新月の回復が早くて……」「そうね，気分も
前より良くなっているみたいだし」韓子奇が続けて言った。「盧先生が
頑張って治療してくれているのと，あなたが気にかけてくれているお
かげよ。あの子はまだ子供だから，そうやってご機嫌をとらないと。
機嫌がいいと病気もよくなるし。本を書いているんですって？あの子
がすごく夢中みたいで……」]　　　　　　（BCC/ 霍达《穆斯林的葬礼》）

⒄ "慢着，不会有鬼？"老林哥说。"是鬼，也得把他降伏住。"于二
龙跳上舢板，一点篙，离开湖岸。"多去几个人吧！""<u>不，**人多**，
船划不快，该撵不着他们了</u>。"[「待て，幽霊はいないよな？」老林
哥が言った。「たとえ幽霊でもなんとかしないと」]于二竜は小舟に飛
び乗り，竿で突いて岸から離れた。「あと何人か行け！」「だめだ，人
数が多いと舟のスピードが出ないから，彼らに追い付けなくなる」]
　　　　　　　　　　　　　　　　　　　（BCC/ 李国文《冬天里的春天》）

⒅ 大勇凿出来的第一个窟窿足足有一口锅那么大。大智说："费那么
大劲，你凿那么大做什么？一半就足够了。"大勇压低了声音说，
"<u>**窟窿大**，鱼就大</u>。"[大勇が最初にあけた穴は鍋ほどの大きさだった。
大智は言った。「そんなに苦労して，どうしてそんなに大きく掘るんだ？
半分で十分だよ」大勇は声を小さくして言った。「穴が大きいと魚も大
きいんだよ」]　　　　　　　　　　　　　（BCC/ 毕飞宇《1975 年的春节》）

⒃は病人の機嫌をとらなければならない理由を下線部で述べており，
⒄はあとに続いて小舟に乗ろうとするのを止めるため，その理由を提
示している。⒅は年越しに食べる魚を捕るため，湖に張った氷に穴を
あけているところである。鍋ほど大きな穴をあけた理由が，下線部の

「条件－帰結」で述べられている。

第1章で挙げた明示的対比の(1)も,「子供が小さくおもちゃが大きい」と「落としやすい」との間には「条件－帰結」関係があり,それ全体が波線部の「大きいのは要らない」という主張の根拠となっている。

⒆ "我不要那么大的! <u>孩子小,玩艺儿大,容易摔了!</u>"

((1)に波線と下線を追加)

このように,「条件-帰結」が,談話のなかでさらに別の部分の論拠となることは,「原因-帰結」の場合と同様,〈NA〉に特徴的な点である。

3.3　原因／条件以外の例

「原因－帰結」と「条件－帰結」に共通するのは,ある事態を既定のものとし,そのうえで得られる帰結を述べるという点である[8]。原因／条件解釈ができず,〈NA〉を後続節で示される結論の直接的な論拠とすることが躊躇われる以下のような例も,この点によって説明することができる。⒇は〈NA〉が "起始句[冒頭文]" になる例として孙鹏飞2021が挙げるものである。

⒇ **他贪婪,**但是从不掩饰自己的贪婪。[彼は貪欲だが,自分の貪欲さを決して隠さない。]

(孙鹏飞 2021:80)

ここで〈NA〉が選択されるのは,"他贪婪" を否定され得ない既定の事柄として提示することで,後続節の主張が成り立つからである。「否定され得ない」とは,前提(presupposition)[9]は否定されないという考えに基づく。⒇の〈NA〉は必須成分ではなく,"他从不掩饰自己的贪婪[彼は自分の貪欲さを決して隠さない]" と述べることも可能である。その場合,"他贪婪" は文の命題に前提され,命題が肯定(たとえば "他总是掩饰自己的贪婪[彼はいつも自分の貪欲さを隠す]")であっても否定であっても,"他贪婪" は否定されず保持される。

第1章で挙げた(2)は明示的な対比であるが,これについても,同様の観点から〈NA〉が選択される理由を考えることができる。

㉑ 扣扣跑过来: "妈妈,**姥姥家的红地毯大,咱们家的红地毯小。**"

"唔。"甘平心不在焉地支吾着。"妈妈！ <u>小地毯是大地毯的孩子吗?</u>

((2)に波線を追加)

(21)では，祖母の家の絨毯が大きく自分の家の絨毯が小さいことを既定の事実として提示し，聞き手に確認させたうえで，波線部の質問をしている。"大地毯"と"小地毯"の二種類があることは，波線部の真偽疑問文（Yes-No 疑問文）がその真偽を問う命題「小さい絨毯は大きい絨毯の子供である」に前提されている。波線部だけでも質問として成立はするが，二枚の絨毯のサイズが異なることは，「小さい絨毯が子供である」という発想の土台となるものであり，またそれが共有されなければ，質問の真意が理解できない。波線部が質問として意味をなすために，「事物の性質を類別的に限定する」（木村 2017:198）〈NA〉が，疑問文に先立つ命題成立の根拠を示すことで寄与しているのである。

4　形式内部の〈NA〉

前章では，主に非対比的コンテクストにおける〈NA〉の例を挙げ，〈NA〉には主張や結論の論拠を示す働きがあることを検証した。本稿は，対挙形式や主述述語構造など，従来，〈NA〉の使用が「許される」とされてきた形式においても，〈NA〉が論拠の提示という論証機能を果たし，それゆえに積極的に選択されるという見方が可能であると見込んでいる。背景にあるのは，原因マーカーが共起する〈NA〉の例（3.1）である。原因マーカーによって明示化された「原因－帰結」という論理構造の内部に〈NA〉が入ると，それ全体がさらに論拠となることから，〈NA〉がある形式やある構造内に入ると，〈NA〉を含む全体が論拠として機能する可能性が考えられるのである。

紙幅の都合により実例を挙げて詳述できないため，本稿が明示的対比の例として検討した範囲内で言えば，(19)(3.2)と(21)(3.3)は対挙形式[10]であり，対挙形式全体が談話内の別の発話の論拠（根拠）となっている。〈NA〉が談話において「部分」をなす（袁毓林 2022）という点は 2.2 で

述べた通りであるが，この点において，被対挙形式が全体的事態の構成部分を典型例として例示し，かつ，「被対挙形式はいくら連ねられても（略）全体は「1」のまま」（鈴木 2003:235）とする鈴木 2003 の指摘は非常に示唆的である。〈NA〉が対挙形式をとると，見かけ上は対比項が二個（以上）でも，形式全体が「部分」となり，主張や結論へとつながる論拠となるのである。

5 おわりに

性質形容詞が単独で述語になることについて，従来，不足するものをなんらかの手段で補わなければならないという方向で議論がなされてきた。これに対し，本稿は〈NA〉の使用状況を観察し，論拠を示すという働きの実現にはむしろ〈NA〉が積極的に選択されることを検証した。しかし，これには以下のような多くの課題を残している。

本稿は，性質形容詞のうち使用頻度の高い4語というごく限られた範囲で考察を行なったが，尺度形容詞"大"，"小"，"多"と評価形容詞"好"とでは，異なる振る舞いが見られる。〈N 好〉は明示的対比の割合が他より低い（2.3 表 1）うえ，主述述語構造内に〈NA〉が用いられる割合は〈N 很 A〉の 2 〜 3 倍とかなり高いが，〈N 很 A〉は〈N 好〉とほぼ同割合であった。また，〈NA〉との比較のために〈N 很 A〉の例についても検討し，論拠の提示という機能が〈N 很 A〉には見られないことを示したが，それにより一切の程度副詞を排除するものではない。たとえば，原因解釈される〈NA〉には"太"などの，条件解釈される〈NA〉には"更"などの程度副詞が共起する例が多く見られる。形容詞や程度副詞それぞれの語彙的意味を踏まえた検証が必要であり，今後の課題としたい。

注

1) 北京语言大学 BCC 现代汉语语料库（http://bcc.blcu.edu.cn/）。著者と作品名がわかるものは「/」のあとに記した。以下同。

2) 张国宪 2006 は "定语是在句法层面上实现的，而谓语则是篇章层面上的表现［連体修飾語は統語レベルで実現するもので，述語は談話レベルでの現れである］"（张国宪 2006:27-28）と述べ，张伯江 2011 も（中国語の形容詞が陳述機能をもつことは）"直接实现在低于句子平面的句法结构里，不能直接实现在句子平面上［文レベルより下の統語構造内で直接実現し，文レベルで直接実現することはできない］"（张伯江 2011:11）とし，〈NA〉が文レベルで成立しないことを指摘している。

3) Anscombre and Ducrot 1989。喜田 1999, 赤羽 2000, 2001a, 2001b, 2002a, 2002b, 2003 も参考にした。

4) 袁毓林 2022 は，性質形容詞のもつ対比性が，「有か無か」「0 か 1 か」という "性质取值 [性質値]" における二項対立（binary opposition）と，"语义蕴含 [意味含意]" における二極対立との二重の対立であるとする。前者は "冷" と "不冷" のような関係，後者は "冷" と "热，暖和" のような関係を指す。そして，性質形容詞自身がこのような対比性をもつため，性質形容詞が述語になる節（"小句"）も対比を表し，ゆえに対比的コンテクストによって具体的な比較対象と比較性質を明確にする必要があると述べている。

5) 検索ワードは "NA [。/，/！]"。"比字句" とその否定形式，"问他好" や "嫌人多" など〈NA〉が動詞句内部に生起するもの，疑問文，"你好" のような挨拶表現は除外（総数からも除外）。

6) 主述述語構造のなかの形容詞は多くが無標であることは，贺阳 1996, 张伯江 2011 なども指摘している。3.1 で示した統計調査では，〈NA〉の用例総数の約半数かそれ以上が主述述語構造であった。〈N 很 A〉の 2 倍以上である。

7) この背景にある論説を，少し長いが以下に引用する。「トポイ」はトポスの複数形で，「論拠となる言表を結論となる言表へと橋渡しをする役割を担っている通念」（赤羽 2002a）のことである。

To choose to utter, in a given situation, one sentence rather than another is to choose to apply certain topoi rather than others in this situation. Here is another formulation: the semantic value of sentences consists in allowing and focussing on facts from an argumentative viewpoint. To choose to

describe an object as expensive and not cheap is not to provide some
information on its price, but to choose to apply topoi regarding
expensiveness rather than cheapness.（Anscombre and Ducrot 1989:80）
［ある状況において，他の文ではなくある文を発することを選択するという
ことは，その状況において他のトポイではなくあるトポイを適用することを
選択するということである。文の意味論的価値は，論証の観点から事実を許
容し，それに焦点を当てることにある。ある物に対して値段が高くて安くな
いという表現を選択するのは，値段に関する情報を提供するためではなく，
安さではなく値段の高さに関するトポイの適用を選択するためである］

8) 条件と原因が近接した概念であるという捉え方が言語一般に適用できるこ
とは，König and Siemund 2000 などの研究によって示されている。

9) 前提（presupposition）については Ducrot1972［1993］（赤羽 2000 も参考に
した）および方经民 1994 を参照。

10) 対挙形式の定義については，鈴木 2003 では，「ⅰ 各構造形式の字数（音
節数）が等しいまたは近く，ⅱ 形式内部の文法関係が同じまたは似通った
構造が，ⅲ 意味的に対比関係・対照関係を構成し，ⅳ 相互に文法上従属関
係をもたないように，二個以上並列された表現形式を指す」（鈴木 2003:247-
248）と整理されている。

参考文献

赤羽研三 2000　デュクロの語用論 1—前提—,『防衛大学校紀要（人文科学分
　　冊）』80 号，pp.139-179

赤羽研三 2001a　デュクロの語用論 2,『防衛大学校紀要（人文科学分冊）』82 号,
　　pp.147-168

赤羽研三 2001b　デュクロの語用論 3,『防衛大学校紀要（人文科学分冊）』83 号,
　　pp.19-49

赤羽研三 2002a　デュクロの語用論 4,『防衛大学校紀要（人文科学分冊）』84 号,
　　pp.101-141

赤羽研三 2002b　デュクロの語用論 5,『防衛大学校紀要（人文科学分冊）』85 号,
　　pp.119-163

赤羽研三 2003　デュクロの語用論 6,『防衛大学校紀要（人文科学分冊）』86 号,
　　pp.135-178

喜田浩平 1999　条件文の意味と使用，『仏文研究』30，pp.1-18，京都大学フランス語学フランス文学研究会

木村英樹 2017　『中国語はじめの一歩〔新版〕』，筑摩書房

鈴木慶夏 2003　現代中国語における文法範疇としての典型例示，『中国語学』第 250 号，pp.229-249

方经民 1994　有关汉语句子信息结构分析的一些问题，《语文研究》第 2 期，pp.39-44

贺阳 1996　性质形容词句法成分功能统计分析，胡明扬主编《词类问题考察》，pp.121-146，北京语言学院出版社

沈家煊 1995　"有界"与"无界"，《中国语文》第 5 期，pp.367-380

孙鹏飞 2021　《现代汉语形容词谓语句认知及功能研究》，学林出版社

袁毓林 2022　形容词的极性程度意义及其完句限制条件，《中国语文》第 2 期，pp.131-144

张伯江 2011　现代汉语形容词做谓语问题，《世界汉语教学》第 25 卷第 1 期，pp.3-12

张国宪 2006　《现代汉语形容词功能与认知研究》，商务印书馆

周有斌 1995　讨论"主＋谓（单个形容词）"形容词谓语句，《淮北煤师院学报 (社会科学版)》第 3 期，pp.118-122

朱德熙 1956　汉语形容词研究，《语言研究》1，pp.83-111

朱德熙 1982　《语法讲义》，商务印书馆

Anscombre, Jean-Claude and Oswald Ducrot 1989 Argumentativity and Informativity, In Michel Meyer (ed.), *From Metaphysics to Rhetoric*, pp.71-87. Dordecht: Kluwer

König, Ekkehard and Peter Siemund 2000　Causal and concessive clauses: Formal and semantic relations. In: Elizabeth Couper-Kuhlen and Bernd Kortmann (eds.) *Cause Condition Concession Contrast: Cognitive and Discourse Perspectives*. pp.341-360. Berlin: Mouton de Gruyter

＊本研究は，JSPS 科研費 JP21K12983 の助成を受けたものである。

（まえだ・まさみ　奈良女子大学）

语言视点与语义格的转化
及动词的支配能力

任 鹰

1 材料宾语与受事宾语之辨

我们知道，汉语句法结构同语义结构的关系较为松散，一类句法结构往往可以包容多种语义关系，因此，语义关系分析在汉语语法研究与教学中颇受重视。同时，动宾结构又是颇为能产并极具开放特征的句法结构，汉语句法结构有着较强的语义兼容能力的特点，在动宾结构中体现得十分充分。动宾结构究竟能够包容多少种语义关系，宾语成分究竟有多少种语义类型，乃至某些动宾结构的语义关系也即宾语成分的语义类型究竟应当如何确认，一直都是存有争议的问题。[1]相对而言，有些宾语的语义类型比较容易得到确认，而对某些宾语的语义类型人们则常有不同的看法，前者如受事宾语，后者如材料宾语。

从总体上看，汉语句法成分的语义类型分析基本沿用的是 C. J. 菲尔墨的格语法（Case Grammar）理论，而在菲尔墨 1975 所述及的语义格中并不存在材料格。不过，正是由于汉语句法结构具有比较突出的多义性特点，句法成分的语义类型更为多样，所以在汉语语法研究与教学中，人们所提及的语义格已经超出格语法理论所述及的语义格范围，材料格就是常被提及的一类语义格。譬如，袁毓林 1998 就曾谈到材料格的述题化问题，指出"喷农药""刷白灰""织毛线""抹口红""擦药水"中的宾语就是经述题化而来的材料宾语。《现代汉语动词大词典》（以下简称《词典》）列出包括材料格在内的 22 种语义格，对材料格所作的说明为："事件中所用的材料或耗费的物资。可不用格标，可用'用、拿、由、把'等格标，如：

〈这木料〉可做家具。他一顿饭吃掉〈五十块钱〉。他一直拿〈煤油〉烧饭。……"同工具、处所等非核心格（non kernel case）或称外围格一样，通常应在介词的引导下做状语，也可脱离"格标"直接做主宾语，是人们对材料格的句法功能的普遍认识。不过，在我们看来，虽然承认材料格的存在有其合理之处，但"材料宾语"之说能否成立，却是很值得商榷的。

"材料宾语"作为一个语法范畴，应当具有特定的语义内涵和句法表现，下面就分别从这两个方面分析一下"材料宾语"的特点。

1.1 "材料宾语"的语义性质

首先，我们以《词典》中的材料宾语句为例，对所谓的材料宾语的语义性质加以考察。

⑴a.这顿饺子包了〈五斤面〉。　　b.这种棒针可以织〈粗毛线〉。

　c.他们在那儿砌〈石头〉呢。　　d.药里碾进了两百克〈甘草〉。

　e.这个地方可以堵上〈一些石头〉。f.这件衣服得垫〈麻衬〉。

　g.脑门上点了〈点儿口红〉。　　h.妈妈往枣坛子里泡了〈点儿酒〉。

　i.一件衣服画上了〈两种颜色〉。j.弟弟抄写完了〈好几本稿纸〉。

上述例句比较全面地反映了人们常说的材料宾语句的几种情况：一种情况是在整个语句所表述的事件中，材料宾语所代表的事物发生从原料到成品的变化，即随着动作的完成，作为材料的物品会从一种状态进入另一种状态，甚至是由此物变为彼物，此类语句中的动词大都具有[＋制造]语义特征。例句 a 和 b 就属于这种情况。另一种情况是在该句所表述的事件中，材料宾语的指称对象会发生位置的移动，例句 d—i 基本属于这种情况。例句 c 则兼属两种情况，一方面"石头"会成为建造物的一部分，产生从原料到成品的变化；另一方面"石头"也会发生位置的移动，被从一处移至另一处。还有一种情况就是材料宾语在事件中产生从有到无或从多到少的变化，如例（1j）中的"好几本稿纸"和前面提到的"五十块钱"。归结起来，在属于第一种和第三种情况的语句中，材料格所发生的变化应为性状变化；在属于第二种情况的语句中，材料格所发生的变化应当算是位置变化。此外，还有的是在位移变化的基础上发生性状变化。性状变化

和位置变化是变化的两种主要形式，也是所谓的材料宾语所呈现的基本特征。

按照认知语法理论，语义角色是要靠"特征束"进行定义的典型范畴（prototype category），而"变化性"则被认为是"受事"最重要的特征，是决定一个成分的受事性强弱的重要因素。譬如，John R. Taylor 1996 就曾明确指出，典型的宾语应为受事者，而典型的受事者应是在施动者的作用下产生变化的成分。陆丙甫 1998 则指出："人类语言之所以倾向于选择受事作焦点，可能是因为受事直接受动作影响而改变状态，往往是表达中的新信息，而新信息倾向于成为交流的焦点。"其实，类似看法在 C.J. 菲尔墨的格语法理论（Charles Fillmore1975）、道蒂的典型范畴理论（David Dowty1991）等现代语言学理论中也已有所体现。

不难看出，以"变化性"为其共同特征的"材料资语"，在语义性质也即范畴属性上，与受事宾语是没有本质区别的。

1.2 材料宾语的句法表现

其次，从句法表现上看，所谓的材料宾语同受事宾语也有着大体相同的特点。

第一，能否充当对受事性有所要求的被动句主语和处置式中的"把"的宾语，常被用作动词的配项是否具有较强的受事性的测试条件，而例(1)所列出的材料宾语大都可以满足这样的测试条件。例如：[2]

(2) a. 这顿饺子包了〈五斤面〉。　　b. 这种棒针可以织〈粗毛线〉。

　　a′.那五斤面被包了饺子。　　　b′.粗毛线被织棒针了。

　　　　把那五斤面包了饺子。　　　　　把粗毛线织棒针了。

　　c. 他们在那儿砌〈石头〉呢。　　d. 药里碾进了两百克〈甘草〉。

　　c′.石头被他们砌那儿了。　　　d′.两百克甘草被碾进了药里。

　　　　他们把石头砌那儿了。　　　　　把两百克甘草碾进了药里。

　　e. 这个地方可以堵上〈一些石头〉。　f. 这件衣服得垫〈麻衬〉。

　　e′.这些石头可以被堵在这个地方。　f′.麻衬得被垫这件衣服。

　　　　可以把这些石头堵在这个地方。　　得把麻衬垫这件衣服。

g. 脑门上点了〈点儿口红〉。　　h. 妈妈往枣坛子里泡了〈点儿酒〉。

g'. 那点儿口红被点脑门上了。　　h'. 那点儿酒被妈妈泡枣坛子里了。

　　把那点儿口红点脑门上了。　　　妈妈把那点儿酒泡枣坛子里了。

i. 一件衣服画上了〈两种颜色〉。　j. 弟弟抄写完了〈好几本稿纸〉。

i'. 两种颜色被画上了一件衣服。　j'. 好几本稿纸都被弟弟抄写完了。

　　把两种颜色画上了一件衣服。　　弟弟把好几本稿纸都抄写完了。

第二，可加数量成分也即可为个体化成分是常规受事宾语有别于工具、处所等非常规宾语很重要的句法倾向之一。而在这一点上，材料宾语与受事宾语也是有着相同的表现的，与"吃了一个大碗""吃了两个食堂"不够顺畅有所不同，例(1)中多个"材料宾语"均含有数量成分，而更为常用的"浇了一桶水""刷了两桶漆"等都是很自然的说法。

另外，"询问是一种广义的转换"(参见史有为1997等)，不同的询问方式通常适用于不同的句法结构，针对不同的成分也会倾向于采用不同的问法。而所谓的材料宾语句在询问方式上与受事宾语句完全相同，对材料宾语则可采用同受事成分一样的问法。例如，"V什么"一般被看作询问受事成分的句法框架，其疑问点在受事，"V的是什么"更是可使询问受事的意思得到凸显的问句。如被问"你吃什么"或"你吃的是什么"，答案应为作为"吃"的受事成分的"饺子""苹果"之类的食物，而不会是"大碗""食堂"等非受事成分。不过，被问"你在砌什么"或"你砌的是什么"，无疑是可以回答"砌石头"或"砌的是石头"的。也就是说，对所谓的材料宾语的询问方式同受事宾语相同。

总之，无论是从语义性质还是从句法表现的角度来看，所谓的材料宾语大都同受事宾语没有本质的区别。那么，随之而来的问题就是人们为何会将本质上同受事成分没有明显区别的句法成分看作材料宾语？动词对此类成分的支配能力又是如何体现的？

2　语言视点与语义格的转化

在我们看来，这里所分析的宾语成分之所以常被看作材料成分，而不

是被按其语义性质和句法表现划入受事宾语，大概主要就与相对同一个动词而言，已有其他配项被确认为受事成分有关。然而，事件角色并不是都具有唯一性和排他性，有些动词所表示的动作在同一个场景中有可能作用于不同的事物，并使不同的事物产生不同形式的变化，这样的动词就会在语言结构中表现出双向支配能力，即在表述同一场景时，能将不同的成分指派为受事成分。

袁毓林 1998 曾述及"格的细分、合并与转化"问题，其中，语义格的转化（transfonn）就是指"随着透视域的改变，语义场景中的有关要素的作用发生了变化；最终，导致表达这些场景要素的语言成分的语义格发生了变化。"[3]所谓的"材料宾语"，其实就存在着"格的转化"问题。

语言是人对外部世界进行认知和反映的产物，在对同一个场景进行认知和反映时，随着语言视点的改变，参与者的身份也会发生变化。例如：

(3) A. a. 她用毛线织毛衣。　　　　B. a. 他用石头砌房子。

　　　 b. 她把毛线织了毛衣。　　　　 b. 他把石头砌了房子。

　　　 c. 毛线被她织了毛衣。　　　　 c. 石头被他砌了房子。

　　　 d. 她在织毛线。　　　　　　　 d. 他在砌石头。

　　　 e. 她在织毛衣。　　　　　　　 e. 他在砌房子。

上述例句所表述的事件过程或结果均为原料向成品转化的过程或结果，原料和成品是最为重要的两个事件要素。在以同一个动作为中心构成的事件中，成品由"无"到"有"，其变化是不言而喻的。而原料则既是完成动作所用的材料，也是动作作用的对象，在事件中要发生由"此物"至"彼物"的性状变化，其变化也是不言而喻的。如此看来，二者都有理由被看做广义的受事性成分，因而都很容易充当宾语成分。由于用作原料的物品是动作作用的对象，作为成品的事物是动作作用的结果，二者虽然同为受事性成分，但一个是对象格，另一个是结果格，严格地说，并不存在同现冲突。同时，汉语中被动句、处置式等句式的存在，也为具有不同性质或者说广义的受事性成分的同现提供了必要的句法条件。因此，从理论上说，二者即便不发生"格的转化"，也是可在同一个结构中出现的。不过，用作原料的物品毕竟是集两种角色于一身的，其自身也存在着角色

的选择问题。这种角色的选择也即"格"的转化，是在语言视点的介入下完成的选择和转化。具体地说，一个事物如果既可被看作动作对象，也可被看作完成动作所用的材料，那么其最终以何种身份进入语言结构，就要视语言视点而定。

请再看一组由不同类型的动词所构成的语句，句中动词的语义特征及动词配项的角色特征有别于前述例句(3)。例如：

⑷ A．a．他用涂料刷墙。　　B．a．他用木块垫桌腿。

　　　b．他在墙上刷涂料。　　　b．他在桌腿下垫木块。

　　　c．他把涂料刷了墙。　　　c．他把木块垫了桌腿。

　　　d．涂料被他刷了墙。　　　d．木块被他垫了桌腿。

　　　e．他把墙刷了涂料。　　　e．他把桌腿垫了木块。

　　　f．墙被他刷了涂料。　　　f．桌腿被他垫了木块

　　　g．他在刷墙。　　　　　　g．他在垫桌腿。

　　　h．他在刷涂料。　　　　　h．他在垫木块。

上述例句所表述的事件过程是一种物体向另一种物体转移的过程，转移的结果便是一方发生了位置的变化，另一方发生了状态的变化，即在该事件中，动作作用的对象其实有两个，二者均在动作的作用下有所变化。在将客观场景外化为语言结构时，说话人即可利用"把"字句与"被"字句增加受事性成分的句位，使二者都以受事身份出现；也可只选择其中一个角色进入"透视域"，成为"核心格"，即以受事身份出现在句中，另一个则以材料格或处所格等"外围格"身份出现。例句(4)所体现的就是经不同的"透视域""过滤"的语义格实现及组配状况。从语义格标示的角度来说，例（4a）和例（4b）或许可被分别看作不同格式的基础句，对格关系的标示尤为直接、清楚；其他例句姑且被用作对两个事件角色的语义性质加以测试的句法框架，测试结果便是二者作为同一动词的配项，同样有条件充当对受事性质有所要求的句法成分，如"把"字宾语、"被"字句主语及SVO句的宾语。

3 动词的双重语义特征和双向支配能力

如前所述，"格的转化"是在语言视点的控制下，变换语义角色，调整配位格局，以使形式更能体现表意需要的语言表达手段或者说语言表达策略。不过，"格的转化"并不是在所有的句法结构中都能实现，具体地说，并不是所有的"材料格"都能转化为"受事格"。

3.1 "格的转化"条件

语义格毕竟是动词性成分对名词性成分进行角色指派的结果，因此，"格的转化"能否实现，归根结底，还是与动词性成分的语义特征和支配能力有关。例如：

⑸ A．他用石头盖房子。　　B．她用毛线织出了毛衣。

　　a．他盖房子。　　　　　a．她织出了毛衣。

　　b.* 他盖石头。　　　　　b.* 她织出了毛线。

当句中述语成分由"砌"和"织"变为"盖"和"织出"后，"材料格"便难以转化为"受事格"。在"盖""织出"所构成的事件框架中，动作的直接支配对象只能是作为成品的"房子""毛衣"，而不可能是作为原料的"石头""毛线"。在进入"透视域"之后，"石头""毛线"只能以材料格的身份出现，而无法获得受事性成分这样的身份。

在词典（主要以《现代汉语词典》和《现代汉语动词大词典》为依据）中，"砌""织"的相关义项的释义分别为：

砌：用和好的灰泥把砖、石等一层层垒起。

织：用针使纱或线互相套住，制成毛衣、袜子、花边、网子等。

在《词典》的用法说明中，上述动词的基本句法格式为"施事 +V+结果"，既把代表成品的结果格作宾语看作常规配位形式，而将"砖、石"和"纱或线"等均处理为材料格，后者即便是在宾语的位置上出现也同样如此。

然而，我们知道，按照论元结构（argument structure）理论，动词对名词的支配能力是缘自语义映现于句法的，即动词的论元结构主要取决

于其语义结构，是语义向句法投射的结果。而从前述释义不难看出，"织""砌"所作用的对象应为"砖、石"和"纱或线"等。如果仅凭释义加以判断，我们完全有理由将"砖、石"和"纱或线"等看作对象格也即广义的受事性成分。

当然，就上述动词而言，无论是只将"原料"看作动作作用的对象，还是只将"成品"看作动作作用的对象，其实都是不够全面的。从语义特征上分析，"砌""织"具有[＋加工][＋制作]语义特征。当[＋加工]义得以实现时，代表原料的成分实现为受事性成分，代表成品的成分可以不在表层结构中出现；当[＋制作]义得以实现时，代表成品的成分实现为结果格也即狭义的受事成分，代表制作原料的成分可以实现为材料格；而当[＋加工]和[＋制作]义同时呈现时，代表原料的成分和代表成品的成分便分别实现为不同的受事性成分——对象格和结果格，即都实现为广义的受事成分，并同时占据对受事性有所要求的句位。

相反，"盖""织出"的语义特征则为[＋制作][－加工]。正因为这两个动词性成分不含"加工"义，所以不能以代表原料的成分为动作对象。从语义组合的角度来说，"加工"与"原料""制作"与"成品"的语义相契合，可以很自然地组合在一起，而"加工"与"成品""制作"与"原料"则无法直接发生及物性关系。正如例句中的"织出"所显示，本来含有"加工"义的动词"织"，加上补语成分"出"之后，"完成"义凸显，"加工"义隐退，其支配加工对象的能力也就随之消失。"织毛线"为合格结构，而"织出毛线"则为不合格结构。

请再看另外一种类型的例句：

(6) A. 他用涂料粉刷墙壁。　　　B. 他用木块垫高桌腿。

　　a. 他粉刷墙壁。　　　　　　a. 他垫高桌腿。

　　b.* 他粉刷涂料。　　　　　　b.* 他垫高木块。

将例(6)中的动词性成分由"刷""垫"替换为"粉刷""垫高"后，"涂料""木块"就只能在介词的引导下作状语，而无法在动词后做宾语。究其根源，这种变化也主要是由动词性成分的语义特征和支配能力的不同造成的。

126

在词典（主要以《现代汉语词典》和《现代汉语动词大词典》为依据）中，"刷""垫"的有关义项的释义分别为：

刷：用刷子清除或涂抹。

垫：用东西支、铺或衬，使加高、加厚或平正，或起隔离作用。

在《词典》所给出的句法语义框架中，受事成分均为发生状态变化的一方，发生位移变化的一方则被处理为材料格。不过，从释义来看，上述动词均有"添加"义，通常被处理为材料格或工具格的事物同时也就是"添加物"或称"附着物"，通常被处理为受事格的事物同时也就是"附着体"。如从附着物的角度来看，动词的语义特征可记作[＋使转移][＋使附着]；如从附着体的角度来看，动词的语义特征则可记作[＋致增][＋致变]。对于一个具有"添加"义，也即既有[＋使转移][＋使附着]，又有[＋致增][＋致变]语义特征的动词来说，附着物与附着体应当都由理由被看作受动作作用并在动作的作用下发生变化的受事成分。如果着眼于动作与附着物的及物性关系，动词所实现的语义特征是[＋使转移][＋使附着]；如果着眼于动作与附着体的及物性关系，动词所实现的则是[＋致增][＋致变]语义特征。"刷"和"垫"具有双重语义特征和双向支配能力，正是前面例(4)各句均可成立的主要原因。

与例(3)和例(5)的区别大体相同，如例(6)所示，将例(4)中的动词性成分由"刷""垫"替换为"粉刷""垫高"后，通常被看作材料格的"涂料""木块"便无法在动词后做宾语。简单地说，这也是因为动词性成分的语义结构发生了变化。"粉刷"的意思是"用白垩等涂抹墙壁等"(《现代汉语词典》第5版：403)，其中已经含有"粉（材料）"这一语义要素，因而不能再与"材料"成分组合在一起；"垫高"则含有结果要素，失去了[＋使转移][＋使附着]语义特征，因而一般只能以致使对象"桌腿"为宾语。也就是说，在以"粉刷""垫高"为核心构成的事件框架中，受事成分只能是发生状态变化的"墙壁""桌腿"，而不会是发生位移变化的"涂料""木块"。受动词性成分的语义所限，后者无法以动作对象的身份出现在语句中，因而也就难以直接充当动词的宾语。

总之，所谓的材料宾语的形成对动词的语义特征和支配能力是有所要

求的，大都要以动词具有双重语义语义特征和双向支配能力为前提。

3.2　附着体与附着物：动词的双重语义特征和双向支配能力
3.2.1　"添加"义动词与"消除"义动词

我们知道，"容器-内容物"是人类最早形成的认知框架（cognitive frame）之一，将外界事物放入这一认知框架中认识并表述，则是人类基本的语言认知行为之一。附着体与附着物无疑可被纳入"容器-内容物"这一认知框架，涉及二者之间关系的客观场景及其语言表达式，在人们的日常生活及语言交际中十分常见。

归结起来，将附着体与附着物联系起来的事件主要有两类：一是使附着物附于附着体，二是使附着物脱离附着体。在同一个事件中同时作用于附着体与附着物的动词也就相应地分为两类：一类是表"添加"义动词，语义可概括为"使附着物附于附着体"；另一类是表"消除"义动词，语义可概括为"使附着物脱离附着体"。而无论是在"添加"还是在"消除"事件中，"附着物"与"附着体"都可被理解为动作作用的对象。

请先看两个表"添加"义的动词：

灌：〈他动〉浇水、灌溉；装进去或倒进去。

1.【基本式】施事（花匠、刽子手、酒鬼、锅炉工、歌星），灌＋受事（水、墨水、汤、汤药）

〈处所〉……主人正在灌〈暖瓶〉

装：(1)〈他动〉把东西放进器物内，把物品放在运输工具上。

【基本式】施事（小伙子、售货员、妈妈、刘科长、工人们）＋装＋受事（粮食、衣服、梨、钱、货）

〈处所〉……货场上人们都在装〈箱子〉。……

(2)……　　　　　　　　　　　　　　　　　　（摘引自《辞典》）

"灌"和"装"所表述的事件是"使附着物附于附着体"。在动作的进行和完成中，附着物和附着体均在动作的作用下有所变化，也都有条件充当受事宾语。不过，在《词典》的示例中，被看作"灌"和"装"的受事宾语的都是附着物。而按本文所作分析，在同一场景及其表述中，附着体

和附着物的受事性质及其句法表现并无明显区别。例如：

⑺ A．a．他在灌壶。　　　　B．a．他在装车。

　　　b．他在灌水。　　　　　　b．他在装货。

在 a 句中，动作对象为附着体；在 b 句中，附着物则为动作对象，a 句和 b 句可以用以表述同一个场景。

请再看两个表"消除"义的动词：

刮：⑴〈他动〉用刀等贴着物体表面移动，把物体表面上的东西去掉或取下来。

【基本式】施事（厨师、服务员、黄先生、油漆工、士兵），刮＋（毛、油漆、鱼鳞、铁锈、锅巴）

⑵……

扫：⑴〈他动〉用笤帚、扫帚除去尘土、垃圾等。

【基本式】施事（奶奶、清洁工、同学们、男孩、科长）＋扫＋受事（垃圾、土、灰尘、雪、树叶）

⑵……

⑶……　　　　　　　　　　　　　　　　（摘引自《辞典》）

"刮"和"扫"所表述的事件是"使附着物脱离附着体"，在此事件中，附着体与附着物均有受动性，均能进入"透视域"，充当宾语成分。虽然在上述《词典》的示例中，被看作"刮"和"扫"的受事宾语都是附着物，而实际上，在同一场景的表述中，附着体也同样有充当受事宾语的可能。例如：

⑻ A．a．他在刮脸。　　　　B．a．他在扫院子。

　　　b．他在刮胡子。　　　　　b．他在扫垃圾。

a 句和 b 句可用以表述同一个场景。"脸"与"胡子""院子"与"垃圾"之间存在附着体和附着物关系，"刮""扫"可使附着物脱离附着体。a 和 b 之所以能够表述同一件事，只能解释为同一件事可从两个角度去说；句中动词具有双重语义特征和双向支配能力，则是此类语句生成的关键。

上面所述及的能够直接联系附着物和附着体的动词都是具有双重语义特征和双向支配能力的动词，附着物和附着体都有可能在句中实现为受事

性成分。在这一点上，"添加"义动词和"消除"义动词并无本质区别，二者既可以选择附着物也可以选择附着体作受事宾语的道理是相通的，对此应当采用统一的判定标准。然而，事实上，人们的判定结果确有一定的差异。[4]据我们粗略调查，将在"消除"义动词后作宾语的附着物确认为受事格，是相对普遍的看法。这或许是因为相对于"消除"义动词而言，附着物很难被看作其他语义格，或者说其语义角色是不易发生转化的。相反，对在"添加"义动词后作宾语的附着物的角色确认，却有较大的分歧，有的被看作受事格，有的则被看做材料格、工具格甚至是方式格等外围格。这大概是因为在"添加"义动词所表述的事件中，附着物的角色特征的确是有相对性、多面性的，从不同的角度可以将其识别为不同的语义角色。

3.2.2 含有反向语义的动词

除了以上专门表示"添加"义或"消除"义的动词之外，汉语中还存在一些可以表示反向语义的动词，前面提到的"刷"及与之具有"互训"关系的"擦""抹"等就属于这样的动词。如前所述,词典将"刷"释为"清除"与"涂抹"，而"清除"即为消除附着体上的附着物，"涂抹"则是为附着体添加附着物，二者所表示的动作恰好构成反向关系。此类词内包含反向语义的动词在表示"添加"或"消除"义时，均可呈现双重语义特征和双向支配能力，即都可以分别以"附加体"或"附着物"为支配对象，与二者发生及物性关系。前文已对表示"涂抹"义的"刷"的语义特征和支配能力做过分析，这里就看一下表示"清除"义的"刷"的情况。

简单地说，从附着物的角度来看，表示消除义的"刷"的语义特征可记作 [+ 使转移] [+ 使脱离]；从附着体角度来看，其语义特征可记作 [+ 致减] [+ 致变]。如以附着物为受事宾语，所实现的语义特征便是 [+ 使转移] [+ 使脱离]；如以"附着体"为受事宾语，所实现的语义特征则是 [+ 致减] [+ 致变]。正是由于在同一个场景中，"刷"既作用于附着体，也作用于附着物，因而即便是对动词的语义指向有不同的识解，也不会影响对句义也即整个场景的理解。例如：

(9) a. 鞋上沾了好多泥，他在刷呢。

　　 b. 墙上蹭了一大片墨水，他在刷呢。

表示"清除"义的"刷"一般要求与施事及受事成分共现，即在理解例(9)时，需要补出"刷"后成分。显然，在此补出"鞋"和"墙"、"泥"和"墨水"的可能性都存在，而补出成分的差异却并不会导致句义的歧解。

据我们粗略调查，补出附着体"鞋"或"墙"的概率要明显高于补出附着物"泥"或"墨水"。也就是说，在同等条件下，人们更倾向于将作为附着体的"鞋"或"墙"看作"刷"的受事宾语。不过，推究起来，其原因可能并不在于附着体的受事性高于附着物，而是主要与句首充分更具话题性，话题性成分具有超句管控能力有关。另外，按一般语言心理，在例(9)所反映的场景中，人们优先关注的往往是"鞋"或"墙"，而不是"泥"或"墨水"。正是基于以上原因，将"鞋"或"墙"理解为"刷"的宾语，通常会是最为自然的理解方式。不过，"鞋上"和"墙上"毕竟是含有方位词的处所成分，不是典型的话题性成分，因此，其语篇管控能力并不是很强。同时，由于附着物"泥"和"墨水"与动词的距离更近一些，按短时记忆、即时联想及语篇连贯规则，将动词后成分理解为附着物"泥"或"墨水"，也是合理的理解方式。

我们看到，如果添减一些成分，将例(9)说成：

⑽ a．新穿的皮鞋沾了好多泥，他在刷呢。

　　b．雪白的墙壁蹭了一大片墨水，他在刷呢。

随着句首成分话题性的增强，将"刷"的对象理解为句首成分的概率在大幅提高。另外，还有一个与我们所讨论的问题相关的说法非常值得提及。在调查中，有人提到，将 a 句的"刷"后成分理解为句首成分似乎要比 b 句更容易，其理由就在于"墙"的面积太大，可操纵性较差。换句话说，释为"清除"义的"刷"，在以外形较大的物体作为支配对象方面似有一定的局限，而释为"涂抹"义的"刷"则似乎没有这样的问题。这一事实也表明，一个成分受动作作用的程度也即受动性的强弱与其充任宾语的能力是具有极大的相关性的。

归根结底，对"刷"后成分之所以会有不同的理解方式，就是因为该结构中存在两个受事性质相近，因而都由条件被看作"刷"的支配对象的成分。而"刷"具有双重语义特征以及由此形成的双向支配能力，是使其

两个配项均有受事性质，因而都很容易充当宾语成分的语义和句法基础。

从对"刷"的分析可以看出，该类动词在表示反向语义时，其语义结构应是对称的，即无论是表示"涂抹"义，还是表示"消除"义，都会涉及附着体与附着物，附着体和附着物均会在动作的作用下有所变化。将表"消除"义的"刷"所构成的事件框架中的附着物看作受事性成分，却将表"涂抹"义的"刷"事件中的附着物看作材料宾语，还是存在一些问题的。

3.3 一类常见的主宾可换位结构

我们知道，语序是汉语最重要的语法手段，通常被认为是标示结构成分之间的句法和语义关系的主要形式。就大部分汉语语句而言，语序是相对固定的，主位和宾位成分或者根本不能相互置换，或者置换后会使语义发生根本变化。不过，汉语中也还存在一类特殊的句法结构——主宾可换位结构。所谓的主宾可换位结构则是在保持语句的基本语义[5]不变的前提下，两个成分可以比较自由地在主语和宾语两个句位上出现的一类句法结构。其中，主位和宾位成分分别为"附着体"和"附着物"的结构就是一类很常见的主宾可换位结构。例如：

⑾ A. a. 行李捆了绳子。　　　B. a. 绳子捆了行李。
　　　b. 花浇了水。　　　　　　　b. 水浇了花。
　　　c. 墙刷了漆。　　　　　　　c. 漆刷了墙。

在上述结构中，动词的两个配项分别代表"附着体"和"附着物"，二者都可以充当宾语成分，也都有可能在语言视点的作用下，被作为谈话的起点置于主语位置。在我们看来，动词具有双重语义特征和双向支配能力，就是此类主宾可换位结构形成的关键。

4 结语与余论

在汉语句法结构的语义关系分析中，所谓的"材料宾语"是常被提及的一类旁格宾语（oblique object）。不过，从以上分析可以看出，人们通

常所说的材料宾语从语义特征到句法表现同受事宾语均无本质区别。材料宾语的形成大都要以动词具有双重语义特征和双向支配能力为前提，动词具有双重语义特征以及由此形成的双向支配能力，是使其两个配项均有受事性质，因而都很容易充当宾语成分的语义和句法条件。应当说，具有双重语义特征和双向支配能力的动词是汉语动词的一种很重要的类型，从动词的双重语义特征和双向支配能力的角度，可对很多语言现象重新作出解释。

最后，想要强调的是，根据语义角色的同现选择限制原则，相同的语义角色不能在同一句法结构中共现。[6]当可被看作同一个动词的支配对象的语言成分需要在同一个语言结构中共现时，在语言视点的作用下，语义角色会发生转变，即同一个角色会实现为不同的语义成分。在以我们所讨论的具有双重语义特征和双向支配能力的动词为中心构成的语言结构中，语言视点也即说话人认知并表述一个场景的角度和方式，对于结构成分的选择和结构格局的形成起着至关重要的作用。按照菲尔墨的格语法理论，"如果一个动词可以用两个事物中的任何一个作直接宾语，那么在显要性等级中级别较高的一个事物就有优先权"；"如果同一个场景中有两个成分在显要层级中属于同一个等级，那么任何一个成分都有可能进入透视域。……在确定两个事物的相对位置时，二者之中的任何一个都可做图形（figure），任何一个又都可做背景（ground）。我们可以说墙上的地图在图画的上面，也可以说图画在地图的上面。而这一抉择并非决定于现实场景，而是决定于说话人的表达意图。"（参见杨成凯 1986）对在语言视点控制下的"格"的互动与转化现象，菲尔墨的二期格语法理论已有比较具体的说明。可是，在后来有关句法成分的语义格问题的研究中，研究者大都着眼并强调语义格的固定与明确，而对"透视域"的"过滤"作用，对动词词义的可游移及其支配成分的可选择、语义角色的可转化特点等，则缺少足够的重视，这大概也就是在汉语语法研究中人们常会忽视某些动词的双重语义特征和双向支配能力，从而将一些具有受事性质的宾语成分看作材料宾语或工具宾语、处所宾语、方式宾语等的根源所在。

注

1) 有关汉语句法结构的语义关系的多样性及动宾结构的多义性问题，请参见陈建民 1986、钱乃荣 1990、邢福义 1997 及任鹰 2005、2007、2016 等。

2) 在将例⑴变换为"被"字句和"把"字句时，有的稍有改动。所作改动主要是为了满足"被"字句和"把"字本身的成句条件，而并没有改变动词和所谓的材料宾语的语义关系。

3) "透视域（perspective）"是菲尔墨后期理论中的一个重要概念。简单地说，透视域是存在于客观场景和语言结构之间的一个带有信息过滤作用的层面。句子所表述的是场景，可是，场景参与者并非都能成为语句的核心成分，而所谓的核心成分就是与表层结构的主语和直接宾语相对应的成分。场景参与者要成为核心成分也即实现为主语和直接宾语，就必须通过透视域的选择。该学说还主张："如果一个场景中的某个实体既可进入核心，又可处于外围，那么有利于它进入核心的一种情况就是，受到影响的物体发生了某种变化。"本文所讨论的动词的支配对象也即附着体和附着物均具有变化特征，正是二者均有可能进入透视域，充当动词的受事宾语的语义基础。对此，下文将作具体讨论。

4) 从《现代汉语动词大辞典》（以下简称《词典》）的说明可以看出，"刷""擦""抹"应为具有"互训"或称"同训"关系的一组词，而且其语义特征和支配能力相近，因此，其用法也应基本一致。可是，《词典》对其用法所作的说明却有较大的分歧，譬如，与表示"添加"的"擦"和"抹"相组配的附着物均被确定为受事宾语，而与表示"添加"的"刷"相组配的附着物则被处理为材料宾语。与表示"消除"的"刷""擦"相组配的附着体被确定为受事宾语，而与表示"消除"的"抹"相组配的附着体则有被处理为处所格的倾向。虽然其区别较为明显，但无论是从释义，还是从用法说明本身，都看不出形成这种区别的理据。这或许也表明，对于"刷""擦""抹"之类的动词来说，"附着体"和"附着物"的受事性质难分强弱，在二者之间确定一个受事格，难免会有"见仁见智"的结果，甚至说难免会有一定的随意性。

5) 这里所说的"基本语义"是指语言的真值条件，是句法结构所反映的客观场景，而没有将人的认知因素考虑在内。本文在提及"同义结构""同义关系"时，也都是指这一层面上的"语义"相同。

6) 如例⑵所示，"被"字句和"把"字句可为广义的受事性成分的共现提供句法条件。不过，在例⑵中，充当"被"字句主语和"把"的宾语的受事性成分通常为对象格，充当动词宾语的成分通常为结果格，二者在角色特征或者说

受动性上还是存在区别的。严格地说，二者出现在同一句法结构，并未违反语义角色的同现选择限制原则。另外，从句式差异的角度来看，被动句的主语、"把"的宾语以及 SVO 句的宾语即便均为广义的受事成分，在角色特征也是会有区别的。（参见木村 1992、2000；张伯江 2001 等）

参考文献

木村英樹 1992　BEL 受身文の意味と構造，『中国語』第 389 号，pp.10-15

木村英樹 2000　中国語ヴォイスの構造化とカテゴリ化，『中国語学』247 号，pp.19-39

陈建民 1986　《现代汉语句型论》，语文出版社

吕叔湘（主编）1994　《现代汉语八百词》，商务印书馆

林杏光等（主编）1994　《现代汉语动词大词典》，北京语言学院出版社

陆丙甫 1998　从语义、语用看语法形式的实质，《中国语文》第 5 期，pp.353-367

钱乃荣 1990　《现代汉语》，高等教育出版社

任鹰 2005　《现代汉语非受事宾语句研究》，社会科学文献出版社

任鹰 2007　动词词义在结构中的游移与实现——兼议动宾结构的语义关系问题，《中国语文》第 5 期，pp.419-430

任鹰 2016　从生成整体论的角度看语言结构的生成与分析——主要以汉语动宾结构为例，《当代语言学》第 1 期，pp.19-37

史有为 1997　处所宾语初步考察，『中国語学論文集：大河内康憲教授退官記念』，pp.81-105，東方書店

邢福义 1997　汉语语法结构的兼容性和趋简性，《世界汉语教学》第 3 期，pp.3-8

杨成凯 1986　Fillmore 的格语法理论（上）（下），《国外语言学》第 1、3 期，pp.37-41、110-120

袁毓林 1998　《现代汉语动词的配价研究》，江西教育出版社

张伯江 2001　被字句和把字句的对称与不对称，《中国语文》第 6 期，pp.519-524

中国社会科学院语言研究所词典编辑室 2005　《现代汉语词典》，商务印书馆

Fillmore，Charles J.1975　『格文法の原理』，田中春美 等訳，研究社

Lakoff，George1993　『認知意味論—言語から見た人間の心』，池上嘉彦 等訳，紀伊国屋書店

Taylor，John R. 1996　『認知言語学のための 14 章』，辻幸夫訳，紀伊国屋書店

（译著所标日期均为译本出版时间）

*拙文是在笔者多年前所完成的博士论文的第四章第三节的基础上重写而成的。笔者在撰写博士论文期间曾赴大阪外国语大学（现已并入大阪大学）中文系，在杉村博文先生的指导下学习与研究。在此期间，从学习、研究到生活，都得到古川先生很多帮助。此次应邀为古川先生退休纪念文集撰稿，便拟重写这部分博士论文已经述及但至今依然存有较多争议的内容，以便在向古川先生致谢并致敬的同时，也能就此问题重新提出一些个人认识。

(Rén・Yīng　神戸市外国語大学)

"盖"の多義構造

森　宏子

1　はじめに

"盖"の多義構造について考えてみる。"盖"は「ふた」や「ふたをする」を主たる意義とするが，それに止まらず多彩な意義を見せてくれる。
　あらかじめ"盖"の意義展開図を示すと以下のようになる[1]。（メタはメタファー，シネはシネクドキ，メトはメトニミーを表す。）

【0】〈被せる物を〉（別の物の表面に）被せる
├【1】〔シネ：類で種〕〈ふたを〉（なべ（の口））に）被せる
│　├（1a）〔メト：図地反転〕〈なべを〉（ふたで）覆う
│　└（1b）〔メト：プロセスで対象〕名詞　ふた
├【2】〔メタ：特性類似〕〈判を〉（上から被せるように）押す
├【3】〔メタ：特性類似〕〈家を〉（上に被せるように）建てる
└【4】〔メト：図地反転〕〈物（の表面）を〉（被せる物で）覆う
　　├（4a）〔メタ：機能類似〕〈物事の真相を〉覆い隠す
　　├（4b）〔メタ：特性類似〕〈比較の対象を〉覆う
　　├（4c）〔メタ：特性類似〕〈行動・影響などの対象（範囲）を〉覆う
　　└（4d）〔メタ：特性類似〕副詞（判断などが）全体を覆って

【図1　"盖"の意義展開図】

各意義の詳細は後述するが，ここでは概要を述べる。

"盖"の中心義は「〈被せる物を〉（別の物の表面に）被せる」である。さまざまな「被せる物」と「被される物」の関係に適用される。「上から覆って」が重要な特性で，"盖"の意義はこの特性を軸に展開する。

「被せる物」と「被される物」の関係のなかで，とくに「ふた」と「なべ」に特定した意義が，意義1「〈ふたを〉（なべ（の口）に）被せる」である〔類で種〕。意義1からは副意義が2つ展開する。ひとつは，ふた（図）となべ（地）の図と地を反転させて（1a)「〈なべを〉（ふたで）覆う」の意義〔図地反転〕，もうひとつは，被せる行為の対象を表す（1b)「ふた」の意義である〔プロセスで対象〕。

意義2「〈判を〉（上から被せるように）押す」は，用紙などの上に判子を置く（のせる）動作と，ふたをなべの口に置く（のせる）動作の類似性を見ている。意義3「〈家を〉（上に被せるように）建てる」は，なべの上にふたを置くように，上に上に積み重ねて家を建てていく過程に着目している。意義2と3はいずれも「ふたを被せる」（なべの口の上にふたを置く）動きの見立てとして成り立っている〔特性類似〕。

意義4「〈物（の表面）を〉（被せる物で）覆う」は，中心義の図と地を反転させたものである。

抽象義はすべて意義4から展開する。まず，覆うことは隠すことでもあるので，(4a)「〈物事の真相を〉覆い隠す」へ比喩展開する〔機能類似〕。また，ふたとなべの物理的な上下関係を，二者の程度における抽象的な上下関係に置き換えた（4b)「〈比較の対象を〉覆う」〔特性類似〕が展開し，さらに，影響が物事を覆うように及んでいるところに着目した(4c)「〈行動・影響などの対象（範囲）を〉覆う」〔特性類似〕が展開する。最後に，副詞用法の（4d)「（判断などが）全体を覆って」は，ふたがなべ全体を覆うように，全体を把握していることをいう〔特性類似〕。

2 中心義〈被せる物を〉（別の物の表面に）被せる

　中心義は「〈被せる物を〉（別の物の表面に）被せる」である。さまざまな「被せる物」と「被される物」の関係に適用される。用例は豊富で，頻出例は"盖被子"（ふとんを被せる，かける）である。ふとんをかけるように「上から覆って」という点が特性である。"盖"の主な意義は，この「上から覆って」という特性を軸に展開する。

　統語的には，共起する結果補語は「付着」の"上"。「被せる物」と「被される物」が接近し最後は合わさるところを見ている。

　(1) 要随天气的变化适时增加衣服，夜间睡觉时要**盖**好被子，以防止胃部、腹部着凉，导致疾病发生。[天候に合わせて適宜服を調節し，病気の原因となる胃やお腹の冷えを防ぐために，夜は掛けぶとんをかけて寝なければなりません。]

（人民网：霜降时节，应注意预防哪些疾病？）

"盖被子"は気象や農作の比喩としてよく用いられる。

　(2) 如果把云层比作一床棉被，夜里云层厚的话，就好像给地面**盖**了被子保暖，所以气温不会降得太厉害，但晴朗的夜晚少了"棉被"，白天聚集的热量很快就会散掉，气温自然就下降得明显。[雲をふとんにたとえると，夜間雲が厚くなると，地面にふとんをかけて温めるような状態で，そのため気温が下がりません。[2]]

（人民网：暖阳重回南宁 气温将升至27℃）

　(3) 法新社称，卡特当天看上去"很虚弱"，他坐在轮椅上，腿上**盖**着毯子，毯子上面绣着妻子的头像。[フランス通信社によれば，カーターは当日とても弱っているように見えた。彼は車いすに座り，足に毛布をかけ，毛布には妻の顔が刺繍されていた。]

（光明网：99岁美国前总统卡特"罕见公开露面"，出席已故妻子追掉会）

　(4) 大家立即把他抬上担架，又给他身上**盖**了一件保暖的衣服，然后深一脚浅一脚地下山。[直ちに彼を担架に載せ，彼の身体に温かい服をかけてやり，でこぼこ道を下りて行きました。]

（人民网：北极村的这片樟子松树林）

⑸ 国家特派团成员刘吉平说："这次到环江开展桑蚕产业的帮扶工作，我们到蚕房和桑园走了一遍，发现这里有一些养蚕技术以及桑园管理上的问题，比如在丢弃蚕沙的时候大家都是直接倒地里，我建议先撒一些石灰，然后**盖**一个塑料薄膜或者是黑地布，**盖**两三个月之后再打开就是一个非常好的复合肥，变废为宝，这样既能创收又能减少病虫害。"[蚕の糞に石灰をまいて，その上にビニールシートや黒い布をかけ，2，3か月かけておいて外せば，それはとてもよい複合肥料になると私はアドバイスしています。]

（人民网：环江：国家科技特派团赋能 助力乡村振兴产业发展）

⑹ 快到中午时分，在司仪高声引导下，新郎上台亮相鞠躬作揖答谢亲朋，新娘母亲为新娘三梳头发，**盖**上红盖头。[新婦の母親は新婦の髪を3回梳かし，赤い絹のベールを被せた。]

（人民网：泸州泸县：新年结婚"热"中式婚礼备受青睐）

⑺ 11 日，哈尔滨市群力城市湿地公园内，大片的芦花随风摇曳，从高处望去，黄绿的芦苇上好像**盖**了一层厚厚的白雪，美丽又壮观，吸引许多市民前来观看、拍照。[高い場所から眺めると，黄色と緑色の葦がまるでぶ厚い雪をかぶったかのように美しく壮観で，多くの市民が写真を撮ったりしています。]

（人民网：哈尔滨：城市湿地芦花美）

⑻ 碗口**盖**上保鲜膜，上锅蒸 1 小时。[ボールにラップをかけ，1時間蒸します。] （光明网：夏季 DIY 养生小零食）

⑼ 家有阳性感染者，同住人的防护要做到以下几点：与阳性感染者分居两室，接触时必须保持 1 米以上距离并戴好口罩；分时段使用卫生间等公共空间；使用抽水马桶，**盖**上马桶盖后再冲厕；(后略)。[水洗トイレを使用し，トイレのふたを閉めてから水を流します。]

（光明网：感染新冠病毒，如何做好居家隔离）

3 意義1〈ふたを〉(なべ(の口)に)被せる

意義1は「〈ふたを〉(なべ(の口)に)被せる」の意義である。中心義の「被せる物」と「被される物」の関係を,とくに「ふた」と「なべ」に限定した意味である〔シネ:類で種〕。ふたをなべの口にぴったり当てて,なべの口をふさいでしまうことをいう。

"盖"の原義である。いまは中心義の座を,勢いのある類化したプロセス義の方に譲っているが,それでもこちらは本家,ふたとなべの関係性は"盖"のすべての意義に受け継がれている。

さて,用例は(10)のような料理のレシピ,(11)のような防災啓発の新聞記事に多く見られた。目的語は"盖子・盖儿"(ふた),"锅盖"(なべぶた)など。相性のよい結果補語は"上"である。

(10) [小鸡炖蘑菇] (2) 下入土豆、红蘑,翻炒一会儿,加入水,**盖**盖儿炖三十分钟。[鶏肉とキノコの煮込み (2) ジャガイモと赤キノコを加えてしばらく炒めます。水を加えて,ふたをして30分煮込みます。]

(光明网:"铁打"的沈阳,"最硬"的东北菜!)

(11) 电动车起火时,正确的做法是用水降温或使用灭火器;面对油锅起火,可以第一时间**盖**锅盖,或下入青菜。[なべから火が出たら,ふたをするか,青菜を放り込むとよい。]

(光明网:摩托车自燃起火,男子竟想用嘴吹灭…)

(12) 煮粥时,开水下锅后先搅拌几下,然后**盖**上锅盖,小火熬制20分钟后,继续不停地顺着一个方向搅拌10分钟左右,直到粥呈现自然的黏稠状即可。[おかゆを作るときは,湯をなべに入れて数回かき混ぜ,その後,ふたをして弱火で20分間煮ます。]

(人民网:我爱"粥道"养生:诀窍尽在一碗粥)

(13) [枸杞红茶] 做法:将枸杞洗净,与红茶一同放入壶中。用五百毫升沸水冲泡。将壶盖**盖**上,闷泡三分钟。[500ccの湯を注ぎ,ポットのふたをして,3分蒸らします。] (光明网:广州热到破纪录!周末王炸级寒潮来袭,广东将迎"断崖式"降温)

3.1　意義 1a　〈なべを〉（ふたで）覆う

　意義（1a）は「〈なべを〉（ふたで）覆う」の意義である。意義 1 のふた（図）となべ（地）が図地反転して，「なべ」に焦点を移したものである〔メト：図地反転〕。意義 1 と裏表の関係とはいえ，非対称なところがあり，回りくどい言い方のためか用例数も減る。この「覆う」系では，「安定」や「定着」を表す結果補語 "住" と相性がよい。

⑭ 遇到油锅起火，首先要保持沉着冷静，拿锅盖**盖**住油锅，完了以后关闭气源就可以了，千万不能用水去扑灭火。[なべから火が出たら，まず落ち着いて，ふたでなべを覆い，それからガスの元栓を閉めます。絶対に水で火を消したりしないでください。]

（人民网：保障燃气安全 江苏各地开展隐患排查）

⑮ 油锅起火时，千万不要用水灭火，可以用锅盖把油锅**盖**上或倒入青菜，达到灭火效果。[フライパンから火が出た時は，絶対に水で火を消そうとしてはいけません。ふたでなべを覆うか，青菜を投入すると消火できます。]（光明网：常回家看看 为家中老人筑起 "防火墙"！）

　意義 1 と非対称なところがあるというのは，次のような点である。意義 1 が "盖儿"（ふた）を直接，目的語に取れるのに対して，意義（1a）は "锅"（なべ）を直接，目的語に取りにくいという点である。実例がないわけではないが，コーパスでヒットするのは例⑯のような料理のレシピ例ばかりである。レシピでの慣用的な言い回しなのかもしれない。北方出身の母語話者によれば，意味は分かるが，口頭で使用することはないという。例えば，なべにふたをしてほしい時に "*盖锅！" とはいわない[3]。

⑯ [红烩土豆] 1．切番茄，土豆切块。2．热油加入番茄、番茄酱和芝士熬出泡沫。<u>3．土豆过水后入锅，加入盐和糖，**盖锅**中火焖5-10分钟</u>。[3．水につけたジャガイモをなべに入れ，塩と砂糖を加え，なべにふたをして中火で 5 ～ 10 分煮込みます。]（CCL）

3.2 意義 1b ふた

意義 (1b) は被せる行為の対象を表す「ふた」, 名詞義である〔メト: プロセスで対象〕。

例(17)にはさまざまな「ふた」を列挙したが, 次のような共通項をもつ。①容器の開口部を覆ってふさぐ物。②脱着 (開閉) 可能。③異物が中に入らない・内容物が外に出ない・外に見えないようにするなど中身を守る。日本語では「ふた」以外に「カバー」や「キャップ」などとも呼び分けられる。

(17) 盖子・盖儿 (ふた), 锅盖 (なべのふた・炊飯器のふた), 壶盖儿 (やかんのふた), 茶碗盖儿 (湯飲み茶碗のふた), 蒸笼盖 (せいろのふた), 茶缸盖儿 (茶筒のふた), 饭盒盖 (弁当箱のふた), 盒盖・上盖儿 (箱のふたなど), 纸盖 (紙のふた), 塑封盖 (透明フィルム製のふた), 瓶盖儿 (びんのふた・口金・王冠), 啤酒瓶盖 (ビール瓶の王冠), 矿泉水瓶盖 (ミネラルウォーターのふた・キャップ), 牙膏盖 (歯磨き粉のキャップ), 井盖 (井戸・マンホールのふた), 下水盖・排水沟盖 (排水溝のふた), 镜子盖儿 (カメラのレンズキャップ), 车前盖・引擎盖 (ボンネット・エンジンカバー), 油箱盖 (車のガソリンタンクのふた), 行李箱盖 (車のトランクのふた), 顶盖 (自動車のルーフパネル), 电表盖 (電気メーターのふた), 舱盖 (船のハッチ[4]) など。

意義 (1b) からは, さらに以下の意義 (プラス義となる) が展開する。

例(18)は, ふたのように表面を覆うかたちで内部を守る役割を果たす物である。守る機能に着目している〔メタ: 機能類似〕。

(18) 蟹盖 (カニの甲羅), 乌龟盖儿 (カメの甲羅), 膝盖・波棱盖 (ひざ・ひざ頭), 天灵盖 (頭蓋骨), 房盖・上盖儿 (屋根, ふつうは "屋顶"), 屋盖 (体育館などのドーム型屋根[5]: 例えば "北京工人体育馆的屋盖") など。

例(19)は, 表面を覆う特性に着目している〔メタ: 特性類似〕。キノコのカサは軸を覆うかたちで存在する物であり, 上にのったさまに注目し

ている。

⒆ 冰**盖**（地面や川に張った厚い氷），菌**盖**（キノコのカサ）。

例⒇は，ふたのように皮膚（の境目）にのっているように見える半月状の形状に類似性を見ている〔メタ：形態類似〕。

⒇ 指甲**盖**儿（なま爪：つめの根元の白い部分）

4 意義２〈判を〉押す

意義２は「〈判を〉押す」の意義である。用紙などの上に判子を置く（のせる）動作と，ふたをなべの口に置く（のせる）動作に類似性を見ている〔メタ：特性類似〕。

目的語は"图章"（印鑑），"公章"（公印），"戳儿"（スタンプ）など。結果補語は"上"のほかに"下"とも共起する。"上"も"下"もさほど意味に変わりはないが，視点が異なるように思われる。「付着」の"上"は，判を台紙などに押し付けることに視点があり，"下"の意味は「残存」なので，痕跡を刻むという意味で，判の跡を台紙に残すことにより関心がある。

㉑ 在东山卧佛景点附近的"乐游汀溪"暖心驿站内，<u>游客们正排队等着给自己的手册上**盖**上独特的纪念印章。</u>〔観光客が手帳にユニークな記念スタンプを押してもらうために並んでいる。〕

（人民网：宣城泾县：乘兴而来满意而归 贴心服务温暖游客）

㉒ 1 月 3 日，在金华市金东区赤松镇二仙桥村，<u>65 岁的姚国宪在给蒸好的馒头**盖**上传统红印。</u>〔65歳の姚国賢さんは蒸したてのマントゥに伝統的な朱印を押しました。〕

（光明网：浙江金华：红印馒头迎新年）

㉓ **盖**下印章把"石家庄"带回家！这届年轻人爱上了"**盖**章式旅游"〔スタンプを押して「石家庄」をおうちに持って帰ろう！今の若者が熱中する「スタンプ旅行」〕 （光明网：見出し）

㉔ 随后，志愿者给小朋友的参观手册上，**盖**下一枚印着小海豚的印

章。[その後，ボランティアが子どもたちの参観手帳にイルカのスタンプを押しました。]

（人民網：中科院公众科学日体验：好听，好看，好玩！）

㉕ 他们中有的是第一次参加献血，不免有些紧张，有的则已连续几年多次献血，献血证上**盖**满了章。[彼らの中には初めての献血で少し緊張している人もいれば，何度も献血し献血証がスタンプでいっぱいの人もいます。] （人民網：乌当区 2022 年无偿献血活动完成）

5 意義３〈家を〉建てる

　意義３は「〈家を〉建てる」の意義である。なべの上にふたを置くように，上に上に積み重ねて家を建てていく動きに，同じ特性を見ている〔メタ：特性類似〕。基礎の上に階層を重ねていくイメージである。共起する建物は，垂直方向に伸びる建物が原則で，水平方向に伸びる橋，水路，プールなどの建造物とは結びつかない。屋根があることも大事な要素である。

　目的語は結果の目的語を取る。“房子”（建物としての家），“平房”（平屋），“车库”（車庫），“楼房”（２階建て以上の建物），“高楼大厦”（ビル），“温室大棚”（ビニールハウス），“厂房”（工場の建屋），“养猪场”（養豚場），“禽舍”（養鶏場），“学校”，“医院”，“剧院”（劇場）など多数。垂直方向に伸びる動きであることから，結果補語は“起”が頻出する。

㉖ 通过努力他在家乡**盖**了二层楼房，并娶妻生子。[苦労の末，彼は故郷に２階建ての家を建て，結婚し子をもうけた。]

（人民網：九〇后青年返乡深耕“稻田梦”）

㉗ 法邑村党支部书记、村委会主任杨锡候说：“这两年我们村大变样，家家户户开始**盖**起新房，人居环境好了，大家都很开心。”[ここ数年私たちの村はたいへん変わりました。どの家庭も新しい家を建てはじめ，住環境はよくなり，みんなとても喜んでいます。]

（人民網：油菜花开新气象 村民致富奔小康）

⑵⑻ 当他从新闻里解到国家开始封山禁牧，有着敏锐"嗅觉"的他知道不能再漫山遍野的放羊，羊得圈起来了。在周围养羊的农户还在犹豫不定的时候，王旭智在村里的帮助下盖起了羊圈，全面开始圈养羊只。[まわりの牧羊農家が躊躇するなかで，王旭智さんは村の援助で羊舎を建て，羊の囲い飼いを始めた。]

(光明网："铁人"王旭智发"羊"财)

⑵⑼ 一出正月，李福强就为吕大姊申报了危房改造，把土坯房盖成新房。[正月が過ぎると，李福強は呂おばさんのために老朽家屋の建て替え申請をし，レンガ造りの家を新しい家に建て替えた。]

(人民网：回到村里，和乡亲们一起创业)

例⑽の"一层层往上盖"（一層一層上に被せていく）には，上へ上へと積み重ねていく動きが見て取れる。

⑶⑴ 就如同盖房子，一般情况都是先打地基，再一层层往上盖，但在这座超级地下工程却要先盖屋顶，再往下建造。[家を建てるのと同じで，普通はまず基礎を敷いてから，一層一層上に被せていくのですが，このスーパー地下プロジェクトでは，まず屋根を建て，それから下に向かって建てていきます。]

(人民网："努力收到了回报，这是最好的新春礼物")

6 意義4〈物（の表面）を〉（被せる物で）覆う

意義4は「〈物（の表面）を〉（被せる物で）覆う」の意義である。中心義の図と地を反転させて，「被される物」に焦点を当てた意義である〔メト：図地反転〕。中心義と同様に生産能力が高く，用例は豊富[6]。結果補語は"住"が中心的である。

⑶⑴ 山间气候严寒，大雪很快就盖住了马蹄印。[山間は厳しい寒さになり，大雪が瞬く間に馬の足跡を覆った。]　　　　　　　　(CCL)

⑶⑵ "阿姨，请戴好口罩，鼻子也要盖住。"[おばさん，ちゃんとマスクをしてください。鼻も覆ってください。]

(人民网："中国好人"王新跨江抗疫记)

146

(33) 若血出得很慢，量不多，可用干净的毛巾或消毒纱布**盖**在创口上，再用绷带扎紧，并将出血部位抬高，可以达到止血的目的。[出血がひどくなければ，清潔なタオルやガーゼで傷口を覆い，その上から包帯でしっかり巻きます。]　　　　　（人民網：孩子外伤如何正确处理）

(34) "虽然帽子**盖**住了耳朵，但我听得很清楚。"杨金全冲到桥边，看到一名女子落入水中。[帽子は耳を覆っていましたが，はっきりと聞こえました。]　　　　　（人民網：零下5℃，纵身一跃，怀远小伙好样的！）

(35) 卞冀东告诉记者，"下雨时我们的配送员会用塑料布把商品**盖**好，避免淋坏淋湿。"[雨が降った時は，配達員は商品が濡れないようにビニールシートで商品を覆います。]

（人民網：强降雨天气北京市民"菜篮子"拎得稳 生活必需品供应充足）

(36) 昨天，记者在杨浦公园内看到，一条百米长的道路**盖**满了粉红色的关山樱花瓣，许多市民游客驻足拍摄，缓缓前行，享受柔软花毯带来的温柔触感。[昨日，記者は楊浦公園において，100メートル余りの道路が一面ピンクの関山桜の花びらで覆われ，多くの市民が足を止め写真を撮ったり，散歩しながら，花の絨毯の柔らかい感触を楽しんでいるのを目にした。]

（人民網：落樱不扫 上海杨浦公园试点打造落樱不扫观赏区）

(37) 4月24日清晨，一夜春雪将延绵不断的祁连山**盖**得严严实实，(后略)。[4月24日早朝，一夜にして春の雪が祁連山の峰々を真っ白に覆った。]　　　　　（人民網：打造青藏高原生态文明新高地）

(38) 离开小麦地之前，文新全用雪小心地将麦苗**盖**住，"等开了春，这里就是一片充满生机的麦田。"[小麦畑を去る前に，文新全さんは慎重に小麦の苗を雪で覆い，「春になったら，ここは一面生き生きとした麦畑になりますよ」と言った。]

（人民網：新春走基层 新疆石河子市：种田越来越智慧）

(39) 宝宝的尿布要大小适宜，不要**盖**到脐部，以免尿液浸湿脐部创面，同时，也要确保宝宝活动时尿布不会摩擦到脐带根部。[赤ちゃんのおむつは適切なサイズでなければならず，へそを覆ってはいけませ

ん。] 　　　　　　　　（光明网：遇到这几种新生儿生理现象别慌）

例(39)は意義 (4c)「〈行動・影響などの対象（範囲）を〉覆う」との連続性が窺える。

6.1 意義 4a〈物事の真相を〉覆い隠す

意義 (4a) は「〈物事の真相を〉覆い隠す」という意義である。物を覆うと，中が隠れて見えなくなる。そこから，物事（秘密や悪事）を隠して外から見えないようにすること，「隠ぺい」の意義に比喩展開する〔機能類似〕。"掩盖" や "遮盖" での表現が一般的である。

(40) 这座博物馆现代堂皇 却**盖**不住美国迫害印第安人的黑历史 ［この博物館は現代的で堂々たるものであるが，アメリカがインディアンを迫害した黒歴史を隠すことはできない。］　　　　（光明网：見出し）

(41) 日本专家：反对核污染水排海 日本政府**掩盖**真相 ［日本人識者談：核汚染水の海洋排出に反対，日本政府は真相を覆い隠す］

　　　　　　　　　　　　　　　　　　　　　　　（人民网：見出し）

(42) 谎言**遮盖**不住罪恶。［うそで罪悪は隠せない。］　　　（CCL）

6.2 意義 4b〈比較の対象を〉覆う

意義 (4b) は「〈比較の対象を〉覆う」の意義である。ふたとなべは上下の位置関係にあるが，これを二者の「程度」における上下関係に置き換え，ふたがなべの上にのるように，一方の程度が他者を上回ることを表わす〔メタ:特性類似〕。共起する結果補語は "住" のほかに "下去" や "过" が見られる。"住" や "下去" は上から封じ込むニュアンス，"过" は基準や程度を超えたことを表わす。

(43) "不做战争帮凶" "不要 G7" ……演讲结束后，抗议民众举着标语上街游行，他们高昂的口号声完全**盖**住了右翼分子的喇叭声。［抗議者たちはスローガンを掲げて街をデモし，声高に叫ぶスローガンは右翼が鳴らすクラクションを完全に覆い隠した。］（人民网："不做战争帮凶" —— 日本民众强烈抗议七国集团峰会将在广岛召开）

⑷ 据《读卖新闻》报道，平山研究员经研究发现，<u>吃完大蒜马上用</u><u>药剂把口腔洗净或马上刷牙，最多只能用香味把蒜臭**盖**下去，并</u><u>没有消除散发臭味的根源</u>。［ニンニクを食べた後に薬剤で口を洗ったり歯磨きしても，香りでニンニク臭を覆い隠すことはできても，においの元を取り除けるわけではない。］　　　　　　　　　　(CCL)

⑸ 时至 90 年代，"食堂"的名头却被"饭店"**盖**下去了。［90 年代に入り，「食堂」という名は「レストラン」の陰に隠れてしまった。］

(CCL)

⑹ "起跑的那一瞬间，是最激动人心的！"周岩作为土生土长的延庆人。第一次来到小海陀山观看雪车比赛。"<u>中国队一出场，现场的</u><u>热情盖过了天气的寒冷。</u>"［中国チームが登場すると，現場の熱気は外の寒さに勝りました。］

(光明网：新赛季开启，冬奥"雪游龙"邀你一同见证"中国速度")

⑺ 什么余震不断，什么前路未卜，她眼里只有面前的病人，心中的责任感**盖**过了对未知的一切忐忑和恐惧。［絶え間ない余震と先の見えない状況ではあったが，彼女の目には目の前の患者しか映らなかった。責任感が未知の不安や恐怖を上回った。］

(人民网："重庆好人"杨霞：大爱"逆行者"穿透灾难的那束光)

6.3　意義 4c〈行動・影響などの対象（範囲）を〉覆う

　意義（4c）は「〈行動・影響などの対象（範囲）を〉覆う」の意義である。ふたで覆うように，影響が物事を覆うように及ぶさまをいう〔メタ：特性類似〕。影響を受ける対象が複数あれば「範囲」となる。一般に"覆盖"で表現される。

⑻ 长三角，是长江三角洲的简称，**覆盖**上海、江苏、浙江、安徽三省一市。［「長三角」とは長江デルタの略称で，上海，江蘇，浙江，安徽の 3 省 1 市を含む。］(光明网：长三角一体化，是怎样的"一"体化？)

⑼ 到 2025 年基本养老服务体系**覆盖**全体老年人［2025 年までに基本養老サービス制度が全高齢者をカバー］　　　　　(人民网：见出し)

⑸ 湖北移动在全省 8 座飞机场、115 座火车站、4 处港口客运站等交通枢纽场景实现 5G 网络全**覆盖**,以信号"升格"守护信号"满格"。[湖北モバイルは省内 8 つの空港, 115 の鉄道駅, 4 つのポートターミナルなど交通の主要地点において 5G の全域カバーを実現した。]

（人民網：冻雨前夕 湖北移动完成交通枢纽 5G 全覆盖）

⑸ 刘宝峰的水果销量逐年递增, 除了供应北京市场, 目前他的商品基本**覆盖**了整个华北地区以及部分东北地区,年销售额达 20 亿元。[劉宝峰さんの果物の売り上げは年々増加し, 北京市場への供給に加えて, 現在, 華北全域と東北の一部地域をカバーし, 年間売上高は 20 億元に達します。]

（光明網：京津翼最大"菜篮子""果盘子"让人尝到协同发展的"甜头"）

⑸ 10 月 16 日, 启沪健康直达专线正式开通!"家门口的'直达车'终于通了! 现在一站就到医院门口啦。"由于整条线路**覆盖**上海 13 家医院, 人们把它称为健康专线。[全路線で上海の 13 の病院をカバーしているので, 人はこれを健康専用路線と呼びます。]

（光明網：健康专线成幸福专线——江苏启东开通便捷就医"直达车"）

6.4　意義 4d（判断などが）全体を覆って：たぶん，おおかた

　意義（4d）は「（判断などが）全体を覆って：たぶん，おおかた」の意義で，副詞義である。ふたがなべの口全体を覆うように，ほぼ全体を捉えていることを表す〔メタ：特性類似〕。ここでは，状況判断についていうので，見当がついていることを表わす。主に文語で，現代語での使用例を見つけるのが難しいが，"盖"の特性をよく体現している[7]。

⑸ 阿 Q 礼毕之后, 仍旧回到土谷祠, 太阳下去了, 渐渐觉得世上有些古怪。他仔细一想, 终于省悟过来:其原因**盖**在自己的赤膊。[阿 Q は一連の物事を終え, また廟に戻ってきた。太陽は沈み, なんだかへんだと感じた。よくよく考えて気がついた。その原因は自分が上半身裸であることだった。]

（CCL：阿 Q 正传）

⑸ 苏克萨哈乃含冤而死。尤可恶者,鳌拜创圈易旗地之举,中外大臣,

150

群以为不便，遏必隆无一语阻之。其与鳌拜狼狈为奸，**盖**可知矣。
［鳌拜（オボイ，清初の重臣）とグルになっていたのは，明らかであろう。］

(CCL：奴才小史)

⑤ 围棋已经跨越国别与文化，成为一种"世界语言"，**盖**因其蕴含了
中华优秀传统文化，融会了中国传统哲学智慧。［囲碁が国や文化
を超えて「世界言語」となっているのは，中国の優れた伝統文化を内
包し，中国の伝統哲学の知恵を兼ね備えているからである。］

(人民网：以棋会友 切磋交流)

7　おわりに

「ふた」や「ふたを（なべの口に）被せる」が"盖"の中心義でない
ことに，おやと思われた方もおられるであろう。確かに"盖"の原義は
「ふた」なり「ふたを（なべの口に）被せる」であろうが，時代を経て，
このプロセス義の類化（一般化）した「被せる物を（別の物の表面に）
被せる」が勢いをもち，意義展開の中心的役割を占めるようになり，意
義4さらには（4a）から（4d）の抽象義にも拡張してきたものと想像
される。本稿が示した意義展開のメリットは，主要なすべての意義を副
意義までの階層で捉えることができることである。「ふたを（なべの口に）
被せる」を中心義に据えることもできないわけではないが，結果だけい
うと，豊富な抽象義が副意義で収まらず階層が深くなり，いびつなネッ
トワークになってしまう点が難であった[8]。

注

1) 中心義の定義や意義展開のパタンについては『英語多義ネットワーク辞典』
（pp.4-7）に従う。意義展開図内の〈 〉は目的語の選択制限を表す。意義
の配列は，意義のつながりを重視したものであり，語源や使用頻度は考慮さ
れない。中心義とは，意義展開の出発点に当たるものであり，すべての意義
を理解する要となるものである。

2）長い例文には必要な箇所のみ日本語を与えている。訳出箇所を破線で示す。

3）類似する例として，『白水社中国語辞典』（p.411）は「急須」を目的語に取る例を挙げているが，母語話者はこの例も許容できないという。

　　?? 请你**盖**茶壶。［きゅうすにふたをしてください。］（白水社，盖）

　　"把茶壶盖上"とするなら許容度は上がる。

4）船のハッチは開くことで人や物が出入りできるようになっているので，他のふたと比べてやや異質ではある。

5）開閉式のドーム屋根であれば例(17)の一群に入る可能性もある。

6）身近な物を例に挙げると，日本食の「丼もの」を中国語で"盖饭"と言うが，"盖饭"もコンパクトな形ながら意義4の構造をもつ。"盖饭"は VO 構造で「めしを（具材で）覆う」，そこから意味の横滑りが起こり「めしを（具材で）覆ったもの」（料理名）という成り立ちである〔メト：プロセスで結果〕。例えば「牛丼」は本来"用牛肉盖饭"（めしを牛肉で覆う），「うなぎ丼」は"用鳗鱼盖饭"（めしをうなぎで覆う）であり，そこから"用"を落して"牛肉盖饭"，"鳗鱼盖饭"と呼ばれる。

7）"盖"の副詞用法はすでに上古漢語に見られる（三村 2020）。

8）大阪公立大学 宮畑一範氏より多くのご教示をいただきました。

参考文献

輿水優 1980　盖，『中国語基本語ノート』，大修館書店，pp.140-142

瀬戸賢一（編集主幹）2007　『英語多義ネットワーク辞典』，小学館

三村一貴 2020　上古漢語のモダリティーマーカー「蓋」について—その本質的機能，『中国語学』第 267 号，pp.42-62

例文出典

主たる出典元は以下の通り。その他は用例に直接明記した。

人民网　http://www.people.com.cn/

光明网　https://www.gmw.cn.

CCL 语料库检索系统　http://ccl.pku.edu.cn:8080/ccl_corpus/

（もり・ひろこ　流通科学大学）

対照研究の比較ペアをどのように探すか
——連用修飾フレーズ"仔細 VP"を例に——[1]

太田　匡亮

1　はじめに

　対照研究では「何と何を対照するか」，つまり「対照研究の比較ペア」がまず問題となる。本稿はこの比較ペアをいかに探り，いかに設定するかに焦点を当てたものである。具体的には，ケーススタディとして連用修飾フレーズ"仔細 VP"を取り上げ，コーパスによる頻度調査に基づいてこれに近い日本語表現を探り，比較ペアの設定を試みる。

1.1　問題提起
　もし対照研究における研究対象が，中国語の"被"と日本語の「れる」「られる」，中国語の"让"と日本語の「せる」「させる」といったものであれば，比較ペアを設定する段階で，ほとんど迷いは生じない。このような研究では，「何と何を対照するか」は自明のこととされ，特段議論の俎上に載せられることもない。
　しかしここで，ある中国語表現が直感的に日本語と何らかのずれを有しており，対照研究の方法によってその異同を探りたいとなった場合には，日本語の中で比較ペアの候補となりうる表現を探し，そこから比較ペアを絞り込む必要が出てくる。
　比較ペアを決める際には，内省に頼ることが少なくない。しかし個々人の内省には，言うまでもなく限界がある。時には対訳資料，例えば中国語の小説とその日本語訳書などを使用することもあるが，対訳資料は

翻訳をめぐる分析の難しさが壁となる。原文と訳文のテキストが電子化されていなければ，自力で調査するのにも多大な時間と労力を要する。

　また別の方法として，辞書の訳語を参照することが挙げられる。辞書は個人の内省に比べて客観的で，また対訳資料ほど分析の難しさもなく，その意味では理想的な方法である。それでもなお欠点は残る。辞書は意味の説明が第一の目的で，原語と訳語の使用頻度の差は考慮されていないという点である。

　仮に中国語において使用頻度の高い表現と，日本語において使用頻度の低い表現を比較対照しても，その対照研究の有用性には限界が生まれてしまう。井上 2003：2-7 では対照研究と外国語教育の親和性の高さが示されているが，例えば対照研究の成果を教育現場に生かそうと考えた場合，各種の教育語彙表が各語の使用頻度も考慮に入れて作られているように，使用頻度の問題を抜きにして語ることはできない。対照研究の比較ペア設定に当たっては，「使用頻度が近い比較ペアかどうか」も考慮しなければならない。

1.2　本稿で扱うケーススタディ

　中国語の連用修飾フレーズ"仔細 VP"を例に取ると，中国語では連用修飾語"仔細"が用いられる場面で，日本語では何も言語化されない場合が見られる。

(1) C 在您座椅前面的口袋里备有您乘坐机型具体的安全须知说明书。
　　您可以在起飞前，**仔细阅读**。　　　（中国東方航空機内アナウンス）
　　J 離陸前にお座席前の安全のしおりを（φ）ご覧ください。

（中国東方航空機内アナウンス）

　何も言語化されないのには，連用修飾語を用いた動作の具体的要求が聞き手のフェイスを侵しうるため，というポライトネス面の理由もあるだろう。しかしここで，対照研究の比較ペアとして連用修飾語"仔細"に近い日本語表現を各種の中日辞書に求めたならば，次頁の表 1 のような訳語が得られる。

表1　辞書に見える【仔細】の連用修飾用法の訳語

辞書	【仔細】の連用修飾用法の訳語
(a) 小学館『中日辞典』第3版	注意深く，綿密に
(b) 愛知大学『中日大辞典』第3版	細かに，丁寧に，とくと
(c) 白水社『白水社中国語辞典』	注意深く，綿密に
(d) 東方書店『東方中国語辞典』	注意深く，こと細かに，綿密に
(e) 三省堂『超級クラウン中日辞典』	（連用修飾用法は記載なし）

　上の訳語を見ると，(a)(c)(d)に共通して「注意深く」「綿密に」という表現が確認でき，これを最も代表的な訳語と見なすことができる。とはいえ，「注意深く」「綿密に」をそのまま対照研究の比較ペアとしてよいのかどうかは，使用頻度の面から見ると疑問が残る。現に既出の(1)においても，中国語では連用修飾語"仔細"が用いられている一方で，日本語では「注意深く」「綿密に」といった連用修飾語の使用は避けられており，使用頻度の差を示す一例となっている。連用修飾語"仔細"と意味的に近く，かつさらに使用頻度の高い日本語表現があるのではないだろうか。本稿ではこれを，コーパスでの頻度調査に基づいて明らかにし，対照研究の比較ペアとして設定することを試みる。

2　研究の手順

　刘月华1989：94-99によれば，連用修飾語"仔細"は「動作・変化そのもの，特に動作・変化の方法・状況などを描写」する「M_2状語」の一種であり，この「M_2状語」には「述語動詞との関係が非常に強い」という特徴があるとされている。

　これを踏まえて本稿では，動詞と連用修飾語のコロケーション頻度の観点から，"仔細VP"の比較ペアを探ることとする。具体的には，下記のような手順で行う。

　　(a) 今回は試みとして，構造助詞のない"仔細VP"の形のみに目を

向け，中国語コーパスでその高頻度コロケーションをリストアップする（3.1 節，3.2 節）

(b) 高頻度コロケーションで VP 部に現れる中国語動詞を，日本語の動詞 1 語に置き換える（3.3 節）

(c) 動詞を検索キーとして，日本語コーパス検索システムで当該 VP と共起頻度の高い連用修飾語をリストアップする（4.1 節）

(d) "仔細 VP" の比較ペアとなりうる日本語表現を，辞書・シソーラス等も参考にピックアップし，まとめる（4.2 節，4.3 節，4.4 節）

無論通常であれば，下図の矢印のように連用修飾語 "仔細" から直接日本語の連用修飾語比較ペアを考えることになる。

中国語 "仔細"　＋　中国語 VP

↓

日本語連用修飾語　＋　日本語 VP

図 1　通常の比較ペア設定の流れ

しかしこれが内省の限界，辞書の訳語の限界など様々な理由でスムーズに行えない場合は，別の考え方を試みる必要が出てくる。そこで本稿では，まず連用修飾語 "仔細" から，それと強く結びついた高頻度共起 VP へと目を向け（手順(a)），VP を日中間の橋渡しとして，日本語 VP に視点を移す（手順(b)）。そして日本語 VP から，それと高頻度で共起する連用修飾語へと目を向け（手順(c)），連用修飾語 "仔細" に近い日本語を探るのである（手順(d)）。これを図示すると下のようになる。

(a)

中国語 "仔細"　→　中国語 VP

↓(b)

日本語連用修飾語　←　日本語 VP

(d)　　　　(c)

図 2　本稿での比較ペア設定の流れ

3 "仔細 VP" の高頻度コロケーション

3.1 共起動詞

　本節では，構造助詞のない"仔細 VP"のみに目を向け，北京語言大学中国語コーパス（以下「BCC」）を用いて，連用修飾語"仔細"と高頻度で共起する動詞をリストアップする。その具体的手順は以下の通りである。

> (a) BCC の"多領域"で"仔細 v"を検索し，連用修飾フレーズ"仔細 VP"の用例を表示させる
>
> (b) BCC の"統計"機能によりコロケーション頻度一覧を表示させる
>
> (c) "看""看看""看了看"などのコロケーション頻度が，別々に集計されているため手作業で統合する
>
> (d) コロケーション頻度上位の動詞を，検索結果 35831 件のカバー率 60％を超えるまでリストアップする

上記の手順を経て得られた動詞は次頁の表 2 の通りである。

3.2 共起動詞の分類

　連用修飾語"仔細"と高頻度で共起する動詞には，強い傾向性が認められる。前節で得られた動詞 13 語を見てみると，次頁の図 3 のように，感覚を用いる動詞と思考を表す動詞が大半を占める形となっている。

　まず感覚系の動詞を見ていくと，"看""瞧"は視覚を用いる動詞，"听"は聴覚を用いる動詞である。次に思考系の動詞を見ていくと，"想""研究""分析""考慮"はいずれも脳内での思考なしには成り立たない動詞である。

　また感覚と思考の両者にまたがる動詞として，"観察""检査""端详""打量""阅読"があり，これらは典型的には視覚と思考の両方を要求する動詞である[2]。言い換えれば，見たものを踏まえて何かを考えたり，見ることと思考することを同時に行ったりする動詞である。いずれにせよ，

表2 "仔細VP"におけるコロケーション頻度上位の動詞

	動詞	結果数	カバー率
1位	看	6610	18.5%
2位	观察	2960	26.7%
3位	想	2955	35.0%
4位	检查	1507	39.2%
5位	研究	1224	42.6%
6位	听	1138	45.8%
7位	分析	1101	48.8%
8位	端详	996	51.6%
9位	打量	975	54.3%
10位	阅读	660	56.2%
11位	询问	626	57.9%
12位	考虑	592	59.6%
13位	瞧	550	61.1%

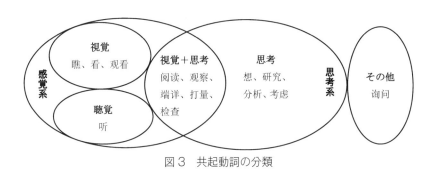

図3 共起動詞の分類

感覚系と思考系という二つの範疇を外れるものではない。

最後に問題となるのは，感覚とも思考とも言えない"询问"である。これについて追加で用例の確認を行った結果，"仔細询问"というコロケーションは，新聞報道（人民日報，文汇報，福建日報，都市快讯）の用例が6割近くを占める，使用ジャンルの偏ったやや特殊な用例であることが分かった。

3.3 共起動詞の日本語訳

本節では，中国語から日本語に視点を移していくための作業を行う。前節でリストアップした中国語動詞 13 語を，各種中日辞書や単語帳を参考にそれぞれ日本語の動詞 1 語に置き換える作業を行い，動詞の基本的な日本語訳を特定して，日本語 VP に視点を移す。

ここで用いる中日辞書は，表 1 にも示した下記 5 種類である。

  (a) 小学館『中日辞典』第 3 版

  (b) 愛知大学『中日大辞典』第 3 版

  (c) 白水社『白水社中国語辞典』

  (d) 東方書店『東方中国語辞典』

  (e) 三省堂『超級クラウン中日辞典』

加えて，辞書のみでは基本的な日本語訳が何であるのか絞り込めず，特定に至らない場合もあるので，下記単語帳シリーズも参考にする。

  (a) 改訂版 キクタン中国語【入門編】中検準 4 級レベル

  (b) 改訂版 キクタン中国語【初級編】中検 4 級レベル

  (c) 改訂版 キクタン中国語【初中級編】中検 3 級レベル

  (d) 改訂版 キクタン中国語【中級編】中検 2 級レベル

  (e) キクタン中国語【上級編】中検準 1 級レベル

なお，『キクタン中国語【上級編】中検準 1 級レベル』のみ改訂版を使用していないのは，動詞"端详"が改訂版では削除されており，日本語訳が確認できないためである。

上記の中日辞書や単語帳で中国語動詞 13 語の日本語訳を確認すると，一例として次頁の表 3 のようになる。

この結果を見ると，訳語には「考える」「配慮する」「思考する」などバリエーションがあるものの，その中で基本的な日本語訳となるのは，(a)から(f)全てに共通する訳語「考える」だと判断できる。

上記の方法で，動詞各語の基本的な日本語訳をリストアップした結果は，次頁の表 4 の通りである。

対照研究の比較ペアをどのように探すか　159

表3　辞書・単語帳に見える動詞【想】の訳語

辞書・単語帳	動詞【想】の訳語
(a)　小学館『中日辞典』第3版	（方法や意味などを）考える，配慮する
(b)　愛知大学『中日大辞典』第3版	考える
(c)　白水社『白水社中国語辞典』	（ある事柄を判断するために筋道を立てて）考える
(d)　東方書店『東方中国語辞典』	考える，思考する，頭を使う
(e)　三省堂『超級クラウン中日辞典』	考える
(f)　改訂版 キクタン中国語【入門編】　中検準4級レベル	考える

表4　VP部に現れる動詞の日本語訳

	動詞	日本語訳
1位	看	見る，読む
2位	观察	観察する
3位	想	考える
4位	检查	点検する，検査する
5位	研究	研究する，検討する
6位	听	聞く
7位	分析	分析する
8位	端详	（しげしげと見る，詳しく見る）
9位	打量	観察する
10位	阅读	読む
11位	询问	聞く，質問する
12位	考虑	考える
13位	瞧	見る

　なお，動詞"端详"に関しては，日本語訳として動詞1語で表現されているものが見つからなかった。この動詞はそれ自体がある程度"仔細"の意味を内包していると考えられ，したがって日本語においては，連用修飾語＋動詞の形が必須となるのであろう。このため本稿では，この動

詞は中国語から日本語への橋渡しに用いないこととし，上の表では日本
語訳をカッコ内に入れる形とした。

　この上で，表4から重複する日本語動詞を排除すると，次の11項目
が残る。

　　(i)見る，(ii)読む，(iii)観察する，(iv)考える，(v)点検する，(vi)検査する，
　　(vii)研究する，(viii)検討する，(ix)聞く，(x)分析する，(xi)質問する

4　日本語の高頻度コロケーション

4.1　動詞と共起する連用修飾語

　ここからは日本語に目を向けていく段階となるが，本節では上で得ら
れた日本語の動詞11語と高頻度で共起する連用修飾語を，日本語コー
パス検索システム（以下「NLB」）を用いてリストアップする。その具
体的手順は以下の通りである。

　(a) NLBで前節の動詞11語を検索する
　(b)「副詞」⇦「(動詞)」と「形容詞連用形」⇦「(動詞)」の表示結果
　　　を統合し，「よく」「良く」など表記が異なるのみの重複分は合算
　　　する
　(c) コロケーション頻度上位の連用修飾語を，カバー率60％を超える
　　　までリストアップする

　上記の手順を経て得られた連用修飾語は，一例として次頁の表5のよ
うになる。

4.2　コロケーション頻度上位の連用修飾語のふるい分け

　前節の表5は単に動詞との上位コロケーションをリストアップしたも
のであるため，当然ながらその中には，"仔細"に近い日本語表現とそ
うでない日本語表現が混在している。そのためふるい分けの作業が必要
となる。

　表5を例に，ひとまず主観に頼って"仔細"に近いものを挙げてみる

対照研究の比較ペアをどのように探すか　161

表5　「観察する」の上位コロケーション

	連用修飾語	結果数	カバー率
1位	よく	157	24.6%
2位	じっくり	52	32.8%
3位	注意深く	37	38.6%
4位	じっと	30	43.3%
5位	つぶさに	20	46.5%
6位	実際	18	49.3%
7位	まず	15	51.6%
8位	詳しく	14	53.8%
9位	しばらく	14	56%
10位	さらに	11	57.8%
11位	改めて	10	59.3%
12位	同時に	8	60.6%

と,「1位　よく」「2位　じっくり」「3位　注意深く」「5位　つぶさに」
「8位　詳しく」あたりがそうであると考えられる。動詞11語を対象に
上位コロケーションをリストアップし,主観判断によるふるい分けを行
うと,次頁の表6のようになる。

　上記の連用修飾語から重複を排除した上でリストアップすると下記の
ようになる。各語末尾の数字は,各連用修飾語が動詞11語中いくつの
動詞と高頻度で共起するかを示している。

　　(i)よく 9, (ii)詳しく 7, (iii)じっくり 5, (iv)ちゃんと 4, (v)細かく 3,
　　(vi)しっかり 3, (vii)注意深く 2, (viii)じっと 1, (ix)じろじろ 1, (x)ゆっ
　　くり 1, (xi)つぶさに 1, (xii)きちんと 1

4.3　ふるい分け後の連用修飾語に見られる意味的関連性

　前節に挙げた連用修飾語は,あくまで筆者の主観判断で「"仔細"に
近い」としたものであり,その妥当性をさらに検証する必要がある。そ

162

表6　主観判断による, "仔細" に近い連用修飾語

動詞	連用修飾語
見る	よく, じっと, ちゃんと, 詳しく, しっかり, じろじろ
読む	よく, じっくり, ちゃんと, ゆっくり, しっかり
観察する	よく, じっくり, 注意深く, つぶさに, 詳しく
考える	よく, じっくり
点検する	しっかり, じっくり, 注意深く, 細かく, よく
検査する	ちゃんと
研究する	よく, 詳しく, じっくり
検討する	よく, 詳しく
聞く	よく, ちゃんと, 詳しく
分析する	詳しく, よく, 細かく, きちんと
質問する	細かく, 詳しく

こで本節では, 前節に挙げた連用修飾語が, 意味的に同じグループかどうか, 意味的につながっているかどうかを, 辞書やシソーラスを用いて確認していく。もしその結果, 意味的につながりを持ち, 同じグループに属していると確認できれば, どの連用修飾語も「"仔細" に近い」と言えるであろう。

　まずは「よく」を『広辞苑』第7版で調べてみると, 次のようにある。

　　十分に。くわしく。手おちなく。

　ここで, 「よく」と「詳しく」が意味的に近く, つながりを持つと確認できる。続いて, 「詳しく」を辞書形「詳しい」を用いて, 『日本語シソーラス』第2版で調べてみると, 次のような類義表現が挙がっている。

　　細細　細やか　事細か　事細やか　細かい
　　具(つぶ)さに・備(つぶ)さに　子細に・仔細に

ここから,「詳しく」と「細かく」「つぶさに」が意味的に近く,つながりを持つと確認できる。このようにして各語の意味的関連性を確認していくと,おおよそ3つのグループに分類でき,下図の通りとなる。

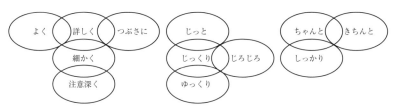

図4　連用修飾語に見られる意味的関連性

このように見てみると,「注意深く」が"仔細"に近いのは論をまたず,中央の「じっくり」や右端の「しっかり」「ちゃんと」なども"仔細"と近く,それらと隣接する各連用修飾語も,"仔細"に近いと見て大きな問題はないと考えられる。

4.4　"仔細VP"の比較ペアとなりうる日本語表現

ここまでの議論を踏まえて,"仔細VP"の比較ペアとなりうる日本語表現を挙げると,次のようになる。

　　よく,詳しく,じっくり,ちゃんと,細かく,しっかり,注意深く,じっと,じろじろ,ゆっくり,つぶさに,きちんと＋VP

これを,従来の方法で中日辞書の訳語をそのまま用いて比較ペアを設定した場合と比べてみると,違いは歴然としている。特に,前者と後者を比べてみたときに,「注意深くVP」しか重なるものがないという点は注目に値する。

　　注意深く,綿密に,細かに,こと細かに,丁寧に,とくと＋VP

とはいえ，本稿の方法で得られた比較ペアのうち，1番目の「よく」は使用頻度があまりにも高く，意味用法も多様なため，対照研究ではやや扱いづらくなることが予想できる。とすれば，現実的な比較ペアは2番目以降でコロケーション頻度も高い「詳しく VP」「じっくり VP」「ちゃんと VP」の3候補程度になると考えられる。

5 おわりに

本稿では連用修飾フレーズ"仔細 VP"を例に，対照研究の比較ペアをいかに探り，いかに設定するかという問題について，特に使用頻度に目を向けつつ議論した。コーパスによる頻度調査に基づいて連用修飾語"仔細"に近い日本語表現を探り，比較ペアの設定を試みた。

手順としては，連用修飾語"仔細"から，それと強く結びついた高頻度共起 VP へと目を向け（3.1節，3.2節），VP を日中間の橋渡しとして，日本語 VP に視点を移した（3.3節）。そして日本語 VP から，それと高頻度で共起する連用修飾語へと目を向け（4.1節），連用修飾語"仔細"に近い日本語表現を探った（4.2節，4.3節，4.4節）。

上記の手順により，従来であれば中日辞書の訳語を参考に「注意深く VP」「綿密に VP」などを比較ペアとして設定していたものが，使用頻度も考慮した結果，「詳しく VP」「じっくり VP」「ちゃんと VP」などを比較ペアに設定できることが明らかになった。

使用頻度に目を向けつつ比較ペアを設定する作業は，対照研究の準備として位置づけられるだけでなく，それ自体が言語教育や言語コミュニケーション実践に役立ちうるものである。「中国語で"仔細 VP"を用いる場面で，日本語では一体どのような表現を使えばよいのか」といった問いに答えられるからである。中国語への言語的忠実性（意味的忠実性・文法的忠実性）のみにとらわれず，日中両言語の「使用頻度の高い表現同士」を並べて考えてみることも，時には有用かもしれない。

注

1) 本稿は 2021 年 6 月 12 日関西言語学会第 46 回大会で行った共同ワークショップ「コーパスを使用した多様な対照研究ワークショップ」で発表した内容に，加筆・修正したものである。本発表当日および準備過程で貴重なコメントをくださったワークショップ指定討論者の建石始先生，ワークショップ代表者の古賀悠太郎先生，ワークショップメンバーの陳冬姝先生と程莉先生にこの場を借りて心より感謝申し上げたい。当然ながら，本稿に残る不備は全て筆者の責による。

2) とはいえ，視覚以外の感覚の使用を否定するものではない。"检查"などは聴覚を用いる可能性も考えられる。

参考文献

愛知大学中日大辞典編纂所編 2010 『中日大辞典』第 3 版，大修館書店

相原茂・荒川清秀・大川完三郎主編 2004 『東方中国語辞典』，東方書店

伊地智善継編 2002 『白水社中国語辞典』，白水社

井上優編 2003 『日本語教育ブックレット 3 日本語教師のための対照研究入門』，独立行政法人国立国語研究所

内田慶市・沈国威監修，氷野善寛・紅粉芳惠・海暁芳 2021a 『改訂版 キクタン中国語【入門編】中検準 4 級レベル』，アルク

内田慶市・沈国威監修，氷野善寛・紅粉芳惠・海暁芳 2021b 『改訂版 キクタン中国語【初級編】中検 4 級レベル』，アルク

内田慶市・沈国威監修，氷野善寛・紅粉芳惠・海暁芳著 2021c 『改訂版 キクタン中国語【初中級編】中検 3 級レベル』，アルク

内田慶市・沈国威監修，氷野善寛・紅粉芳惠・海暁芳・齋燦 2022 『改訂版キクタン中国語【中級編】中検 2 級レベル』，アルク

内田慶市・沈国威監修，氷野善寛・紅粉芳惠・岡本悠馬・海暁芳・齋燦 2023 『改訂版 キクタン中国語【上級編】中検準 1 級レベル』，アルク

関西大学中国語教材研究会編 2013 『キクタン中国語【上級編】中検準 1 級レベル』，アルク

新村出編 2018 『広辞苑』第 7 版，岩波書店

北京商務印書館・小学館編 2016 『中日辞典』第 3 版，小学館

松岡榮志主幹，費錦昌・古川裕・樋口靖・白井啓介・代田智明編著 2008 『超級クラウン中日辞典』，三省堂

山口翼編 2016 『日本語シソーラス 類語検索辞典』第2版，大修館書店（LogoVista 電子版）

刘月华 1989 状语的分类和多项状语的顺序《汉语语法论集》，pp.93-121，现代出版社

例文出典（コーパスおよび検索システム）

国立国語研究所・Lago 言語研究所 NINJAL-LWP for BCCWJ（NLB）
https://nlb.ninjal.ac.jp/

北京语言大学汉语语料库（BCC）
http://bcc.blcu.edu.cn/

（おおた・きょうすけ　大阪大学・神戸大学非常勤講師）

否定型差比句"没有"句的反预期功能
——兼论与"不比"句的功能互补

王　峰

1 引言

现代汉语中有两类表比较的句式类型：一类是比较事物、性状的同异的，如 A 跟 B 一样、A 有 B 那么（这么）；一类是比较性质、程度的差别、高低的，如"比"字句、"不比"句、"没有"句、"不如"句（刘月华 2006：833–851）。前一种句式类型一般被称为"平比句"或"等比句"，而后一种句式类型则常被称为"差比句"。（史银姈 2003；许国萍 2005；魏阳阳 2019 等）。本文标题中所说的"否定型差比"主要指形式上为否定形式、语义上带有差比性质、语用上用来否定一个显在的或隐含的比较命题的"不比"句和"没有"句，我们可以以将这类句子的结构形式描写为"A 不比／没有 B[X]"，其中 A、B 为两个比较项，A 为比较主体，B 为比较客体，X 为比较参项。前人对"不比"句的研究已经相当深入和全面，而"没有"句的研究却相对滞后。鉴于此，本文主要讨论"没有"句的诸多功能表现，同时兼顾与"不比"句进行对照和比较。

相原茂 1992：73-87 在讨论汉语比较句的两种否定形式即"不比"句和"没有"句时曾经指出，"不比"句的中心意义是"没有必要特地提示 AB 两者之间的优劣、差别"，含有"说话人对听话人的想法或意见试图进行辩驳的意味"，而"没有"句在预设、含义或主张方面恰恰与其相反，两者呈现出一种互补分布的状况。文中举例如"东京不比上海热闹"含有"上海不热闹"这样的预设，而"东京没有上海热闹"则不含这样的预设，"他弟弟不比他矮"想说的是兄弟二人个头都高，而"他弟弟没有他高"

说的则是弟弟比哥哥矮。吴福祥 2004:222-231 则认为"没有"句在有些语境里也具有否认受话人的某种看法、意见的功能，因此"用'否认或反驳受话人（或别人）的话语或看法'来刻画'不比'句的语用功能，既不能对'不比'句的语用性质作出充分的概括，也难以对'不比'句和'没有'句的用法进行有效的区分"。吴文进而将"没有"句和"不比"句的区别总结为："没有"句只是客观地陈述一个否定命题，本身不带有说话人对这个命题的态度、看法，是一个无标记的结构式；"不比"句是一个反预期结构式，它的使用总是与一个预期或先设相联系，它在陈述一个命题的同时还表明说话人对这个命题的态度、看法，是一个有标记的结构式。

我们赞同相原茂 1992:73-87 的看法，即否定型差比句"没有"句和"不比"句在语用功能上存在一定的互补性，那么这种"互补性"体现在什么方面呢？"没有"句不含"不比"句所含有的预设，是否就意味着它不含预设呢？"他弟弟没有他高"所传递的是不是只有"弟弟比哥哥矮"这一命题信息呢？原文似乎没有进行解释。我们也赞同吴福祥 2004:222-231 关于"不比"句的论点，但是我们对其关于"没有"句的论断持有疑义。沈家煊 1999:44 曾经指出，否定句总是"预先假设"相应的肯定句所表达的命题内容，"否定"作为一种言语行为，是对这个预先假设的命题加以否认或反驳。我们觉得，同为否定一个预先假设的肯定句所表达的命题，"不比"句为有标记的结构式而"没有"句为无标记的结构式，这似乎有些说不通。另外，当我们对某一比较命题进行否定时，除了使用"不比"句和"没有"句以外，还有其他的句子形式可用，如：

甲：张三比李四高。

乙：(a)张三不比李四高。

　　(b)张三没有李四高。

　　(c)李四比张三高。

上例中，乙试图对甲提出的一个由肯定句所表达的比较命题进行否定，假设乙(a)句是一个有标记的结构式，含有说话人对相关命题的态度和看法，而乙(b)句是一个无标记的结构式，不含这种主观态度和看法的话，那么乙(c)句又该作何解释呢？以上这些思考正是本文的研究出发点，也

是本文试图要解决的几个问题。

2 关于"反预期功能"

吴福祥 2004:222-231 认为"不比"句是一个反预期结构式。[1]许国萍 2005:56 不同意这一说法，理由是"如果说'不比'是专门的辩驳功能或反预期标记，那么应该理解为'不比'的语义和'比'相反，…比如'女人干活不比男人差'，按照以往的解释就是对'女人干活比男人差'进行辩驳，或是对它的反预期，但是说话人没有使用更强的、语义相反的'女人干活比男人强'。…，可见说话人也不认为女人干活比男人强。因此'不比'句不能说是反预期，只是量级上的差别。"我们认为这一理由略显牵强。吴福祥 2004:222-231 虽然提到"反预期信息指的是与某个特定预期相反的话语信息"，但是他在文中更多地使用了"背离""偏离"这样的字眼，所以我们认为他所说的"反预期"不一定是与预期相反相对，只要是与预期信息不一致或说相偏离，那么就可以说是"反预期"。这一概念上的认识将是我们后面诸多讨论的基础。

3 "没有"句的反预期功能及其类型

3.1 "没有"句使用中的预设信息及其与"不比"句的功能互补

相原茂 1992:73-87、周小兵 1994:249-256 都曾提到"不比"句对语境依赖性强，一般不能单独成句或用于始发句，我们认为"没有"句在使用上也有这样的特点，先来看下面两个例子：

(1) 她想起初来乍到的那天…。那一日，…萧维见到萧靖，乐得露出了大大的笑容，萧靖却似乎没他大哥兴奋，只是淡笑着，然后三言两语便借口长途跋涉，怕她累了，早早便带着她回到他以前住的落霞居休息。　　　　　　　　　　　　(BCC 黑洁明《青龙玦》)

(2) 王伟哈哈笑道："杜拉拉，…你这人呀，真没用！怕这怕那，多累呀！…不过你放心，我估计他压根儿不会问你，他终归是男人，

不会那么八卦。还有一条，人家又不是你肚子里的蛔虫，也许他完全没察觉你忌讳这个话题——你们是一起被招进 SH 的，他问问你原来干啥的，也挺正常，不见得有啥恶意。"

拉拉长叹一声道："你说得都对，可我不是你，王伟。我没你那么乐观。"

(CCL 李可《杜拉拉升职记》)

例(1)中，兄弟相见，大哥非常高兴，按说弟弟也应该同样高兴才对，而事实上两人的表现却并不相同，哥哥是"乐得露出了大大的笑容"，而弟弟则"只是淡笑着"。例(2)中王伟为了劝杜拉拉放心说出了自己的理由，属于"摆理由进行劝止"的行为。这类行为的发生存在一个前提条件是说话人认为听话人能够和自己一样明白或接纳这些"理由"与所劝止的"行为"之间的因果关系，而"我不是你""我没有你那么乐观"则对这种预期进行了否定，向听话人传达了"我和你是不一样的"这样的信息内容。上述两例中如果没有前文铺垫，"没有"句的使用就会显得不够自然。可见，"没有"句也具有对某种预期做出调节的功能特点，它是对语境中存在的"比较主体 A 在某属性 X 方面是与比较客体 B 相同相似的"这样的一种预期信息的否定。

我们知道，汉语中的"有"字句可以用来表示比较。张豫峰 1999:24-28 认为表比较的"有"字句在比较的结果上是"等值或近似值"，刘苏乔 2002:50-55 认为这类句型的功能是"表相似"，王冬梅 2021:183 也认为表比较的"有"字句表示"一个事物在某个方面达到另外一个事物相似的高度"。如果我们可以说"没有"句是对"有"字句的否定的话，那么"没有"句具有上述语用功能也就是自然而然的事情了。

相原茂 1992:73-87 认为，"A 不比 B～X"中作为预设而存在的是〈BX〉，然而"不比"句所辩驳的对象则是〈A～X〉，我们不太赞同这一看法，请看下面两个例子：

(3) 午后的天安门广场，游人如织，熙攘如常。正在这里值勤的保安小王兴奋地对记者说："'两会'就要开幕了，天安门广场的游客有增无减。今天有点阴天，但放风筝的人却一点也不比平常少。希望明天是个大晴天，全国政协九届五次会议明天开幕。"

（CCL《新华社 2002 年 3 月份新闻报道》）

⑷ 宽阔的车间，一百多人围坐在机器旁，倾听董事长的谈话。当谈到对照先进水平找差距时，坐在董事长一旁的车间孙主任不服气地说：“制鞋业东西方审美观不一样，意大利的‘老人头’名牌我也穿过，做工用料，我们也不比他们差。”车间其他人员也附和着。

（CCL《1994 年报刊精选》）

例⑶中，一般来说，阴天时放风筝的人会比平时少，今天有点阴天，那么你（听话人）可能认为今天放风筝的人会比平时少，但实际情况却并不是这样，说话人对听话人可能存在的这种预期进行了否定。例⑷中，从“对照先进水平找差距”中可以得知，董事长先设性地认为在制鞋业方面“我们”与“西方”是存在一定差距的，即他认为“制鞋业方面我们比西方差”，但是孙主任则对这一先设性的信息进行了否定。需要注意的是，例⑶中说话人所辩驳的对象并不是“今天放风筝的人少”，因为听话人在没有比较的情况下并不能断定今天放风筝的人是“少”还是“多”。同时，该句也并没有表达“今天（阴天）放风筝的人比平常多”的意思。例⑷中说话人所辩驳的也并不是“我们差”，因为听话人作为董事长，认为自己企业的产品“差”不合情理。同时，该例中的说话人显然也并没有想表达“我们比他们强”的意思。

由此可以看出，“A 不比 B [X]”句中，说话人所要辩驳或否定的预期是“A 比 B [X]”，而不是“A [X]”。换言之，“不比”句的使用环境是：某话语相关者认为或可能认为“比较主体 A 和比较客体 B 之间在某属性 X 方面存在差异或差距”，而说话人则对这种预期进行否定，意图向听话人传达“比较主体 A 和比较客体 B 在属性 X 方面并不存在明显的差异或差距”这样一种信息内容。[2]

由此看来，在反预期功能方面，“没有”句和“不比”句恰好可以形成功能上的互补：前者是否认相同相似，强调相差相异，即“驳同求异”；后者是否认相差相异，强调相同相似，即“驳异求同”。

3.2 "没有"句的反预期类型

在"A 没有 B [X]"句中，X 既可以是褒义词语，如"我没有你聪明"，也可以是贬义词语，如"我没有你笨"。在使用中，前者一般含有说话人认为"A 不及 B"的意味，而后者往往含有"A 胜过 B"的意味。两者都是对语境中存在的"A 和 B 在属性 X 方面表现相同相似"这一预期的否定。再如：

⑸ 青青连忙问道："那是怎么样的一个女人？"

丁鹏道："也是一个好看的女人，不过我认为没有你好看。"

(CCL 古龙《圆月弯刀》)

⑹ 据《美国新闻与世界报道》1994 年 4 月的一篇文章说，在美国，"妇女在被雇用时仍然是最后的人选，而在被解雇时却是被优先考虑的对象，并且很难得到最高级别的职务。"美国妇女的就业机会比男子平均少 32%，而妇女的失业率却比男子高 1 倍以上。中国有些地方和部门在招工方面也存在性别歧视，但没有美国那么严重。中国城镇失业人口中，女性占 56.7%，男性占 43.3%。

(CCL《1995 年人民日报》)

例⑸中"也是一个好看的女人"是一种正面积极的评价，这无形中将"那女人"放在了和听话人（青青）同样的位置，听话人（青青）很容易产生不快甚或是忌妒之情，因此说话人急忙否定了这种可能存在的预期，通过"没有"句来表达"那女人和你还是不一样的、还是不如你的"这样的意思。例⑹中在读到"中国也…"句时，读者可能有"在性别歧视方面，中国和美国一样糟糕"这样的预期，而"没有"句则是对这种预期的否认，意在向读者表明"中国和美国还是不一样的、还是比美国强的"这样的意思。值得一提的是，例⑸和例⑹中，如果将划线的"没有"句和"也"句进行位置调换的话，文章就会产生逻辑上的问题，这也进一步证明了"没有"句与"不比"句一样，在使用上都是以某一预设信息的存在为基础的。

相原茂 1992:73-87 曾经指出："在'没有'型比较句中，表示比较面的形容词通常由肯定的、积极的词语来承担。"我们认为这和语用动机中的"乐观原则"有关。[3] 首先该句式含有"A 不具有 B 所拥有的属性 X"

的意味，而人们总是希望拥有美好的东西，话句话说，美好的东西才能说是"拥有"，因此具有"肯定""积极"义的词语与该句式中的[X]位能够形成一种自然的匹配。也正因为如此，当句中的 X 具有"消极""负面"的语义特征时，句子整体呈现一种讽刺、逗笑的意味。

还有一类"没有"句，比较客体 B 并非是与比较主体 A 相并列的两个实体，而是一种抽象的观念、判断、评价等等，这种情况下"两项比较"的意味弱，"单项陈述"的意味强，句中的 A 也可以看作是句子的陈述主体，句子整体表现出"A 并不像 B 那样 X"的语义特点。如：

(7) 你问她长得漂亮不漂亮? 不太漂亮，没有想象的漂亮。不过很可爱，眉清目秀，一看就是个妞妞。　　　　　　(BCC 周国平《妞妞》)

(8) 其实想想生活没有我想的那么糟糕，只是很多事情我还不肯谢幕而已!　　　　　　　　　　　　　　　　　　(BCC《微博》)

(9) 他眉一耸，怪腔道："屠先生?! 我想以咱们交情匪浅的关系来说，你这么客套的喊我屠先生，恐怕见外了!"她马上矢口否认。"我们的关系没有你说的深厚，我也不敢自抬身价和你攀交情。"

(BCC 阿蛮《却下水晶帘》)

例(7)中父亲（听话人）自然想象自己的女儿（陈述主体）是漂亮的，而母亲（说话人）则使用"没有"句调低了父亲的这种预期。例(8)中的"我"（说话人）使用"没有"句是想调高自己（听话人）对生活（陈述主体）的预期，因此具有自我劝慰的意味。例(9)中的他（听话人）认为自己和她的关系（陈述主体）是"交情匪浅"，她（说话人）却认为两人关系远不及此，因此使用了"没有"句来调低他的这种预期。

总之，"没有"句在话语交际中也表现一定的反预期作用，其反预期作用主要表现为这样两个类型：当语境中含有对某一事物或事态的过高预期时，说话人使用"没有"句来调低这种预期；当语境中含有对某一事物或事态的过低预期时，说话人使用"没有"句来调高这种预期。

4 "没有"句反预期功能形成机制考察

上文谈到，现代汉语中的否定差比句"没有"句同样具有反预期表达功能，它可以调低或调高听话人对比较主体的预期。那么"没有"句的这一语用功能又是怎样形成的呢？下面我们就对这一问题进行一个简单的历时考察。

4.1 "差比"义的产生

从我们收集到的语料来看，[4]明代以前使用"没有"的句子或者是"有＋名词宾语"的否定形式，如"没有银子""没有衣服""没有三头六臂"等等，或者是具有过去否定性质的动词句，如"没有来吃饭""没有好生细看""没有发芽"等等。带有比较义的"没有"句最早出现于明代时期，其主要结构类型是"（B～），A没有＋这等／这般／这样／…＋[X]"，偶见"A没有B[X]"，其中的"这等""这般""这样"等表示比较客体B所具有的属性X的高程度性。如：

⑽ 县令道："往年也这样结一颗儿么？"老圃道："去年也结一颗，没有这样大，略比常瓜大些。今年这颗大得古怪，自来不曾见这样。"　　　　　　　　　　　　　（CCL明《二刻拍案惊奇》）

⑾ 这素姐见了这两个道婆，就是见了前世的亲娘也没有这般的亲热，让进密室献茶。　　　　　　　　　（CCL明《醒世姻缘传》）

从上面的例句可以看出，明代这类"没有"句主要用于表达"A不具有B所具有的属性X"的意思，比较客体B一般出现在前文叙述中，而不出现在句子结构中，句子整体仍具有动宾结构性质。从语义上讲，对于某种属性，一者有而一者没有，这便形成了对比，又因为B所具有的X属性带有高程度性特点，所以"A事物在某种属性X上表现程度不及B事物"这样的"差比"义也就自然而然地产生了。

4.2 句子结构的成型

具有差比性质的"A没有B[X]"的成型时期大约是在清代，如：

否定型差比句"没有"句的反预期功能　175

⑿ 他的妻子生得娇娇滴滴，也与大娘一般标致，只是<u>没有大娘子风流</u>，他就不惬意，…。　　　　　　　　　　（CCL 清《七剑十三侠》）

⒀ 贼人一见心中害怕，抹头就往南跑。胜爷心中说道："你越跑越离山口远，那是求之不得啦，那不是更拿清静的吗？"胜爷手拿鱼鳞紫金刀后面追赶，追出半里之遥。原来<u>恶淫贼没有胜爷腿快</u>，看看就要追上，贼人可就急了，遂反臂又打出了第二只镖，此镖直奔胜爷面门打来。　　　　　　　　　　（CCL 清《三侠剑》）

可以看出，随着使用频率的增加，比较客体 B 开始出现在"没有"句的句子结构中，现代汉语中使用的否定型差比句"没有"句的句子结构在这一时期开始定型。

4.3　与特定语境的密切关联

从清代开始，乃至民国时期，带有差比义的"没有"句与一些语气副词的连用增多，用于转折、反问语境的情况也开始大量出现。如：

⒁ 程士俊的压寨夫人，原是妾扶的正，今年才十九岁，看他一进屋子，这一害怕，拉过一个斗篷向身上一盖，刚盖过脸来，底下露着三寸金莲，半截红裤子，品紫小鞋。大英雄一看，说道："那是什么玩艺儿？<u>还没有我的脚指头大呢</u>。"　　　　（CCL 清《三侠剑》）

⒂ 春树道："雅叙园的菜就狠好，我们何不往雅叙园去。"秋谷道："<u>雅叙园的菜虽然不差，却没有大菜馆的精洁</u>。"

（CCL 清《九尾龟》）

⒃ 横江蟹周义往台上一站，吴成这个乐呀："小子，你过来跟我比比，<u>你都没有我大腿高</u>，你要和我一起走哇，人家非说你是我儿子不成！"　　　　　　　　　　　　　　（CCL 民国《雍正剑侠图》）

⒄ 长庚道："此事极易猜测，咱们在这里办了三五年的事，历任督帅抚帅，从没讲过咱们一句半语坏话。阿帅到此，没有满一月，倒参了我三个本子，<u>难道历任各帅都没有他那么明亮么</u>？再者太性急了，上头也要疑的。所以我说不必防备呢。"

（CCL 民国《清朝秘史》）

刘娅琼、陶红印 2011:110-120 将"不、没"类否定反问句的主要话语功能归为"表达说话人的（负面）事理立场"，即"说话人认为事物是不合理的或不能令人满意的"，因此我们也可以认为这类反问句具有反预期表达的功能特点。同时我们也知道，转折连词（不过、反而、却、但是、可是等）、语气副词（并、也、又、还、倒、竟然、居然等）也都是汉语中能够标注反预期信息的语言手段（谷峰 2014:80-87；陆方喆 2019:53-39）。因此我们推测，与这些词汇成分或句式结构的密切关联也是"没有"句反预期表达功能形成的动因之一。

5 总结

现代汉语否定型差比句"没有"句与"不比"句一样，也具有反预期表达功能。"A 没有 B [X]"句的使用以预设信息"A 与 B 同样 [X]"或"A 像 B 那样 [X]"的存在为前提条件，通过"没有"句的使用，说话人意图反驳或否定语境中存在的这一预设信息，向听话人传达"A 和 B 不同，A 并不像 B 那样 X"这样的信息内容。当 X 具有正面积极义特征时，"没有"句起到调低听话人对比较主体 A 的过高预期的作用；当 X 具有负面消极义特征时，"没有"句起到调高听话人对比较主体 A 的过低预期的作用。"没有"句这种"驳同求异"的语用功能与"不比"句"驳异求同"的语用功能具有一定的功能上的互补性。"没有"句反预期功能的形成经历了"差比义的形成"、"结构的定型"以及"与特定语境的密切关联"这样的一个发展过程。

注

1）吴福祥 2004:225 对"预期"及"反预期"的描述分别为：预期是一种与人的认识、观念相联系的抽象世界，通常与一定的社会常规、言谈事件中说听双方的知识状态以及特定的话语语境密切相关；言谈事件中说话人针对语境中谈及的某一事物或事态提出一种与他自己或受话人的预期相反或相背离的断言、信念或观点时，那么该说话人就表达了一种反预期信息。

2）吴福祥 2004:228 提到"说'上海不比北京冷'时，要有'上海比北京冷'这样的预期的存在"，这和我们的论断是一致的。

3）关于语用动机中的"乐观原则"参看袁毓林 2015:8-15。

4）此处调查所得历史语料来源于北京大学中国语言学研究中心 CCL 语料库中的古代汉语语料库。

参考文献

谷峰 2014　汉语反预期标记研究述评，《汉语学习》第 4 期，pp.80-87

刘苏乔 2002　表比较的"有"字句浅析，《语言教学与研究》第 2 期，pp.50-55

刘娅琼、陶红印 2011　汉语谈话中否定反问句的事理立场功能及类型，《中国语文》第 2 期，pp.110-120

刘月华 2001 [2006]　《实用现代汉语语法》，商务印书馆

陆方喆 2019　反预期标记的性质、特征及分类，《云南师范大学学报（对外汉语教学与研究版)》第 6 期，pp.53-59

沈家煊 1999　《不对称和标记论》，江西教育出版社

史银姈 2003　现代汉语"差比句"研究，中国社会科学院研究生院博士学位论文

王冬梅 2021　表比较的"是"字句和"有"字句，《世界汉语教学》第 2 期，pp.183-191

魏阳阳 2019　汉语平比范畴研究，华中师范大学博士学位论文

吴福祥 2004　试说"X 不比 Y·Z"的语用功能，《中国语文》第 3 期，pp.222-231

许国萍 2005　现代汉语差比范畴研究，复旦大学博士学位论文

袁毓林 2015　汉语意合语法的认知机制和描写体系，《中国语学》第 262 号，pp.1-30

张豫峰 1999　表比较的"有"字句，《汉语学习》第 4 期，pp.24-28

周小兵 1994　"比"字句否定式的语用分析，《语法研究与语法应用》，pp.249-256，北京语言学院出版社

相原茂 1992　汉语比较句的两种否定形式，《语言教学与研究》第 3 期，pp.73-38

（Wáng·Fēng　関西外国語大学）

汉语公示语常见处置表达
——从"把"字句的使用回避谈起

王 枫

1 引言

公示语是"公开和面对公众，告示、指示、提示、显示、警示、标示与其生活、生产、生命、生态、生业休戚相关的文字及图形信息。"[1]公示语在日常生活中随处可见，通常有较强的说明性和指示性，表达上要求高度的客观性和准确性，文本体现的时间状态多为将来，大量使用祈使句。公示语大多语义浓缩简洁，追求"对偶工整，朗朗上口"，张贴地点明显易察。从交际意图来看，公示语中包含一类指令类公示语，主要表达指示意义，要求或禁止公示语读者对某物进行某种处置，故而语句通常带有处置意义。除指令类公示语外，禁止类及提醒类公示语中也有不少语句带有处置意义，可以说处置义是汉语公示语中重要的语义类型之一。

在汉语教学中，用"把"字句来表达处置义是初级阶段的重要语法点之一。鉴于处置义是汉语公示语中重要语义类型之一，能否将其作为真实语料引入"把"字句课堂教学，帮助学习者加深对"把"字句的理解？然而，笔者在对实例的考察中发现，汉语公示语在表达处置意义时，回避了"把"字句的使用，选择了其他的形式来进行表达。本文将以此现象为切入点，分析其原因，同时对汉语公示语中常见的处置表达方式进行分析总结，并在此基础上对在日本使用中汉语公示语的"把"字句进行修正。

本文所使用公示语实例分为两个部分：第一部分为中国大陆使用中的汉语公示语，均为实际拍照所得，经文字化处理后，得到非重复汉语公示语791例，共12321字[2]；第二部分为日本使用中的汉语公示语，主要使

用笔者拍照所得实例，经文字化处理后，得到非重复汉语公示语 550 例，共 11685 字 [3]，同时综合 2015 年东京都产业劳动局下属观光旅游部（東京都産業労働局観光部）发布的『国内外旅行者のためのわかりやすい案内サイン標準化指針—東京都版対訳表』用以辅助分析。

2　汉语公示语中"把"字句的使用回避

学界关于"把"字句的研究很多，包括"把"字句的典型用法及非典型的边缘用法。根据汉语公示语中所呈现出的语言事实，本文仅讨论"把"字句表达对特定对象进行处置这一典型用法。

王力 1980:474 指出"把"字句的"主要作用在于表示一种有目的的行为，一种处置"，在产生初期，宾语后可以出现只有一个单音节动词的情况，但由于语言节奏等方面的原因，处置式的动词后面逐渐带有补语，至少也带有一个"了"或"着"字。

张伯江 2020 通过对清朝末年一份文白两种版本的官员出访日记—《英轺日记》文本的考察，揭示了同一内容的文本中，白话版本大量使用"把"字句而文言版本未出现"把"字句这一语言事实，可见"把"字句在不同语体中的分布是不均衡的。

2.1　"把"字句在不同文本中的分布差异

从语义上来看，表达处置意义的"把"字句，与绝大部分指令类公示语，部分禁止类及提醒类公示语意图传达的意义较为契合，有可以被广泛使用的语义环境。然而，笔者在中国大陆收集到的汉语公示语实例中，仅出现一例使用"把"字句的公示语，为"使用前，先把灭火器摇动数次，使瓶内干粉松散。"可见，"把"字句几乎不出现在汉语公示语中。这也从另一侧面印证了"把"字句在不同语体中分布不均衡这一事实。杜文霞 2005 也曾通过考察指出事务、科技语体中的"把"字句在数量和出现频率方面明显少于政论及文艺语体。

此外，"把"字句在原创文本和翻译文本中的使用频率也大相径庭。

胡显耀，曾佳 2011 对 A 汉语文学原创语料、B 汉语非文学原创语料、C 汉语文学翻译语料、D 汉语非文学翻译语料中"把"字句的使用频率进行了对比，其中语料 C 中"把"字句的使用几乎是语料 A 的二倍，语料 D 中"把"字句的使用也高于语料 B，但差异没有前者显著。同时文中指出，文学翻译中，在不违背汉语自身语法规则的前提下，扩展了"把"字句潜在的表达力，使其能够表达更多、更复杂的语义。但在汉语母语者看来，由于这类长度偏长、结构复杂的"把"字句内部缺乏停顿，一次性需要处理的信息量过大，并且多层嵌套结构，需要不断回溯才能完全理解句子语义，使读者在阅读此类句子时不仅觉得语言节奏拖沓，理解起来也更困难。

"把"字句在原创文本和翻译文本中使用频率上的差距，在公示语翻译中也有所体现。通过对中国大陆原创汉语公示语实例和日本的汉语翻译公示语实例的比较后发现，后者"把"字句的使用数量（31 例）远高于前者（1 例）。但日本汉语公示语假定阅读群体为汉语母语者，因此应选择更符合汉语母语者阅读习惯的表达方式。

2.2 日本汉语公示语中的"把"字句

在收集到的日本汉语公示语实例中，共有 31 例使用"把"字句的汉语公示语，均表达了处置意义，绝大部分在使用上满足句式结构限制，合乎句法要求。现将此 31 例"把"字句公示语列举如下：

⑴ トイレットペーパーはゴミ入れにすてずながしてください
　　请不要把使用过的卫生纸扔进垃圾桶，请直接扔进马桶里冲掉

⑵ 由于我方需要调查你的账户，请把○○万日元汇过来！

⑶ 你不希望被逮捕的话，为了证明你自己的清白，把○○万日元汇到指定账户里！

⑷ 有药品需要到 2 楼结帐（如有药品请把所有商品拿到二楼结算）

⑸ 请不要把 premium 系列的副食直接放在微波炉上加热。

⑹ つえをおかけください
　　请把拐杖留在这里。

⑺ 必要な枚数をカゴにお入れください。

汉语公示语常见处置表达　181

请把需要的口袋放入筐里。

(8) 食器類・トレイは各店にご返却願います

用餐結束後，請親自把托盤歸回各處店鋪

(9) ペーパーで便座を拭き，そのままトイレに流してください。

擦了厕板过后，请把卫生纸冲掉。

(10) 使用済みのトイレットペーパーは，便器に流して下さい。

请把已经使用的卫生纸对便器冲走。

(11) ベルトに物をのせないでください。

请勿把东西放在扶手上。

(12) 手を奥まで入れてください。

请把手伸进去。

(13) 请把优先座位让给老人、孕妇、残疾人及带婴幼儿的乘客。

(14) マナーモードに設定の上，通話はご遠慮ください。

请把手机切换为静音模式，不要通话。

(15) ホームドアに物を立てかけないでください。

请勿把东西靠放在屏蔽门上。

(16) 中のハンドルを手前に引けば，ドアは手で開けられます。

把操作杆向外拉，手动打开车门。

(17) 体を洗うタオルや石けんは湯船の中に入れないでください。

请勿把洗澡用的毛巾肥皂放入浴池。

(18) この席を必要とされる方におゆずりください。（お年寄りの方・身体の不自由な方・妊娠されている方・乳幼児をお連れの方・内部障がいのある方）

请把这个座位让给年长者、残障人士、孕妇、带小孩的乘客、以及有内脏残障人士等需要座位的乘客。

(19) すき間にゴミなどを落とさないようご注意ください。

请注意不要把垃圾掉到缝隙里!

(20) 機内持込制限品（ナイフ類・カミソリ・ハサミ等）をお持ちのお客様で，航空会社に廃棄を依頼される方はこの箱の中にお入

れ下さい。（破棄方法は航空会社に一任願います。）

携帯限制带入机内的物品（如刀类、剃须刀、剪刀等）并且委托航空公司代为废弃的旅客，请把物品放入这个盒子里。（废弃方法完全委托给航空公司）

⑵ 車イス・ベビーカー（貸出用）の館外持ち出しはご遠慮ください。

请勿把借用的轮椅或婴儿车带出馆外

⑵ プールの内側に手を入れないでください

请勿把手伸入泳池内

⑵ モノを投げ入れないでください

请不要把东西扔进去

⑵ 请不要把手和身子伸出窗外

⑵ 请把餐具放在这个架子上。

⑵ おぼんと食器は返却口へお返しください。

吃完饭之后，请把碗和托盘放回返却口。

⑵ 硬貨はゆっくりご投入下さい。

请把硬币慢慢投入。

⑵ トイレットペーパーを持ち帰らないで下さい

请不要把卫生纸拿走

⑵ リスのケージには絶対に指を入れないで下さい。

请绝对不要把手指放在松鼠的笼子里。

⑶ 能把行李寄存　不能寄存现金、贵重物品

⑶ 靴袋をお使い下さい　靴を入れた袋は持ち帰って下さい

把鞋放入的袋请带

可以看出，上述实例虽有部分不符合汉语句法要求，但都意图表达处置义，符合使用场景。既然"把"字句在语义和句法范围内可以满足汉语公示语表达处置义的需求，那么大陆收集到的汉语公示语为何几乎不使用"把"字句呢？本文将从主观性及具时空特征两个角度，具体分析"把"字句在公示语中出现频率低的原因。

2.3 "把"字句的主观性及具时空特征

2.3.1 "把"字句的主观性

沈家煊 2002 在同意"把"字句表达处置义的同时指出，"把"字句表示的是"主观处置"，即说话人认定甲（不一定是施事）对乙（不一定是受事）作某种处置（不一定是有意识的和实在的）。主观处置与客观处置之间可能一致也可能不一致。"把"字句经常表达说话人对受事的主观判断，也表达说话人的认识，包括说话人本身对动作或事件的认识，也包括说话人所认为的听话人对动作或事件的认识。

李宁、王小珊 2001 共调查了 335 万字各类语言材料，整理出一个包括 2994 个"把"字句、17 万字的"把"字句语料库。文中将"把"字句分为阐述类、指令类、表述类和宣告类。其中，阐述类是"把"字句最主要的语用功能。而阐述往往包含着作者的主观情感，这也是"把"字句主观性的一种体现。

此外，前文提到，汉语公示语中存在大量祈使句。祈使句是在语用平面上划分出的句子类型，袁毓林 1993 指出，祈使句在表达功能上的作用主要是对听话人提出做或不做某事的要求，这种要求包括命令、希望、恳求等。即说话人对听话人在主观上抱有期待，在主观情感上希望说话人采取或终止某一行动。因此，与陈述句相比，祈使句主观性更强，主观性也是祈使句的重要特征之一。

李梦竹，席留生 2018 认为在祈使类"把"字句中，说话人将自己作为参照点，成为被观察客体的一部分，说话人具有双重性，此时观察客体被最大程度地主观识解。祈使类"把"字句在叙述事件和状态时并不客观，说话人具有凸显意向。

指示类及禁止类公示语从交际意图来看，体现公示语设置者对读者下一步行动的某种期待，本质上必定具有一定主观性，这是由此类公示语用途决定的。但又由于公示语的客观中立性以及体现权威性方面的需求，这种主观性不应被凸显，而是需要通过某些语法手段得到降低。祈使句是从语用层面划分出来的句子类型，在表达命令、建议、请求以及禁止等含义时，祈使句的使用无法避免。在此情况下，若同时使用"把"字句，会产

生主观性叠加的效果，导致主观意图凸显更加明显，这与公示语客观中立以及体现权威性的要求背道而驰。

2.3.2 "把"字句的具时空特征

除主观性外，"把"字句的具时空特征也是其极少出现在公示语中的原因之一。

王永娜、冯胜利 2015:311-312 指出口语非正式语体的语法特征为"具时空化"，也就是"使用语言系统中时间和空间的语法标记"，而书面正式语体的语法特征为"泛时空化"，也就是"削弱或去掉具体事物、事件或动作中的时间和空间的语法标记"。

"把"字句句法结构上的种种限制大多具有时间或空间标记，或者要求将处置对象和处置动作具体化，这些恰恰是"具时空"特征的体现。

首先，"把"字句要求宾语是"有定"的，这使得"把"字句宾语的个体性和具体叙述性相对较强。个体性越突出，则"具时空性"越强。

其次，"把"字句中动词及其补足成分上的限制也体现了"具时空"特征。比如，动词至少要使用单音节动词的重叠形式。能够重叠的动词本身表达的动作就比较具体，动作性较强。动词重叠又表示短时动作，为动词增添了现实时间性。又比如，趋向补语、处所补语等成分就明确了动作的空间性；数量结构为动词增添现实时间性，或凸显动作的具体性；结果补语使动作带有一定完结性，变得有界，有将事件具象化的功能；状态补语则有强描写性，使动作表述具体详细，同样有将事件具象化的功能。

"把"字句的这些结构特点，虽可以使其将对处置对象的处置方式描写得十分具体，但也给"把"字句带来了明显的"具时空"特征。这些"具时空"特征与公示语这一书面正式语体的"泛时空"要求产生了矛盾。这是汉语公示语在表达处置义时回避"把"字句，选择其他语言形式的另一原因。

3 汉语公示语中表达处置的常见形式

汉语公示语中虽然回避"把"字句的使用，但表达处置义这一需求却无法避免，这种情况下，汉语公示语主要使用下述几种形式表达处置义。

3.1 "将"字句

"将"字句是一种很常见的，用来表达处置义的方式，如：

(32) 保持维护园内卫生，自觉将杂物投放到垃圾箱内，做文明游客。

(33) 请勿将图书随意堆放。

(34) 不得将手或身体的任何部位伸出轿厢外，以防发生危险。

"将"字句的产生略早于"把"字句，在"把"字句出现后，二者之间存在较长的共存时期。王力 1980 指出"将"字式和"把"字式一样，都属于汉语中的处置式。随着时代的推移，"把"字句战胜"将"字句取得了量的优势。朱玉宾 2016 指出，明代"把"字句的使用频率远超"将"字句，但在《三国演义》中"将"字句的使用频率却远高于"把"字句，这一现象与当时的整体情况格格不入。柳士镇认为《三国演义》的语言是以古白话为基础搀杂部分文言成分的语言形式。"将"字句的增多实际上可能是搀杂进去的文言成分导致的，这似乎说明"将"字句在明代已主要用于文言色彩的语言。

在现代汉语中，也不乏有关"将"字句与"把"字句语体区别的探讨。陶红印 1999 指出"把"和"将"的主要区别是简练和非简练、"文气"与"非文气"的区别，简练加文气在汉语中刚好等于文言词。而在汉语史上，"将"字用作处置义也比"把"早，因此其有着更浓的文言色彩。在要求语言简练的指导操作性文体中，"将"的使用频率更高。

沈家煊 2002 认为同样作为处置介词，与"把"字相比，"将"字的主观意义衰弱得多。张伯江 2007 同意这种观点，并指出可以暂时抛开"书面语"、"口语"这样的概念，将日常议论性口语，书面上的评论性语体认为是"主观语体"，而将说明性语体和某些学术性语体划为"客观语体"。"将"字句恰恰是在"客观语体"中出现频率高于"把"字句。而"将"字主观

意义衰落这一点，正是其经常出现在主观意义几乎弱化为零、客观意义为主的菜谱、说明书一类文体中的根本解释。

公示语与指导操作性文本之间恰巧存在很多共通之处。首先公示语中包含很多物品、设备的操作说明，如投币式储存柜、自动冲水式马桶、公共区域内无线网络等的使用方法。其次，公示语也多用祈使句。上文提到，祈使句是一种主观性较强的句子类型，与对话中的祈使句相比，公示语及指导操作性文本中的祈使句需要尽量削弱说话人的主观情感，保持客观中立的态度。综上所述，"将"字句的客观意义与公示语客观中立的表达需求相匹配，适合在公示语中用来表示处置意义。

"将"字的古语色彩，或者说书面正式色彩，母语者很容易通过语感进行判断。在汉语教学中也会明确地强调"将"字的书面语属性。故而，日本的汉语公示语中，"将"字句作为提高文本书面语色彩的手段之一，也是较为常见的，如：

㉟ 请勿将燃烧的香烟等放置于或触碰到婴儿椅上

㊱ 将搭乘券交给工作人员同时，请确认以下内容并同意。

㊲ 请将使用完毕的托盘以及餐具，送回各店指定的返还口。

㊳ 请勿将本手册带出机内

㊴ 电车内请将移动电话调整为静音模式，并请勿在车内通话。

3.2 动宾句

王力 1980 指出七世纪以前，汉语里尚没有处置式的存在，汉语在唐代以前只能用一般的动宾结构来表达处置义，如"尽饮之"意为"把它喝完"、"败之"意为"把他打败"。可见，即使不使用"把"字句，汉语中很多动词也可以通过动宾形式来表示对宾语的处置。沈家煊 2002 认为与"把"字句所表达的"主观处置"不同，动宾形式表达处置义时只表达"客观处置"，即"甲（施事）有意识地对乙（受事）作某种实在的处置"，不带有说话人的主观情感、认识或视角。动宾句的主观性弱于对应的"把"字句，这种弱主观性与公示语文本也有较强适配性，下面列举一些使用动宾形式来表达处置的公示语实例，如：

⑷ 请不要在隔离护栏上停靠自行车

⑷ 防火卷帘门下 禁止堆放物品

⑷ 公共自行车专用车位 请勿停放社会车辆

若不局限在公示语语境中，这些例子完全可以使用"把"字句进行表述，分别为"请不要把自行车停靠在隔离护栏上"、"禁止把物品堆放在防火卷帘门下"、"请不要把社会车辆停放在公共自行车专用车位"。但在公示语语境中，使用"把"字句会让句子带有较强的的主观性。使人感觉，公示语设置者主观认为公示语读者是有目的地、故意地对"自行车"、"物品"、"社会车辆"等宾语进行处置，从而造成公示语读者心理上的不快。使用动宾形式则可以很大程度降低主观色彩，更加客观中立地表达处置意义。

3.3 受事主语句

一些公示语在受到结构限制，动词后无法直接带处置对象作为宾语，或处置对象音节数过多时，会将处置对象提前至句首主语位置。此类公示语文本从结构上可以归入无标记受事主语句这一类型。

何为受事主语句？朱德熙 1982:95 说道"主语所指的事物跟动词所表示的动作之间的关系是各种各样的。有的主语指的事物是动作的发出者，即所谓施事；有的是受动作影响的事物，即所谓受事。"当受事出现在句子主语的位置上，则为受事主语句。

古川裕 2005 认为现代汉语中存在一种中动语态句式，这种句式的主语虽然都是受事名词，但却不是一般的被动语态句式，无法转换为"被"字句；同时这类句式中的动作主体在逻辑上存在，但却不能在句中出现。朱德熙 1982：187 看到了受事主语句与"把"字句之间的密切联系，指出"过去有的语法著作认为'把'字句的作用在于把动词后头的宾语提前，因此'把'字句可以看成是'主-动-宾'句的变式，但这种说法是有困难的，因为大量的'把'字句是不能还原成'主-动-宾'句式的"，朱德熙先生认为与"把"字句关系最密切的并不是"主-动-宾"句式，而是受事主语句。他指出绝大部分"把"字句去掉"把"字以后剩下的部分仍旧成

立，其剩下的部分正是受事主语句。

本文非常赞同朱德熙先生所提到的，"把"字句与受事主语句间的密切关系，请看下面公示语实例，如：

⒀ 未付款商品请勿带出本区域

⒁ 未付款图书请勿带入

⒂ 头手禁止伸出窗外

⒃ 各种摩托车，电动车，非机动车请停放办公楼后边车棚内。

这些公示语实例从语义的角度来看，同样可以使用"把"字句进行表述，分别为"请勿把未付款商品带出本区域"、"请不要把未付款图书带进去"、"禁止把头手伸出窗外"、"请把各种摩托车、电动车，非机动车停放在办公楼后边车棚内"。但显然，在公示语文本中，使用实例中的受事主语句更为合适。这是由于受事主语句的某些特点与公示语文本有着较高的适配性。

邢福义 1979 指出，在主动者不必说明或无法说明的情况下，适合使用受事主语句，此时被动者显得特别突出。公示语中，动作主动者为公示语阅读者，无须加以说明，与主动者相比，被动者即处置物更需要被突出。石毓智 2006 指出处置式更强调施事者有意识地对受事进行某种具体处置，即更强调施事对受事做了什么；而受事主语句则是把受事看作一种话题，着重描写受事在经历某种动作之后所处的状况。这种着重描写受事的表达功能，将焦点置于受事，即公示语设置者与阅读者外的事物，强调处置物所处状况，弱化处置方式动作性的同时，也弱化了"人"在公示语中的存在，在一定程度上降低了文本主观性。

除此之外，当受事成分过长时，也倾向性或强制性使用受事主语句。彭锦维 2005 指出，动宾结构比较紧凑，动词与宾语之间少有停顿，而主谓结构比较松弛，中间允许出现停顿，读起来从容，听起来也不觉吃力。在公示语中，这种停顿表现得更为明显。公示语属于"目治"文本，停顿虽无法从语音上得到体现，但可以在书写方式上得到体现。公示语中，很多受事主语句的主谓之间写有标点符号，或留有空格，亦或直接换行。如：

⒄ 警方提示：紧急制动停车装置，擅动将负法律责任！

⑱ 未付款图书请勿带入（例㊹再现）

㊾ 图书商品，严禁带入，违者罚款

这样做，可以在有限时间内将最为重要的信息点或需要读者注意的焦点突出，便于在公示语中进行重点凸显。此外，与其他文体相比，公示语，特别是短文本公示语往往在韵律工整，字数对称方面有着更高的要求。由于主谓之间可以有明显停顿或换行，就使得受事主语句更容易满足公示语的这一要求。

3.4 无受事句

当处置对象在公示语其他部分出现，或指代非常明显时，可以将处置对象隐现，仅使用动词表示处置意义，即无受事句。如：

㊿ 单车疏导点，请文明骑行，有序摆放。（单车）

(51) 停车行为违法 请立即驶离（车）

(52) 园内严禁一切车辆入内 请停入停车场。（车辆）

(53) 紧急情况下电动开锁，非紧急情况勿推。（门）

上述几例公式语的共通之处在于，即使“摆放”、“驶离”、“停”、“推”等动词后未出现处置对象，公示语读者也能很快地准确捕捉到其所指为何。

处置对象的隐现是从语言经济性、简洁性的角度对公示语文本的另一种处理方式。杨永林，刘寅齐 2008 提到从广义的公共标识层面来看，传播信息内容应当包含准确性、明确性、直接性、简明性、认知性。其中简明性要求所传播内容简单明了，不产生信息驳杂及冗余以致需要经过梳理过滤才能获取的现象。日本汉语公示语制作中经常会出现忽视信息简明性的现象，如：

(54) お降りの方は降車ボタンを押してお知らせください。

如果你下车，请按下车按钮

类似的实例在日本汉语公示语中还有很多，在造成信息冗余的同时也影响公示语语言结构的简洁性，可能使读者丧失阅读耐心从而使公示语失去传递信息的功能，亦会降低公示语的客观权威性，“下车请按钮”足以传达例(54)的交际意图。

4 小结

本文从"把"字句的主观性及"具时空"特征的角度，以汉语公示语实例为语言材料，论述了"把"字句与公示语语体的不匹配性，点明了汉语公示语中对"把"字句的回避。同时总结归纳了包括"将"字句、动宾句、受事主语句、无受事句几种用来在汉语公示语中表达处置义的常用形式。

最后，本节将使用前文提到的常用形式，对日本汉语公示语中出现的"把"字句进行一定的修正。

4.1 "将"字句

⑵' 由于账户调查需要，请尽快将〇〇万日元汇至指定账户。

⑶' 请将〇〇万日元汇至指定账户以证清白，避免被捕。

⑷' 药品需至 2 楼结账（如有药品请将所有商品带至二层结算）

⑹' 请将拐杖置于此处

⑺' 请将所需口袋放入筐内

⑻' 用餐结束，請將托盤歸還店鋪。

⒀' 请将优先座位让与老人、孕妇、残疾人及带婴幼儿的乘客。

⒅' 请将座位让给年长者、残障人士、孕妇、带小孩的乘客、以及脏器残障人士等需要的乘客。

⒆' 注意勿将垃圾掉落缝隙。

⒆' 请勿将手伸入泳池

㉖' 餐后请将碗盘归还窗口

4.2 动宾句

⑿' 请放入双手

⒃' 外拉操作杆，手动开启车门。

㉓' 请勿投入物品

㉗' 请缓慢投入硬币

⑶'行李寄存 恕不寄存现金、贵重物品

4.3 受事主语句

⑴'用后卫生纸，请冲入马桶，勿丢垃圾桶。

⑸'premium 系列副食，请勿直接使用微波炉加热。

⑼'擦拭后，卫生纸请冲入马桶

⑽'用后卫生纸请冲入便器。

⑾'物品请勿置于扶手上

⒁'手机请调至静音模式，请勿通话。

⒄'洗浴用品请勿放入浴池。

㉑'租借用轮椅、婴儿车，请勿带出馆外

㉔'手、身请勿探出窗外

㉕'餐具请放于此处

㉘'卫生纸请勿带走

㉙'手指严禁伸入笼内

4.4 无受事句

⒂'请勿靠放（此公示语张贴于月台屏蔽门）

㉛'鞋类保管袋，请自行取用。使用完毕，请自行带走

注

1）戴宗显、吕和发 2005:38

2）公示语实例未做文字改动。

3）公示语实例未做文字改动。按日语，简体汉字，繁体汉字的顺序列出，某一语言缺失将直接跳过。

参考文献

東京都産業労働局 2015 『国内外旅行者のためのわかりやすい案内サイン標準化指針—東京都版対訳表』

戴宗显、吕和发 2005 公示语汉英翻译研究——以 2012 年奥运会主办城市伦敦

为例，《中国翻译》，第 26 卷第 6 期，pp.38-42

杜文霞 2005 "把"字句在不同语体中的分布、结构、语用差异考察，《南京师大学报（社会科学版）》，第 1 期，pp.145-150

古川裕 2005 现代汉语的"中动语态句式"——语态变换的句法实现和词法实现，《汉语学报》，第 2 期，pp.22-32

胡显耀、曾佳 2011 从"把"字句看翻译汉语的杂合特征，《外语研究》，第 6 期，pp.69-75

李梦竹、席留生 2018 论祈使类"把"字句的界性，《宿州学院学报》，第 33 卷第 3 期，pp.47-51

李宁、王小珊 2001 "把"字句的语用功能调查，《汉语学习》，第 1 期，pp.55-62

彭锦维 2005 《现代汉语受事前置句研究》，北京语言大学博士学位论文

沈家煊 2002 如何处置"处置式"？——论把字句的主观性，《中国语文》，第 5 期，pp.387-399

石毓智 2006 处置式产生和发展的历史条件，《语言研究》，第 26 卷第 3 期，pp.42-49

陶红印 1999 试论语体分类的语法学意义，《当代语言学》，第 1 卷第 3 期，pp.15-24

王力 1980 [2007]《漢語史稿》，中華書局

王永娜、冯胜利 2015 论"当""在"的语体差异-兼谈具时空、泛时空与超时空的语体属性，《世界汉语教学》，第 3 期，pp.310-324

邢福义 1979 倒装成分和受事主语，《语文教学与研究》，第 4 期，pp.1-6

杨永林、刘寅齐 2008 双语公共标识文本的信息性研究——来自北京地区的报告，《外语研究》，第 6 期，pp.10-14

袁毓林 1993 《现代汉语祈使句研究》，北京大学出版社

张伯江 2007 语体差异和语法规律，《修辞学习》第 2 期，pp.1-9

张伯江 2020 什么时候用把字句——基于文本的一项考察，《世界汉语教学》，第 2 期，pp.158-171

朱德熙 1982 [2007]《语法讲义》，商务印书馆

朱玉宾 2016 近代汉语"把／将"字句的竞争及成因，《烟台大学学报（哲学社会科学版）》，第 29 卷第 6 期，pp.112-119

（Wáng・Fēng　立命館アジア太平洋大学）

中国語の「動詞転成ヒト名詞」

袁　暁今

1　始めに

　言語は人間の思想，感情，意志を表現する手段であり，人間社会の最も基本的な情報媒体でもある。人間は言語を使用する主体として，自ら「人間」に最も大きな関心を寄せる。そのため，人間を表す名詞（恩人，弁護士，幼馴染，等々。以降「ヒト名詞」と呼ぶ）は巨大な体系を形成している。名詞自体は開かれた類（open class）であるため，ヒト名詞も開かれた類と言える。社会の進化に伴い，新しい社会現象と共に絶えず生まれ続ける種々様々な「ヒト」が名称を要求する。一方，現代社会から既に消えてしまった「ヒト名詞」も，過去の文献等に存在する以上，我々は，それについても理解していなければならない。

　増え続けるヒト名詞を網羅して理解することは，学習者のみならず，母語話者にとっても時には重荷となる。例えば，『中国語言生活状況報告 2023』によると，2022 年の中国語の新語の中で，ヒト名詞は全体の 1 割強を占めている。従って，膨大な中国語のヒト名詞を整理し，体系化することの重要性は言うまでもない。

　本論に入る前に，中国語のヒト名詞を語形成の観点から，以下の 8 種類に分類した。a–c の大分類は朱徳熙 1982 に，小分類 b2 の「準接尾辞」は馬慶株 1995 に依拠する。d・e・g も構造上はほぼ複合語であるが，生成の特殊性から単独で列挙した。本稿は筆者が取り組んでいる「中国語のヒト名詞の体系研究」の一環として，その一種，d「動詞から転成したヒト名詞」を取り上げ，それに関連する諸問題について論じる。

(a) 重畳

　　爸爸　娘娘　娃娃　宝宝　乖乖

(b) 派生

　　b1「接頭辞＋名詞性語基」か「語基＋ヒト化する接尾辞」

　　　　小李　老外　骗子　傻子　托儿　腕儿　夜猫子　半疯儿

　　b2「語基＋ヒトを表す準接尾辞」

　　　　更夫　球迷　水手　收藏家　麻醉师

(c) 複合

　　c1「語基＋造語力の高いヒトを表す語基」

　　　　恩人　骑兵　敌军　渣男　孔雀女　月光族

　　c2「語基＋ヒトを表す語基」

　　　　富婆　弃婴　假想敌　好事之徒

　　c3 ヒトを表す語基の並列構造（集合名詞）

　　　　夫妻　亲友　哥兄弟　行家里手　王侯将相　师生员工

　　c4「語基＋語基」（圧縮型を含む）

　　　　偶像　新贵　闺蜜　劳动力　博导

(d) 動詞からの転成

　　d1「単音節語基＋単音節語基」動詞性喪失

　　　　顾问　领事　密探　书记　学究

　　d2「単音節語基＋単音節語基」動名兼類（同形異音異義）

　　　　教授（動 jiāoshòu 名 jiàoshòu）　裁缝（動 cáiféng 名 cái·feng）

　　　　编辑（動 biānjí 名 biān·jí）

　　d3「単音節語基＋単音節語基」動名兼類（同形同音異義）

　　　　导演　看守　领导　指挥　主播

(e) 形容詞からの転成（圧縮型を含む）

　　白痴　无赖　知己　反革命　马大哈

(f)「的」構造ヒト指示

　　唱戏的　教书的　卖票的　扫大街的　送外卖的

(g) 比喩か換喩（修辞学的）

饭桶　地头蛇　半边天　布衣　红领巾

(h) その他

h1 固有名詞　h2 外来語　h3 音が近い　h4 典故由来　h5 不明

李白　　　　法西斯　　"气管炎"　　混账　　　　瘪三

2　先行研究

2.1　転成と転指

　言語学では，動詞や形容詞が名詞に変わることを名詞化（nominalization）と言う。英語と日本語においては，名詞化の方法は，元になる単語（「語基」と言う）に接尾辞をつける「派生（derivation）」という操作と，明示的な接尾辞を付けずに品詞だけを変える「転成（conversion）」という操作がある（影山 2011:49-50）。転成によって動詞から作られた日英のヒト名詞の例を以下のように挙げている（影山 2011:56, 84）。但し，日本語の場合は，動詞の原形ではなく，動詞の連用形が名詞に転成する。

日本語：する➡すり 見張る➡見張り 見習う➡見習い 付き添う➡付き添い
英　　語：judge（裁判官）cook（コック）help（役に立つ人）rebel（謀反人）

　中国語では，動詞や形容詞の名詞化について，朱德熙 1983 によって提案された「意味の自己指示（自指 self-designation）」と「意味の転換指示（転指 transferred-designation）」という 2 つの概念が定着している。前者は品詞の変化が生じるが，意味の変化は伴わない（例：kind ➡ kindness）。一方，後者（以降「転指」と呼ぶ）は品詞と意味が共に変わる（語レベルの例：骗➡骗子，文レベルの例：教书➡教书的）。

　現代中国語の名詞化されたヒト名詞に関しては，ほとんどが「転指」である。上記のヒト名詞分類表に照らして言えば，語レベルの派生（b の「動詞性・形容詞性語基＋接尾辞・準接尾辞」構造，例：傻子 收藏家），複合（c1・c2 の「動詞性・形容詞性語基＋ヒトを表す語基」構造，例：

騎兵 弃嬰）と転成（d・e，例：导演 白痴），さらに文レベルの転指（f，例：教书的）の四者から成る。

王冬梅 2004:5-6，2012:61-62 によると，転指には，「有標（marked）」と「無標（unmarked）」の2種がある。有標とは，名詞性接尾辞を用いること（例：骗➡骗子 承包➡承包人），または，音声上の変化を有することである。具体的には，二音節動詞が名詞に転じる際に，2番目の語基の声調が軽声に変わる（例：裁缝 cáiféng ➡ cái·feng）。ここで，“－人”も転指の標識である「接尾辞」として挙げているため，本稿も便宜上，以降 c1・c2 の中のヒトを表す語基を「広義のヒトを表す接尾辞」とする。

単音節動詞がヒト名詞に転指する時には，有標（＝広義のヒトを表す接尾辞を用いる）の形をとるが，二音節動詞がヒト名詞に転指する際には，無標（＝接尾辞を用いない，声調変化もない）の形をとる場合と，有標（＝音声変化を生じさせる）の形をとる場合がある。

以上の概念の整理を踏まえて，本稿はもっぱら d の「転成」を研究対象とするため，以降はこれらを「動詞転成ヒト名詞」と呼ぶ。実質は「二音節動詞転指ヒト名詞」（＝ d1 と d3 の無標二音節動詞転指ヒト名詞 ＋ d2 の有標二音節動詞転指ヒト名詞）を意味する。

2.2　先行研究の焦点

認知言語学では，転指の本質は「文法的換喩（grammatical metonymy）」であるとの共通認識がある（沈家煊 1999，王海峰 2004，王冬梅 2004，张伯江 2012 等）。“编辑”のような動詞転成ヒト名詞は，隣接性（contiguity）に基づく換喩（metonymy）が引き起こした意味変化の産物であり，「仕事」そのものから「その仕事に従事する人」に変化した。換喩は語彙化の動因の1つである（董秀芳 2011）。先行研究では，認知言語学の観点から，「動作主-動作-受動者」というスキーマの中での動作主か受動者の際立ち（prominence）と分析され，動詞転成ヒト名詞のメカニズムが明らかにされている（王海峰 2004，王冬梅 2004，2010 等）。

先行研究で，特筆したいのは，张伯江 2012 である。本稿の d2 と d3

に当たるものを「動詞名詞同形二音節語」と呼び，沈家煊の「名動包含」「動単名双」論，呉長安の「動名同形」論を踏まえて，これを一種の語用現象と主張している。さらに，『現代漢語詞典』（以降『現漢』と略す）第5版から，動詞と名詞の品詞性を持ち合わせている153の二音節語の一覧表を以って，現代中国語に大量に存在していることを示した。筆者はこの数の多さから，更なる研究の深化の重要性を実感した。

2.3 本稿の研究目的

以上の先行研究は，主に転指の生成メカニズムに焦点を当て，その解明に大きく貢献したが，どれも「ヒト名詞」に特化したものではなく，当然ながら，「動詞転成ヒト名詞」の観点からの深い考察はなかった。

本稿は研究の余地が残されている動詞転成ヒト名詞に研究対象を絞り，構造・意味・用法上から，これまで以上に踏み込んだ考察を施し，詳細に分析することを目的としている。紙幅に応じて，論述が尽くせない場合でも，波及する多方面の問題を網羅的に提起したい。

3 「動詞転成ヒト名詞」に関する考察

d1について通時的（diachronic）に考察すると，古代漢語では，動詞であったが，現代中国語においては完全にヒト名詞化している（『現漢』では名詞の注釈のみ）。例えば，d1で挙げた5語について，動詞としての用例がどの時代から文献上に現れ始めたのか，北京大学コーパス（以降「CCL」と記す）の古代漢語部門で調べたところ，以下のような結果となった（括弧内が最初に動詞としての用例がみられる時代区分）。

顾问（戦国） 領事（唐） 密探（唐） 书记（西漢） 学究（六朝）

また，このタイプの中でも，以下の5語は古代漢語では動詞であったが，現代中国語では職業や職位などを表すヒト名詞として使われる。沈国威2008:359-416によると，これは日本語からの借用語であるという。

干事（六朝）　会计（战国）　警察（唐）　主任（春秋）　主席（隋）

以後は，共時的（synchronic）考察に力点を置き，『現漢』第 7 版が編集された時点での動名兼類の d2 と d3 を中心に考察する。

3.1　一覧

本稿は，张伯江 2012 をベースに，『現漢』第 7 版で新たに加えられた動名同形の二音節語も抽出し，さらに，古語などを除外し，最終的には，154 語を洗い出した。[1] 以下で一覧する。下線で示した 30 語は张伯江 2012 リストには無く，『現漢』第 7 版より抽出した語である。

暗探　伴游　帮办　帮工　帮闲　帮凶　帮佣　保安　保镖　保管　编导　编辑　编剧　编审
编舞　编修　编译　贬官　裁缝　裁判　采编　采购　参谋　参议　参赞　残废　差使　初犯
传达　传人　搭档　代办　代表　当差　导播　导购　导演　导医　导游　导诊　调度　逗哏
督办　督察　翻译　俘虏　共犯　供奉　雇工　管教　管事　海归　护从　护法　护卫　祸害
稽查　记录　继嗣　监督　监工　监考　监理　监制　校对　教练　教授　教习　结伙　经纪
经理　警卫　纠察　开山　看守　理事　领班　领唱　领导　领队　领港　领航　领江　领跑
领舞　领奏　内应　叛逆　陪客　陪练　捧哏　评审　前导　亲信　全陪　伤亡　侍卫　收发
随从　特护　提调　替工　替手　听差　同班　同辈　同窗　同道　同行　同伙　同门　同盟
同谋　同事　同学　统领　网管　先导　先驱　先行　相好　相识　相知　向导　协理　学徒
移民　用人　再犯　掌舵　侦探　指挥　制片　主笔　主编　主播　主唱　主持　主创　主厨
主刀　主管　主讲　主考　主谋　主拍　主哨　主使　主演　主宰　住持　专差　总管　总理

因みに，沈国威 2008:359-416 の資料編リストを参照した結果，154 語のうち，"代表　看守　记录　教授　经理　理事　同盟　主笔　总理" の 9 語は「日本語借用語」であることが分かった。

3.2 動詞転成ヒト名詞の構造

3.2.1 類型

動詞転成ヒト名詞は，主に並列（例：翻译），修飾（例：总管），述目（例：领队）の3種がある（王海峰 2004:41）。一覧の 154 語において，各構造の占める割合を考察した結果，述目は約 45%，並列は約 33%，連用修飾は約 19% となっている。この割合から見ても，「述目構造の動詞は有意にヒト名詞に転成しやすい」という結論が導けると考えている。

さらに，次の 3.2.2 でも示すように，造語力の高い形態素が作り出した 61 語の中で，構造分析のデータを参照すると，やはり述目構造が最も生産性が高いということが裏付けられる。

3.2.2 造語力の高い形態素

動詞転成ヒト名詞の語形成おいては，以下の7つの形態素の造語力が高く（後続する数字は造語数を示す），全体の4割を作り出している。つまり，この7つの形態素によって作られた動詞がヒト名詞に転じやすいと言える。これらの形態素は多義形態素で，動詞性形態素として働く時の意味に基づいて構造分析をすると以下の通りになる。

主17 司る　　　　　　　　述目構造：13　並列構造：4
　　主笔 主编 主播 主唱 主持 主创 主厨 主刀 主管 主讲 主考 主谋 主拍
　　主哨 主使 主演 主宰

同11 （同じ…である）連体修飾構造：7　（共に…する）連用修飾構造：4
　　同班 同辈 同窗 同道 同行 háng 同伙 同门 同盟 同谋 同事 同学

领10 率いる　　　　　　　述目構造：9　並列構造：1
　　领班 领唱 领导 领队 领港 领航 领江 领跑 领舞 领奏

编 7 編集する　　　　　　述目構造：2　並列構造：5
　　编导 编辑 编剧 编审 编舞 编修 编译

导 6 導く　　　　　　　　述目構造：6
　　导播 导购 导演 导医 导游 导诊

帮 5 助ける／手伝う　　　述目構造：5

帮办 帮工 帮闲 帮凶 帮佣

監5　見張る　　　　　　　述目構造：3　並列構造：2

監督 監工 監考 監理 監制

近年誕生した新語，"主刀（執刀する➡執刀医）""領跑（長距離走でトッ
プを走る➡ペースメーカー）""导医（受診の案内をする➡院内案内係）"
の例から明らかなように，これらの形態素で形成される新語動詞におい
ても，後々ヒト名詞に転成する可能性が大きいと予測することができる。

3.3　動詞転成ヒト名詞の意味

　王冬梅 2010:172 によると，動詞が名詞に転指する際に，道具や場所
などにもなるが，動作主や受動者となることが多い（動作主は受動者よ
りさらに多い）。本稿で扱う 154 語について，『現漢』と『中日辞典』『中
日大辞典』を参考に，動詞転成ヒト名詞が何を表すのか，詳細に調べた。

3.3.1　動作主か受動者か（V＝VもしくはVの解釈）

動作主1：V ➡ V 的人／V 者
　帮工　帮助干活（手伝う）　　　➡　帮工的人（手伝い）
　領队　率領队伍（隊を引率する）　➡　率領队伍的人（引率者）
　継嗣　传宗接代（相続する）　　➡　継承者（相続者）

動作主2：V ➡ 做／担任／負責／从事 V（工作）的人
　編審　編輯審定（編集審査する）　➡　做編審工作的人（編集審定者）
　采购　選択购買（仕入れる）　　➡　担任采购工作的人（仕入れ係）
　経理　経営管理（経営管理する）　➡　負責経営管理的人（経営者）
　暗探　暗中刺探（密偵する）　　➡　从事秘密偵査的人（密偵）

受動者：V ➡ 被 V 的人
　贬官　降低官職（左遷する）　　➡　被降職的官吏（左遷された官吏）
　俘虏　捉住敵人（捕虜にする）　➡　被捉住的敵人（捕虜）

その他：同 N

同门 同一个老师门下（師が同じ）➡ 同一个老师门下的人（相弟子）

　動作主を表すものは 139 語に上ったが，対照的に，受動者を表すもの
はわずか 8 語であった（上記以外の 6 語：传人　差使　雇工　亲信　用人
专差）。その他は「同 N」型に限定された（計 7 語）。

3.3.2　職業か役割か

　王冬梅 2004:8 は動詞転成ヒト名詞の多くは職位（例：教授）と職業（例：
翻译）を表すとしているが，本稿で考察した結果，それ以外を表す語も
少なくないことが分かった。

役割：代表　逗哏　监考　领唱　领队　领舞　领奏　内应　陪客　评审　掌舵
　　　制片　主创　主厨　主刀　主讲　主考　主谋　主哨　主使　主演　专差
関係：帮凶　传人　搭档　继嗣　亲信　共犯　结伙　替手　同班　同辈　同窗
　　　同道　同行　同伙　同门　同盟　同谋　同事　同学　相好　相识　相知
身分：贬官　俘虏　海归　学徒　移民
状態：残废　初犯　祸害　伤亡　再犯

　集計の結果，職業・役割・関係・職位・身分・状態を表す割合はそれ
ぞれ 45%，23%，15%，10%，3%，3% となり，役割が職業に次いで多かっ
た。
　また，本稿では，動詞転成ヒト名詞の意味分類で最も多いのは「役割」
であると結論付けた。何故ならば，"翻译（翻訳者・通訳者）" "保镖（ガー
ドマン）" のようなヒト名詞は，一義的には「職業」と分類されるが，
例え一回限りの行為でも "翻译　保镖" と表現されるのであり，その場
合には「役割」と分類されるべきである。例えば，"妹妹来日本时，我
又当翻译又当保镖（妹が来日の間，僕は通訳兼ガードマンだった）"。ここで
の通訳とガードマンは恒常的な「職業」ではなく，一時的な「役割」で
あることが一目瞭然である。職業と役割の両方を表す語と役割のみを表
す語を足すと，全体の 7 割弱に上る。

3.3.3　意味特徴

　次に，意味の変化について考察する。154 語の意味を逐一調べていく
と，一部の動詞転成ヒト名詞は元の動詞に比べ，意味が狭まり（下線は
限定，波線は脱落を表す），固定して語彙化されることが観察された。

　【監制】(i)監督制造（製造を監督する）(ii)監督摂制（撮影制作を監督する➡
　　　　担任監督摂制工作的人（映像の監督制作者）
　【初犯】第一次犯罪或错误过失（初めて罪や過失を犯す）➡ 第一次犯罪并被
　　　　判处有期徒刑的人（初めて罪を犯し，かつ有期懲役判決を受けた人）
　【亲信】亲近信任（親しく信頼する）➡ （貶す意味での）腹心

　動詞"監制"の二つの意味から，ⅰの意味が脱落し，ⅱの意味項目の
みが名詞に継承した。つまり，製造を監督する人は"監制"とは言わな
い。"初犯"もヒト名詞に転成した後，その意味が限定され，狭くなっ
ていることがわかる。"亲信"は，褒貶のいずれの意味項目をも含んで
いたが，名詞化によって，「貶す」の意味項目だけに限定された。

3.3.4　有標ヒト名詞との互換

　以下の二音節動詞はヒト名詞として使われる場合，ほぼ同じ意味を有
する有標ヒト名詞（広義のヒトを表す接尾辞を付加した三音節名詞）と
互換できると考える。コーパスでも，両方の例文が見つかっているが，
言語の経済原則やリズムの制約などから使い分けていると考えられる。
微妙な意味の違いもあるのではと思料するが，今後の研究課題としたい。

　保安＋員 保管＋員 裁判＋員 采购＋員 导购＋員 调度＋員 督察＋員 记录＋員
　監考＋官 校对＋員 教练＋員 经纪＋人 警卫＋員 纠察＋員 领航＋員 叛逆＋者
　评审＋員 先驱＋者 先行＋官 掌舵＋人 主持＋人 主讲＋人 主考＋官 网管＋員

　王冬梅 2004:8，2010:71 でも同じ現象の指摘があったが，これは有標
転指，つまり「二音節動詞＋広義のヒトを表す接尾辞」の標識の省略で

あると述べている。本稿は，张伯江 2012:344 の「中国語の二音節動詞はそもそも名詞効果を持っていて，無標でも名詞に成れる」との説を支持する。

3.4　動詞転成ヒト名詞の語用
3.4.1　『現漢』における品詞の注釈
　単語の品詞転換において，どちらが先にあったのかは，通時的な考察に基づいて判断すべきであるが，辞書の意味項目の並び順を参考として考えることもできる。本稿で扱う 154 語については，一つの括り，「動詞転成ヒト名詞」としているが，実は，『現漢』の中で，「名詞，動詞」の順に意味解釈をしている語（以下の 10 語）と「動詞，名詞」の順に意味解釈をしている語（10 語以外はすべて）の 2 通りがある。

　暗探　参谋　参赞　代表　祸害　教习　同行　学徒　主笔　总理

　『現漢』の細則に掲載順の説明はないが, 侯瑞芬 2020:178 では,『現漢』における意味項目の配列について，「通時的な意味変遷の順序を参考にし，使用頻度などの他の要素も考慮している」と述べている。上記の10 語について，名詞が先で，後に動詞に転成したのか，それとも名詞用法が動詞用法より使用頻度が高いことに由来するのか，現時点では不明である。本稿では，問題提起に留まるが，今後の解明が待たれる。
3.4.2　動詞転成ヒト名詞に対する母語話者の感覚調査
　3.1 の抽出作業を通して，『現漢』に掲載された動詞と動詞転成ヒト名詞兼類の語数の多さに驚かされた。現代に生きる我々には疎遠になった古代や近代の（官位の名称などを指す）ヒト名詞が多く含まれているのもその一因である。しかし，言語使用者，特に母語話者の感覚はどうであろうか。そもそも動詞とヒト名詞の兼類としての認識があるのか。
　筆者は，『現漢』の語釈と母語話者の認識はかなり乖離していると予測している。勿論，例文を提示し，その例文における語の品詞を問えば,

恐らく辞書に登録された品詞とほぼ同じ答えが返って来るであろう。しかし，何の前触れもない状況で，一番に想起するその語の用法（≒その語の使用頻度の高い用法）こそが，その語の真の姿ではないかと考える。そこで，これらの動詞転成ヒト名詞に対するアンケート調査を試みた。

一覧の154語の他，以下の20語（前11語は動詞，後9語は名詞）もアンケートに混入し，計174語について調査を行った。20語は『現漢』で動詞か名詞のみとされているが，154語と構造のよく似た語である。

伴舞　伴奏　帮厨　保洁　代笔　代驾　代理　督导　雇佣　监察
校阅　城管　督学　雇农　书记　学究　掌门　中介　主任　总监

【対象】中国語母語話者50名（10代〜80代）
【問題】以下の語の品詞について，最も正しいと思う記述1つを選んで下さい。辞書を使用せず直感で判断して下さい。
　　　　(i)行為を表す動詞　(ii)ヒトを表す名詞　(iii)行為を表す動詞とヒトを表す名詞の兼類　(iv)この言葉を知らない
【結果】11人以上の被験者が「知らない」と答えた4語（領港　領江　前導　住持）は，分析対象から外した。これによって，兼類の150語と動詞か名詞の20語に対して，以下の結果が得られた。波線は追加した20語，語に続く数字は回答者数を示す。

動詞のみの認識：

9割以上：开山49 传达45

8割以上：保管43

7割以上：供奉39 记录36 叛逆36 收发36 再犯36

6割以上：伤亡32 提调32 相知32 先行30 采购30 全陪30

名詞のみの認識：

9割以上：学徒48 同伙47 同门45 书记45 主任45

8割以上：保镖 44　同窗 44　同学 44　保安 43　海归 43　亲信 43　同事 43　帮凶 41
　　　　　理事 41　同盟 41　经理 40　<u>总监</u> 41
7割以上：帮佣 38　领班 38　总理 38　<u>警卫</u> 37　侍卫 37　同辈 37　同道 36　网管 36
　　　　　共犯 35　<u>城管</u> 37　<u>学究</u> 35　<u>中介</u> 35
6割以上：搭档 33　雇工 33　专差 33　编剧 32　裁缝 32　教练 32　先驱 32　传人 30
　　　　　导游 30　主厨 30　<u>雇农</u> 33　<u>掌门</u> 33

<u>動詞兼名詞の認識</u>：
8割以上：移民 40　主持 40　伴舞 40
7割以上：翻译 39　指挥 38　编辑 35　参谋 35　<u>代驾</u> 39　<u>代理</u> 38　伴奏 36　代笔 35
6割以上：看守 34　领舞 34　编译 32　督察 32　护卫 32　陪练 32　主讲 31　主演 31
　　　　　导播 30　领奏 30　主刀 30　保洁 30　<u>督导</u> 34　<u>督学</u> 31

　兼類 150 語に対し，「動詞のみ」と 6 割以上の被験者が回答した語が
14 語あり，全体の 9% を占めた。これはこれらの語がヒト名詞として
の認知度が非常に低いことを物語っている。従って，これらにおいては，
ヒトを表す際に，名詞句か有標（下線）を採用して名詞（传达<u>室</u>的工作
人<u>员</u>　保管<u>员</u>　再犯<u>者</u>）とするケースが多いと予測することができる。
　一方，6 割以上の被験者が「名詞のみ」と回答した語が 33 語あり，
全体の約 22% を占めた。特に 9 割の被検者が「名詞のみ」と答えた"学
徒　同伙"などは，動詞としての認識が皆無に等しいと言えよう。
　150 語のうち「動名兼類」であると，6 割以上の被検者が回答した語は，
わずか 17 語であり，全体の 11% に過ぎない。興味深い結果となった。
　逆に，『現漢』で動詞のみと注釈された 12 語について，品詞を問うた
ところ，"伴舞 40　代驾 39　代理 38　伴奏 36　代笔 35　督导 34　保洁 30"
のような回答を得た。即ち，これらの 7 語については，6 〜 8 割以上の
被験者が「ヒト名詞にもなる」と考えていることである。
　これに関しては，张伯江 2012:339 が述べたように，『現漢』で「動詞
兼名詞」と明記しなくても，語用では，これらの動詞の名詞用法がよく

見られるということである。本アンケート調査でそのことが実証された。一方，アンケート時に追加したヒト名詞9語のうち，動詞用法を兼備していると回答した被検者が6割を超えたのは，"督学31"のみだった。

　この調査から浮上する問題点の一つとして，辞書の記述と言語使用者の語用とのズレがある。辞書は網羅的に注釈することを追求する（動詞と動詞転成ヒト名詞の両方の品詞を併記している）が，実際の語用では，その動詞転成ヒト名詞の使用頻度が低い場合，名詞としての認識は薄い。逆に，元の動詞の使用頻度が低い場合には，動詞用法に対する認識は薄い。そうなると，使用者にほとんど認識のない品詞の語釈を，辞書において記述する必然性をどこに見出すべきか。本稿はこの調査結果を受け，さらにコーパスによる使用状況の調査を踏まえた上で考察したい。

3.5　コーパスにおける動詞転成ヒト名詞の使用状況

　3.4.2で母語話者の主観的な語感を確認した。次に，代表的な語を取り上げて，コーパスによる実社会での客観的な使用状況を調べてみる。言葉の時代性を考慮し，CCLの年代指定コーパスで検索した。

　【传达】伝達する・受付をする➡受付係（動45名1兼4）

　1970年代コーパスでは，1484の例文があったが，ヒト名詞用法の例はなかった。これは，被験者の語用の感覚（上記の数字は回答者数）とほぼ一致する。つまり動詞転成ヒト名詞としての認識は皆無に等しい。

　【保管】保管する➡保管係（動43名2兼5）

　1970年代で見つかった931例中，45例がヒト名詞用法（"老保管　缺个保管"など）であった。しかし，2020年代になると，1016の例文中にヒト名詞用法はなかった。これも被験者の感覚とおおよそ一致した。

　以上は動詞性が顕著な例である。得られた例文においては，ヒトを表す時には，いずれも有標ヒト名詞か名詞句を用いている。例えば，"传达员 传达室的同志 保管员／人"。次に名詞性が顕著な例を見てみる。

　【学徒】丁稚に行く➡丁稚（動0名48兼2）

　1970年代では，255例のうち，動詞用法（拜师学徒，学徒三年，在…

学徒など）の例文が101あり，残りの6割はヒト名詞用法（当学徒　男学徒など）である。一方，2020年代では，361例のうち，動詞用法は36例に留まる。動詞用法は確実に減っていて，アンケート結果はそれを先取しているともいえる。ほぼ全員の被験者が名詞と判定した理由を考察すると，"学徒"について，"歹徒　叛徒　囚徒　教徒"と同じように動詞転成ではなく，最初から有標ヒト名詞であると考えた可能性もある。

　また，有標ヒト名詞（学徒工）の使用例も81から30へ激減し，2020年代になると，"学徒"と"学徒工"は10対1の比率で使用されている。リズムや文体の要求から動詞転成ヒト名詞と有標ヒト名詞の分業が続くと予想するが，今後の具体的な変化についても追跡したい。

　【保安】警備する➡警備員（動0名43兼7）

　2020年代の581例中に，ヒト名詞用法は449例あり，77%を占める。

　一方，動詞用法で最も多いのは"保安服務"（52例）であったが，これは，「安全を守るサービス」と解釈する場合には，"保安"は動詞であるが，「警備員によるサービス」と解する場合には，ヒト名詞と考えることもできる。被験者の多くが同様の認識を持っている可能性がある。

　次に，アンケート結果との相関関係が微妙な語について考察する。

　【搭档】仲間を組む➡相棒（動0名33兼17）

　2020年代の228例中，動詞用例109，ヒト名詞用例119と，ほぼ半々であった。33名の被験者は動詞用法についての認識がなかった。これをどう捉えるか，さらなる調査が必要である。

　最後に，『現漢』では兼類ではないが，被験者の多くに「兼類」と認識された語について検証する。

　【代驾】運転代行をする（動5名6兼39）

　2020年代コーパスでは，37例のうち，15（約41%）のヒト名詞用例があった。いずれも「運転代行ドライバー」の意味で使われている。

　以上の検証結果をまとめると，母語話者の感覚はコーパスの使用状況とはおおよそ合致することが分かった。一方，辞書の語釈とはかなりの隔たりがあると言える。

4 終わりに

そもそも，中国語の二音節動詞は「動弱名詞」と呼ばれている（沈家煊 2014:70）。本稿は二音節動詞から転成したヒト名詞に対し，形式・意味・語用の角度から考察を施した上で，以下のように提案する。

4.1 辞書登録に対する提案

『現漢』第 7 版は新たに語彙 400 語余り，語義 100 項近くを増補し，古い語彙を少量削除し，読者や専門家の意見をもとに 700 条余りの釈義・用例を修訂した。このように，辞書は網羅的に語彙情報を提供すると同時に，アップデートし，時代を反映しながら均衡を模索している。母語話者やコーパスでの使用状況を踏まえ，動詞と動詞転成ヒト名詞のいずれかの認識が非常に薄い語やコーパスでの使用頻度が極端に低い意味項目については，『現漢』第 8 版以降に適宜削除されることも考えられる。学習者向けの日中辞書に関しては，これらの意味項目を採録しないという選択肢も視野に入れるべきと考える。

次にピンイン表記について提案する。『現漢』第 7 版では，動名同形異音語について，以下の表記法で別々に見出し語を立てて掲載している。

⑴【教授】jiāoshòu 　【教授】jiàoshòu ⑵【裁縫】cáiféng 　【裁縫】cái·feng

⑵【差使】chāishǐ 　【差使】chāi·shi ⑵【用人】yòng//rén 　【用人】yòng·ren

⑶【編輯】biānjí 　【編輯】biān·jí ⑶【替手】tì//shǒu 　【替手】tì·shǒu

"教授"のように，声調が異なる例は辞書では唯一であった。"裁縫 差使 用人"のように，ヒト名詞の二文字目を軽声で読む例はこの 3 語のみであった。"編輯 替手"のように，ヒト名詞の二文字目は，声調記号がついても，一般的に軽く読むとしている例はこの 2 語のみであった。音声の有標動詞転成ヒト名詞は併せて 6 語で極めて少ない。

本研究は，書面によるアンケート調査の後，母語話者 10 名に対して

音声調査も行った。一覧の154語は動詞と動詞転成ヒト名詞の兼類であること、そして「ヒト名詞と想定して発音して下さい」と伝えた後、発音してもらい、得られた音声データの特徴を記録した。上記の6語を除き、10人全員が二文字目を軽声で、又は軽く読んだのはこの8語である。

参謀 cānmóu ➡ cānmou　　残废 cánfèi ➡ cánfei　　调度 diàodù ➡ diàodu

翻译 fānyì ➡ fānyi　　管事 guǎnshì ➡ guǎnshi　　理事 lǐshì ➡ lǐshi

陪客 péikè ➡ péike　　侍卫 shìwèi ➡ shìwei

　字形が同じでも、音声が異なるなら、形式上の違いがあると言える。音声も「形式と意味の対応関係」を考える上で一つの手がかりとなる。動詞と自身の動詞転成ヒト名詞の音声による有標化について、この結果を受けて、今後の辞書編纂の参考になると考える。

4.2　今後の課題

　本稿は紙幅の制約により、論述に至らなかった項目については、別稿に譲ることとし、今後の課題を以下にリストアップする。

　(i)動詞転成ヒト名詞と有標ヒト名詞の分業。(ii)動詞転成ヒト名詞における構造の再分析。(iii)中国語の動詞転成ヒト名詞の日本語訳。(iv)動詞転成ヒト名詞に関する教育現場への提言。

　(ii)については、张伯江 2012:342-344 でも問題提起された。例えば、"移民"は、動詞としての構造分析は「述目構造（人を転移させる）」であるが、動詞転成ヒト名詞としては、「連体修飾構造（転移した人）」として言語使用者に再分析されたと考えられる。本稿も再分析の視点を支持する立場であるが、それに関連して、そもそも語形成の観点から、本稿で呼ぶ「動詞転成ヒト名詞」、例えば"暗探（間諜）"は連体修飾構造の動詞（暗＝暗暗、探＝探察）からの転成なのか、それとも最初から"暗（＝暗処）"と"探（＝探子）"の複合名詞なのか、というような問題に対しても、新たな興味を抱かせる。

210

注

1) 『現漢』第 7 版に収録されている全ての動名兼類の二音節語から以下の語を除いた。(ⅰ)見出し語のすぐ後に〈方〉〈旧〉〈口〉〈书〉の注記が付された語や一部の語釈の際に"旧时指"と書かれた語，つまり，現代の一般的な母語話者にはヒト名詞としての認識がほとんどない語（傍角儿 臂助 斥候 刍荛 当道 反叛 怙恃 扈从 交通 受业 通译 无告 相与 襄礼 襄理 垫背 跟包 看护 拍档 同年 隐逸 赞礼）(ⅱ)自称と尊称を表す語（不孝 万岁）(ⅲ)動詞とヒト名詞の意味関係性がない語（跟班 黑脸 配角）。

参考文献

影山太郎 2011 『日英対照 名詞の意味と構文』大修館書店

沈家煊著，古川裕訳 2014 『現代中国語文法六講』日中言語文化出版社

沈国威 2008 『近代日中語彙交流史 改訂新版』笠間書院

董秀芳 2011 《词汇化 汉语双音词的衍生和发展 修订本》商务印书馆

国家语言文字工作委员会组编 2023 《中国语言生活状况报告 2023》商务印书馆

侯瑞芬 2020 动形词类转变的语义分析《语言学论丛》第 2 期，pp.178-194

马庆株 1995 现代汉语词缀的性质、范围和分类，《中国语言学报》第 6 期，pp.101-137

沈家煊 1999 转指和转喻，《当代语言学》第 1 期，pp.3-15

王冬梅 2004 动词转指名词的类型及相关解释，《汉语学习》第 4 期，pp.5-11

王冬梅 2010 《现代汉语动名互转的认知研究》中国社会科学出版社

王海峰 2004 现代汉语中无标记转指的认知阐释，《语言教学与研究》第 1 期，pp.40-47

张伯江 2012 双音化的名词性效应，《中国语文》第 4 期，pp.338-346

朱德熙 1982 《语法讲义》商务印书馆

朱德熙 1983 自指和转指—汉语名词化标记"的、者、所、之"的语法功能和语义功能，《方言》第 1 期，pp.16-31

（Yuán・xiǎojīn 愛知県立大学）

日中両言語における擬声語の対照研究

張　恒悦

1　はじめに

　日本語と中国語は，共に擬声語という文法のカテゴリーがある。そのため，日中両言語の擬声語に関する対照研究が多くなされてきた。しかし，これまでの研究には方法論的な問題だけではなく，考察が不十分な点も多く残っている。

　本稿では，先行研究を踏まえつつ，日中両言語の擬声語における共通点や相違点を検討する。音声や意味，表記，文法的な相違への分析にとどまらず，これらの相違をもたらした原因を，日中両語の言語体系の比較を通して分析し，解明していきたい。

2　先行研究

　日中両言語の擬声語に関する比較研究では，これまで多くの成果が蓄積されている。その中で，玉村 1979，香坂 1983，野口 1995 などが代表的なものとして挙げられる。しかし，これらの研究には以下のような問題があることが指摘できる。

　1）表面的対比にとどまる傾向にあり，日中擬声語の相違をもたらした原因を明らかにしていない。

　2）個別的用例に基づく議論が多く，言語体系を比較する視点が欠如している。

　本稿では，これらの問題点を解決することを目指している。

3 音（sound）と意味（meaning）の関係

擬声語の最も顕著な特徴は，特定の音が特定のイメージを喚起し，それによって一貫した意味を連想させる「音象徴」という現象であると言えるだろう。香坂1983は，この点について触れ，以下のように述べている。

嘎巴　枝などが折れる・折る音；ボキン　ポキン　ボキ　ポキ

中国語ではこれら日本語の四つの擬声語を"嘎巴"一つで対応している。日本語では，ボとポの対応で重さと軽さのけじめをつける[1]，また-ンと-ゼロとの対応で，弾力性の有無を表しているが，このような繊細な区別は中国語に望めない。

以上から，香坂1983は，日本語の擬声語が中国語の擬声語に比べて，繊細であると主張している。この主張は，主に以下の2点に基づいている：①ボとポの対応で重さと軽さのけじめを付けること　②-ンと-ゼロとの対応で，弾力性の有無を表していること，である。これらの点は中国語にはなく，日本語特有な現象とされている。果たしてこれは事実だろうか。

以下，これらの点について，詳しく分析を行っていきたい。

3.1 「ボとポの対応で重さと軽さのけじめをつける」という点

周知の通り，中国語（普通話，以下同）には濁音と清音の対立が存在しない。そのため，日本語の「ボ」「ポ」のような音声上の対応関係は中国語には見られないというのは事実であり，これは日本語ならではの特徴と言うことができる。しかしながら，「ボ」と「ポ」が示す「重さと軽さのけじめをつける」ような「繊細な区別は中国語には望めない」と断言できるだろうか。

中国語には清濁の対立はないものの，「有気音」と「無気音」の対立

が存在している。次の例からも，「有気音」と「無気音」が異なる音声イメージを喚起することが明らかである。

⑴ 这时候后面急吼吼驶来辆车，嘟嘟嘟（＊突突突）鸣笛。　　（CCL）
（その時，後ろから車が猛スピードで来て，ブッブーとクラクションを鳴らした。）

⑵ 旁边树丛后面，传来拖拉机突突（＊嘟嘟）的响声。　　　　　　（擬）
（そばの木の茂みの背後からトラクターのドッドッという音をした。）

インフォーマント調査[2]によれば，「嘟嘟嘟」と「突突突」は互いに置き換えられないことが分かる。「嘟嘟嘟」は打撃や叩きによるシャープでクリアな音を表し，乗用車のクラクションの音として捉えられる。一方，「突突」は煙や水蒸気の強い噴出を伴う騒々しい音を表し，トラクターのエンジン音として認識される。したがって，煙や水蒸気を噴出しながら走行することが一般的ではない乗用車に「突突突」は不適切であり，エンジンがかかると煙や水蒸気を大きな音と共に噴出することが特徴のトラクターに「嘟嘟」は適さない。

以下の例も「有気音」と「無気音」の違いに基づいている。

⑶ 水壶突突（＊嘟嘟）把气喷。　　　　　　　　　　　　　　　　（擬）
（やかんがシューシューと蒸気をたてる。）

⑷ 这匹马好像明白主人的意思，"突突"（＊嘟嘟）直打响鼻。　（擬）
（その馬はまるで主人の気持ちがわかるかのように，ブルブルっとしきりに鼻を鳴らした。）

⑸ "嘟，嘟嘟嘟，嘟嘟……"（＊突，突突突，突突），这是森林卫士啄木鸟诊断病树的声音。　　　　　　　　　　　　　　　　　（CCL）
（トン，トントントン，トントン……，これは森の番人，キツツキが病樹を診断する音だ。）

⑹ 接着想起了"嘟嘟……嘟"（＊突突突）的螺号声。　　　　　（擬）
（続いて「ププー……フォー」というほら貝の音が起こった。）

例⑶，⑷では，水蒸気や息の強い噴出の表現に，"突突突""突突"

という有気音が用いられる。例(5)では，打撃音が表現されているため，"嘟嘟嘟"が適切で，例(6)では直接的な息の噴出が感じられないため，無気音の"嘟嘟嘟"が使用されている。

このように，無気音(d)と有気音(t)によって喚起されるイメージの違いは，必ずしも個別の事例に限って観察されるわけではない。実際，擬声語の音の構成を詳しく見ると，無気音の擬声語と有気音の擬声語の間に明確な使い分けが存在することが容易に気づく。

まず，有気音のみを使用する擬声語を見てみよう。

「呸」(pei)：唾を吐く音。

「阿嚏」(ati)：くしゃみの音。

「吐嚕 / 忒儿嘍」(tulu/terlou)：食べ物を飲み込む音や鳥が飛び立つ音。

「扑嚕」(pulu)：鳥が羽を振る音。

一方で，「無気音」のみを使用する擬声語も多く存在する。

「滴滴 / 嘀嘀」(didi)：クラックションやラッパの音。

「笃笃」(dudu)：キツツキが木をつつく音やノックの音

「梆梆」(bangbang)：木や金属を叩く音

このように，中国語は日本語とは異なって清濁の対立が見られないが，有気音・無気音の対立によって異なるイメージが伝えられている。したがって，日本語と中国語の音韻体系には違いが認められるものの，それぞれの言語で「音象徴」が存在していることに変わりはない。このように，両言語の擬声語には共通する側面があると言える。

3.2 「-ンと-ゼロとの対応で，弾力性の有無を表している」という点

中国語の擬声語は漢字で表記されるため，一見すると，「-ン」と「-ゼロ」の対応が存在しないように見える。しかし，その発音記号（ピンイン）を詳しく見ると，興味深い現象が明らかになる。例えば，以下のような対応がある。

単音節：pa-pang　　ta-tang

二音節：pipa-pingpang　　dida-dingdang

三音節：palala–panglanglang

四音節：pilipala–pinglingpanglang

これらの例から，中国語においては「–ng」と「–ゼロ」の体系的な対応が存在することが窺える。

窪薗ほか 2002 によれば，中国語と日本語の文字表記はそれぞれ音節単位とモーラ単位のタイプに属している。モーラ単位の文字表記は，音節単位の文字を部分的に分解した形態を取っており，「子音＋母音＋子音」という構造の 1 音節を CV と C に分けて表記する。この特徴を踏まえると，母音に付随する「–ng」は，分かち書きする日本語の「–ン」に相当するものと見なすことができる。したがって，中国語の擬声語においても「–ンと–ゼロの対応」がないわけではないことが分かる。また，香坂 1983 が述べたように「枝などが折れる音・折る音」を表す中国語の擬声語が，「嘎巴 gaba」だけであるとする見解については，更なる検討の余地があると言える。なぜなら「嘎巴 gaba」の他に，「咔巴 kaba」「嘎嘣 gabeng」「咔嘣 kabeng」なども「枝などが折れる音・折る音」を表すことができるからである（野口 1995）。

日本語の「ン」が「響きの良さや余韻」（泉 1976），また「共鳴」（Hamano 1998）を表すのと同様に，中国語の「–ng」も「響きのある音」（野口 1995）や「共鳴する音」（马庆株 1987）に広く用いられている。さらに，田守ほか 1999 は，英語の語尾に置かれる鼻音が「反響」や「共鳴」を表すと述べている。このように，日本語の「ン」と中国語の「–ng」にも共通性が存在し，この共通性は個別言語の枠を超えて普遍的なものである可能性が高いと考えられる。

4 表記

周知の通り，日本語の擬声語は表音文字であるカナで表記されるが，中国語の擬声語は非表音文字の漢字で表記される。このため，擬声語の表記プロセスにおいては，日本語と中国語とでは，異なる手順が必要で

ある。日本語では，自然界で発生する音を模倣して文字化する際，音声を直接カナに変換することができる。一方，中国語では，擬声語を文字化するまでに，音声フィルターだけでなく，漢字という形式に適合させるための追加のステップが必要である。具体的なプロセスを図示すれば，以下のようになる。

図1　日中擬声語の表記プロセス

以上のように，日本語と中国語の擬声語の表記プロセスに違いがあるため，以下に挙げるような現象が観察される。

Ⅰ．漢字で表記できない擬声語の存在

孟琮1983によると，例えばbia, pia, dia, tia, biang, piang, diang tiang, duang, tuang, kiuなど，漢字で表記が困難な擬声語が存在する。これらは文字で転記できる音声体系から逸脱したものであり，実際には頻繁に使用されるにも関わらず，その存在は，認知されにくく，統計調査から漏れることが多い。

Ⅱ．中国語擬声語の異体字の存在

日本語では，異なる書き方をすると，通常異なる擬声語を意味するが，中国語では，異なる書き方でも，同一の擬声語として認識される場合がある。例えば，《现代汉语词典》第6版では，"叮咚"に関して，以下のように記載がある。

【叮咚】dīngdōng 拟声 （中略）。也作丁冬，丁东。(「丁冬」「丁东」とも

表記する。)

　これにより，擬声語全体の使用頻度を把握することが難しくなり，一つの表記のみで使用頻度を調査すると，実際の頻度よりも随分低く見積もられる恐れがある。

　また，擬声語の多様な表記は辞書に十分に記載されていないこともある。例えば，孟琮1983が挙げている"踏啦""剛当"などの表記について，筆者の調査によると，それらを掲載している辞書は一つも存在しない状況である。

Ⅲ．漢字表記による表意性

　中国語では，擬声語専用の漢字が作られることがある。例えば，「啪」「咕」「嘣」など口偏をもつ漢字がそれである。しかし，このような擬声語の専用漢字は，広く一般化されているわけではない。実際，多くの場合，当て字を利用して擬声語を表現している。これに関して，野口1995は以下のように指摘している。

　あらわす漢字によって漢字の当て方を変える場合もある。例えば，"dida 嘀嗒・滴嗒"は「時計」の音などには混用されるが，「水のしたたる音」の場合は「滴嗒」しか用いない。"keng 吭"は「せきの音」，"keng 铿"は「金属打ち当たる音」にもっぱら用いられる。

　このように，日本語の擬声語は，カナ表記によって一貫した表音性を保持している。一方，中国語の擬声語は漢字表記による影響を受け，表記できない擬声語が存在するほか，異体字による表記の分散や表意性などの現象も観察される。これらが，中国語の擬声語が文献から採集しにくく，実際より少なく見える一因と考えられる。

5　形態

　玉村1979は，日本語と中国語の擬声語の形態について比較研究を行っ

ているが，その議論は完全ではない。特に，以下の二つの重要な点についての言及がない。

I　異なる形式の擬声語間の関係

中国語の擬声語は，主に単音節，二音節，三音節，四音節の4タイプに分類されるが，これらのタイプ間には構成上の相関関係が存在している。例えば，四音節の擬声語は，二つや四つに分割すると，それぞれ二音節擬声語や単音節擬声語になる。この関係を記号で表すと，次のようになる。

ABAB（轟隆轟隆）⟶ AB（轟隆）⟶ A（轟）

図2　異なる音節数の擬声語間の相関関係1

また，二音節語を基にして，重ね合わせることにより，三音節語や四音節語が生まれる。この関係を図示すると，以下の通りである。

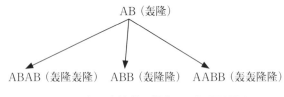

図3　異なる音節数の擬声語の相関関係2

しかし，このような異なる音節数の擬声語間の相関関係は，日本語には見られない。日本語の擬声語には，単音節語や二音節語，三音節語，四音節語が存在しているが，図2に示されるような，ABAB → AB → Aの構成上の関係はない。例えば，「ぱたぱた」が分割されて「ぱた」となると，そのままではほとんど使用されず，「ぱたっ」，「ぱたん」，「ぱたり」のように接尾辞が追加される必要がある。また，「ぱたぱた」をさらに分割した「ぱ」は，全く関係のないものとなる。

図3に示されるような異なる音節数の擬声語間の関係も日本語には存

在しない。日本語で，二音節語を基にして重ねられた ABB や AABB 形式は見られない。ABAB 形式は，「ぱたぱた」のような擬声語の重複構造に類似しているように見えるが，「ぱたっぱたっ」「ぱたんぱたん」といった形に派生する点では大きく異なる。

以上から，日本語と中国語の擬声語の形成には大きな形態的な相違があることが明らかになる。日本語では擬声語が基本形や重複構造に多様な接尾辞を加えることで，豊かな形態を構成しているが，中国語では，音節数の調整や豊富な重ね型を通じて，充実した擬声語体系を形成している。

Ⅱ　ABAB，AABB，ABB の意味機能

中国語の擬声語は音の延長・持続を表す際，ABAB 形式だけではなく，日本語には見られない ABB や AABB 形式も用いられることが前節で指摘された。

では，この三形式は，それぞれどのような特徴を持つのだろうか。

張恒悦 2016 によれば，ABAB，AABB，ABB は，それぞれ以下のような認知モデルに対応している。

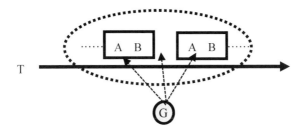

図4　離散的認知

（T：時間軸　G：話者　矢印付き点線：話者のスキャン軌跡
四角形：音声の単位　点線の楕円形：背景化した集合
以下同）

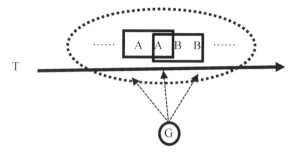

図5　交錯型離散的認知

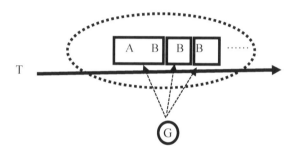

図6　始動型快速離散的認知

　ABAB は，図4の離散的認知モデルに対応し，音声単位 AB が時間軸に沿って順次にスキャンされることにより，リズミカルな音声イメージが生じる。例えば，「雷声轟隆轟隆，要下雨了（雷の音がゴロゴロと鳴り響き，雨が降りそうだ）」では，音声単位「轟隆」の間に隙間が生じている。

　対照的に，AABB は図5の交錯離散的認知モデルに対応し，音声単位 AB が順次ではなく，重ねて認知される。その結果，音声単位の交錯により，隙間が消失し，連続した混沌とした音のイメージが形成される。例えば，「雷声轟轟隆隆，要下雨了（雷の音がドンドン鳴り響き，雨が降りそうだ）では，連続的で騒々しい印象がある。

　ABB は図6の始動型快速離散的認知モデルに対応している。音声の

始動に焦点を当てることで，音声単位 AB を最初に完全にキャッチし，その後，語長の短縮により認知速度が速まり，音声単位の終わりの B だけがキャッチされる。このため，「轰隆隆」を用いた例（「雷声轰隆隆，要下雨了。」雷の音がドドーンと鳴り響き，雨が降りそうだ）では，雷音は突然鳴り響き，その後余韻が続くイメージがある。

　まとめると，AABB が語順の調整を通じて，ABB が語長の短縮を通じて，ABAB とは異なる認知の仕組みを獲得し，その結果，ABAB とは異なる音声効果が生み出されている。

　日本語の擬声語は，「‐ん」「‐っ」「‐り」など接尾辞を追加することで，多様な表現を実現する。具体的には，「‐ん」が共鳴を，「‐っ」が瞬時性やスピード感，急な終わり方を，「‐り」がゆったりとした感じや完了を表す（田守ほか 1999）。中国語の擬声語にはこれらの接尾辞は存在しないが，語順や語長の調整を通じて，変化に富んだ重ね型を形成することで，豊かな表現力を実現している。

6　文法

6.1　数量詞との共起

　(7) 门砰地一声关了（戸がバタンと閉まった）。　　　　　　　（野口 1995）

例(7)から，"一声"は日本語には訳出されないことが分かる。

　では，なぜ中国語の擬声語は数量詞"一声"を伴うのだろうか。

　野口 1995 によれば，単音節擬声語 A が"A 的一声"，二音節擬声語 AB が"AB 一声"として用いられることが多いのは，四音節の連語としてリズムを安定させるためである。しかし，この解釈だけでは"一声"の役割を完全に説明できるとは言い難い。以下の例を比較しよう。

　(8) *门砰砰一声关了。

　(9)　门砰砰两声关了。

　(8)(9)から明らかなように，"*砰砰一声"は"砰的一声"と同じく四音節を整えているにもかかわらず文法的に成立しないのに対し，"砰砰

両声"は成立する。これは，"一声"が単に四音節の数を揃えるためだけではなく，「両声」などの複数量と対立する単数量を表す機能を果たしていることを示している。

実際，日本語では数量詞を必要としないのに対して，中国語ではさまざまな表現において数量詞が必要であることが多い。例えば：

(10) 桌子上放着一盏小油灯。 (CCL)

（テーブルの上に小さなオイルランプが置いてある。）

(11) 我送了他一个小板凳。 (CCL)

（彼に小さなスツールを贈った。）

中川ほか 1997 によると，日本語では存在するものが単数の時，〈「一」＋量詞〉をわざわざつけないため，特に注意が必要である。一方，中国語では VS 型（現象文）には数量詞をつけるのが原則である。

樋口 2007 も似たような指摘をしている。中国語では一般的に単数時にも数量表現がなされるが，日本語では単数であることを取り立てて述べる必要のない限り，数量表現は用いられない。

以上の点から，日中擬声語における数量詞との共起の有無は，両言語の数量表現に関する統語的ルールの違いによるものと考えられる。

6.2 動詞用法

中国語の擬声語は，しばしば動詞としての用法を持ち合わせている。

(12) 把海带咕嘟烂了再吃。 (現)

（昆布をトロトロになるまで煮てから食べなさい。）

(13) 鸽子翅膀一扑棱，飞走了。 (現)

（ハトが羽ばたいて飛び去った。）

これに対して，日本語の擬声語は動詞として機能することがほとんどない（瀬戸口 1985）。

一方，田守ほか 1999 によると，日本語では，擬声語自体あるいはその一部が少数の動詞語尾と結びついて，動詞の役割を果たすことが多く見受けられる。例えば，

「〜する」タイプ動詞：がたがたする

派生動詞：ざわざわ　→　ざわめく

上記の「〜する」タイプ動詞は，中国語で「擬声語＋响」と表現することができるが，中国語の「响」は独立動詞として捉えられ，擬声語と一体化していない。また，「ざわめく」のような擬声語の一部から派生してきた動詞は中国語にはほとんどない。

中国語の語彙は日本語と異なり，語形は変わらないままに他品詞に転じる特性を持っている。この他品詞への転換は，主に以下の二種類に大別される。

A種：工作（名詞）➡ 工作（動詞）

B種：好（形容詞　第3声）➡ 好（動詞　第4声）

A種では，語形と発音がともに変化がなく他品詞に転用されるケースが一般的である。一方で，B種では，語形は変わらないものの，声調の変更が行われることがある。擬声語が動詞への転用は，基本的にB種のように声調の変化（二つ目の音節は，第1声から軽声へ変わる）が伴う。例えば，

擬声語：扑棱 pūlēng　➡ 動詞：扑棱 pūleng

これを考えると，擬声語の動詞用法は，擬声語固有の現象ではなく，中国語語彙全体の特性の表れと見做すべきである。

7　おわりに

これまでの日本語と中国語の擬声語に関する対照研究では，日本語の擬声語は「繊細」で「分析的」「体系的」であるのに対して，中国語の擬声語は「粗い」「大まか」とされることが多かった（玉村1979，香坂1983，野口1995，角岡2007）。また，両言語の擬声語の違いをもたらした原因を，「二つの民族性の違い」とする言及（香坂1983）もあった。本稿では，これらの見方に疑問を呈し，音声と意味の関係を分析した上で，

表記・形態・文法の観点からも検討を加え，中国語の擬声語においても「繊細さ」があり，「体系的」であることを明らかにした。それを踏まえて，両言語の擬声語の相違は言語体系の違いに起因していると主張した。

注
1) 原文では，「日本語では，ボとポの対応で軽さと重さのけじめをつける」と記されているが，これは誤植の可能性が大きいと考えられる。誤解を避けるために，筆者はそれを「日本語では，ボとポの対応で重さと軽さのけじめをつける」と修正した。
2) インフォーマント調査は 2024 年 4 月に行われた。対象者：A 女性，北京出身　B 男性，山東省出身　C 女性，河北省出身。

参考文献
泉邦寿 1976　擬声語・擬態語の特質，『日本語の語彙と表現』（日本語講座第 4 巻），大修館書店
角岡賢一 2007　『日本語オノマトペ語彙における形態的・音韻的体系性について』，くろしお出版
窪薗晴夫，本間猛 2002　『音節とモーラ』，研究社
香坂順一 1983　『中国語研究双書⑦中国語の単語の話―語彙の世界』，pp.249-275，光生館
瀬戸口律子 1985　中国語の“象声词”──日本語の擬声語との比較を中心に，『大東文化大学紀要』第 23 号，pp.341-357
玉村文郎 1979　日本語と中国語における音象徴語，『日本語と中国語の対照研究論文集（下）』，pp.145-157，くろしお出版
田守育啓，ローレンス　スコウラップ 1999　『オノマトペ──形態と意味──』，くろしお出版
張恒悦 2016　『現代中国語の重ね型』，白帝社
中川正之，李浚哲 1997　日中両国語における数量表現，『日本語と中国語の対照研究論文集』，pp.95-116，くろしお出版
野口宗親 1995　中国語擬声語概説，『中国語擬声語辞典』，pp.viii-xxvi，東方書店
樋口幸子 2007　数量詞の表現誤用に関する一考察──誤用調査および誤用防

止へむけた一提案，『中国語教育』第 5 号，pp.46-69

马庆株 1987　拟声词研究，《语言研究论丛》第 4 辑，pp.122-155，南京大学出版社

孟琮 1983　北京话的拟声词，《语法研究和探索（一）》，pp.120-156，北京大学出版社

Hamano, Shoko 1998. *The Sound-Symbolic System of Japanese*, Kurosio

例文出典

CCL：CCL 语料库 http://ccl.pku.edu.cn:8080/ccl_corpus

擬：野口宗親『中国語擬声語辞典』東方書店

现：中国社会科学院语言研究所词典编辑室《现代汉语词典》第 6 版商务印书馆

（Zhāng・Héngyuè　早稲田大学）

"一音一义"的语法

张　黎

"道生一，一生二，二生三，三生万物"
老子《道德经》

1　引言

1.1　关于单音节语

单音节语的提出，始于明末传教士来华。姚小平 2010"汉语的单音节性—西方早期汉语认知史上的一个命题"一文具体的介绍了西方传教士们的汉语单音节观。以下主要以该文为主，简要介绍如下：

⑴耶稣会士利玛窦（Matteo Ricci，1552-1610）及其门徒金尼阁（Nicholis Trigault，1577-1628）传述的中国闻见录里（Ricci1615）的观点为汉语单音节语的最初代表，他认为汉语的每一个音节都单独成词，每一个词又都由单独的字符来表记，所以有多少音节，就有多少字和词。可以说，西方关于汉语单音节性质的断言，滥觞于利玛窦和金尼阁的认识。

⑵继利玛窦和金尼阁之后，传教士曾德昭（Alvado Semedo，1585-1658）著有《大中国志》（1643），其中第一部的第六章专讲中国人的语言文字。他不但沿承了利玛窦的汉语单音节论，还进一步提供了统计数字：单音节总计 1228 个，不考虑声调和吐气的分别，则有 328 个音节。

⑶韦伯（John webb，1611-1672）在其流传很广的《历史地论证中华帝国的语言乃是人类初始语言的可能性》一书中精确地转述了曾德昭的说法："中国人的语言总共只有 320 多个词，（vocaboli，我想是指不带重音和不分吐气与否的词）；至于说出来的，属于 parole 即言语的词（其实

是同样的一些词，只不过是有吐气和重音的变化），则有 1228 个。由于每一个这样的词都有多种不同的意义和重音，如果不借助重音就会无法理解。"这里的重音指的是声调，而吐气不吐气指的应是平卷舌之别。此外，他还说："中国人也不知道有什么数、性、式、时态等语法形式的多种多样的变格变位，绝不为这类叫人不知所措的偶然现象所累。他们使用语言只依据一条规则，那就是大自然的法则"。汉语遵循自然的法则，这在今天来看，也是一个了不起的见解。

(4)卫匡国(Martino Martini, 1614-1661)著有《中国文法》(Grammatica Sinica)，这是耶稣教会的第一部汉语语法书。《中国文法》列有三百余字的字表。且每一个字都注有拉丁拼音，并按拼音的顺序排列。他说，这些词全都是单音节的，没有形态变化，数量不超过 318 个；配有五个声调，词的总数就达到 1179 个。其实，卫匡国所说的"词"，指的是音节，他所列出的字表或词表，就是音节表。

(5)万济国 (Francisco Varo,1627-1687) 著有《话语官话语法》(1682) (Arte de la Lengua Mandarina)。他这样介绍汉语的单音节性："汉语官话的语声和字母与欧洲语言截然相反。因为在欧洲语言里，词的数目是无限的，字母是有限的，而在汉语里，字母或字符很多，词项或词则有限，其数目不超过 364 个。"我们认为，这样的分析看到了汉语和欧洲语言在以字造词方面的不同。

(6)马若瑟 (Joseph-Henry Marie de Prémare, 1666-1735) 的代表作《中国语言志略》(1831)。他认为对汉字要从两个方面来认识：一是书写的字，一是言语的字。他意识到"字"是一个双重的概念：作为文字单位的"字"和作为语言单位的"字"，两者必须区别对待。

(7)马士曼 (Joshua Marshman,1768-1837) 著有《中国言法》(1814)，是当时西洋最大的汉语语法书。马士曼根据《康熙字典》所附的等韵图，统计处汉语共有音节 846 个。他认为这些单音节就是 hanyu 自远古而来的一直使用的词，同时也是汉语基本的语音构造单位。马士曼所归纳的音节数明显多于其前人所归纳的数目，其原因有二：一是等韵图列出的是理论上有可能出现的音节；二是等韵图描写的是贯通古今、兼采南北的综合

228

音。马士曼认为，汉语的单音节结构对声调的依赖程度高，正是由于音节有限，才需要以声调来补偿。

(8)马礼逊（Robert Morrison, 1782-1834）有《通用汉言之法》。在这本小书中，作者称汉语里所有的词都由单个的音节构成，而这些音节一律没有形态变化，在其他语言中通过变格变位表示的东西，在汉语里都用分离存在的单音节表达。

(9)阿德隆（Johann Christoph Adelung, 1732-1806）主编了《语言大全或普通语言学》(1806)，以《圣经》为样本，收集了 500 种语言，其中包括汉语的官话。关于汉语音节的构造，他杂糅了当时各家的说法，认为有"根音节"328 个，配上五个声调，边有 1625 个单音节。阿德隆的"根音节"的概念是值得重视的。同时他还认为，汉语之所以不分词类，一个词兼有名词、动词。形容词乃至小句功能，原因就在于单音节性。

通过以上的论述可以看出，习惯于多音节、且富有形态变化的语言的西方人，在接触了汉语之后，就会很快察觉到汉语单音节的特点。这些论述可以概括为：

(1)汉语是单音节语。虽然各家所归纳的数目不等，但都看到了汉语的单音节性，并归纳了汉语的基本音节。

(2)声韵调的一体性，把声调作为划分汉语音节的一个标准。

(3)和形态语言对照，一些人认为汉语这样的单音语是粗糙的、落后的语言。

显然，这些观点对后来的的洪堡特（Wilhelm von Humboldt, 1767-1835）构建语言类型学肯定是有影响的。而在当时欧洲语言学界流行的主流观点是：汉语是孤立语，孤立语是人类语言类型的初级阶段，因而是落后的。

1.2 汉学界的情况

在汉学界，瑞典汉学家高本汉第一个全面论证和纠正了"汉语是孤立语、而孤立语是落后的"语言观。他说："中国语正和印度欧州语演化的轨迹相同，综合语上的语尾渐渐亡失了，而直诉与听受者（或诵读者）纯

粹的论理分析力。现代的英语，在这方面，或者是印欧语系中最高等进化的语言；而中国语已经比他更为深进了"（1923:26-27）。

不过，虽然如此，大陆的汉语学界由于种种政治上的原因，在一个时期内，"孤立语"这一概念竟为禁语，无人问津。而在海外的汉语学界，也有人把汉语的语素大都由单音节表示现象称为是一个"神话"或"迷思"。不过赵元任 1968 说："so far as Classical Chinese and its writing system is concerned, the monosyllabic myth is one of the truest myths in Chinese mythology"（Chao1968a：103）。这里所谓单音节语，指的是文言文。而在《A Grammar of Spoken Chinese 》（Chao1968b），赵元任先生则进一步把单音节语的理念应用于汉语口语语法的研究中，并认为汉语是单音节语是一个真实的神话。而后，李方桂 1971，丁邦新 2002 也有相关论述。

近年来，国内学者开始对这一问题的展开了讨论。徐通锵 1991，1999 认为"一音一义"是汉语的本质特征，李如龙 2009 单音词自古至今都是汉语词汇的核心，也是汉语语法手段滋生的基点，体现了汉语的类型特征。而后，孙景涛 2005 则令人信服地在词法层面上论证了汉语"一音一义"性。而陈卫恒 2024 就主张用音节（syllable）数目来划分世界语言，选择以语言中最小的表意义单位－语素或词素（morpheme）与音节数目的对应关系将世界语言分成单音节语（monosyllabic languages），双音节语（disyllabic languages），三音节语（trisyllabic languages）和 X 音节语（X-syllabic languages）。他认为汉语是典型的单音节语言。

1.3　本文主旨

本文拟在前人研究的基础上进一步指出：汉语不仅是一种单音节语言，而且汉语存在"一音一义"原则。这种原则不仅存在于词法层面上，也存在于句法层面。"一音一义"是汉语句法实现的关键和初始基因，也是汉语语言类型学的最为基本的特征，汉语句法的诸多现象都源于此。

2 "一音一义"的本质

2.1 "一音一义"对"多音一义"

关于汉语的单音性，赵元任 1992 说："音节词的单音节性好像会妨碍表达的伸缩性，但实际上在某些方面倒是提供了更多的伸缩余地。我甚至猜想，媒介的这种可伸缩性已经影响到了中国人的思维方式。语言中有意义的单位的简练和整齐有助于把结构词和词组做成两个、三个、四个、五个乃至更多音节的方便好用的模式。"

赵元任先生所言极是。因为汉语是单音节性语言，一个音节对应于一个概念，一个意象。而且一个汉字就是一个音节。因此，一个汉字就标记着一个概念或一个意象。这种关系可概括为：$(1 \times 1) \times 1 = 1$。这个公式的意思是说，一音一义先构成一个有意义的音节性单位，然后再由后起的汉字来标记这种一音一义的语言单位，从而形成了汉语一音一义一字的音节性语言的特质。音节是汉语言语活动的基本单位。汉语声调的别义性就是汉语音节性的表征。因为声调是加在整个音节上的。声调就是字调。字调管控着整个音节，使声韵浑然为一体，呈现为一个有意义的、言语活动的基本单位的特征。

"一音一义"中的"一音"不是印欧语系中的音节概念，汉语中的"一音"是一个声韵调的结合体。一个声韵调所构成的音团对映与一个意义(意象)。而西方语言学中的音节概念是音素的结合体，而且一个音节不必与意义直接对映，而是多个音节对映于一个意义。即：汉语是一音一义，印欧语是多音一义。这是具有语言类型学价值的音义对映关系，是可以作为划分语言类型的音义对映的标准。

2.2 "一音一义"的含义

粗略地说，"一音一义"说的是以一个音节表达一个概念。但这里要注意的是：

⑴"一音一义"中的"一音"不等同于一个音节，是指一个声韵调三位一体的音团。音节是语音学中的一个基本概念。在形态学语言中，音节

不带声调，也不是一对一地直接同意义挂钩（当然不排除有单音节词）。在一般的情况下，是几个音节构成一个词的语音单位，从而带有了意义。而汉语是有声调语言，一般情况下，是一个声韵调整体对应于一个意义单位（义节），我们把这种声韵调一体化了的单位叫作音团。因此，如果说现代汉语有近 400 个基本音节的话，那么如果把声调加进去的话，那么理论上说，现代汉语就有近 1600 个音团（不包括轻声）。

(2)"一音一义"中的"一义"不是多义现象，也不是同音词现象，而是指在一个词在具体语境中被激活的一个义项。一般说来，一个音可以对应于多个同音词，比如 zhang。有"张"、"章"、"彰"等。而一个词可以有多个义项，如"彰"的义项 3 个：①明显；显著。②表彰；显扬。③姓。但在具体的的语境中，zhang 这个音团只能对应于上述 3 个义项中的一个，才能完成在具体语句中的交际功能。

(3)汉语中存在着"一音一义"的原则。孙景涛 2005 证实了词法中的"一音一义"。我们认为，在句法中也存在着"一音一义"的影响，可以说，汉语语法的一些基本问题，如单音节语、双音化问题、离合词问题、功能词、零句、流水句等都同"一音一义"相关。

3 单音节词

单音节语主要是以单音节词居多为主要特征的。关于原始汉语的面貌，我们现在无法真实再现。不过，高本汉在比较了现代汉语和上古汉语后说，"中国语言具有孤立性的特点是经过转变而来的（1945：100–101）"。他提出是汉字使汉语经历了从多音节、有形态到单音节、孤立语的类型转变的假说。周祖谟在《四声别义释例》一文中提出："藉四声变换以区别字义者，亦即中国语词滋乳方式之一端矣。……汉语古代书音以四声区别词性及词义，颇有印欧语言中构词上之形态变化"（1996：112–113）。潘悟云 2000：122-124 也认为上古汉语的"谐音反映了上古汉语的形态"，"有些异读反映古代的形态现象"。虽然这些论断推测了汉语从远古至上古可能发生了语言类型上的变化，但在先秦时期的汉语中单音节语是占优势的。

这一点在伍宗文的统计中表现的很明显。伍宗文的如下统计：

书名	总词数	单音词	复音词	复音词所占比例
《诗经》	3450	2476	974	28.2%
《论语》	1479	1150	329	22.2%
《孟子》	2240	1589	651	29%
《左传》	4177	2992	1185	28%
《吕氏春秋》	3992	2844	1148	28.7%

从上述统计可以看出，先秦时期的汉语词汇单音词占优势的说法是可信的。

另一方面，即使是在当代，汉语中的单音词仍是汉语词汇系统的核心和汉语语法系统的基点。单音节词在汉语中具有稳定、常用、能产、多义、多音的特性。李如龙2009对此有充分的阐述。比如：

⑴最常用的虚词基本上都是单音节的。比如：

结构助词：的、地、得，等；

时态助词：着、了、过，等；

语气助词：吗、吧、呢，等；

范围副词：又、还、也、再，等等。

⑵最常见的单音词不仅是词汇系统的核心，而且使用的频率很高，都是高频词。

据《现代汉语频率词典》(1986 北京语言学院出版社) 所示，1500 个高频词中，越是常用的词，单音节比例越大。

⑶单音词具有能产性，是双音复合词的构词材料。

《现代汉语频率词典》还显示，越是常用的单音节词，其构词的能力越强。

4 "一音一义"与双音化

4.1 双音化问题

汉代之后汉语的双音词得到了显著的发展，时至今日现代汉语中双音词占词汇整体的 70%以上。关于汉语双音化现象，历代学者都有不同解说：

荀子《正名篇》说："同则同之，异则异之。单足以喻则单，单不足以喻则兼；单与兼无所相避则共，虽共不为害矣"这是我们看到的汉语文献中最早的关于双音化的阐释。而后，胡以鲁《国语学草创》中写到："吾国语之初发展也，以单音或双声叠韵之二节为其范围，作意义之引申，为语言之分化，其差甚少，其辨甚微…"。这段话的意思是汉语曾经以单音字和双声叠韵词为主，但是由于"表现能力"的问题已经接近一种饱和的状态。在这种状态下同音字逐渐增多，无法更加明确地表达语义。此外，由于社会的变化，新事物的产生和外来语的增加，新词新语自然而然地涌出。汉语也就顺其自然地进入了"双音化"轨道来弥补单字在表达方面的不足。今人石毓智 2001 称双音化为"复合化（compounding）"，认为其具有语法化和词汇化的双重作用。而董秀芳 2011 则说"从以单音节为主过渡到以双音词为主，这是汉语内部的一个发展趋势（这一点已被高本汉、王力以来很多研究古汉语的学者注意到，并已成为汉语语言学界的共识。）"她对双音化做了历时的考察，称汉语的双音化主要来源于三类现象，即：从实词组成的短语降格而来；从语法性成分参与形成的句法结构中衍生而来；从本来不在一个句法层上跨层结构中脱胎出来。

从上述论述中，我们可以看到，双音化是汉语发展变化的必然趋势，但双音化的基础在于单音节语。这就是说，双音组合是在单音基础上产生的。这正应验了老子"一生二"的预言。

4.2 离合词问题

双音化对汉语语法产生着巨大的影响。双音化的本质是汉语一音一义，双音化是一音一义的自然伸展，是汉语沟通词法和句法的枢纽。双音化实质就是双义化，具体说就是两个义项间的组合（义项间的组合搭配）。双

234

义化是概念细化表达的必然。

正是由于汉语双音化的根源在于"一音一义"，所以在双音化过程中产生的汉语离合词的现象的根源也在"一音一义"。汉语中的所谓"离合词现象"，其实并不是汉语中所特有的现象，而是汉语双音词句法表征之一。任何双音词都可以有相应的离析形式，只不过是不同的类型的双音词会有不同的离析形式而已。汉语"离合词"概念的提出，是拼音文字中"词（wrod）"的拼写规则对汉语汉字书写规则的干涉，也是印欧系眼光的影响。如果从汉语的角度看，一音一义型的语言在双音化过程中，双音单位的离合是十分自然的句法现象。

必须强调地指出，汉语双音词其实都可以插入的句法活动，只是插入的成分和出现的频度以及插入后语义解释不同而已。即使是"坦克""沙发"这样的音译外来语也是可以有"插入"的句法行为的。比如：

孩子：妈妈，我要那个坦克。

妈妈：坦什么克? 你先把作业写完，然后再玩。

可以说，这个非疑问义的"什么"是一个万能的语用插入手段，各种类型的双音词都可以有这种插入的句法行为。因此，从这个角度看，离合词并不是一类特殊的词，而是所有双音词所具有的一种语法属性。

5 "一音一义"与功能词

汉语的词汇,首先可分为内容词（Content word）和功能词（function word），大体上相当于传统语言学中的实词和虚词。内容词主要指名词、动词、形容词等，双音节词占多数。而功能词主要指具有语法意义的词语，单音节词占多数。

汉语中的功能词大多是单音节的，且往往是一词多义、一身多职。这里我们以"了"为例说明：

张黎、张熙宁 2024 对汉语"了"提出了新"界变"说，认为汉语的"了"所表达的"界变"是语句语义函数式中的常量，"界变"同语句中的动作／性状、情状、情态、语态、时态等广义语义范畴相关，表达这

些不同层次、不同范围的广义语义单位的状态变化。这可图示为：

(述题（时态／语态／情态（情状（动作／性状）

<u>界　　变</u>

从理论上说，上述的不同层级、不同类别的语言单位与"了"同现时有不同的语义产出，我们也可以对这些组合有不同的语义解释。这就是说，界变是发生在语句的各层面上的。因此，"了"具有多重功能，可以表达不同层次、不同类别的状态（请注意，这里的"状态"是广义的状态，指语句中各层次的语义内涵）变化。

　　汉语中，不仅"了"如此，像"着"、"过"、"的"、"在"等词语，都具有一身多义，一身多职的功能。可以说，这是汉语语法"一音一义"、"一字一义"在语法上的具体体现。因此，研究"一音一义"体的功能词应是汉语语法研究的重要课题。

6　"一音一义"与句法结构

6.1　语块儿

　　语块儿是指不同构式的中的功能块儿。每个语块都是有 1+1 或 1+2／2+1 结构体组成的。比如：

　　a 小王从教室走出来了。

这是一个位移构式，其组块儿有四个"小王"（动作主）、"从教室"（位移源点）、"走出来"（位移样态）、"了"（时态特征）。这是最自然的语感切分单位、也是在语言认知上最自然的语块儿。

　　b 小王从教室走了出来。

而 b 句的组块是"小王"（动作主）、"从教室"（位移源点）、"走了"（位移样态）、"出来"（位移结果）。

　　a 和 b 是不同的构式。而传统语法把 a 和 b 做同样分析："小王"（主语）、"从教室"（介词结构做状语）、"走出来"（趋向补语）、"了"（不做

分析）。这样的分析看不出 a 和 b 句的不同，而语块儿分析则能很好地区别 a 和 b 构式的异同。又如：

　　c 小王把书放在桌子上了。

语块儿分析是"小王"（动作主）、"把书"（动作对象）、"放在"（动相）、"桌子上"（位移终点）、"了"（时态特征）。c 句有如下形式：

　　c1 小王把书放（在）桌子上了。

　　c2 小王把书放在了桌子上。

　　c3 王把书放到桌子上了。

语块儿是功能块儿，一个构式一般可以有 ±7 块儿，而每个语块都是有 1 的结构体构成的。

6.2　连动结构和"一音一义"体

　　汉语的连动式是汉语句法的基式和常态。从历史的角度看，连动构造久而有之，是古代汉语的常态句式。吴福祥 1999，石毓智、李讷 2001 的研究认为，汉语的动结式以及时态性成分都是从连动式演化而来的，都经历了一个从连动构造到动结构造，再到时态成分这样的语法化过程。从理论的完整性和一惯性角度看，我们不仅认同上述理论主张，而且进一步认为，汉语的连动式是以一音一义为基础的，在 1+1+1+n 的音符链上产生的。因为连动句自古有之，是汉语一音一义体的自然流程和必然结构。汉语初始字符串儿（S）V1（N1）V2（N2）…Vn（Nn），其实就是汉语一音一义体的自然排序，它既是汉语连动句式形成的基础，同时也是汉语使役句式，动结句式，时体成分形成的基础。汉语 1+1+n 这样内在原因，使我们可以在统一的理论框架内解释汉语连动式，使役式、动结式、时体成分等相关现象，而这也正是汉语意合的句法机制之所在。

6.3　零句和流水句

　　赵元任 1968 提出了"零句"说。他认为汉语"零句是根本"，"一个整句是由两个零句组成的"复杂句。他还认为，"大多数零句是由动词性词语或名词性词语。叹词是最地道的零句。"赵先生的零句说突破了传统

语法的句子观,为解释后来由吕叔湘提出的汉语"流水句"现象提供了理论基础。比如:

a. 整句 = 主语(零句1)+ 谓语(零句2)
b. 叹词句是典型的零句。
c. 让步、原因、条件、处所等从属小句也可是零句。

这样看来,两个零句合起来既可以是单句,也可以是复句,既可以是一个句子,也可以是两个句子。汉语的整句是可以由多个零句组成的。作为由多个零句组成的整句,或像叹词句之类的零句是可以有整句语调的。而这种由多个零句组成的整句正是后来吕叔湘先生所说的流水句。关于这一点,沈家煊2012在《"零句"和"流水句"——为赵元任先生诞辰120周年而作》中指出了零句和流水句间的关系,并认为汉语流水句具有并置性和指称性。

最小的零句就是一个"一音一义"的结构体,比如叹词句、独词句等,构成了一个零句。而由这样的多个零句就构成了流水句。张黎、张闻2024证明了流水句是汉语叙事性文体的常态,占汉语叙事文体的60%以上,这足以说明"一音一义"对汉语句式构成的影响。

6.4 句式及其系统

流水句这一概念是吕叔湘先生针对汉语句子的特点而提出的。这一概念的提出,反映了前辈学者对汉语语法体系的批判性思考,昭示了汉语学界摆脱印欧语语法影响的具体方向。汉语流水句是汉语叙事文体的常态,在汉语句子系统中理应占据重要的句法地位。这种句法地位可如图所示:

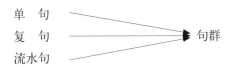

这就是说,汉语流水句连同单句和复句,共同构成了汉语句子的基本形态,而这三者又以不同的组合形式共同构造了汉语的句群。显然,如果这一格

局能够成立的话，那么汉语的"一音一义"就是一个贯穿于汉语语法（词法和句法）整体的原则和基本精神。

7 "一音一义"与汉字

7.1 汉字之于汉语

关于汉字之于汉语，中外前贤们多有论述。章太炎说"盖文字之赖以传者，全在于形。论其根本，实先有义，后有声，然后有形，缘吾人先有意思，后有语言，最后乃有笔画也（文字为语言代表，语言为意想之代表）。"《国学讲演录》。德国人洪堡特也说"汉字已成为汉语本身的内在组成部分"（洪堡特 2001：174）。而索绪尔则说"如果我们尝试从脑海里去除文字，抹掉字形，那么我们就会面临难以把握无序客体的风险，就像游泳学习者突然给拿走了救生衣"（索绪尔 1983：32）。韩礼德 2007 说"在汉语使用者的意识中，基本语言单位就是语素、音节和汉字的组合体，而这一概念体现在现代汉语中就是'字'"。

7.2 形、音、义的关系

汉语的形音义的关系可用如下公式表达：

$$((1 音 \to 1 义) \leftarrow 1 字)$$

此公式意为：一个音团指派一个意义，而后再由一个汉字对映和分化同音结构。比如：

单音：lǐ：里、锂、蠡、理、李、礼、鲤、李（23字）……

双音：zhōngdiǎn：中点、终点、钟点

可见，汉字的作用在于：一是对映"一音一义"的语言体；一是分化同音结构。

一个汉字就是一个音节。因此，一个汉字就标记着一个概念或一个意象。这种关系可概括为：$(1 \times 1) \times 1 = 1$。这个公式的意思是说，一音一义先构成一个有意义的音节性单位，然后再由后起的汉字来标记这种一音一义的语言单位，从而形成了汉语一音一义一字的音节性语言的特质。音节

是汉语言语活动的基本单位。汉语声调的别义性就是汉语音节性的表征。因为声调是加在整个音节上的。声调就是字调。字调管控着整个音节，使声韵浑然为一体，呈现为一个有意义的、言语活动的基本单位的特征。

汉字是标记音节的，罗马字是标记音素的。一般的说，一个汉字对应于一个音节，而一个罗马字对应于一个音素。英语那样的语言是音素性语言。音素是其言语活动的基本单位。汉语的音节性决定了汉语语法组合的基本形式是：音节（汉字）＋音节（汉字）。英语那样的音素性就决定了其语法组合的基本形式是：音素＋音素（音节内部的屈折变化）。"一音一义"同文字的关系是：$(1×1)×1=1$。这就是说，音义关系是初始性的，音义结合体同文字符号的关系是后起性的关系，但同时语言和文字符号要有一种相互对应性。在音义关系上，汉语型（孤立语）语言同形态型语言（屈折语合黏着语）是不同的。汉语型语言的音义关系是一对一的关系，而形态型语言的关系是一对多的关系。像汉语那样的语言是一个音对应一个义（不论是实义还是虚义），而像英语那样的屈折语或像日语那样的黏着语是多个音对应一个义。在这里，需要注意的是，我们所说的一个音，并不是语音学上的音节或音素概念，而是某种特定语言听觉上的一个自然语音单位。音节作为语音学上的一个概念，是由不同的音素构成的结构体，是可以做理论分析和概括的。但对汉语来说，一个音是一个整体，浑然一体不可分割。因此，以拉丁字母为书写符号的汉语拼音方案很容易给人以误解，似乎汉语的每个字音都是由音素构成的。其实，汉语有一个音就有一个义，这个音是有意义的音团。而在像英语那样的形态语言中，一个音并不一定有一个义，常常是多个音表一个义。这是表音语言同表义语言的根本不同。

7.3 语言和文字的对应

这里，有必要从语言和文字的相互对应性的角度进一步明确语言和文字的关系。自索绪尔结构主义语言学以来，文字一直被认为是后起性的，是语音符号的书写形式，因而是符号的符号。因为人类是先有语言而后有文字的。但是，在语言和文字的关系上，结构主义语言文字观过分强调了

语言和文字关系的任意性或契约性，而忽视了语言和文字间的理据性和对应性。我们认为，语言是诉诸于听觉的，文字是诉诸视觉的，对于一种语言来说，其语音形式和书写形式间应该有一种视觉和听觉的统一，这在某种意义上就是语言和文字间的理据性和对应性。汉语的一音一义结构对应于一个汉字，这就保证了汉语的语言和文字间的视觉和听觉的对应，这应该说是汉语的语言和文字间的一种理据。以拉丁文字文本的形态型语言，本质上是多音节的音素型语言，即每个音素都有自己的发音价值，由多个音素或多个音节对应某个意义。由于这种类型语言的一个音素一般对应于一个文字，然后再由多个音素对应某种意义，因此仅就语音和文字之间的对应性而言，其文字和语言间也是有对应性的。

日语在本质上是形态型（黏着语）语言，但其文字是混合型的音节性文字，每个假名都是一个音节。日语中的汉字有音读和训读之别，音读的大多来自古代汉语，保持着汉语的一音一义的特点，而训读的是日语自身的读音，往往是多音一义。音读的汉字语在日语中虽然仍存活至今，并还有造词的功能（如"就活"→"终活"），但汉字语的借用并不能影响日语作为形态型（黏着语）语言的存在。如果把汉语的一音一义一字的原则同日语中的汉字比较的话，就会更加明了汉语中的汉字的单音节性以及由此而生发出来的汉语语法的特征。日语中的汉字并非都是单音节的。日语的汉字有音读和训读。音读是从古代中国借用来的，有吴音、汉音和唐音等之别。这可以看作是一个音节性单位。而训读是日语的读音，这是一种音素性单位。音读和训读并存就使日语中的汉字呈现出一字多音的情形。比如，同样一个"生"字，汉语只有一个音，而日语有いき、しよう、なま、せい、うまれ等读音。而且在这些读音中，音读しよう（吴音）和せい（汉音）可视为一个音节，而训读的いき、なま、うまれ则为双音节或多音节的。从日语的语言结构整体上来看，其黏着语的特性就决定了汉字和假名在其语法结构中的不同作用。请看下例：

研究する（した　しない　したら　させる　させました）

可以看出，日语语法规则变化的手段主要是假名部分的音素性成分的形态变化，而汉字部分一般不参与语法规则的构成。从这种意义上说，作为黏

着语的日语，也可视为广义的形合型语言。

越南语也可作为一种类型，因为越南语是一音一义型语言，但其文字却在后来被人为性地采用了法语的文字书写系统，因此现代越南语的文字是一种音素型文字。音素型文字对应于一音一义型语言，其语言上的听觉和文字上的视觉的对应统一性是值得探讨的问题。

这样，在语言和文字的关系上我们至少可以概括出如下类型：

	语言	文字
汉语型	一音一义	音节型
英语型	多音一义	音素型
日语型	多音一义	音节型
越南语型	一音一义	音素型

通过不同类型的语言文字之关系可以看到，语言和文字之间是有某种理据性的，而这种理据性就表现为语言的听觉性和文字的视觉性的对应和整合。汉语的一音一义性对应于汉字的一字一体性，体现了汉语的听觉和视觉的统一。

8 "一音一义"与类型学

我们所说的意合语法是说汉语的语句组合不受形态限制，主要靠语义间的常识关系组合搭配。其实，形态这个东西是一个连锁，而且可以因语言不同而不同。语法范畴也是如此。更为重要的是，穷尽所有的语法范畴也并不能保证组合出一个完美的句子。更进一步说，语言不同，其语义组合规则也是不同的。汉语的本质在于：一音一义。正因为如此才有汉语的虚实传统，才有汉语的意合本质。

谈起语言类型学，人们一般就会想起以形态为对象，追求语言共性，源于西方形态语言的类型学。其做法是广集不同语言的形态数据，以此抽象和概括普遍语法规则。而我们认为，这种以西方形态语言为对象的类型

学的理念原点就与汉语的语言事实相左，是以西方形态语的标准来框定汉语，因此是不适合汉语实际的。而且即使是在西方，也有人看到了这一问题。德国语言学家洪堡特2001说："一切语言的语法都包括两个部分，一个部分是明示的，由标志或语法规则予以表达，另一部分是隐含的，要靠领悟而不是靠标志或规则。在汉语里，明示的语法要比隐含的语法所占的比重小得多"。而数理逻辑的创始人莱布尼茨则指出，汉语是一种组义语法。我们认为，汉语中的隐含语法，汉语的组义语法的特征，一语以蔽之，就是意合。由"一音一义"所产生的意合精神是汉语之为汉语的根本。

意合是和形合相对而言的概念，这应是语言类型学的一对儿初始概念。对形合和意合这一对概念，一般的理解是指形态的组合和语义的组合，形合和意合的对立只是形式和意义的对立。按照这种一般的理解，似乎人类语言都有形合的一面，也都有意合的一面。我们认为，这种观点要么是一种误解，要么是一种偏见。因为，从根本上说，意合和形合是人类语言组织方策的两大类型，应是语言类型学上的最初始的分类。屈折语，孤立语，黏着语，多式综合语的分类是形态语法的标准，是一种形态型的分类。在西方语言学以形态划分语言类型时，是以西方形态型语言为基准的。其实，像汉语这样的意合型语言是同形合型语言截然不同的语言，不可能也不应该把本属不同范畴的语言放在同一个连续统中。为此，我们认为形合和意合是语言类型学的对立的两极，其关系为：

形合型：屈折语　黏着语　多式综合语

意合型：孤立语

如果以形态作为语言类型的划分标准的话，屈折语，黏着语，多式综合语都是形态型语言。虽然这些形态有的是内部曲折型态，有的是语尾黏着形态，有的是两者的综合，但从集形态而成范畴，集范畴而成体系这一点看，这些语言的言语组织策略是一致的。即，通过形态的变化而组词成句。因此，屈折语，黏着语，多式综合语都是形态型语言，其语法也是组形型语法。而汉语是一种组义语法，其特征就是通过一音一义的结构体的由前向后线性递归组合的方式组词成句，传达信息，从而达到语言交际的目地。

参考文献

陈卫恒 2024　从信号学立场看自然语言基本单位的编码类型，《实验语音学》第 13 卷，第 1 号，pp.11-26

丁邦新 2002　上古汉语的构词问题，《语言学论丛》26，pp.1-11，商务印书馆

董秀芳 2011　《词汇化 --- 汉语双音词的衍生和发展》，商务印书馆

高本汉 1923　中国语与中国文，张世禄译，商务印书馆（1931）

高本汉 1926　中国语言学研究，贺昌群译，商务印书馆（1934）

高本汉 1945　中国语之性质及其历史，杜其容译，"中华丛书委员会"台北出版

韩礼德 2007　《语言与教育》，北京大学出版社

洪堡特 2001　《洪堡特语言哲学文集》，姚小平译，湖南教育出版社

胡以鲁 1923　《国语学草创》，商务印书馆

李方桂 1971　《上古音研究》（清华学报）新第 9 卷 1、2 期合刊

李如龙 2009　论汉语的单音词，《语文研究》第 2 期

李如龙 2015　高本汉论汉语汉字特征的启示，"汉语史观暨汉语史研究方法论学术研讨会—纪念高本汉《中国音韵学研究》开始发表 100 周年（复旦大学 2015 年 11 月）会议论文"。后收入《语言研究集刊》第 17 辑，上海辞书出版社，2017 年

吕叔湘 1979　《汉语语法分析问题》，商务印书馆

潘悟云 2000　《汉语历史音韵学》，上海教育出版社

石毓智、李讷 2001　《汉语语法语法化的历程：形态句法发展的动因和机制》，北京大学出版社

孙景涛 2005　论"一音一义"，《语言学论丛》31，pp.48-71，商务印书馆

索绪尔 1983　《普通语言学教程》，上海人民出版社

吴福祥 1999　试论现代汉语动结结构的来源，《汉语现状与历史的研究－首届汉语语言学国际讨论会文集》，pp.317-345，中国社会科学出版社

伍宗文 2001　《上古汉语复音词研究》，巴蜀书社

徐通锵 1991　语义句法刍议，《语言教学与研究》，北京语言学院出版社。修订稿见《徐通锵自选集》，pp.244-281，河南教育出版社

徐通锵 1991　语义句法刍议—语言的机构基础和语法研究的方法论初探，《语言教学与研究》第 3 期，pp.38-62

徐通锵 1999　"字"和汉语的语义句法，马庆株编《语法研究入门》，pp.170-190，商务印书馆

244

姚小平 2010　汉语的单音节性—西方早期汉语认知史上的一个命题，"第六届汉
　　学国际研讨会"（辅仁大学，2010.11.26-27）论文

章太炎 2015　《国学讲演录》，上海人民出版社

张黎、张闻 2024　汉语流水句的语义分析和句法定位，《世界汉语教学》第 3 期，
　　pp.309-322

张黎、张熙宁 2024　汉语"了"研究的理论思考，《当代语言学》第 1 期，
　　pp.139-158

赵元任 1992　汉语词的概念及其结构和节奏，《中国现代语言学的开拓和发展－
　　赵元任语言学论文选》袁毓林主编，pp.231-248，清华大学出版社

周祖谟 1966　《问学集》，中华书局

Chao, Y.-R. 1968a　*Language and symbolic systems*, Cambridge University Press

Chao, Y. R. 1968b　*A Grammar of Spoken Chinese*, University of California Press

（Zhāng・Lí　大阪産業大学）

吴语泾县方言"三不知"的语义及功能

章 天明

1 引言

安徽省宣州市泾县位于安徽南部（皖南地区），县城基本上说的是江淮官话，城郊乡镇地区基本上说的是吴语方言。在《中国语言地图集》[B1-14 吴语（上海 江苏 浙江 安徽 江西 福建）汪平，曹志耘] 中，认为泾县方言是属于吴语宣州片铜泾小片。泾县东乡、南乡与西南乡的吴方言也各有不同，颇具特色，素有"十里不同音"之说。例如：

⑴ 他坐不住，三不知（儿 de）就跑走了。

⑵ 他来得不多，三不知（儿 de）来一趟。

⑶ 老师说过的东西，要三不知（儿 de）看看哎。

⑷ 宝宝在屋里困觉，你莫三不知（儿 de）地冲了进去啊。

现代汉语词典（第7版）对"三不知"的解释是：原指对事情的开头、中间和结尾一无所知，后泛指什么都不知道。例如"一问三不知"。另外，多部近代汉语及方言词典对"三不知"的解释也不尽相同。概括起来大致有"忽然、突然、意料不到"；"悄悄地、暗暗地、偷偷地"；"冒然、冒失"；"稀里糊涂、不知不觉"；"经常、随时"，"时常、偶尔"等等。另外《汉语方言大词典》还提到"三不知"是表示"凭空起事"。

2 "三不知"的语义和句法特征

2.1 "三不知"的本义

除了《现代汉语词典》（第7版）以外，《汉语大词典》（第一卷）、《近

代汉语词典》(白维国)、《汉语方言大词典》(第一卷)、《宋元语言词典》的解释基本相近，都指对事情的开始、中间、结束全不知道，后指一无所知，事事无所知，什么都不知道。这个本义一直使用至今。例如：

(5) 文子曰："吾乃今知所以亡。君子之谋也，始衷终皆举之，而后入焉。今我三不知而入之，不亦难乎？"

（春秋／左传·哀公二十七年）

(6) 一个是拿定了主意，"不干己事不张口，一问摇头三不知。"

（红楼梦／第五五回）

(7) 你说都是酒醉闹座，你都不认识，一问三不知，神仙也没办法。

（济公全传／一六五回）

(8) 魏强问得急，大娘答得紧。魏强连着来了个三问，大娘回了个三不知，急得他直劲地抓脑瓜皮。　　（敌后武工队／冯志）

(9) 旧中国有个军阀，叫张宗昌，人称三不知将军，一不知道自己有多少兵，二不知道自己有多少枪，三不知道自己有多少小老婆。

（开国将军轶事／吴东峰）

表示本义的"三不知"的结构形式是"三（个）＋不知（道）"，在句子当中可以作状语、谓语、定语、宾语。此外，除了用得最多的熟语"一问三不知"外，"三不知"还常用于"一问＋V＋三不知"的格式中，例如：

(10) 去了派出所，大概是正在忙于拆迁，里面没有什么人，只有两个值班的中年人，一问也是摇头三不知。看来在这条街上，只能够问六十岁以上的老人，才可能有希望打听出来致美斋。

（寻访致美斋／肖复兴）

(11) 饭店值班经理和销售部经理对于记者的好奇和提问或守口如瓶，或一问假装三不知，或把回答问题的权利推给公关经理。

（华尔道夫饭店探秘／朱幸福；唐宇华）

还可以省略"问"，常用于"一＋V＋三不知"的格式中，例如：

(12) 这位大哥有时保护心过甚，遇到"儿童不宜"的场面，会突然点他穴道，让他一睡三不知，所以绝对有必要事先警告。

（情郎上错身／谢上薰）

⒀ 他只听见了一点风声，还不知道事情的轻重，跑来找我帮忙设法疏通一下，我点了他两句，这家伙居然还跟我耍过门，来个一推三不知，看来是只好由他去了。

（潇湘月／司马紫烟）

⒁ 我羡慕福海，早早的死了，一闭眼三不知；假若他活到我这个岁数，至好也不过和我一样，多一半还许不如我呢！

（我这一辈子／老舍）

2.2 "三不知"的引申义
2.2.1 表"突然、意料不到"义

《汉语大词典》（第一卷）、《汉语方言大词典》（第一卷）、《宋元语言词典》、两本《近代汉语词典》都提到了"三不知"有"突然、意外、意料不到、料不到"的意思。例如：

⒂ 那西门庆三不知正进门，两个撞了个满怀。

（金瓶梅词话／第十三回）

⒃ 谁知三不知没有影了。狄周遥遥地里寻，那里有他的影响。

（醒世姻缘传／第三八回）

⒄ 他两个初来时，都打了一个照面，三不知就不见了。

（歧路灯／第十八回）

⒅ 三不知我骑上那驴子，忽然的叫了一声，丢了个橛子，把我直跌了来。 （陈州粜米·第三折／无名氏）

《汉语方言大词典》中提到"三不知"表示"凭空起事"，属于江淮官话，主要使用于江苏南京和安徽芜湖。如王纶《新方言杂记》中就有"今芜湖、南京谓凭空起事曰三不知。""凭空起事"也就有"突然、意料不到"的意思。

2.2.2 表"偶然、时常、经常"义

《实用方言词典》中没有"三不知"，但是有"三不时"和"三不之"。"三不时"是吴语，表示"时常"义。"三不之"是北方方言，表示"偶然"义。例如：

⒆ 现在涨价和降价已是三不时的事情了。

248

⒇ 他三不时到这里来

(21) 他三不之来一趟，呆一会儿就又走了。

《汉语大词典》没有说"三不知"有"偶然、时常"义，但列有"三不时"，表示"犹言经常。"例如：

(22) "牵钻鬼不想自己原是个钝货，反倒妒忌他起来，千方百计的暗损他，三不时在娘面前添枝加叶装点他短处。　　（何典／第五回）

《汉语方言大词典》也没有提到"三不知"表"偶然、经常"义的用法。但认为西南官话武汉方言中的"三不之"是一个表"偶然"义的副词。例如：

(23) 他三不之来一趟。

(24) 三不之才碰到一回。

(25) 这是三不之的事。

除了"三不之"外，《汉语方言大词典》中表示"时常、经常、随时、常常、动不动、偶尔"义的副词还有"三不时、三不常、三勿常、三天两头、三不二时、三不三儿、三不五时、三不打失、三不两时、三不知儿"等等。《近代汉语词典》（白维国）中只提到"三不常"一个。例如：

(26) 叫他三不时过来坐下子。　　　　　　　（江淮官话，湖北鄂城）

(27) 辩个学生子交关好，三不时来老师旦请教。　　（吴语，上海松江）

(28) 俚说那价是那价，还要三不时去拍俚马屁末好。

（吴语，苏州。海上列花传／第六回）

(29) 千方百计的暗损他，三不时在娘面前添枝换叶装点他短处。

（吴语，苏州。何典／第五回）

(30) （刘打鬼）三不常向雌鬼要长要短，好便骂，不可便打。

（吴语，苏州。何典／第五回）

(31) 伊三勿常就要来捣蛋。　　　　　　　　　　　　（吴语，上海）

(32) 伊三天两头去看戏。　　　　　　　　　　　　　（吴语，上海）

(33) 金凤金锁就短不了三天两头的来问个字。

（浙江苍南金乡。我的两家房东／康濯）

(34) 老张三不三儿来一回。　　　　　　　　　（西南官话，四川奉节）

吴语泾县方言"三不知"的语义及功能　249

㉟ 他三不知儿来这么一两回。

(也作"三不支儿"。西南官话，湖南常德)

另外，《娄底方言词典》的"三不三"，也表示"偶尔"的意思。例如：

㊱ 三不三个做幾下个哩。

㊲ 三不三又到了隻辦公室来一下各哩。

2.2.3 表"暗暗地、偷偷地、悄悄地"义

两本《近代汉语词典》里都提到了"三不知"有"暗暗地"的意思。例如：

㊳ 一日间，掌灯以后，三不知讨了监钥，自己走下监去，一直先到女监中。　　　　　　　　　　　　　(醒世姻缘传／第十四回)

㊴ 谁知道你三不知的把陪房丫头也摸索上了，叫老婆说嘴霸占了丫头，什么脸出去见人！　　　　　　　　(红楼梦／第八十回)

2.3 其他引申义

白维国主编的《近代汉语词典》(第三卷)对"三不知"引申义解释得最多，一共概括了以下五种引申义：偶然；突然发生某种情况，没有思想准备；糊里糊涂，冒冒失失，不由自主；悄悄地，背地里；时不时，时常。例如：

㊵ 桂娘一定在里头，只作三不知闯将进去，见他时再做道理。(表"偶然"义)　　　　　　　　　　　　　(二刻拍案惊奇／卷三)

㊶ 三不知六事鬼走来，看见雌鬼绷开两只软腿，只管低着头看，心中疑惑，轻轻走到跟前一看，不觉失惊道："怎的活大嫂也生起这件东西来？"雌鬼吃了一惊，急忙束好裤子，说道："你几时到来？偷看我是何道理？"(表"突然"义)　　　　(何典／第四回)

㊷ 唐长老初不留心，三不知马往前跑，一时收煞不住，被马颠了几颠，闪了几闪，几乎跌将下来。(表"突然"义)

(后西游记／三八回)

㊸ 不想有了几杯酒，三不知走入大娘房里去。(表"糊里糊涂、冒冒失失、不由自主"义)　　　　　　　(金瓶梅词话／五三回)

⑷ 可怜张玉是燕王第一员爱将，三不知做了个替死鬼。（表"糊里糊
涂、冒冒失失、不由自主"义）　　　　　　　　　（女仙外史／一六回）

⑸ 怎的不说声，三不知就去了？（表"悄悄地、背地里"义）

（金瓶梅词话／七五回）

⑹ 除月间一吊工钱，还三不知儿的一百儿八十儿、三百五百的给我
添补点儿衣服。（表"时不时、时常"义）　　　（红楼复梦／二六回）

夏凤梅（2008）认为，词典对"三不知"引申义的义项内容概括不全、
概括的程度也不高。她提出了可以通过"语境解读"来理解各种引申义的
观点，虚化性的"三不知"的语境义都是其基本义的变体义。"三不知"
的基本义是"一点也未察觉的状况"。依据语境的不同，还可以理解为"突
然、忽然"；"不知怎么地、不知不觉地、糊里糊涂地"；"贸然地、冒冒失
失地"；"偷偷地、暗暗地、悄悄地"；"径直地、直接地"等意思。这个概
括与大部分词典解释的义项相近，但少了"偶尔"义，多了"径直、直接"
义。例如下面两个例句夏凤梅（2008）就认为是表"径直、直接"义的：

⑺ 月娘因问他："头里你爹打发和尚去了，也不进来换衣裳，三不知
就去了。端的在谁家吃酒哩？"　　　　　　　（金瓶梅词话／五十回）

⑻ 桑进良大着胆子三不知的溜了出去。　　　　（红楼复梦／五六回）

3　泾县方言中"三不知"的语义和句法特征

3.1　本义"什么都不知道"的用法

"三不知"作谓语、宾语、定语。表示"什么都不知道"。例如：

⑼ 莫问他，他一问三不知。（作谓语）

⑽ 问他也是三不知。（作谓语）

⑾ 问了半天，问了个三不知。（作宾语）

⑿ 问来问去问了个三不知的（人）。（作定语）

⒀ 搞了半天还是搞了个三不知。（作宾语）

状语位置的"三不知"在泾县方言中不是表示本义，而是表示各种引
申义了。另外，除了"问"、"搞"以外，其他动词如"推"、"睡"、"闭眼"、

"假装"、"摇头"等也都不能进入普通话的"一（问）+V+三不知"的格式。

3.2 表"突然、不知不觉"义

⑷ 我现在去屋里看书了，你莫三不知的跑进来啊。

⑸ 他三不知喊了一声，把人家都骇醒了。

⑹ 你三不知冒出这句话，我哪里搞得清呢。

⑺ 三不知天都亮了。

⑻ 三不知小把戏（"小孩儿"义）都上小学了。

⑼ 拿好了，莫三不知搞丢了啊。

⑽ 你看清爽了啊，莫三不知又搞错了啊。

⑾ A：你什么时候来我这里逛逛啊！

　　B：好啊，我说不定三不知什么时候就来了哦。

　　　　　　　　　　（表"不可预测"义。江淮官话／洪巢片方言）

"三不知"在例⑷和例⑸中是表示意料之外的"突然"义。在例⑹到例⑻中表示的是"不知不觉"义。"不知不觉"又能引申出"不明就里、糊里糊涂"义，比如例⑼和例⑽。"不知不觉"还可以引申出"不定、不可预测"义，比如例句⑾，表示不定的"说不定"和"什么时候"能共现，也说明这个句子中"三不知"表达的是一种"不可预测、有多种可能"的意思。

3.3 表"偶尔、有时、不时、时不时"义

"三不知"表"偶尔、有时、不时、时不时"频率义，位于动词前面，充当状语。例如：

⑿ 天气冷了不很出门，人家喊到了就三不知去搓几把（麻将）。

⒀ 又不要你天天来，三不知总要打个电话问问吧。

⒁ 家里搞得这么邋遢，再忙也要三不知扫一下子呀。

⒂ 高铁通了，我们三不知到黄山去逛逛啊。

⒃ 上个礼拜他三不知就往小丽家跑，莫不是看上她啦？

⑹ 姑娘三不知也回来，我只是三不知寄点东西把她（"给她"义）。

⑹ 父母亲年纪大了，身体又不太好，你要三不知去看看哎。

例⑹到例⑹中，"三不知"是表示低频的"偶尔"义的，例⑹中的"不很出门"、"就"、"几把"，例⑹中的"又不要天天"、"总要"、"问问"，例⑹中的"再忙也要"等，都是表示动作次数少，频率低的意思。另外，通过例⑹和例⑹的对比可以发现，句中表时段词语的有无在很大程度上影响着"三不知"的频度解读，例⑹一般作低频"偶尔"义理解，在一定的语境中也可以作"不时、经常"等中高频义理解。但例⑹中有"上个礼拜"这一时段的限制，"三不知"只能作高频的"经常、总是"义理解了。

例⑹中，前后有两个"三不知"，前一个"三不知"脱离了语境可以有多种理解，后一个"三不知"前有"只是"的限定，容易解读成低频的"偶尔"，所以把前一个"三不知"理解成高频，至少是中频才比较合适。

再来看例⑹，虽然句中没有表时段词语或范围限定等副词共现，但受"年纪大身体差"的语境义的制约，对"三不知"只能作高频的"常常、经常"义来解读了。我们比较下面的例句：

⑹ 父母亲年纪大身体又不太好，你呀可要三不知常去看看。

⑺ 父母亲年纪大身体又不太好，你呀总要三不知多去看看。

⑺ *父母亲年纪大身体又不太好，你呀只是三不知去看看。

⑺ *父母亲年纪大身体又不太好，你呀不过三不知去看看。

⑺ *父母亲年纪大身体又不太好，你呀三不知去看看就行了。

3.4 表"经常、总是、老是"义

在泾县方言中，表频率义的"三不知"大多数是表是低频的"偶尔"以及中频的"有时"和"时不时"。但有时候"三不知"也可以表达"经常"甚至是"总是／老是"的高频义了。例如：

⑺ 三不知（就）得个奖状，墙上都贴满了。

（比较：三不知（才）得个奖状，墙上哪天才能贴满？）

⑺ 你三不知就生气发火，我怎么哄啊！

吴语泾县方言"三不知"的语义及功能　253

⑺ 学校三不知收这个钱那个钱，两人的工资都不够交补课费了。

⑺ 这小孩三不知哭啊闹的，是不是害病了？

⑺ 楼下小夫妻三不知吵架，三不知吵架，合不来何必不离呢？

⑺ 他三不知跟人家打架（，……）。

当"三不知"中的"三"读重读长的情况下，上面的例句就能表示某种动作行为或状态频繁出现，多次反复，表示"经常、总是、老是"的意思了。例句⒁以外，其他例句说的都是不满、埋冤、不希望、不好的事情，这些例句除了表示高频多次的"经常、总是、老是"的语义外，更倾向于表达说话者主观程度的"不满、埋冤"等语气。

4　关于"三不知（儿de）"的"儿de"

泾县方言里单音节形容词的重叠形式是后加"儿de"，即构成"AA儿de"形式。如"好好儿de、慢慢儿de、高高儿de、扁扁儿的、厚厚儿de、甜甜儿de、怕怕儿de、窃窃儿de"。不管是单独作谓语还是用在名词前充当定语，重叠式的"儿de"一般都不能省略。比如下面的例句⒀到例句㊄：

⒀　碗没有破，好好儿de。

⒀　好好儿de 事情搞砸了。

⒀　*好好碗。

⒀　这个瓜怎么扁扁儿de？

⒀　这个扁扁儿de 瓜不好吃。

⒀　*扁扁瓜

⒀　莫急，你慢慢儿de 说。

⒀　莫急，你慢慢说。

⒀　莫作声，你们窃窃儿de 走（窃窃，"悄悄地"义。）。

⒀　莫作声，你们窃窃走。

但用在动词前作状语时，"儿de"可加可不加。如例⒀到例句㊉。例句⑴到例句⑷也是一样。另外，"三不知儿de"后动词可以省略，但不

加"儿 de"的"三不知"却是不能单说的。例如：

　　⑼　A：你天天喝酒呀？

　　　　B1：（不啊，）三不知儿 de ／三不知儿 de 喝。

　　　　*B2：（不啊，）三不知。

　　这说明加了"儿 de"后缀的"三不知儿 de"的自由度更高，也就是说语法化程度更高了。这和我们前面说到的"三不知儿 de"虚化程度变高后更倾向于表达主观态度应该也有关联。

参考文献

龙潜庵编著 1985 《宋元语言词典》，上海辞书出版社。

汉语大词典编辑委员会、汉语大词典编纂处 1986《汉语大词典》（第一卷），上
　　海辞书出版社。

高文达主编 1992 《近代汉语词典》，知识出版社。

李榮主編，顏清徽、劉麗華編纂 1994 《婁底方言词典》（現代漢語方言大詞典
　　分卷），江蘇教育出版社。

岳国钧主编 1998 《元明清文学方言俗语辞典》，贵州人民出版社。

许宝华、宫田一郎主编 1999 《汉语方言大词典》（第一卷），中华书局。

韩品夫主编 1999 《实用方言词典》，天津人民出版社。

白维国主编 2015 《近代汉语词典》，上海教育出版社。

王力等编 2016 《古汉语常用字字典》（第 5 版）重印本，商务印书馆。

中国社会科学院语言研究所、中国社会科学院民族学与人类学研究所、香港城市
　　大学语言资讯科学研究中心编 2012《中国语言地图集(少数民族语言卷)》(第
　　2 版)，商务印书馆。

何　蓉 2016　吉首方言副词研究，天津师范大学硕士学位论文。

刘吉力 2012　湖南华容方言时间副词研究，湖南师范大学硕士学位论文。

伍孟昭 2017　衡阳方言副词及其成句功能研究，湖南师范大学硕士论文。

夏凤梅 2008　虚化性"三不知"义项的概括，《江汉大学学报（人文科学版)》
　　第 4 期，pp.50-52。

王　健 2014 《苏皖区域方言语法比较研究》，商务印书馆。

杨荣祥 2007 《近代汉语副词研究》，商务印书馆。

张谊生 2000 《现代汉语副词研究》，学林出版社。

张谊生 2010 《现代汉语副词分析》，上海三联书店。

张振羽 2010 《三言》副词研究，湖南师范大学博士论文。

赵葵欣 2012 《武汉方言语法研究》，武汉大学出版社。

朱 蕾 2005 安徽泾县方言的"VV 的"重叠式，《中国语文》第 5 期，pp.254。

（Zhāng・Tiānmíng　小樽商科大学）

〈祈使〉"不 VP"の成立条件と形式特徴

中田　聡美

1　はじめに

"祈使句"［命令文］とは，どのようなものであろうか。通常"祈使句"は命令を発する側（以下，発信者）と，その命令を受ける側（以下，受信者）が存在する場面において成立し，発信者から受信者に対して，何かをするように，もしくはしないように働きかける表現[1]と言うことができるだろう。

現代中国語において，主語"我"の後ろに動作行為を表す VP を置いた"我 + VP"は，「VP する」という話し手"我"の意志を表すが，"我"を"你"に置き換えて"你 + VP"とすると，「VP しろ」つまり"你"に対する〈祈使[2]〉を表す。

⑴　我吃。［(私が) 食べる。]〈意志表明〉　　　　　　　　　　（作例）

⑵　你吃。［(あなたが) 食べて。]〈祈使〉　　　　　　　　　　（作例）

肯定文の場合，主語"我"を"你"に置き換えるだけで〈意志表明〉から〈祈使〉になるが，否定文の場合はどうだろうか。動作行為を表す VP の前に否定詞"不"を置いた"我 + 不 VP"は，「VP しない」という話し手"我"の意志を表すが，"我"を"你"に置き換えて"你 + 不 VP"とすると，通常「VP するな」という否定の〈祈使〉を表すのではなく，「あなたは VP しない」を意味する安定性を欠いた表現となる[3]。

⑶　我不吃。［(私は) 食べない。]〈意志表明〉　　　　　　　　（作例）

⑷　你不吃。［(あなたは) 食べない。]〈？〉　　　　　　　　　（作例）

否定の〈祈使〉として，VP しないように働きかけるには，"不要 / 別"，

"不能"，"不可以"などを用いて"(你) + 不 + modal + VP"の形式で表現するのが一般的である。その関係をまとめると，以下のようになる。

【表 1　主語人称と肯定 / 否定の関係】

	主語：第一人称"我"	主語：第二人称"你"
肯定	〈意志表明〉 我 + VP	〈祈使〉 (你) + VP
否定	〈意志表明〉 我 + 不 VP	〈祈使〉：無標 (你) + 不 + modal + VP 〈祈使?〉：有標 (你) + 不 VP

　肯定の場合は，主語を変えるだけで〈意志表明〉から〈祈使〉に変わるが，否定の場合は，主語を変えた上で，助動詞"要"，"能"，"可以"などモーダルな成分の力を借りて，ようやく否定の〈祈使〉となる。ただし，"我 + 不 VP"とパラディグマティックな関係にある"你 + 不 VP"が〈祈使〉の表現として存在しないというわけではない。"(你) + 不 + modal + VP"が無標の否定〈祈使〉であるとすれば，"(你) + 不 VP"は有標の否定〈祈使〉として存在しているとも言える[4]。

　そこで本研究は〈祈使〉としての"不 VP"を研究対象とし，"不 VP"の成立条件，"不 VP"の形式特徴，"不 VP"と言語景観の観点から考察を行う。最後に，日本語「VP ない」との比較を通じて，〈祈使〉"不 VP"を再考し，その特性を明らかにすることを試みる。

2　〈祈使〉"不 VP"に関する研究

　本稿の研究対象である〈祈使〉"不 VP"を扱った代表的な研究として，宛新政 2008，刘春卉 2016 が挙げられる。宛新政 2008 は"(N)不 V"祈使文が"柔劝"[優しくなだめる]機能を持つことを指摘し，このような機能を持つのは，エンパシー（empathy）によって，話し手が心理，感

情において聞き手と主観的に融合することによると説明する。また話し手と聞き手の関係性，N や V の特性，"(N)不 V"と"(N)別 V"の違いについても考察を行っている。刘春卉 2016 は"不 VP"で制止義を表すことで，言語形式上，外からの制止を自主的な停止に転換し，典型的な命令文の持つ意志，願望の押し付けを無くすことができると述べている。また"不 VP"は"咱"と頻繁に共起し，二重の間主観性を備えた"(咱)不 VP"を形成すると指摘する[5]。さらに"不 VP"に制止義が生じたのは，子供の言語習得と関係する可能性があると新たな観点を示している。

　これらの研究は詳細な議論を行っているものの，"咱"と"不 VP"が頻繁に共起することから，"咱不 VP"とその他の形式をあわせて論じており，エンパシーや主観的融合（宛新政 2008），間主観性（刘春卉 2016[6]）が"咱"によるものなのか，"不 VP"によるものなのか見え難くなっているように感じられる。そこで本稿第 3 章では，"咱"との共起は除いて議論を進める。また"不 VP"は口語のみならず，言語景観においても使用が見られる。文体が異なる以上，分けて論じるべきとの意見もあるかと思うが，本稿では言語景観における"不 VP"も考察の対象とする。

3 〈祈使〉"不 VP"の成立条件

　最初に"不 VP"が〈祈使〉の表現となり得るとはどういうことなのか，そのメカニズムを考えてみると，以下のように説明できるだろう。

　実施／不実施の決定権が受信者にある VP（動作行為）について，発信者が受信者に代わって VP の不実施（"不 VP"）を宣言することが，コンテクストの支えによって，発信者が受信者に VP しないよう働きかけることに繋がる。

　典型的な否定〈祈使〉"別 VP"との大きな違いは，"不 VP"はコンテクストの支えによって，否定〈祈使〉の表現として成立するという点

〈祈使〉"不 VP" の成立条件と形式特徴　259

である[7]。ここで言うコンテクストとは，発話の文脈はもちろんのこと，話者間の関係性も含む。そこでまず〈祈使〉"不 VP" の成立条件について考察を行う。上述のように，本章では"咱"と共起する"咱不 VP"は除いて議論を行う。

3.1　発信者と受信者の関係性

まずは成立条件の一つ目として，発信者と受信者の関係性に着目する。

(5) 谷天明：婶儿，婶儿，你干啥呀，你打栓干啥呢，这事跟他有啥关系啊。(泣いている栓に対して) <u>栓**不哭**啊，栓**不哭**</u>。[おばさん，何してるんですか。栓を殴ってどうなるっていうんです。このことは栓とは関係ないでしょう。<u>栓，泣かないで，泣かないで</u>。]

(テレビドラマ《初婚》，第 6 集)

(6) 谷门栓：嫂子，嫂子，你没事吧，嫂子。／任喜爱：<u>栓**不怕**啊</u>。／门栓：嫂子。／喜爱：嫂子没事，<u>栓**不怕**</u>(，啊[8])，嫂子在呢，家里出了啥事，都有嫂子在 (，啊)。[義姉さん，大丈夫ですか。義姉さん。／<u>栓，心配しないで</u>。／義姉さん。／私は大丈夫だから，<u>栓，心配しないで</u>。私がいるんだから。家に何か起きたって，私がついているわ。]

(テレビドラマ《初婚》，第 2 集)

(5)の下線部は大人（谷天明）から子供（栓），(6)の下線部は義理の姉から幼い弟に対する発話であり，ともに"不 VP"を用いている。刘春卉 2016:16 は制止義を表す"不 VP"が，大人が子供をなだめる際によく使われることを指摘しており，(5)(6)はまさにその指摘に当てはまる例である。また刘春卉 2016:16 は，制止義を表す"不 VP"が大人に用いられる際，多くは恋人，身内，親しい友人間に限られるとも指摘している。

(7) 樊胜美：(泣いている友人に対して) 行了行了，**不哭不哭**啊，**不哭**，早知道早好，这世上哪个好姑娘，不得碰见几个白渣男啊，没关系啊。[大丈夫よ，<u>泣かないで，泣かないで</u>。早く分かってよかったわ。世の中の良い女の子は，みな自みたいなろくでもないやつに出会って

しまうものよ。大丈夫よ。]　　　　（テレビドラマ《欢乐颂》, 第6集)

(8) 赵淑珍：（娘婿に対して）明杰，**不怕，不怕**，是妈，妈在这儿呢，
　　　不怕，这是咱们家嘛，这不是妈的床吗，**不怕**，来，躺下吧，**不怕**，
　　　不怕，……　[明杰，心配しないで，私（義母さん）よ，私だから，心
　　　配しないで，私達の家でしょ，私のベッドじゃない。心配しないで，
　　　さあ横になって，心配しないで，……]

　　　　　　　　　　　　　　　　　　（テレビドラマ《咱家那些事》, 第4集)

　(7)は女性（樊胜美）から友人（邱莹莹），(8)は義母（赵淑珍）から娘
婿（梁明杰）に対する発話である。発信者と受信者の関係性で言うと，
(7)は友人関係，(8)は家族関係にあると言える。"不VP"とくに"不哭"，
"不怕"のような発話は，親しい間柄で使用される形式であり，泣いて
いる相手に"不哭"，また怖がっている相手に"不怕"と語りかけるこ
とで，相手をなだめようとする。

　(5)–(8)より，〈祈使〉"不VP"の成立条件の一つとして，発信者と受
信者の関係性に一定の傾向があることが見てとれる。しかし本稿は，〈祈
使〉"不VP"を幼少の子供や親しい間柄にのみ使用が認められる表現
形式と見なすことには否定的な立場である。〈祈使〉"不VP"について
議論する際，"不哭"，"不怕"の例が取り上げられることが多い。確か
にこれらは代表的な例と言えるが，動詞"哭"，"怕"及びその形式が現
れるコンテクスト[9]が，"不VP"そのものを探る上での妨げになってい
るように思われるのだ。発信者と受信者の関係性は，〈祈使〉"不VP"
の成立条件の一つとして認められるものの，3.2では，"哭"，"怕"以外
の動詞を用いる場合についても考えてみたい。

3.2　発話文脈

　次に，成立条件の二つ目として，発話文脈に着目する。収集した例よ
り，"不VP"を"不用VP"と理解できる場合と，"咱们不VP"と理解
できる場合では，発話文脈が異なり，それぞれ特徴があることが明らか

になった。そこで，各発話文脈について考察を行う。

3.2.1 "不 VP"が"不用 VP"を表す場合

まずは(9)‐(11)の例を，発話文脈に注目して見てみたい。

(9) 谷天明：婶儿，歇着吧，我们弄。/（おばさんが働き始める）/ 陈
増強：（おばさんに対して）**你不动，你不动**，我来吧。［おばさん，
休んでいてください。僕たちがやりますから。/ 働かないでください，
僕がやります。］　　　　　　　　　　（テレビドラマ《初婚》，第7集）

(10) 贾桂仙：你坐吧，我给你弄点糖水喝。/ 上官乐：您坐，您坐，
不忙活，我就找您说说话。［座って，砂糖水を持ってくるから。/ 座っ
ていてください，(動き回らないでください) お構いなく。お話しに来
ただけですから。］　　　　　　　　　　（テレビドラマ《初婚》，第5集）

(11) 刁大順：我再弄点儿酒，把脚给你搓一下。/ 蔡素芬：我不搓了。
/ 大順：得搓呢。/ 大順：（しばらく擦ってから）行呢，叫吸收一下，
吸收一下再搓嘛。/ 素芬：还搓，**不搓了**。［もう少し酒をつけて，
足を擦るよ。/ もういいわよ。/ 擦らないと。/ 染み込ませよう。染み
込んだらまた擦るよ。/ まだ続けるの，もう擦らなくていいから。］

　　　　　　　　　　　　　　　　　　　（テレビドラマ《装台》，第1集）

(9)では，みんなが働いているところへおばさん（婶儿 / 贾桂仙）がやっ
て来て，一緒に働こうとすると，男性（陈増強）がおばさんに"你不动"
と言葉をかけている。(10)では，おばさん（贾桂仙）の家へ女性（上官乐）
がやって来たので，砂糖水を用意しようとすると，女性がおばさんに"不
忙活"と言葉をかけている。(11)は足を怪我している女性（蔡素芬）に
対して，男性（刁大順）がアルコールを足に塗り込んでいる場面である
が，ここでは「染み込んだらまた擦るよ」と言う男性に対して，女性は
"不搓了"と言葉をかけている。

(9)‐(11)の発話文脈には，ある共通点が見られる。それは「甲乙両者
間において，乙が良かれと思って，甲のためにとった，もしくはとろう
としている行動を，甲が止めようとする時に"不 VP"を使用している」
という点である。"不 VP"を使用する側を発信者，"不 VP"を受ける側

を受信者と言うならば，甲は発信者，乙は受信者にあたり，(9)‐(11)に
おいて甲の発する"不VP"は，意味上"不用VP"に相当するもので
ある[10]。

　《现代汉语词典》（第7版）では"不"の意味を"不用；不要（限用于
某些客套话）"［…する必要ない，…するな（一部の決まり文句に限る）］と説
明し，"不谢／不送／不客气"［(感謝する必要はない) どういたしまして／
見送りは必要ありません／遠慮しないで］の例を挙げている。

　　(12) 二爸二妈：慢走。／田福堂：**不送**。／二爸二妈：不送了。［お気
　　　　をつけて。／(見送ろうとする)／見送りはいらないよ。／わかりました。]

　　　　　　　　　　　　　　　　　（テレビドラマ《平凡的世界》，第5集）

　(12)の下線部は"不用VP"の意味であるが，すでに固定化された決ま
り文句の一つと言えるだろう。しかし(9)‐(11)の示すように，上述のよ
うな発話文脈では，"不谢，不送，不客气"以外の"不VP"が"不用
VP"の意味で用いられることがあるのだ[11]。

3.2.2 "不VP"が"咱们不VP"を表す場合

　引き続き(13)(14)の例を，発話文脈に注目して見てみたい。

　　(13) 朋友A：筱绡，那是你哥啊，他昨天也在这儿呢，昨天他说什么，
　　　　他爸又给了他一千万，最近有的是钱玩。／筱绡：他说什么？／
　　　　朋友A：真的，他那一桌都是我朋友，前两天我们还一起吃饭呢，
　　　　他自己在桌子上亲口说的，假不了。／朋友B：你还不知道呢。／
　　　　筱绡：我昨天还跟我爸在一起呢，也没听他说这事呢。／朋友A：
　　　　筱绡，你还守着你那小破公司呢。／朋友C：**不说了，不说了**，
　　　　喝酒。［筱绡，あの人お兄ちゃんかよ。昨日もここにいたんだ。昨日も
　　　　なんか，おやじが一千万くれたとかで，最近遊ぶ金が有り余っている
　　　　んだってよ。／何ですって。／本当だよ，彼のテーブルにいるのはみな
　　　　俺の友達だし，数日前一緒に飯も食ったんだ。その席で自分の口で言っ
　　　　たんだから，間違いないよ。／知らなかったのか。／昨日パパと一緒に
　　　　いたけど，聞いてないわ。／筱绡，まだあのちっちゃな会社やってるの
　　　　か。／(言わないことにしましょう) いいから，飲みましょう。]

〈祈使〉"不 VP"の成立条件と形式特徴　263

(テレビドラマ《欢乐颂 2》，第 12 集)

⒁ 骚怪：新婚快乐，新媳妇给喂个糖呗。／ 大家：就是，来一个。／
　　谷门坎：行，**不闹啊**，咱们说好了，吃完糖赶紧走。［新婚おめで
　　とう。花嫁さん，飴を食べさせてよ。／ そうだよ，さあ。／ わかった，
　　<u>騒がないで</u>。約束してくれ，飴を食べたら帰るって。］

(テレビドラマ《初婚》，第 1 集)

　⒀では，みんなが筱绡の兄について話している会話を遮る際に "不
说了" と発話している。⒁では，みんなが谷门坎の家へ "闹洞房"［結
婚初夜に新婚夫婦の家へ行き，騒ぎ立てる風習］でやって来て，騒ぎ立
てているのを遮って "不闹啊" と発話している。

　⒀⒁の発話文脈にも，ある共通点が見られる。それは「複数名（甲
乙丙…）で形成している動作行為を，甲が止めようとする時に "不 VP"
を使用している」という点である。"不 VP" を使用する側を発信者，"不
VP" を受ける側を受信者と言うならば，ここで甲は発信者，甲乙丙…
は受信者にあたり，⒀⒁において甲の発する "不 VP" は，意味上 "咱
们不 VP" に相当するものである。

　ここまでコンテクスト（発信者と受信者の関係性，発話文脈）が，〈祈
使〉"不 VP" の成立に影響することを見てきた。本章の最初にも述べ
たように，本稿では，"不 VP" 形式そのものが〈祈使〉の意味，機能
を持つのではなく，あくまでコンテクストの支えによって，発信者が受
信者に代わって VP の不実施（"不 VP"）を宣言することが，受信者に
VP しないよう働きかけることに繋がると考えている。

4 〈祈使〉"不 VP" の形式特徴

　第 3 章では，"不 VP" の外側（コンテクスト）に重点を置いて考察
を行ってきたが，第 4 章では，"不 VP" そのもの，つまり "不 VP" の
内側に注目し，"不 VP" の形式特徴について分析する。

4.1 〈祈使〉"不 VP"を支える形式手段

典型的な否定〈祈使〉のかたちをとらない"不 VP"を，否定〈祈使〉として使用するには，形式上の工夫が必要となってくる。そこでまずは"不 VP"を〈祈使〉たらしめる形式手段を二つ示す。

4.1.1 "不 VP 啊"の形成

ここまで見てきた実例を改めて観察すると，⑸⑹⑺⒁のように，"不 VP"の文末に"啊"が現れ，"不 VP 啊"を形成しているものが複数見られる。この"啊"は文末に添えられて軽声で読まれるものではなく，比較的重く，独立して読まれるものであり，"不 VP"と"啊"の間に短いポーズが入っても構わない。もし仮にこの"啊"を軽声で読むと〈祈使〉"不 VP"と見なされなくなってしまう。

　　（6a）栓不怕啊。［栓は恐れないのね。］〈感嘆〉

　　（6b）栓不怕（,）啊。［栓，心配しないで。］〈祈使〉

⑹を例にすると，（6a）のように"啊"を軽声で読むと，"栓"は主語と見なされ，「栓は恐れないのね」を意味する〈感嘆〉文として捉えられる。この場合の"啊"は語気助詞と言えるだろう。それに対して，（6b）のように"啊"を第一声に近い声調で読むと，"栓"は呼びかけの対象と見なされ，「栓，心配しないで」を意味する〈祈使〉文として捉えられる。この場合の"啊"は感嘆詞と見なすのが適切だろう[12]。"不 VP"に感嘆詞"啊"を付けることは，それが単なる平叙文ではなく〈祈使〉の表現であることを補助的に示す形式手段と言えるだろう。

4.1.2 "不 VP"の反復使用

二つ目の形式手段として，"不 VP"の反復使用が挙げられる。⑸⑺⑻⑼⒀では，"不 VP"を反復使用し，"不 VP，不 VP"を形成している。ここで一つだけ例を再度挙げておく。

　　（9'）你不动，你不动，我来吧。［働かないでください，僕がやります。］

言語形式の反復使用は，〈祈使〉"不 VP"に限って見られるものではなく，中国語で広く見られる現象ではあるものの，"不 VP，不 VP"を頻繁に形成している点にはやはり注目する必要があるだろう。まず，動

詞の重ね型は動作行為が時間量，動作量の面で「小さい」（短い，少ない）ことを表すように，ここで"不VP"を反復使用することは，〈祈使〉の度合いにおいて，その程度を低減させることに繋がっている。先行研究において，当該形式が聞き手に配慮した表現（宛新政2008，刘春卉2016），婉曲的な否定命令（侯瑞芬2015）と言われることとも関連するように思われる。これを別の角度から見ると，"不VP"を反復使用することで，それが平叙文や複文の一部である可能性[13]を無くし，〈祈使〉の表現であることへの理解を補助する形式手段となっているとも考えられる。

4.2　"不VP"の主語

　次に"不VP"の主語に焦点を当て，先行研究をふまえた上で分析を行う[14]。〈祈使〉"不VP"は，主語をとる場合ととらない場合がある。主語をとる場合，宛新政2008，刘春卉2016の指摘するように，〈祈使〉"不VP"は二人称単数"你"とは相容れないが，"咱"とは相性がよい。(8)(10)(13)の下線部の"不VP"はすべて"咱"を加えて，"咱不VP"とすることが可能である。

- (8')　　明杰，**咱不怕**。［明杰，心配しないで。］
- (10')　　您坐，**咱不忙活**。［座っていてください，（動き回らないでください）お構いなく。］
- (13')　　**咱不说了**，喝酒。［（言わないことにしましょう）いいから，飲みましょう。］

　(8')(10')(13')はすべて"咱不VP"を形成するが，(8')(10')の"咱"と(13')の"咱"では，指示対象が異なる。(8')(10')は受信者がVPしないよう言うのに対して，(13')は発信者，受信者を含むみながVPしないよう言っている。そのため(8')(10')の"咱"は二人称単数に，(13')の"咱"は一人称複数に相当する[15]。一般的に広く知られるように，"咱"は"我"と"你（们）"を含むインクルーシブな第一人称複数を表す場合のみならず，第一人称単数"我"，第二人称単数"你"を表す場合も

ある。“咱不 VP”によって，受信者に VP しないよう働きかける実例も
挙げておく。

  ⒂ 贾桂仙：天明啊，谢谢你了啊，药钱你先垫着吧，没钱还。／ 谷
   大明：姊儿，<u>咱不说这些</u>，好好养病，有啥事呢，让门墩去喊我。
   ［天明，ありがとうね。薬代は立て替えておいてもらえるかい，返すお
   金がないのよ。／ おばさん，<u>そんなこと言わないでください</u>，しっかり
   病気を治してくださいね。何かあれば，門墩を通じて僕を呼んでくだ
   さい。］
             （テレビドラマ《初婚》，第 2 集）

 主語に“咱”を置くことで，“不 VP”で受信者に VP しないように働
きかけやすくなる。それは“咱”というインクルーシブな形式を用いる
ことで，発信者と受信者が一つの領域を共有[16]し，実施／不実施の決定
権が受信者にある VP について，発信者が受信者に代わって VP の不実
施（“不 VP”）を宣言することが容易になるためであろう[17]。

5　〈祈使〉“不 VP”と言語景観

 ここまで口語における〈祈使〉“不 VP”を見てきたが，最後に少し
視点を変えて，言語景観における“不 VP”について分析を行う。

 ポスター，案内等を通じて，不特定多数の人々（受信者，ここでは読
み手）に対して，何かをしないように働きかける場合，“请勿 VP”，“禁
止 VP”のような表現が用いられることが広く知られている。その一方で，
“不 VP”を用いたポスター，案内も見受けられる。

  ⒃ **不餵食　不干擾　不拒絕　主動詢問**［餌をやらないこと　邪魔を
   しないこと　拒否しないこと　積極的に声かけすること］
        （台北捷運，盲導犬に関して，2023 年 3 月撮影）

  ⒄ **不交談**［会話しないこと］
       （台北捷運，車内での会話に関して，2023 年 3 月撮影）

 ⒃⒄はポスター，案内（発信者）が“不 VP”の形式を用いて，読み
手（受信者）に VP しないように呼びかけるものである。⒃には以下の

英語も付されている。

(16') Don't feed Don't interfere Don't refuse access Do ask to help

　中国語と英語の比較からも，⒃の"不 VP"が"Don't VP"つまり禁止を意味するものであると分かる。ではなぜ読み手（受信者）に VP しないように呼びかける禁止表現において，"请勿 VP"や"禁止 VP"ではなく"不 VP"を用いるのだろうか。

　"请勿 VP"や"禁止 VP"は，発信者と受信者の間に明確な対立関係が認められ，発信者から受信者に対する方向性，強制力を持った働きかけであると言えるだろう。"不 VP"も禁止の呼びかけである以上，当然ながらポスター，案内の作成側（発信者）と読み手（受信者）が存在するのだが，発信者から受信者に対する方向性，強制力を伴った働きかけとはならない[18]。

　"不 VP"が方向性，強制力を持った〈祈使〉表現でないことは，次の二点からも明らかである。まず一点目として"从你我做起"との共起が挙げられる[19]。

　　⒅ **不**随地吐痰　从你我做起［ところかまわず痰を吐かないこと　我々から始めましょう］　　（https://www.sohu.com/a/371115244_158958）

　"不 VP"による働きかけの表現は，"从你我做起"と共起し，VP しないように心がけるのは，読み手（受信者）だけではなく，"你我"つまりみんなであることを表している。この"你我"とはまさに"咱"と通ずるものである。上述のように，〈祈使〉"不 VP"は"咱"と相性がよく，"咱"を用いることで，発信者と受信者が一つの領域を共有し，発信者が受信者に代わって VP の不実施（"不 VP"）を宣言しやすい条件が整うのだ。この点より，"不 VP"が明確な方向性を持った〈祈使〉表現ではないことを見てとれる。

　二点目は，"不 VP"を用いた呼びかけが，法令やルールによって禁止されるものというよりも，あくまで個人の自主的な心がけで，VP しないほうが，世間や社会にとって望ましいというレベルの内容が多い点である。石崎 2024:114 が"不"による禁止を「お願いに近い禁止表現」

と指摘することとも重なる。⒃盲導犬の妨げになる行いをしない, ⒄
感染症の流行する中, 車内で会話しない, ⒅ところかまわず痰を吐か
ないなど, これらの表現は, 読み手のマナー, 心がけに働きかけようと
するのである。この点は, "不VP" が強制力を持った〈祈使〉表現で
はないことを示している。

6 おわりに

　最後に, 日本語「VPない」との比較を通じて, 中国語〈祈使〉"不
VP" を再考しまとめとする。日本語の「VPない」も, "不VP" 同様に,
受信者に対してVPしないように働きかける〈祈使〉の用法がある[20]。

　　⒆（親から幼い子供に対して）登らない。／触らない。　　　　（実例）

　このような「VPない」は, 親から子供のように, 通常目上の者から
下の者に対して発せられるものである。中国語"不哭", "不怕" が優し
くなだめるような〈祈使〉であったのとは対照的に, 日本語「VPない」
は比較的強めの口調で, 相手に注意喚起するものである。このような発
話の場合, 文末「ない」を強く読んでも不自然さはないように思われる。
　ここで日本語と中国語を比較してみると,「VPない」, "不VP" ともに,
VPの実施／不実施の決定権は受信者にある。日本語の場合, 受信者に
決定権があることを, 発信者側が「VPしない」（不実施）を決めつけ,「VP
ない」と言い切ることははばかられる。それは神尾1990［1996］の「情
報のなわ張り理論」で指摘されるように,「話し手が自己のなわ張り外
にある情報をあたかも自己のなわ張り内にあるかの様に発言すれば, 非
礼な文となり得る」（神尾1990［1996］:233）ことと関係するだろう。そ
のような発話は, 相手の領域を侵害することに繋がる。そのため, 親か
ら子供のように, 領域侵害が許される関係性においてのみ,「VPない」
の使用が認められることになるのだろう[21]。
　一方, 中国語の場合, 受信者に決定権があることを, 発信者側が"不
VP"（不実施）と判断し, 代わりに "不VP" と宣言することが, 日本

語のように強めの口調となることはない。それは私とあなた，発信者と
受信者が一つの領域"咱"の中に入り込み，自他の区別を曖昧にするこ
とが寄り添いの現れと理解されるからである。〈祈使〉"不VP"が"咱"
と相性がよいことからもこのことは証明できる。"不VP"は，発信者
から受信者に対する方向性，強制力を伴った〈祈使〉表現ではない。発
信者が受信者と共通の"咱"領域に入り込み，発信者が受信者に代わっ
て"不VP"（不実施）を宣言することが，コンテクストの支えによって，
受信者にVPしないよう働きかけることに繋がっているのである。

注

1) 古川 1992:34 は，話し手が聞き手に何を要求するかによって，要求表現は
   疑問と命令に二分されるとし，疑問文は回答要求表現，命令文は行動要求表
   現であると言及している。
2) "祈使"とは中国語学の用語であり，「命令」と訳されることが多いが，日
   本語の「命令」は強い働きかけを連想させやすいため，本稿ではあえて〈祈
   使〉を用いる。
3) "你不吃"は，文末に"吗"を加え諾否疑問文（你不吃吗？）を形成したり，
   複文（你不吃，我吃。）の節となるなど，他の支えがなければ，完結した発
   話とは言い難い。このような"你不吃"は「素表現」（大河内 1967:104）と
   言える。
4) 宛新政 2008:23 は，否定命令において，"(N)別V"が典型的（一般的）な
   形式であるのに対して，"(N)不V"は非典型的（特殊）な形式であると指
   摘する。
5) 宛新政 2008 は，間主観性の用語は用いていないが，"(N)不V"の使用は「直
   接もしくは間接的に聞き手のメンツとイメージに配慮する」（宛新政
   2008:26）と指摘しており，これは間主観性に通ずるものである。
6) 刘春卉 2016 において，"不VP"の間主観性について論じた第1章で取り
   上げられている例は"不哭"のみであり，説得力に欠けるように思われる。
7) 尾上 1979 は，日本語「そこにすわる」について，「『ソコニスワル』とい
   う事態の素材的な表示形が，言語場のあり方に支えられて，そのアモーダル
   な姿ゆえに，命令の内容として機能する」（尾上 1979:23）と指摘しており，

言語は異なるが，“不VP”が〈祈使〉として機能するメカニズムは，これに近い現象であると考える。

8) 基本的には字幕に基づいてスクリプトを作成しているが，本稿の考察と関わる箇所で，字幕に現れないが音声では確認できるものは，括弧に入れて表記した。

9) 相手の前で感情をあらわにする（“哭”，“怕”）のは，通常，幼い子供か，心を許せる親しい人を前にしたシチュエーションのみであろう。

10) (9)–(11)の“不VP”は“不用VP”として理解できるものの，逆に“不用VP”の使用をすべて“不VP”に置き換えられるわけではない。

11) 他にも類似の例として，以下のものが挙げられる。
A：我给你盛点儿饭吃吧。/B：不盛不盛。［ご飯をよそいましょう。/（よそう必要ありません）お構いなく。］　　　　　　　　　　（中国語母語話者作例）
“不VP”は反復使用する必要がある。この点については4.1.2で言及する。

12) 刘月华等2019:438は“叹词”［感嘆詞］の“啊”について，“好好睡觉，啊，小妹！”（嘱咐，平调）［よく寝るんだよ。（言い付け，平調）］と説明している。

13) 刘春卉2016:16は，前後の文脈がなければ，“你不VP”は通常陳述文にしかなり得ないと指摘している。

14) “不VP”の主語に関しては，とくに宛新政2008で“(N)不V”のNについて，詳細な分析が行われている。

15) 宛新政2008:20は，“(N)不V”の第一人称代詞の使用には二つあり，一つは話し手と聞き手を含む人称代詞の包括式，もう一つは複数形式で聞き手のみを指す，包括式人称代詞の単独指示であると指摘する。

16) 刘春卉2016:19は“咱”で聞き手を指す場合について，話し手が積極的に聞き手と同一の立場に身を置き，同一集団の共同立場を作り上げることを指摘している。

17) 第3章，第4章は筆者が収集した用例に基づいて分析を行ったが，〈祈使〉“不VP”の使用頻度は地域によって差があるように思われる。本稿では普通話の用例として許容されるものを選んで用いているが，例えば以下のような用例は，普通話の用例としては許容されにくい。
润叶妈：润叶，你这是闹甚呢你，赶快跟我回家去。/ 田润叶：妈，你不拦我。［润叶，何をしているの，さあ帰りましょう。/ お母さん，邪魔しないで。］

（テレビドラマ《平凡的世界》，第5集）

〈祈使〉"不 VP" と方言の関連性については，今後の課題としたい。

18）石崎 2024:71 は，禁止表現としての"不"について，「"不应"や"不得"よりもより控えめな表現として認知されている可能性」を指摘している。

19）"不 VP"と"从你我做起"の共起現象は，岡野優大氏の指摘による。

20）日本語記述文法研究会編 2003:81 によると，「『しない』は行ってはならない行為を聞き手に宣言して禁止するものである」と述べられている。

21）日本語記述文法研究会編 2003:81-82 は，「『しない』による禁止は，聞き手の行為をコントロールしているような表現になる」と指摘する。神尾 1990［1996］は「日本語の直接形の持つ情報の話し手による独占化」（神尾 1990［1996］:59）という特徴に言及し，丁寧さの観点からは直接形の使用は避けるべきであると指摘しており，両者の指摘は関連するものである。

参考文献

石崎博志 2024 『現代中国語の文語』，関西大学出版部

大河内康憲 1967 複句における分句の連接関係，大河内康憲 1997 『中国語の諸相』，白帝社，pp.86-106

尾上圭介 1979 「そこにすわる！」表現の構造と文法，『月刊言語』Vol.8 No.5，pp.20-24

神尾昭雄 1990［1996］『情報のなわ張り理論』（三版），大修館書店

日本語記述文法研究会編 2003 『現代日本語文法4 第8部 モダリティ』，くろしお出版

古川裕 1992 禁止表現をめぐって，『中国語』（387），pp.34-37

侯瑞芬 2015 复合词中"不"的多义性，《汉语学习》第6期，pp.19-27

刘春卉 2016 劝止义"（咱）不 VP"格式的交互主观性及其成因，《汉语学习》第4期，pp.15-26

刘月华、潘文娱、故韡 2019 《实用现代汉语语法》（第三版），商务印书馆

宛新政 2008 "（N）不 V"祈使句的柔动功能，《世界汉语教学》第3期，pp.16-27

中国社会科学院语言研究所词典编辑室编 2017 《现代汉语词典》（第7版），商务印书馆

例文出典

　本稿で引用した用例は，作例及び⒅を除いて，他はすべて筆者が実際に目にした／耳にしたものから収集した。テレビドラマの用例は，《初婚》，《欢乐颂》，《欢乐颂2》，《平凡的世界》，《咱家那些事》，《装台》より該当箇所を文字化し，使用した。言語景観の用例は，筆者が現地にて収集したものである。また用例の日本語訳はすべて筆者による。

＊本研究は，JSPS 科研費 JP21K12982 の助成を受けたものです。また本論文の執筆にあたり，ご指導，ご助言くださった古川裕先生及び古川先生ゼミに参加している皆様に，心より感謝いたします。

（なかた・さとみ　大阪大学）

认知理论下"统共""共计"和"总共"的异同分析

——为纪念古川裕教授退职而作

周　韧

1　引言：表示"数量总和"的"共计""统共"与"总共"

现代汉语中，"统共""共计"和"总共"都可以表达"数量总和"的意义。请看《现代汉语词典》（第6版）对这三个词的释义：

共计：合起来计算；

统共：一共；

总共：一共；

《现代汉语八百词（增订本）》（吕叔湘主编，1999）和《现代汉语虚词词典》（张斌主编，2001）都未对"共计"释义，对"统共"和"总共"的释义基本一样。[1)]如下所示：

统共：表示数量的总计；

总共：表示数量的总和；

请看相关例句：

⑴ 几项支出共计三千万。　　　　　　　　（《现代汉语词典》第6版）

⑵ 去年我们厂统共开发了八个新产品。　　　（《现代汉语虚词词典》）

⑶ 这家公司总共有一千多职工。　　　　　　（《现代汉语虚词词典》）

意义上的相近，使得这三个词在分布上具备互换的可能性。请看：

⑷ a. 几项支出共计三千万。

　　b. 几项支出统共三千万。

　　c. 几项支出总共三千万。

(5) a. 这家公司共计有一千多职工。

　　b. 这家公司统共有一千多职工。

　　c. 这家公司总共有一千多职工。

《现代汉语词典》(第6版)将"共计"处理为动词,将"统共"和"总共"处理为副词。词类的归属并不是本文讨论的重点,但从"共计"的主要分布特点看,它与其他两个词非常接近,这表现在:第一,三个词都不能受否定词"不"或"没"的修饰;第二,三个词后头都可直接带数量成分,如例(4)所示;第三,三个词后头都可直接带动词性成分,如例(5)所示;第四,三个词后头还都可以连接其他副词,例如"统共就……","共计就……"和"总共就……"等。从以上分布看:将"共计"归入副词也有一定道理。总而言之,三个词有着相同的分布基础。

但例(4)和例(5)这种可以相互替换的情形并不能说明全部事实。本文将通过语料考察和相关分析说明:尽管在基本语义上相近,但"统共""共计""总共"三个词在母语者心目中具有认知上的不同,在语义倾向上有不同侧重,由此形成了一定的分布差异。

本文的真实语料均来自北京大学CCL语料库。

2 "共计"的"言多"意味

我们先谈"共计"的语法意义。经过考察语料,我们发现,"共计"在表达"数量总和"义时,还带有"数量总和量多"的"言多"的意味。不妨先看以下这两个例子:

(6) 一位名叫木村茂三郎的日本人士从山梨县来到东京,找到中国国际广播电台驻东京记者站,为援助中国灾民捐献10万日元。他还带来了女儿平时积攒的10日元以下的硬币,共计14172日元,竟有7公斤重。　　　　　　　　　　　　　　(1991年《人民日报》)

(7) 据统计,近两年来,全国治理沙漠化土地和风沙化土地面积共计2500万亩,超额30%完成计划任务,创历史最高水平。

(1993年《人民日报》)

例(6)和例(7)用了"共计"修饰其后的数量成分，都表达了总数量多的意味。例(6)表达的意思有：一个小女孩积攒的捐款多。例(7)表达的意思有：治理沙漠化和风沙化的土地达到了很高的量。

下面，我们结合"共计"的两个分布特点作进一步说明：

第一，"共计"经常和"之多""超过"等词语连用，构成的词组有表达超量的意义。请看以下例句：

(8) 过去两年，英国汽车制造业努力吸引外资共计超过 60 亿英镑，目前有超过 40 家汽车制造企业落户英国，很多汽车制造厂都在满负荷生产。这也是英国汽车制造业繁荣发展的原因。

(2013 年《人民日报》)

(9) 当日交警总队还组织海口、三亚等 13 市、县交警网络直播现场执法，共计超过 100 万人次围观。　(2017 年《人民日报》)

(10) 自从 2006 年 WBO 进入中国之后，已经成功的举办了一些排名赛和洲际拳王以上的赛事共计上百场之多，在全国各地已经形成了非常巨大的影响力。　(CCL 网络语料)

(11) 据有关部门对某市的乡镇企业的负担进行调查，各种税赋和名目繁多的社会开支，再加上各种捐款和摊派，共计达 68 项之多，其中 2/3 是不合理负担。　(1997 年《人民日报》)

第二，"共计"经常和"达（到）""至少"等词语连用，构成的词组有表达足量的意义。请看以下例句：

(12) 今年成都七中、成都石室中学、成都树德中学三所高中共有 7 个校区参与招生，总计划招收外地学生 475 人。然而，今年参加外地生招生考试的考生共计达到了上万名。　(CCL 网络语料)

(13) 镇政府还出台了达标奖励政策，对一类达标村奖励 2 万元，二类奖励 1 万元，三类奖励 5000 元，近 3 年用于村居体育设施建设的奖励共计达到 90 万元。　(2006 年《人民日报》)

(14) 接着，好像发生了连锁反应，投降者不断，共计竟达 1700 人之多。

(CCL 网络语料)

(15) 1890 年，斑鹿在美国南达科他州所发生的冲突中被美国军队杀害，

共计至少有 150 名部落成员在此事件中死亡，此事件被称为伤溪河大屠杀。 　　　　　　　　　　　　　　　　　（CCL 网络语料）

以上的分布特点说明，"共计"在表示"数量总和"的基本义之外，还传达了"数量总和且量多"的"言多"意味。

3 "统共"的"言少"意味

我们再谈"统共"的语法意义。经过考察语料，我们发现，"统共"在表达"数量总和"义时，还带有"数量总和且量少"的"言少"意味。不妨先看以下两个例子：

⒃ 这家出版社每年出一百种书，汉德对照的七卷本《毛泽东选集》也是其中的一种。人员呢？从社长、编辑、会计到跑街的，统共十六人。 　　　　　　　　　　　　　　　　　（1985 年《人民日报》）

⒄ 大伙纳闷儿的是，农民的地怎么越来越少。这个村子耕地、滩涂、鱼塘面积统共七八千亩，以前人均八九分耕地，现在人均不到三分地。 　　　　　　　　　　　　　　　　　（2011 年《人民日报》）

例⒃和例⒄用"统共"修饰其后的数量成分，都表达了总数量少的意味。例⒃表达的意思有：这家出版社的要承担的工作很多，但少到十六人就完成了。例⒄表达的意思有：这个村子耕地很少，七八千亩是不够的。

下面，我们结合"统共"的两个分布特点作进一步说明：

第一，"统共"经常和"只有""才"等表示小量义的副词连用，构成的词组"统共 + 只有 / 才 + 数量结构"整体说明该数量结构为小量。请看以下例句：

⒅ 解放前，北京统共只有几十辆电车。这么点车，有的还破的破，散的散，根本无法运行。 　　　　　　　　　　　（1964 年《人民日报》）

⒆ 你想想看，我们的学习时期，统共只有三个月，盲肠炎就占了两个礼拜，我怎么能不急哩！要是学不会，可怎么回去呢？

　　　　　　　　　　　　　　　　　（1953 年《人民日报》）

⒇ 艰苦的环境，令一些意志薄弱者发怵。近些年分给这些企业的大学生，<u>统共才</u>十来个，却已有几个连户口都不要就溜了。

（1987 年《人民日报》）

⒇ 大楼刚开业时全店<u>统共才</u> 800 多号人，现在已经 4000 多人了。

（1994 年《市场报》）

第二，"统共"经常后接否定词，构成的词组"统共 + 否定词 + 数量结构"整体说明该数量结构不足量。请看以下例句：

⒇ 此时王公大臣排班就列的，<u>统共不过</u>数十人，当由张勋为首，俯伏山呼，恭行庆贺礼，阶下辫兵也跟着三呼万岁。（CCL 文学语料）

⒇ 为了节省车费，熊玉香在 20 年里，回湖北老家<u>统共不超过</u> 10 次。

（2015 年《人民日报》）

⒇ 三奶奶道："我哪儿知道？<u>统共没</u>听见他说过三句话。"

（CCL 文学语料）

⒇ 我向来不认为我是一个"学者"，真正以"学者"的姿态写的文章<u>统共没有</u>几篇。（CCL 网络语料）

以上的分布特点说明，"统共"在表示"数量总和"的基本义之外，还传达了"数量总和且量少"的"言少"意味。

4 从认知图式理解"统共"与"共计"的差异

"共计"和"统共"在第 2 小节和第 3 小节中表现出的分布特点，具有不可替换的对立性质。

一方面，表示"言多"意味的例⑻到例⒂的"共计"句，都不能替换成"统共"。请看：

⒇ ??过去两年，英国汽车制造业努力吸引外资<u>统共超过</u> 60 亿英镑。

⒇ ??<u>统共超过</u> 100 万人次围观。

⒇ *已经成功的举办了一些排名赛和洲际拳王以上的赛事<u>统共上百</u>场之多。

⒇ ??各种税赋和名目繁多的社会开支，再加上各种捐款和摊派，<u>统</u>

共达 68 项之多。

(30) ^{??} 今年参加外地生招生考试的考生统共达到了上万名。

(31) ^{??} 近 3 年用于村居体育设施建设的奖励共计达到 90 万元。

(32) ⁺ 投降者不断，统共竟达 1700 人之多。

(33) [?] 统共至少有 150 名部落成员在此事件中死亡。

在实际语料中，我们没有发现"统共"与"超过""之多""达到"共现的实例。²⁾

另一方面，表示"言少"意味的例(18)到例(25)的"统共"句，都难以替换成"共计"。请看：

(34) [?] 解放前，北京共计只有几十辆电车。

(35) [?] 你想想看，我们的学习时期，共计只有三个月。

(36) [?] 近些年分给这些企业的大学生，共计才十来个。

(37) [?] 大楼刚开业时全店共计才 800 多号人，现在已经 4000 多人了。

(38) 此时王公大臣排班就列的，共计不过数十人

(39) 熊玉香在 20 年里，回湖北老家共计不超过 10 次。

(40) [?] 三奶奶道："我哪儿知道？共计没听见他说过三句话。"

(41) [?] 真正以"学者"的姿态写的文章共计没有几篇。

在 CCL 语料库中，存在着"共计"与"不"搭配的例子，但没有"共计"与"没（有）"搭配的例子。此外，还存在极少量"共计"与"只有""才"共现使用的例子。请看：

(42) 柏杨在 1961 年开始出版报道文学类图书，但直至其逝世为止，他的报道文学著作共计只有四本。　　　　　（CCL 网络语料）

(43) 过去在我们那里吃水都是很困难的。水井很少。全管理区的十二个村共计才有十多眼井。水源还不足。　　　（1959 年《人民日报》）

尽管有例(38)和(39)的反例，但是如果从语料分布的数量比例来看，事实还是清楚的。先看下一页表 1：

先要说明的是，在 CCL 语料库中，"共计"的实例接近四万条，而"统共"的实例不到两千条。从表 1 可以看到，"共计"和"只有""才"的搭配，从比例上看，只能算极少量的反例，并且这些实例出现的年代较为久

表1 CCL 语料库"共计""统共"与"只有""才""超过""达"
搭配实例数量一览表

	～只有	～才	～超过	～达
共计(约四万条)	8 例	4 例	83 例	145 例
统共(约两千条)	34 例	17 例	0 例	0 例

远。可以预计,"共计"将逐渐只表"言多"意味。相对来讲,"统共"表"言少"的意味已经十分明确,表现在:"统共"已经不跟"超过""达"连用,且有着大量与"只有""才"连用的实例。

我们认为:"统共"有明确的"言少"意味,"共计"有强烈的"言多"倾向。所以在大体分布类同的基础上,具备一定的分布对立。

"统计"与"共计"的这种异同关系,正好可以引入认知语言学中的"背衬-凸显"(base-profile)理论来进行说明。认知语言学研究的经典观念就是:对于同样一个事件或事物,语言使用者由于所处的立场,所持的态度,以及社会经验、风俗背景、生理功能、情境等不同,会产生不同的心理理解,由心理反映到语言上,就造成一定的语义和分布差异。

经典的鲁宾图片正好说明"外部世界→认知心理"的这一过程:

图1 鲁宾图片:花瓶与人脸

对于同样的一幅画,观看者心理可能将其识别为一个花瓶,也可能将其识别为两张对视的人脸。语言学家注重"外部世界认知心理语言形式"这一过程,他们发现,自然语言存在着大量的语言形式,可能表现为某一

种句式或某一个词，它们本身类似一张鲁宾花瓶图片，在各种认知因素的配合下，可以表达相对或相近的意义。

古川裕 1997、2001、2002 将鲁宾图片中的"花瓶-人脸"关系称为"凹凸转换"。依据凹凸转换理论，古川先生对汉语中的大量词语和句式作了认知语义分析。请看以下歧义句：

(44) 为了我挨批，他们不知操了多少心。（目的 vs 原因）

(45) 李大爷叫我将了一军。（被动 vs 使动）

(46) 县里来了一个外科大夫。（起点 vs 终点）

上述三个句子都是歧义句，其歧义根源都是因为同一种语言形式体现出了不同的认知意义。例(44)说明"为"类词既可以标示其后成分为"目的"，也可以标示其后成分为"原因"。前者表示"他们对我不好，操心的目的是使我挨批"，后者表示"他们对我好，操心的原因是因为我挨批"。例(45)中的"叫"可以是"被动"标记，指的是"我将李大爷的军"，也可以是使动标记，指的是"李大爷要我将别人的军"。例(46)中的存在句，其中的主语"县里"既可以理解为"起点"，表示"外科大夫离开县里到了他处"，也可以表示"终点"，表示"外科大夫从他处来到县里"。

当然，认知语言学的"背衬-凸显"对语言的作用，还可以理解为：对于同样一个事件，语言使用者直接使用两种不同的语言形式来表达。这样，从形式语言学所注重的真值来看，两种语言形式是一致的，但从说话人所想要表达的主观性上，两种语言形式就大有不同了。

对于本文讨论的"统共"和"共计"的差异，正好可以用心理学中的"缪勒-莱尔错觉"（Müller-Lyer illusion）来说明。德国生理学家缪勒-莱尔 1889 年指出如下现象：两条原本等长的线条，因两端箭头的朝向不同而看起来长度不同。

在下一页图 2 中，上方箭头开口朝外的线条，比下方箭头开口朝内的线条看起来要长一些。受到图 2 的重要启发，我们可进一步分析如下：现代汉语中的"共计"，类似图 2 中上方的线条，看起来长一点，被用来"言多"；现代汉语中的"统共"，类似图 2 中下方的线条，看起来短一点，被用来"言少"。使用"共计"或"统共"，代表了说话人主观性的分工。说

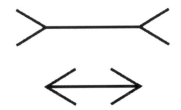

图 2　缪勒-莱尔错觉：看似不等长的等长线条

话人因为立场、经验和态度引起的主观性差异，就类似箭头开口的方向，是使用"共计"以"言多"或"统共"以"言少"的动因。

我们可以再看以下这一对例子加强理解：

(47) 网络故障，营业厅排队报修，统共二十人，居然要排 3 小时，速度这叫一个慢！美好的生命啊，就这么在无限的排队中浪费啊。

(CCL 网络语料)

(48) 到晚年，先生成为人人敬羡的小康翘楚。膝下子孙共计二十人。逢年遇节、生日喜庆，甚至先生兴之所至，一声令下，四世同堂，其乐融融。

(CCL 网络语料)

上述两个例子中的划线部分，数量总和都是"二十人"。但是，在不同的情景中，说话人的主观性是不一样的。例(47)用了"统共"，说话人觉得"人少"，由此突出了"(排队)人少"与"等待时间长"的矛盾。例(48)用了"共计"，说话人认为"人多"，体现了"(子孙)人多"与"先生晚年幸福"的和谐。

我们还可以增加以下两条证据：

第一，"统共"与"共计"后接"就+XP"使用时，就有明显的语义倾向，难以引起歧义。先看"就"的例子：

(49) 一来一去就五里地。

在例(49)中，"就"既可以表达"言多"意味的"距离远"，也可以表达"言少"意味的"距离近"。

不过，在实际语料中，如果是"统共"或"共计"后接"就+XP"，只能单纯地"言少"或"言多"。请看以下实例：

(50) 在宁夏，本地羊肉的消费能力就很强，盐池，统共就那么大点地方，出栏数有限，再加上利益驱使，大量的"旅游羊"就出现了。

(CCL 网络语料)

(51) 每月底薪加提成，统共就那么三千多元，还得上月的钱到下月底才有得发，再要论别的补贴或者福利啥的，更是连个影子也见不着。

(CCL 文学语料)

(52) 单是那被水冲成沙滩已经无法再种的一千二百亩土地，加上被冲走与沤坏的小麦，共计就损失了粮食八十五万多斤。

(1957 年《人民日报》)

(53) 我们的目的在于使德国人从俄国调走（包括那些现在已在西线的）不少于四十个师的兵力。必须注意，目前我们在利比亚正对抗着轴心国的十一个师，其中有三个是德国师；在挪威，对抗着相当于八个德国师的兵力；在法国和低地国家，对抗着二十五个德国师。这样，共计就有四十四个德国师了。 (CCL 翻译语料)

例(50)和例(51)的"统共 + 就 +XP"结构整体表示"地方不大"和"工资不高"的"言少"意味。而例(52)和例(53)的"共计 + 就 +XP"结构整体表示"损失很大"和"军队很多"的言多意味。

第二，"统共"后面可以接"一量"或"两量"等表示低量的数量结构。

(54) 你们两口子如今在外头只租一间楼面，统共雇了一个娘姨，煮饭烧水还忙不过来，哪有工夫替你料理些补品呢。 (CCL 文学语料)

(55) 第一次广告经历，倪虹洁是群众演员，统共露脸一次，收入 400 元，其中 200 元还是照顾她多给的。 (CCL 网络语料)

(56) 玉仙道："我们统共两个人，你们这个要沾一点香味，那个也要沾一点香味，那怎么办？" (CCL 文学语料)

(57) 你要问陈老爷的寓所，在这北门外头，一所道观住着呢。听说连家眷统共两间小房儿，艰窘的很。 (CCL 文学语料)

但是 CCL 语料库中，没有发现"共计"与"一量"或"两量"结构搭配的实例。

毫无疑问，"共计"和"统共"有着明确的分工。

5 "总共"既不"言多"也不"言少"

最后，我们再来讨论"总共"。从本文的角度看，既然讲清楚了"共计"和"统共"的用法，"总共"的意义也十分清楚了。方法很简单，只要我们利用那些测试"共计""统共"的词语来测试"总共"，就会发现，"总共"可以出现在所有的测试环境中，它既不言多，也不言少，是一个在数量表达上没有偏向的词语。

请看以下例句：

⑸ 今年，全厂节约的原料材料和其他开支，总共超过了一百万元。由于原材料消耗和行政管理费用降低，胶鞋成本也显著下降。

（1963 年《人民日报》）

⑸ 后来整条沟也长出了密密麻麻的幼树，据县林业局的测算，总共有 24 万株之多。　　　　　　　　　　　　　（1982 年《人民日报》）

⑹ 要把这些村的公路修通，1 公里需要 1 万元，总共至少需要 5 亿元，但我们的资金很缺乏。　　　　（新华社 2003 年 4 月新闻报道）

⑹ 温布尔登网球公开赛第二天到场观看比赛的观众人数总共达到41320 人，创造了温网 124 年历史单日到场人数的最高纪录。

（新华社 2001 年 6 月新闻报道）

⑹ 自一九二七年至一九四七年这二十年间，高等学校的工科毕业生总共只有三万一千人左右。　　　　　　（1953 年《人民日报》）

⑹ 截至 1982 年，全世界总共才生产出两克干扰素。因此，其价格非常昂贵。　　　　　　　　　　　　　（1984 年《人民日报》）

⑹ 他坦承，北京的注册医生有 32000 人，有资格的护士 34000 人，但真正熟悉呼吸疾病的医生和护士总共不到 3000 人，仅占医护人员总数的 4.3%。　　　　　（新华社 2003 年 5 月新闻报道）

⑹ 从团成立到现在，总共没有二十天，连演出证也没有；为使上座率高，就挂了"山东省枣庄市歌舞团"、"鲁南歌舞团"的牌子。

（1986 年《人民日报》）

其中，例⑸到例⑹是"总共"与"超过""之多""至少""达到"共

现的例子，说明其可以用于"言多"；例⑫到⑮是"总共"与"只有""才""不""没有"共现的例子，说明其可以用于"言少"。

同时，"总共"与"就"搭配，既能表达"言多"，也能表达"言少"。请看：

⑯ 原来租出的这一处柜台<u>总共就</u>雇了十四个托儿，每天他们用这种办法赚海了。　　　　　　　　　　　　　　　　　　　（CCL 文学语料）

⑰ 请 4 天年假，加上一个双休，<u>总共就</u>有 9 天假期！足够国外玩一圈回来了！　　　　　　　　　　　　　　　　　　　（CCL 网络语料）

⑱ 因为从记载来看，明朝以来，田黄<u>总共就</u>出了 1000 公斤，500 克以上的也就几十块，都是有数的。　　　　　　　　　（CCL 网络语料）

⑲ 铜陵从 2017 年就已在几个定点乡村改造了一些民房，搞起了民宿。但数量较少，一户两到三个床位，全市<u>总共就</u> 600 张。

（2019 年《人民日报》）

其中，例⑯和例⑰是表示数量超量或足量；例⑱和例⑲表示了不足量的意味。所以，"总共"是一个没有倾向性的客观表达，既不"言多"也不"言少"。如果非得像图 2 那样说明，那么，"总共"就是去除了标示开口方向"〉〈"或"〈 〉"的一根线条，没有主观性的倾向。如图 3 所示：

图 3　"总共"的"线条"意象

本文没有详细讨论"一共"，但本文对"总共"的结论同样适用于"一共"。限于篇幅，我们略过相关论证说明。

6　小结

本文依据认知语言学理论，对现代汉语中表"数量总和"义的"共计""统共"和"总共"的用法作了一定的辨析。结论为："统共"和"共计"

在表达"数量总和"义时,前者还带有"数量总和量少"的"言少"的意味。后者还带有"数量总和偏多"的"言多"意味。而"总共"是一个中性的副词,不带有"言少"或"言多"的语义倾向。

本文的研究再次说明了,虚词是汉语表达语法意义的重要手段。理解这一点要注意,汉语的虚词对句子的真值意义有一定贡献,但这一点并不构成汉语区别于印欧语语言的特点。因为在印欧语中,虚词同样会对句子的真值起作用。汉语的特点体现在:汉语虚词众多,真值意义相近的一类虚词,内部不同成员根据认知主观性的差异,在某个语法范畴上的语法意义往往分工不同。比如,我们可以将"共计"和"统共"理解为在量范畴上存在不同。如下图所示:

图4 "共计""统共""总共"的量范畴分工

注
1)《现代汉语八百词(增订本)》认为"统共"同"通共"。
2) 在CCL语料库中,我们只发现一例"统共"与"至少"共现的实例,如下所示:经陈绍洪一一解释步骤,记者算了算,统共至少需要13.5个工作日,申请人要往返跑7次,准备34份文件。(2013《人民日报》)
这一例确实有"言多"的意味,可以看成反例。但只有一例。

参考文献
古川裕 1997 谈现象句与双宾句的认知特点,《汉语学习》第1期,pp.20-23
古川裕 2001 外界事物的"显著性"与句中名词的"有标性"——"出现、存在、消失"与"有界、无界",《当代语言学》第4期,pp.264-274
古川裕 2002 〈起点〉指向和〈终点〉指向的不对称性及其认知解释,《世界汉语教学》第3期,pp.49-58
吕叔湘(主编)1999 《现代汉语八百词(增订本)》,商务印书馆

286

张斌（主编）2001 《现代汉语虚词词典》，商务印书馆

中国社会科学院语言研究所词典编辑室编，2012，《现代汉语词典》（第6版），
商务印书馆

例句出处

北京大学现代汉语语料库：http://ccl.pku.edu.cn:8080/ccl_corpus/index.jsp

（Zhōu・Rèn　北京大学）

中 国 語 教 育

从偏误看表示存在的"有字句"教学

郭　修静

1　前言

　　本文以"有字句"作为表达存在的事物——"某地／某时＋有＋名词"句式为焦点，讨论初级教材中"存在句"[1]的说明是否仍有不足之处，并提出在课堂教学中可操作的教学建议。

　　关于"存在句"的偏误分析和教学建议，并不是一个新鲜的研究主题，迄今已积累了许多有意义的研究成果。同时这也表示"存在句"是日本学生容易出错的一个难点。一般"存在句"的讨论多着重于"有"和"在"的区别，可以说是从句法学（Syntax）角度进行解释。"有"和"在"是学生们在入门阶段早早就必须掌握的学习要点，这个阶段聚焦在帮助学生建立一套有系统的句法规则也是很自然的。然而我们观察分析学生们在语言输出（output）时发生的"存在句"偏误状况，也发现"存在句"的偏误并不是仅仅靠句法上厘清"有"和"在"的区别就能解决的。"存在句"的偏误散见于不同阶段学生的文章中，而这些学生也并不是不认真的学习者，相反的他们多数是主动学习并乐于用中文表达的同学。

1.1　初级阶段"存在句"的偏误
　　⑴　*鹿儿岛有樱岛，我们在樱岛可以看美丽的风景。菜也很好吃。
　　　　　　　　　　　　　　（中文系一年级生，〈前期期末成果发表〉）
　　⑵　*我是从爱媛来的。爱媛有道后温泉。道后温泉是日本最古老的温泉。　　　　　　　（中文系一年级生，〈前期期末成果发表〉）
　　⑶　*我家在大阪，很多咖啡店在我家附近。

〈二外一年级生，〈年度期末成果发表〉〉

(4) *我家在兵库。我家不在学校附近。<u>我家附近有伊丹机场。</u>

〈二外一年级生，〈年度期末成果发表〉〉

偏误(1)、(2)宾语不应该是有定（definite）名词或专有名词；偏误(3)前文的脉络下应该使用"有"表达；偏误(4)文章脉络下应该使用"在"表达，而"有"的宾语不应该是专有名词。

1.2 中级阶段"存在句"的偏误

中文系二、三年级必须广泛阅读许多文章。作文习作一般也是在阅读范文并掌握了写作规则后，才要求同学进行写作。可以说同学们通过阅读文章吸收了相当程度符合"存在句"使用规则的用法。再加上写作前范文的学习，他们的作文中在该使用"有"和该使用"在"的地方几乎都能正确使用。从这样的作文习作中观察到的"存在句"偏误非常少。但正当我们觉得学生们的"存在句"应该没有什么问题而松一口气时，却在四年级的作文习作，或是自然语言输出中看到了"存在句"的偏误：

(5) *接下来我想介绍和尼崎市有关的著名人物。第一是江户时代的偶人剧作家的近松门佐卫门。<u>尼崎市的广济寺内有他的墓。</u>

〈中文系四年级生，〈我的家乡〉〉

(5)' ……。第一是江户时代人形净琉璃的剧作家近松门佐卫门，<u>他的坟墓就在尼崎的广济寺内。</u> （修改建议）[2]

偏误(5)在前后文脉络中，应使用"在"来表达。广济寺在文章中首次出现，应视为新信息。这一段关于人物的介绍有点单薄，只介绍了剧作家这个职业和近松门佐卫门这个名字，马上就拿坟墓结尾。读者无法从中体会人物的重要性和坟墓所在地的连结。文思跳跃或许也是偏误产生的原因之一。我们给同学的书写建议是：应该再稍加一两句话来描写人物，说明所介绍的是一位曾在净琉璃戏曲发展史上做出了重要贡献的人物，让读者对这个人物的关键性角色产生共鸣后，再以坟墓所在地结尾来体现人物与土地的连结关系，这样也更符合作文《我的家乡》主题。整理了思绪后或许对于文章的脉络就能更加清晰。

（6）*向洋附近有我上的初中，想家了。（中文系四年级生,〈微信朋友圈〉）

（6）'我的初中母校就在向洋车站附近，想家了。　　　　　　（修改建议）

偏误（6）这是该生在微信朋友圈贴了一段电车停靠在向洋车站的短视频，对这个视频所写的一句评论。视频最后出现了"向洋车站"，学生也很自然地把特定的处所——"向洋附近"放在句首。我们可以想象离乡背井求学几年后，在网上不经意地看到了曾经熟悉的车站，各种回忆涌上心头，思乡之情油然而生。这里若使用"有字句"应用列举形式，表达会更为完整。"我上的初中"正确的说法应为"我的初中母校"，如仅用简短一句进行陈述的话，经笔者对母语者进行的调查结果显示，几乎都使用将"我的初中母校"作为主语的"在字句"。认为这句用"在"来表达更为恰当。

1.3 "存在句"教学的反思

在检视产生偏误的同学的学习过程后，我们必须注意的是学生们在初学"有"和"在"语法点时，都是随着课文、语法要点、练习题、小考……等，这些课堂中经过设计并规划好的学习步骤和学习内容，按部就班的推进下，过程中并没有什么误用的情况。但平时不犯错的学生却在期末的文章写作中发生偏误，也就是说我们所观察到的"存在句"的偏误，往往是在未经教学设计的语言输出时发生的。着重于建立句法规则的课堂教学中，学生们几乎没有产生偏误，但却在一定脉络下的语言输出时发生偏误。究竟是学了"存在句"过了一段时间后,学生们就记不住句法规则了，还是教师给的"存在句"的说明和教学方法仍有瑕疵，不足以帮助学生建立语感？我们应反思教学内容和教学方法，希望能帮助学生们在自由表述时避免或减少偏误的产生。

2　存在句的教学

2.1　应该教什么？

木村（2011：90）归纳了关于"存在句"一般的理解为：

"语义特征：表示在特定的时间空间下存在的某事物。

结构特征：(i)处所词（句）或时间词（句）位于主语位置；

(ii)存在对象位于宾语位置。

(iii)宾语通常为无定（indefinite）名词。一般伴随（数）量词。不能是单个名词。"

刘月华等（1983：720-724）在"存在句的宾语"中说明："宾语表示的是一个新的信息，一般不能是单个名词，前面往往有数量词或其他定语。"

综合以上，我们可以说学习"存在句"，学生至少应该掌握以下知识：

一．主语位置的处所词或时间词必须是"旧信息"；宾语位置的事物必须是"新信息"。

二．主语位置的处所词或时间词必须是"有定"名词；宾语位置表示存在的事物必须是"无定"名词。

三．什么是"有定""无定"？中文的"有定""无定"名词该怎么表达。

四．"存在句"的功能是说明某个处所存在着什么人或什么事物。

信息的新旧是篇章的角度，需要一定的语境脉络。而"有定""无定"则是属于语言学中指称（reference）范畴的一个概念。可以说，脱离语境是很难习得表示存在的"有"。

2.1 应该怎么教?

刘月华等（1983：720-724）关于存在句的说明，及其他的有关存在句的研究和语法书，用"一般"和"往往"这样的不精确的定义。我们相信这样的不确定性也增加了存在句的学习难度。对此，木村（2011：94）提出了两点质疑：其一，为什么存在句中宾语位置所表示存在的名词"一般，前面往往是有（数）量词的无定名词? 其二，究竟在什么样的情况下宾语名词可以为"有定"名词? 而究竟在什么样的情况下宾语名词可以是单个名词?

可见，存在句并不是仅仅在形式上相对于"在"的用法，把「～（に）／には…がある／いる」等于「場所＋"有"＋人／モノ」这样的说明就能习得的语法点。在入门初级阶段弄不清楚"新旧信息"在言语中的功能，

以及"有定""无定"所指涉的概念，是不是也增加了偏误发生的可能性。此外，"新旧信息"在言语中的功能以及"有定""无定"指涉的概念，并不只限于出现在"存在句"，和其后陆续要学习的"了、是…的、把字句"……都有关系。我们在教学时不应该给学生大讲语法，是作为一名教师都了解的原则。然而应该在什么时候教？用什么方法教？才能让学生没有太多负担地了解抽象的语法的概念，这也是也是教师应该要能充分掌握的。

2.2 "有定"和"无定"；"旧信息"与"新信息"

"有定"是某个名词性词语所指称的是语境中的特定事物，是言语双方所共知的事物，指涉的是说话人和听话人都能够掌握并认知的事物。"无定"指的是某个名词性词语所指称的是语境中不能确定的事物，是听话人所未知的事物。

村松（1992：57-62）考察了"有"后方的名词（句）的特征，指出"有定—无定"与"信息的新—旧"以及"特指—泛指"密切相关。文章一部分通过话语分析（discourse analysis）考察了"有"的话语功能，认为表示存在的"有字句"一方面有引进"真实存在"的事物，与听话人共知这个"真实存在"的事物并进而对这个"真实存在的事物"展开谈话的功能。"有"后面的名词作为"新信息"，对听话人而言是"无定"，是说话人的意识内的"特指"对象。"有"后面的名词决定了接下来的谈话方向；另一方面当说话人感受到听话人对这"真实存在"的事物是未知的情况时，会采用"有字句"进行提示，这样"有"后方的名词未必会成为一个新的谈话方向的主题，而只会作为谈话的一个"提示部分"。因此一般针对"有"和动词"在"进行比较的分析方法，在话语功能上是没有什么帮助的。动词"在"只是用来表达言语双方对于共知的旧信息的所在地，这一点和"有"有本质上的差异。[3)]

综上所述，我们认为"有"和"在"只有句法形式上呈现互为对立，教学时更应该提醒的是表示存在的"有"在实际的语境脉络下所具有的功能。也主张从初级开始需要通过教学活动让同学们注意（noticing）为什么需要"说明某个处所存在着什么事物"？并了解该怎么"说明某个处所

存在着什么事物"?

2.3 "无定"的形式

根据『中国語学辞典』的说明，中文表达"有定"的名词，有"专有名词"、"代名词"以及"由指示代词修饰的名词词组"[4]。带数量词的名词组则为典型的"无定"。

中文句子主语位置上的名词一般来说是"有定"，不能是"无定"名词，要表达在真实的时间空间中具体的真实事物的"知觉性"的存在，这类存在句只能是"无定"[5]。

存在句中"无定名词"的最典型的表现方式是带有数量词的名词。

3 教材探讨

3.1 教材中的表述

"有定"或是"无定"名词在"存在句"中具有相当关键的意义。我们课堂使用的教科书中对"存在句"的说明，几乎都实践了"不应大讲语法"的原则，一部分教材完全不说明。一部分则转换用一般用语叙述，试举三例如下[6]：

A) ある場所に人やモノが存在することを表す。この文では主語に場所を表す名詞が，目的語には（不特定，あるいは未知の）人やモノがくる。」（氷野等『中国語でコミュニケーション』第3課 p.60）〔表示某处所中某人或某物的存在。这样的句子主语是表示处所的名词，宾语是（不特定、或未知的）人或物。〕

B) 存在動詞"有"……場所表現や時間表現を主語とし，人や事物の存在を述べてる。存在する人や事物を表す名詞は"有"のあと（目的語の位置）（話題の場や時間に「～がある；～がいる」という意味を表す。）」（小野等『現代汉语基础』改订版第5課 p.53）〔存在动词"有"：处所词或时间词为主语。用来叙述人或事物的存在。表示存在的人或事物的名词在"有"的后面（宾语位置）（为话题

的处所或时间中有什么的意思。)〕

C）（前略）中国語の“在”“有”は事物の所在を表すのか存在を表すのかによって使い分けられ，語順も逆転します。

所在：特定の事物について，それがどこにあるかその**所在地**を言う。

文型：「□（= the NP）は△にある／いる。」

　　　事物 specific NP +［在／不在］+ 場所 NP

存在：特定の場所について，そこになにがあるかその**存在物**を言う。

文型：主語が人間など意志的な場合は「**所有**」を表すことになる：

　　　「▲に■（= a NP）がある／いる」

　　　場所 NP +［有／没有］+ 事物 non-specific NP」

（古川『チャイニーズ・プライマー』第 15 課 p.104)

〔中文的“在”和“有”分别表示事物的**所在**和事物的**存在**，其语序也互为相反。

所在：对于特定的事物，说明其所处的地方是何处。

存在：对于特定的处所，说明那里有什么**存在物**。

句型：主语是人类等有意识者，表示的是“所有”〕

　　我们观察的教材，大多数是从句法上说明。在相对于“在”的句式后，使用“不特定”或“未知的”来表述“无定”如 A）例。B）例，是用状况说明来体现表示存在的动词“有”句子所要表达的意思。C）例，在句法上对照“在”的句式，并列出语法公式。使用粗体字标出关键词。用英语“specific”表示“有定”，“non-specific NP”表示“无定”。

3.2　语法体系导向教材的局限

　　教材如何解释各家有各家的特点。我们要注意的是，语法导向的教材有其局限性，表示存在的“有”在言谈中具有功能，是需要通过语境来体现的。如果只靠教材说明进行理解，什么是“特定—不特定”？又什么是“已知—未知”？通过这些词是否真能让学生们连结到“所指称的名词是语境中不能确定的事物，是听话人所未知的事物”？

　　通过课本解释，学生们理解的“トクテイ（特定）”是否为语言学中“指

称的有定"？ "フトクテイ（不特定）"是否为语言学中"指称的无定"？
我们认为需要教师在能力范围下，教学时应采取一些方法，进一步考察学
生对课文解释的认识内涵是否达成"确实理解"。

4 结语

本文 1.1 和 1.2 考察了不同阶段学生的"存在句"的偏误情况。初学
者（一年级）的偏误⑴-⑷，显示了这个阶段学生还不能好好掌握表示存
在的"有"后面名词的一些限制。張（2019）建议的"图形"和"背景"
的教学法提供了一个避免母语的负迁移，并掌握"句法结构"与"信息结
构"关系的具体操作方法。

在二三年级的作文中，极少出现偏误，我们推测原因可能是学生通过
了一定量的阅读，以及范文的参照模仿，慢慢地形成一种"总觉得大概是
这样"的规律。从另一个角度来看，循序渐进布置一些成段的照样造句和
模仿写作的课题，对培养学生建立语感能达成一些效果。除了句法概念规
则之外，可通过输入（input）有脉络的成段表达，在脉络中习得"存在句"。
如课文：

"西安是座古城，有很多名胜古迹，什么大雁塔、小雁塔啦、碑林啦、
华清池啦，你们应该去看看。还有，兵马俑也很值得一看。你们还可以到
四川去玩儿玩儿。"

（古川『チャイニーズ・プライマー』第 15 课）

教师可以在课后，布置一个让同学介绍自己家乡的作文课题，让同学
模仿写作。通过写作练习，同学们可以确认：如何引进话题、话题的展开、
名词列举的用法、标点符号顿号和逗号的区别，以及用副词"还"作为连
词组织成段落等用法。

前述 2.2 所示，表示存在的"有"在话语中具有"引进新话题"加以
展开谈话，和提供"提示"非常明确的功能。教材的编写上应可以对此稍
加着墨，凸显"有"的功能，达到在语境中学习以加深印象。

同时，值得思考的是：虽然我们不需要对学生大讲语法，但应考虑如

何让学生了解语法上、语用上、或是话语功能上的重要概念。注重建立结构规则的教材，偶有以补充说明（column）的形式进行说明，实际的课堂教学在有限的时间内是不是也容易被忽略了。

　　关于表示存在的"有"，从教材编写、教学法、教学活动等方方面面，仍有未竟完善之处，值得我们持续关注。

注
1) 本文参照木村 2011 对于广义的"存在句"所包括的描写性较高的形式："墙上挂着一幅画儿。"这种谓语动词"一般动词＋着"的句式，不在本文讨论范围。
2) 批改学生作文时，我们依循的是最大程度保留学生原句，做最小程度修改为原则，并再提供一点写作建议作为参考。
3) 以上参照松村 1992：60-66，由笔者归纳整理后翻译成中文。
4) 参照『中国語学辞典』pp.429-432"由指示代词修饰的名词词组"如"老李的儿子、她妹妹、这男孩子、那只猫等。
5) 本文 2.1 引述木村 2011 就各种文献中对"有字句"的不精确说明，提出的二点质疑进行论证。文章将"有字句"表示存在的样貌分为八个类型进行分析，进而归纳成"具象的知觉性的存在"和"知识性的陈述"两大类。"知觉性的存在"不论在任何谈话环境下，使用"有定"名词描述存在的对象是极为不自然的。也就是一般所谈的"存在句"。而"知识性的陈述"在特定的谈话环境下，可以描述"有定"事物的存在，也可以描述"不定"的事物的存在。
6) 波浪线为笔者加注。

参考文献
郭春貴 2001　『誤用から学ぶ中国語 基礎から応用まで』白帝社，pp.89-91
木村英樹 2011　"有"構文の諸相および「時空間存在文」の特性，『東京大学中国語中国文学研究室紀要』第 14 号，pp.89-117
村松恵子 1992　『現代中国語の談話分析—談話の展開とその表現形式』（博士論文），名古屋大学大学院文学研究科
張立波 2019　存在を表す「有」・「在」構文における日本人学習者の誤用分析及び教授法への示唆，『東北大学高度教養教育・学生支援機構紀要』5，pp.71-78

日本中国語学会　2022『中国語学辞典』岩波書店，pp.429-432

刘月华等 1983　《实用现代汉语语法》北京：外语教学与研究出版社

张轶欧 2015　日本大学生汉语学习语法实例偏误分析—以初级学习阶段为中心，
　　　『関西大学外国語教育フォーラム』14，pp.91-105

参考教材

小野秀樹等 2013　『現代汉语基础』（改订版）白帝社

氷野善寛等 2019　『中国語でコミュニケーション』朝日出版社

古川裕 2001　『チャイニーズ・プライマー』東方書店

（Guō・Xiūjìng　大阪大学）

日语母语者汉语情感谓词句习得偏误分析

黄 勇

1 引言

情感谓词句是指谓语中心词为情感词的主谓句，它的句型模式主要有 SV、SVO、SPOV 这三种类型。对学习者来说，在使用情感谓词时，应该使用哪种句式去表达是一个难点，如以"感动"一词为例，以日语为母语的学习者会产出如下偏误例：

(1) *我很感动他的主张。　　　　　　　　　(HSK 动态作文语料库)

(2) *这个事情我非常感动了。　　　　　　　　　　　　(同上)

在日语中也存在「感動する」这一情感谓词，它与汉语的"感动"在语义上十分接近，因此对于日本学生来说，理解词汇本身并非难事。然而当将其运用到句子中去时，却容易出现如例(1)、(2)这样的句式选用偏误。可将上述两条语料作如下修改：

(3) 我被他的主张感动了。

(4) 这个事情使我非常感动。

鉴于上述分析，本文拟以"汉语中介语语料库"和笔者实施的问卷调查所反映出来的中介语现象为根据，探讨日语母语者在习得汉语情感谓词句时所表现出来的特点，并针对学习者的偏误倾向提出教学建议。

2 汉语中的情感谓词句

关于汉语情感谓词句，以往研究一般将其视作心理动词句。如周有斌、邵敬敏 1993：36 认为"心理动词句"的句型模式有如下 4 种：

(a) 主（人）+ 很 + 心理动词 + 宾

(b) 主（人）+ 对 + O + 很 + 心理动词

(c) 主（人）+ 心理动词 + 宾

(d) 主（人）+ 比 + O + 更 + 心理动词 + 宾

此外，在上述分类的基础上，张京鱼 2001：114-115 将心理动词句的句式增加到如下 8 种：

(a) 兼语式

S（使役者）+ 使令动词（使、令、让、或叫）+ O（感受者）+ 心理动词

S（感受者）+ 心理状态动词 + O（有生客体）+ 动词

(b) 心理使役动词句

S（使役者）+ 心理使役动词 + O（感受者）

(c) 被动句

S（感受者）+ 被 + O（使役者）+ 心理使役动词

(d) 使役把字句

S（感受者）+ 把 + O（客体）+ 动词

S（使役者）+ 把 + O（感受者）+ 动词

(e) 感受者主语句

S（感受者）+（很）+ 心理状态动词 + O（客体）

(f) 感受者主语句的转换 1

S（感受者）+ 对 + O（客体）+ 很 + 心理状态动词

(g) 感受者主语句的转换 2

对 + O（客体），S（感受者）+ 感到 + 心理动词

(h) 感受者主语 + 心理动词

近年有将情感范畴从心理范畴独立出来研究的趋势。如木村英树 2017：154 认为有关汉语情感表达方面的句型模式大致可分为以下 3 种：

A 型：按 SVO 的语序排列，〈刺激体〉处在 O 位置上的句式

B 型：〈刺激体〉由介词引导的句式

C 型：〈刺激体〉无法进入句中的句式

与周有斌、邵敬敏 1993 和张京鱼 2001 相比，木村英树 2017 的结论更具一般性，但未考虑〈刺激体〉出现在 S 位置上的情况。请看下面例句：

⑸ 这件事深深地感动了我。　　　　　　　　（左玉辉《环境社会学》）

⑹ 你的关心真的让我很感动。　　　　　　　　（朱学恒《龙枪传奇》）

⑺ 她这副模样非常动人。　　　　　　　　　　（王丰蔚《茶花女》）

上述三个例句分别按 SVO、SPOV、SV 的语序排列，但〈刺激体〉都出现在了 S 位置上。可见从论元配位的角度来看，汉语情感谓词句应分为"情感主体主导型"和"刺激体主导型"两大类。前者指〈情感主体〉处在 S 位置上的情况；后者指〈刺激体〉处在 S 位置上的情况。两者的句型模式都包含 SVO、SPOV、SV 这三类形式。

相较于汉语，日语中有关情感谓词句的研究十分丰富，其中寺村秀夫 1982 最具代表性，认为日语情感谓词句的句型模式可分为 4 种：⑴情感主体 + ガ + 诱因 + ニ + 情感动词；⑵情感主体 + ガ + 对象 + ヲ + 情感动词；⑶情感主体 + ガ（偶尔为ニ）+ 对象 + ガ + 情感形容词；⑷评价对象 + ガ + 情感形容词。此外，作者还从表达功能的角度对各个句式进行了说明，其中针对句式⑶提出了「感情の直接表出」这一语气（mood）表达的术语。我们认为该语气功能在情感谓词句研究中至关重要，然而遗憾的是在汉语界尚未引起重视，在笔者检索范围内，仅发现张新华 2020 有所涉及，文章认为汉语中的情感形容词带强表述性，可构成一种感叹句。可见，寺村秀夫 1982 所提出的「感情の直接表出」接近于汉语的感叹语气。但汉语的感叹语气范围较广，本文将借鉴寺村秀夫 1982 的术语，并将其译为"情感抒发"语气。同时与之相对的语气本文称作"情感描写"语气。

综上所述，汉语情感谓词句从论元配位角度可分为"情感主体主导型"和"刺激体主导型"两大类，具体句型模式均可包括 SVO、SPOV、SV。而从语气角度又可将其分为"情感抒发句"和"情感描写句"。

3 日语母语者习得汉语情感谓词句的偏误类型

专门针对日语母语者习得汉语情感谓词句的相关研究较为少见，仅见于赵杨 2009、张恒悦 2023 等研究。赵杨 2009 研究了母语为日语的学习者对汉语心理动词的习得情况，特别是题元层级在中介语中的作用，其考察结论为学习者在习得心理动词过程中容易接受和生成不符合汉语语法规范的"经验者——动词——客体"（如"张三激动了那个消息"）句式。张恒悦 2023 针对日本学生容易产出的"心理动词 + 了"（如"爬上长城，我感动了"）这一类中介语现象，进行了偏误分析并提出了相应的教学建议。

上述两项研究仅聚焦于某个偏误类型，未对汉语情感谓词句的偏误类型进行系统的考察分析。因此，下面我们将根据中介语料库和问卷调查中所出现的中介语现象，对日语母语者习得汉语情感谓词句过程中所产出的偏误类型进行全面的考察。

3.1 基于中介语料库的考察

通过对"HSK 动态作文语料库"的调查发现，日语母语者的情感谓词句偏误类型主要有以下几种：

(a)句式选择不当。对于日本学习者来说，句式选择不当是一个突出问题，这也是本研究的一个出发点。除前文列举的例(1)、(2)以外，我们还可以举出如下偏误例：

(8)*当然家属也很难过杀病人或伤人。　　　　　　（HSK 动态作文语料库）

(9)*孩子的未来很担心。　　　　　　　　　　　　　　　　　（同上）

例句(8)将"难过"一词用在了 SVO 句式中，很显然这是不符合汉语语法规范的。若要修改成自然的汉语，有两种方案，一是使用"情感主体主导型"的 SPOV 句式，P 选用"为"，即"当然家属也很为杀病人或伤人难过"；二是使用"刺激体主导型"的 SPOV 句式，P 选用"让"，即"当然杀病人或伤人也让家属很难过"。那为什么日本学生会产出这样的偏误呢？我们认为来自母语干扰的可能性较大，汉语中的"难过"一词翻译为日语时，可翻译成形容词「悲しい」或动词「悲しむ」，而动词「悲しむ」

可进入寺村秀夫 1982 所提出的句式(ⅱ)中，即"情感主体 + ガ + 对象 + ヲ + 情感动词"，句式中的ヲ为日语宾格标记，因此学习者有可能将这一句式简单对应成了汉语的 SVO 句式。

例句(9)则是将"担心"一词错用在了"刺激体主导型"的 SV 句式中，这里应该使用"刺激体主导型"的 SPOV 句式，P 可选用使役标记"让"，O 可选用具有一般性的〈情感主体〉"人"，即原句可改为"孩子的未来很让人担心"。而日语中的「心配」一词可进入寺村秀夫 1982 所提出的句式(ⅲ)中，即「子どもの未来が心配です」，此句是完全符合日语规范的。若将此句直译成汉语，则会产出像例句(9)这样的偏误。可见例句(9)的偏误原因也是母语负迁移的可能性较大。

(b)"了"冗余。在情感谓词后加"了"是日语母语者习得情感谓词句的另一大特征。请看下面的偏误例：

(10)*我看到这个题目后，很失望了。　　　　　　　　　　　　　　(同上)

(11)*可我听这个消息特别高兴了。　　　　　　　　　　　　　　　(同上)

例句(10)和(11)在结构上都是"程度副词 + 情感谓词 + 了"，很显然在上述两例的语境中，句末的"了"是多余的。张恒悦 2023 针对这一现象做了详尽的分析，认为学习者将日语中表过去的助动词「た」对应成汉语的"了"是造成这一现象的主要原因。本文赞成这一观点，在此不再赘述。

(c)程度副词缺失。日语的情感谓词可以从形态上判断是情感动词还是情感形容词，而汉语的情感动词和情感形容词并不具有日语那样明显的形态区分。马志刚 2022：23 认为，"母语为其他语言的汉语学习者所产出的心理谓词偏误极有可能是因为无法辨识汉语心理形容词和心理动词的语类属性造成的"。尽管该研究仅调查了母语为英语和俄语的学习者，但该结论同样适用于母语为日语的学习者，请看下面的偏误例：

(12)*我吃惊，马上否定刚才说的话。　　　　　　　　　　　　　　(同上)

(13)*对嫌烟者的我来说，这件事让我高兴。　　　　　　　　　　　(同上)

无论是例句(12)还是例句(13)，都应在情感谓词前加上程度副词"很"，而日语母语者未加程度副词的原因有可能在于把"吃惊"和"高兴"视为动词（等同于日语的「驚く」和「喜ぶ」），因为在日语中「私は驚いて、

304

すぐにさっき話したことを否定した」と「嫌煙者の私にとって、このことは私を喜ばせた」これ两句是完全可以接受的。因此，日语母语者很有可能按照动词的语法规则去使用了"吃惊"和"高兴"这两个词，未能像对待形容词一样在其前面加上程度副词。

(d)程度副词选择不当。汉语的程度副词在主观性程度方面表现不一，如以"好"和"很"为例，李晋霞 2005：47 认为，程度副词"好"更强调"说话者对某种抽象属性的强肯定性的主观评价"，而"很"的语义内容"还具有一定的客观基础"。因此，"好＋情感谓词"可对应为上文所指出的"情感抒发句"，而"很＋情感谓词"则可对应为"情感描写句"。以日语为母语的汉语学习者在选择程度副词时，缺乏对主观性强弱的考虑，即尚未形成区分"情感抒发句"和"情感描写句"的意识。请看下面的偏误例：

⑭*比如说、试卷上的事件的结果是让我真失望的。　　　　　　（同上）

⑮*我想对他们来说，这种情况是太难受的。　　　　　　　　　（同上）

例句⑭属于"刺激体主导型"的 SPOV 句式，其中 P 为"让"，当其单独使用时，既可以用于情感抒发，也可以用于情感描写，但程度副词出现的位置有所不同。黄勇 2023：61 指出，"像主观性较强的"太"和"真"倾向于放在"让"字之前，而像主观性较弱的"很"则往往放在情感谓词之前"。因此，"真让我失望"和"让我很失望"比较符合汉语的习惯。而在例句⑭中，情感谓词句是被嵌入在"是……的"句式中的，刘月华等2019：764 认为该句式"多用来表示说话人对主语的评议、叙述或描写"，因此表示"情感抒发"语气的"真"与叙述描写不能兼容，此处应该用表"情感描写"语气的"很"，即"是让我很失望的"。例句⑮和例句⑭一样，应该将程度副词"太"修改为"很"。

(e) 程度副词位置不当。学习者在初级阶段会学习"程度副词＋形容词"这一规则，而这一规则很容易出现过度泛化。请看下面的偏误例：

⑯*妈妈说："你好像在中国生活了四年，精神上成长了。妈妈为你很高兴。"　　　　　　　　　　　　　　　　　　　　　　　（同上）

例句⑯属于"情感主体主导型"的 SPOV 句式，该句式中的 P 为"为"。

古川裕 2000 认为，"为"类词具有"双指向性"，既可以指向〈起点〉，也可以指向〈终点〉，原因义是〈起点〉指向，目的义是〈终点〉指向。基于此，黄勇 2021：123 将情感句式中"为"的语义定义如下：

"为$_1$"：引导刺激情感产生的存在体。（起点）
"为$_2$"：引导情感移入的对象。（终点）

请比较下面两个例句：

⑰ 中西部的一些地方则为找不到人才烦恼。　　（《人民日报》2013-06）

⑱ 既为你遗憾，又为你高兴。　　（《人民日报》1992-01）

例句⑰和⑱虽然形式上都属于"S＋为＋O＋V"句式，但语义上有所不同，例句⑰中的"为"是上述"为$_1$"的含义，换成"因为"一词原句也成立。而例句⑱中的"为"是上述"为$_2$"的含义，可以换成"替"，且所表达的意义也几乎相同。再回过头来看例句⑯，很明显该句中的"为"属于"为$_2$"。据黄勇 2021 的考察，在"为$_2$"字情感句式中，程度副词只能出现在介词前，不可出现在情感谓词前。因此例句⑯中的"妈妈为你很高兴"应改为"妈妈很为你高兴"。

（f）情感谓词选择不当。汉语情感谓词中存在一些同义词，如"害怕"与"可怕"、"感动"与"打动"等。学习者在使用这些词时，易出现混用现象。请看下面的偏误例：

⑲＊所以饥饿也很害怕可是农药的食品也害怕。

（HSK 动态作文语料库）

⑳＊我非常打动了。　　（同上）

例句⑲属于"刺激体主导型"的 SV 句式，而"害怕"一词不能出现在该句式中，因为"害怕"的主语只能是"情感主体"，这里应将"害怕"改为"可怕"。相反，例句⑳属于"情感主体主导型"的 SV 句式，而情感谓词"打动"一般用于"刺激体主导型"的 SVO 句式中，因此该句应改成"我非常感动"。

综上所述，日本学习者情感谓词句习得的偏误主要集中在三个方面：

（ⅰ）情感谓词与句式的匹配问题；（ⅱ）程度副词的使用问题；（ⅲ）句末"了"的冗余问题。下面我们将聚焦前两者，基于问卷调查进行更详细的考察。

3.2　基于问卷调查的考察
3.2.1　被试信息

本文中的被试来自日本某国立大学汉语专业的高年级学生。被试信息见表1：

表1　被试信息

背景	以日语为母语的零起点学生	
	无大中华地区留学经历	
人数	三年级　24人	
	四年级　18人	

3.2.2　问卷设计

问卷内容分为两大类，第一类为日译汉题型，笔者选取了与情感谓词有关的4个句式，如⑵所示：

⑵a. 私は彼女の勇気に感動した。

　b. 私は自分に失望した。

　c. 彼女は自分を誇りに思っている。

　d. 彼は留学に行かなかったことを後悔している。

第二类题型是要求被试写出在某一特定场景下的情感表达，笔者总共选取了8个场景，如⑵所示：

⑵a. 友達からプレゼントをもらった時

　b. 授業中に隣の席の人が急に「キャー！」と叫んだ時

　c. 5万円分の宝くじを買ったのに，300円しか当たらなかった時

　d. 家族が連絡なく，家に帰ってこない時

　e. 久しぶりに会った友人と昔話をしている時

　f. 地震・津波被害のビデオ映像を見ている時

g. 試合に 1 点差で負けた時

h. 先輩と服がかぶったと気づいた時

3.2.3 结果与分析

首先是第一类题型的调查结果。被试对问题 a 做出的回答共有 24 种类型，其中最多的答案为"我感动了她的勇气"，共有 12 人给出了此答案，占整体的 25%。很明显这是将日语中的"情感主体 + ガ + 诱因 + ニ + 情感动词"句式直接转换为了汉语中的"情感主体主导型"SVO 句式，同时将「た」对应成了汉语的"了"。若仅考虑句式，译成"情感主体主导型"SVO 句式的被试还有 16 人，如出现了"我感动她的勇气""我激动了她的勇气""我感动她的勇敢"等答案。相反，译成"我被她的勇气感动了"的被试仅有 2 人，占整体的 5%。可见，日本学生在翻译"情感主体 + ガ + 诱因 + ニ + 情感动词"句式时，有译成"情感主体主导型"SVO句式的倾向。

关于第一类题型问题 b，被试做出的回答共有 19 种类型，和问题 a 一样，译成"情感主体主导型"SVO 句式的被试最多，共 20 人，约占整体的 48%，如出现了"我失望自己""我失望了自己""我失望我自己"之类的回答。而译成"情感主体主导型"SPOV 句式的被试为 14 人，约占整体的 33%，其中将 P 设置为"对"的被试高达 13 人，虽然和问题 a 相比，句式选择的正确率高很多，但存在程度副词缺失、"了"冗余和语序不当的偏误，如出现了"我对自己失望""我对自己很失望了""我失望对自己"之类的回答。

关于第一类题型问题 c，被试做出的回答共有 24 种类型，与问题 a、问题 b 不同的是未作答和句子不完整的情况较多，高达 18 人，约占整体的 43%。造成这一结果的原因有可能与「誇る」所对应的汉语难度较高有关，如出现了"她自己夸她"之类的回答，仅将日本汉字换成了中国简体字。当然也存在将情感谓词译成"骄傲"或"自豪"的被试，但介词均未选择正确，即未出现"她为自己感到骄傲／自豪"的回答，介词选择最多的是"对"。可见日本学生在使用"骄傲／自豪"时，尚未形成与介词"为"搭配使用的意识。

关于第一类题型问题 d，被试做出的回答共有 25 种类型，其中最多的回答为"他后悔没去留学"，这可以认为是非常自然的译文。此外，从句式选择上来看，选择 SVO 句式的被试比前三题都多，共 35 人，约占整体的 83%，我们认为这主要是由于日语原文的句式是"情感主体 ＋ ガ ＋ 对象 ＋ ヲ ＋ 情感动词"，带有ヲ的句子在译为汉语时，一般采用 SVO 句式，这可以说是来自日语母语的正迁移。可见，汉语"情感主体主导型"SVO 句式能够与日语"情感主体 ＋ ガ ＋ 对象 ＋ ヲ ＋ 情感动词"句式对应时，对日本学生来说较容易掌握。

综上所述，第一类题型的调查结果分析可总结为如下 2 点：(i)日语的"情感主体 ＋ ガ ＋ 诱因 ＋ ニ ＋ 情感动词"句式由于所对应的汉语句式较为复杂，学习者在汉译时较为困难；(ii)日语的"情感主体 ＋ ガ ＋ 对象 ＋ ヲ ＋ 情感动词"句式若能与汉语"情感主体主导型"SVO 句式对应，学习者在母语正迁移的影响下，翻译起来较为容易。

其次是第二类题型的调查结果。被试对问题 a 做出的回答共有 22 种类型，其中选择"高兴"这一情感谓词的被试最多，共 20 人，约占整体的 48%。但"高兴"前使用的程度副词有 16 人选择了"很"，正如前文所述，"很"是不符合"情感抒发句"的。可见，学习者虽然掌握了"程度副词 ＋ 形容词"的规则，但对各个程度副词的使用环境尚未掌握清楚。

关于第二类题型问题 b，被试做出的回答共有 27 种类型，其中最多的回答为"怎么了"，共 7 人，约占整体的 17%，但这不属于情感表达范畴。其次较多的回答有"吓死我了""吓了我一跳"，这两种回答是符合该场景的情感表达。但同时也出现了"很惊讶""吃惊"之类的回答，尽管这些也可表示"惊讶"的情感，但较难用于瞬间性的情感反应。可见，像"吓死我了""吓了我一跳"之类的固定表达与"吃惊"等近义表达的使用区别对于一些学习者来说，还存在一定的难度。

关于第二类题型问题 c，回答类型多种多样，共出现了 30 种类型，如出现了"后悔""失望""倒霉"之类的情感谓词，但正如前文所指出的一样，程度副词缺失、程度副词使用不当的偏误较多，如选择程度副词"很"的被试有 9 人，约占整体的 21%。当然也存在程度副词选择恰当的回答，

如"真倒霉""太可惜了"等。此处有趣的是,在情感谓词"倒霉"前加"真"的被试相对较多。关于这一现象,我们认为很有可能是被试将"真倒霉"作为一个整体去记忆的,并非有意不使用"很",而使用"真"的。因此,从问题 c 的结果也可以得知,学习者对程度副词"很"有一种过度依赖的倾向。

关于第二类题型问题 d,被试做出的回答共有 23 种类型,但使用的情感谓词较为单一,主要集中在"担心"这一词。其中以光杆形式"担心"作答的被试最多,共 6 人,约占整体的 14%。其次较多的回答是"我很担心",共 5 人,约占整体的 12%。但这两种回答均不符合问题 d 的场合,"好担心"或"有点担心"这两种回答才符合该场合,遗憾的是做出这两种回答的被试极少,两者均只有 1 人。从问题 d 的结果可以得知,学习者在处理像"担心"这类情感动词时,大致可分为"添加程度副词"和"不加程度副词"两派,其中"添加程度副词"这一派中,程度副词以"很"为主。

关于第二类题型问题 e,被试做出的回答共有 24 种类型,其中未作答的被试最多,共 15 人,约占整体的 36%。由此可见,"怀念"一词对很多被试来说,是一个较难产出的情感谓词。然而,对应于"怀念"的日语「懐かしい」在日语语境中是一个极为常见的情感词,遗憾的是这样的一个常用词所对应的汉语"怀念"一词在《新汉语水平考试大纲》中却被纳为 5 级词汇。从这个比较可以看出,对于同一情感概念所对应的情感词是否常用,汉语母语者和日语母语者在认知上存在差异。当然也有部分被试使用了"怀念"一词来作答,但也存在一些偏误,如程度副词缺失或过度依赖程度副词"很"等。值得一提的是还出现了"很怀念的"这一回答,不仅出现了"很",而且还在句末添加了"的",我们可以推断这是由于与程度副词"挺"的使用规则相混淆所致。

关于第二类题型问题 f,被试做出的回答共有 28 种类型,与问题 e 一样未作答的被试最多,共 7 人,约占整体的 17%。此外,通过观察作答的答案,我们发现比起程度副词的问题,情感谓词本身的使用问题更为突出,即"害怕""恐怕""可怕"这三个情感谓词不能正确使用。如出现了"我

可怕""我很可怕"的回答,这类偏误的原因在前文中已指出,是与"害怕"的使用相混淆所致。同时也出现了"恐怕"的回答,这类偏误是由于被试仅读取了其字面义而造成的。事实上,"恐怕"一词几乎已失去了其字面义,而常被用作表"推测"的含义。

关于第二类题型问题 g,被试做出的回答共有 23 种类型,与问题 e、f 一样未作答的被试最多,共 10 人,约占整体的 24%。究其原因可能是在该场合应该使用的"甘心"一词本身难度就很高,在《新汉语水平考试大纲》中,"甘心"属于 6 级词汇,本次调查中仅有 1 位被试的回答是"不甘心",但该回答中缺乏程度副词。此外,有很多被试使用了"可惜"一词来回答,如出现了"很可惜""太可惜了""真可惜"这类表达,共 15 人,约占整体的 36%。"可惜"在《新汉语水平考试大纲》中属于 4 级词汇,对学习者来说输出较"甘心"容易。可见,如果学习者无法输出一个高难度的词时,会使用一个较低难度的词去替代它,但仍然能观察到程度副词使用的偏误。

关于第二类题型问题 h,被试做出的回答共有 27 种类型,其中仍然是未作答的被试最多,共 11 人,约占整体的 26%。我们可以推测,其原因跟上述问题 e 一样,是由于在该场合应该使用的"尴尬"一词难度较高,该词在《新汉语水平考试大纲》中属于 6 级词汇。当然也有一些被试给出了包含"尴尬"的回答,如"很尴尬""太 gāngà""好 gāngà",共 9 人,约占整体的 21%,但以"好尴尬"等形式回答的被试依然很少。此外,值得一提的是除了"尴尬"一词,还出现了包含"害羞"一词的回答,这可能是来自日语「恥ずかしい」的直译,但汉语的"害羞"的语义范围并没有日语的「恥ずかしい」那么大,一般对应为日语的「照れる」,因此,"害羞"一词不适合用于表"尴尬"情感的场合。通过对该题调查结果的分析,我们发现"尴尬"这一情感谓词对于学习者来说较难输出,同时学习者有一种将日语「恥ずかしい」等同于汉语"害羞"的倾向。

综上所述,第二类题型的调查结果分析可总结为如下 2 点:(i)受日语独词句的影响,日语母语者在输出汉语时也存在使用独词句的倾向,这属于语际干扰,同时也存在语内干扰,即过度依赖程度副词"很";(ii)当日语中常用情感谓语的汉语对应词被纳入高难度词汇表中时,学习者在输

出过程中存在一定的困难。

4 针对日语母语者的教学策略

针对日语母语者在习得汉语情感谓词句时出现的偏误倾向，我们可以为汉语作为第二语言教学提供以下 3 点建议：(ⅰ)情感谓词与情感表达句式相衔接；(ⅱ)情感描写句与情感抒发句相分离；(ⅲ)与日语中的情感表达特点相结合。下面我们就这三点进行一一说明。

4.1 情感谓词与情感表达句式相衔接

可以毫不夸张地说，无论是在中介语语料库中观察到的偏误例中，还是在问卷调查第一类题型的调查结果中，句式选择不当的偏误都很突出。引言中举例说明了情感谓词"感动"的偏误情况，该词是汉日同形词，其基本义也相同，对学习者来说应该是一个很熟悉的词，但在实际使用中却出现了许多偏误现象。造成这一现象的根本原因就是"感动"一词在汉日两种语言中的句法表现形式不同。

因此，在教学时不仅要教授情感谓词，还要同时向学生传达使用情感谓词的句法形式。换句话说，就是要将情感谓语和情感表达句式结合起来教。特别是像"感动"这类情感谓词应重点教授，因为这类情感谓词在两种语言中的句法表现形式有明显的差异。

4.2 情感描写句与情感抒发句相分离

从问卷调查第二类题型的调查结果可以看出，学习者对"情感描写句"和"情感抒发句"的区别缺乏明确的认识。特别是日常生活中常用的"情感抒发句"方面，我们发现了一些偏误现象。这些偏误大致可分为两类：受日语独词句干扰的偏误和过度依赖副词"很"的偏误。

因此，在教授"情感抒发句"时，应首先让学习者了解汉语和日语在情感抒发时的差异，并让他们意识到汉语中情感谓语一般不能单独使用。其次，应明确指出"很"等客观性较高的程度副词和"好"等主观性较高的程度副词的区别，以及它们的具体用法。即应该告诉学习者"很"一般

用在描述情感的句子中，而"好"则一般用在抒发情感的句子中。

4.3 与日语中的情感表达特点相结合

从问卷调查第二类题型的调查结果还可以看出，对问题 e～f 未作答的被试明显增多。这是因为用于回答这些问题的情感谓语属于高难度词汇。然而，当这些情感谓语被转换成日语时，它们在日语语境中却很常见。例如「懐かしい」「悔しい」「気まずい」等。如果在课堂上教授学习者这些词的汉语对应词，就能丰富他们的汉语情感表达。

值得注意的是，日语中常用的情感谓语并不一定在汉语中也常用。例如，在日语中「寂しい」一词经常会用在欢送会上。学习者很容易把它直译成"寂寞"，但实际上"寂寞"一词在汉语中却不常使用。在这种场景下，我们认为汉语中的"难过"一词更为合适。

因此，我们认为在教授日本学习者汉语的情感表达之前，首先应该先观察日语母语者常用的情感表达，并根据其特点来教授汉语的情感表达。这样一来不但可以让学生关注自己的母语，还可以增强学习者用汉语表达自己情感的欲望。

5 结语

在区域国别研究与国际中文教育渐趋交叉融合的时代背景下，亟需建立国别化国际中文教育的教学语法体系。日本作为深受中国文化影响的国家，其汉语学习者在语法习得方面具有"地方性"。而当前日本中文教育的教学语法体系并没有完全跳出以汉语为母语的语文教育体系，因而未能充分照顾到日语母语学习者的心理需求。

本文则是为构建日本中文教育的教学语法体系而做出的一个具体案例研究，主要以"汉语中介语语料库"和问卷调查所反映出来的中介语现象为根据，考察了母语为日语的学习者对汉语情感谓词句的习得情况，并针对学习者的偏误倾向提出了 3 点教学建议，具体为(i)情感谓词与情感表达句式相衔接；(ii)情感描写句与情感抒发句相分离；(iii)与日语中的情感表达特点相结合。因此可以说，本研究的成果对助力日本中文教育的教学

语法体系构建，推动国际中文教育高质量发展做出了一定的贡献。

参考文献

木村英樹 2017　感情と感覚の構文論—"痛快"と"凉快"の境界—，『杉村博文教授退休記念中国語学論文集』，pp.153-176，白帝社

張恒悦 2023　心理動詞と"了"の共起関係について：日本語母語話者が産出した誤用例の分析を通して，『外国語教育のフロンティア』第 6 号，pp.1-8

寺村秀夫 1982　『日本語のシンタクスと意味Ⅰ』，くろしお出版

古川裕 2000　有关"为"类词的认知解释，《语法研究和探索》（十），pp.31-48，商务印书馆

黄勇 2021　"(S)＋介词＋O＋情感谓词"构式研究，『中国語文法研究』2021 年卷，pp.116-131，朋友書店

黄勇 2023　现代汉语"让"字情感致使构式研究——以日本汉语学习者的偏误案例为切入口，『中国語文法研究』2023 年卷，pp.53-63，朋友書店

孔子学院总部 2009　《新汉语水平考试大纲》，商务印书馆

李晋霞 2005　"好"的语法化与主观性，《世界汉语教学》第 1 期，pp.44-49

刘月华等 2019　《实用现代汉语语法（第三版）》，商务印书馆

马志刚 2022　两类心理谓词的句法分布及其中介语偏误分析，《山东外语教学》第 43 卷第 4 期，pp.22-33

张京鱼 2001　汉语心理动词及其句式，《唐都学刊》第 17 卷第 1 期，pp.112-115

张新华 2020　《汉语叙实谓词研究》，复旦大学出版社

赵杨 2009　中介语中的题元层级——母语为日语的学习者对汉语心理动词习得研究，《云南师范大学学报（对外汉语教学与研究版）》第 7 卷第 6 期，pp.1-8

周有斌、邵敬敏 1993　汉语心理动词及其句型，《语文研究》第 8 期，pp.32-48

例句出处

HSK 动态作文语料库 2.0 版：http://hsk.blcu.edu.cn/

北京大学现代汉语语料库：http://ccl.pku.edu.cn:8080/ccl_corpus/index.jsp

＊本文得到中国国家留学基金资助。

（Huáng・Yǒng　浙江师范大学）

语言教学中教师研究的意义与作用
——试论"教学实践、教师成长、教师认知"三位一体模式的构建

李　光曦

1　引言

教师研究，特别是针对于国际汉语／对外汉语教师的研究在近年来得到了许多关注。其出发点在于众多学者意识到，伴随着语言学科的发展和进步，不论在实际教学当中还是学科建设当中，"教师"才是问题的关键。孙德金 2010:390 在讨论对外汉语教师发展中提出，"对外汉语教学是一种外语教育，根本上说，是教师和学生之间的一种互动的教育活动，对整个教育过程产生直接影响的根本要素是人，是教师"，明确强调了语言教学当中作为人的"教师"的重要性。同样，崔希亮 2010:79 在讨论汉语国际教育"三教"问题的核心与基础时，指出教师问题，教材问题和教学法问题表面看上去三个问题，但实际是互相纠结的，是一个整体，"教师是问题的关键，教材和教学法与教师问题密切相关"。

孙德坤 2014:138 在探讨国际汉语教师个人实践性知识的时候也指出，长期以来在课程改革、教资教育和教师专业发展领域存在着"忽视甚至轻视教师主体作用的现象"，而教师个人实践性知识这一理论的提出恰恰就是为了正视教师在整个教学活动中的主体性，从而调动和发挥教师在教育教学改革，在教师专业发展中的主观能动性。吴勇毅 2015c:04 在探讨教师发展研究中指出，比起"应然"，即国际汉语教师／对外汉语教师应该具备哪些条件，我们更应该关注"实然"的研究，即以教师为本体的研究，关注教师实际上自己具有什么样的教学理念或知识，他们自己的成长发展

和认知构建。通过上述论述我们可以发现，无论是对教师现有知识的探求或是对教师今后发展的思考，都拥有其明确的指向——即重新正视"教师"在实际教学和学科建设中的意义与作用，并应当在此基础上思考教师标准制定、教学模式设计、教师培训课程设置或教材编写设定。

同时我们可以发现，上述的研究当中对"教师"的意义描述，无论是"教师主体作用"还是"以教师为本体的研究"都指向一个共同点，即"教师的主体性（agency）"。重视教师的主体性这一视点可以被认为是一种研究范式的转换，也可以认为是对语言教学本身概念的重构。当我们在以教学法或者教材为中心去看待语言教学的时候，我们往往在无意识间忽略了真正选择并使用教材，实施教学法的，有能动性和主体性的教师本人，而视其为实行我们认为"应该"教授给学生知识的一种工具或者通道；而当我们将语言教学的中心重新投射到教师本人的时候，我们会发现在实际教学过程中教师所拥有的知识、信念、自我认知、对周围环境的认识等像一个个棱镜，任何教学法或教学模式、教学标准或要求都必须通过所有棱镜才能折射到课堂，折射到学生身上。如果我们只讨论光线，而完全忽略棱镜的存在，或者认为"好的、专业的教师"身上不应该允许棱镜存在的话，我们有很大可能会陷入到空谈的陷阱而看不到课堂真实的情况，更不可能对学科未来发展方向进行正确判断。如果我们接受上述观点并承认教师在语言教学当中的重要作用，随之而来的是一个更加关键的问题，即我们应当如何看待教师研究？教师研究意味着什么？或者更进一步，我们如何思考有关教师研究中诸多课题的关系？

吴勇毅 2017:16-17 在《如何研究汉语教师及其发展？》一文当中详细阐述了至今为止对外汉语教学届以教师为本体的研究所包含的内容，并在此基础上梳理了采用叙述研究方法的(1)汉语教师认知和(3)汉语教师成长(史)；采用个案研究的(2)汉语教师知识的研究；采用田野笔记方法的(4)汉语教师(教学)能力与教学(课堂)行为的研究；采用定性定量相结合方法的(5)汉语教师观念／信念、动机、焦虑、认知风格、自我效能感与发展需求等的研究；采用因子分析方法的(6)新手、熟手乃至专家型教师的对比研究。但文中并未讨论各个研究内容之间的关系性和整体性。例如

汉语教师认知和汉语教师成长（史）是否是相互促进的？汉语教师观念／信念是如何反应在汉语教师教学（课堂）行为上的？汉语教师知识和汉语教师认知是否是同样的概念？

针对上述问题，孙德坤2008:81在《教师认知研究与教师发展》一文中提出，"教师发展（teacher development）"与"专业发展（professional development）"不同，强调的是教师自我提高的自主性，即教师自觉地积极反思并不断改进自己的教学实践，更新自己的教学理念，更多是一种教师的自发的个人行为，由于教师不是一个被动的机器，教学过程不是一个机械的过程，教师生活在现实生活中，面对的是活生生的学生，"他们的价值观、道德观、职业观一方面会受到他们所处环境的影响，反过来也会影响他们对环境的反应，影响他们的教学实践"。

我们可以看出，虽然先行研究对教师发展作出了定义，但是对其中不同课题之间的关系性的讨论还并不充足。因此，本文试图将教师研究（这里指以教师为本体的研究），或者说教师发展研究当中的课题进行整合，提出"教学实践、教师成长、教师认知"三位一体的模式。这一模式的构建有三点作用。第一，当我们将教师视为语言教学和学科构建的中心，同时以发展和流动的视角去看待教师个人发展的时候，我们需要相应的"证据"来补全教师的这一发展过程，如教师实际的课堂实践内容与教师实际所拥有的知识与信念的具体关系；第二，通过这一模式的构建，我们可以以一种整体、全面、发展的视点来重新看待教师。即针对教师的研究可以不局限于某个课堂、某一知识结构或某一个时期的想法，而是可以将其之间的关系以一种交叉的、立体的、多维度的视角进行考察。第三，通过这一模式的描述，我们可以将教师研究放置于更大的蓝图当中进行讨论，并展现这样一种可能性——即通过汉语教师的个人史去重构学科史。本文将以对大阪大学古川裕教授的教师研究为例，进一步探讨这一模式构建的可能性与意义。

2 先行研究

2.1 教师与主体性

在上文当中，我们对"以教师为本体"的教师研究的重要性进行了一些探讨。这其中涉及到了"主体性"的问题。M. Laura2001:112-113 对主体性这一概念作出了一个临时定义，即"主体性是指以社会文化为媒介的行动能力"，主体性不仅产生对行动的制约，也产生行动的可能性。针对于这一定义，牛窪 2021 也同样在《教师的主体性与日语教育》一书中指出，语言教师的成长过程会始终受到社会语境与社会制度的制约，教师在受到"制度性制约"的同时，也在其中产生偏离这些要求束缚的想法和行动。同样，吴勇毅 2017:15 也指出教师研究的方向之一是"行动研究"，汉语教师所进行的（教学）行动研究就是对教学情景的研究，是以改善教学情境中教学／行动质量为目的的一种研究方法。文章特别强调，在二语习得研究与二语教学渐行渐远，或者说二语习得研究很多已经不关心教学或不以教学为目标的现在，提倡行动研究尤其特殊的意义和价值。孙德坤 2008:81-82 同样引用了"反思（reflection）"这一表示内省过程的概念与"探索（exploration）"这一不太容易让教师望而生畏的概念来帮助教师进行反思。我们可以看出，不论是教师在语言教学中的"主体性"的体现还是"行动研究"的价值，亦或者提倡教师的"反思"和"探索"，这几种研究概念的最终目标都在于唤起当事人（教师）的行动，以期在现实当中引发改变。

2.2 语言教学中的教师认知与语言知识

S. Brog2003:81-83 回顾了至今为止外语和第二语言教学领域当中的"教师认知研究"——即研究教师的所思、所知和所信，以及这些心理建构与教师在语言教学课堂上的所作所为之间的关系。在这些研究当中，教师是积极主动、善于思考的决策者，他们利用复杂的、以实践为导向的、个性化的、对情境敏感的知识、思想和信念来做出教学选择。虽然对于教师认知的研究通常有多重标签，但文章指出，概念的多样性不应该掩盖它

们之间存在的大量重叠，这些研究都突出了教师认知的个人性质、经验在这些认知发展中的作用以及教学实践和认知相互启发的方式，教师认知在这里是一个多维概念。同样，孙德坤2008:74-75 总结，教师认知研究的目的在于确定教师认知包括哪些方面，其认知过程是如何发展的，哪些因素影响教师认知的形成与发展，教师认知与课堂教学是一种怎样的互动关系等等。S. Brog2003:102 特别指出，我们一般认为语法教学知识的主要来源是第二语言习得的研究成果，但在第二语言习得研究没有提供语法教学确切答案的时候，教师认知是我们理解教学现场的关键数据来源；同时，我们对学科知识与语言教学实践之间关系的认识仍然不够深入。

2.3　语言教学中的教师认知与教学实践

S. Brog2003:86 指出，关注教师认知与课堂实践相互影响的研究来自两种相对照的观点，一种采取"决策制定"（decision-making）的观点，探讨影响教师课堂决定的因素，描述决策过程的有效性；另一种采取"个人实践知识"（personal practical knowledge）的观点，更趋于整体地考察教学，将诸如情感、道义以及情绪等因素对教师课堂实践的影响也考虑进去。孙德坤2014:136 通过对两名国际汉语教师个人实践性知识进行调查，发现发现两名教师的个性、成长过程、学习经历、文化背景以及她们对自己身份的意识均在不同程度上影响其核心理念的形成，而他们也都有各自的核心理念来指导自己的教学实践。文章指出，教师在教学实践中形成自己的理论（也可称原则或准则、信念），另一方面，这些理论是内隐的和默会的，教师个人的专业发展是不断摸索、尝试、形成自己教学风格和路子的过程，而这风格和路子的代表特征就表现在他们的主导意象或核心理念上。同时，文章也强调了教师的个性特点以及个人成长的文化背景对教师教学理念形成的影响力，以及教师实践性知识的发展同教师身份认同的密切关联性。

2.4　语言教学中的教师成长与叙事研究

李光曦2022:236-255 从教师成长史的角度出发，以对大阪大学古川

裕教授的采访内容为中心，通过教师的人生故事指出教师对于汉语教学，汉语学习观念与自己的学习经历密不可分的同时，也展现了教师的认知与外部因素（国家政策，语言政策，国际关系变化等）有着密切的联系，教师个人的发展也同样受到所处环境（宏观或微观）的极大影响。孙德坤2015:10也指出叙述探究在研究教师发展和探索教师个人实践性知识方面起到的重要作用。文章特别强调，叙事探究是一个多元、开放、不断重构的过程。在这个讲述再讲述、解读再解读的过程中，原先的故事和后续的故事被赋予新的意义，引发新的思考。

我们在思考教师成长这一课题的时候，需要将焦点放在教师作为曾经的（现在甚至将来）的外语或第二语言学习者的学习经验上。S. Brog 2003:88指出，有大量证据表明教师先前的语言学习经历确立了他们对学习和语言学习的认知，这些认知构成了他们在任教期间对第二语言教学的最初概念的基础，并可能在其职业生涯中继续产生影响。我们可以推测，教师作为曾经的学习者接受过的教育模式在某种程度上会继续延续，以一种潜移默化的形式渗透于教师自己的认知当中，并在教学实践当中体现出来。

3 研究方法与模式构建

本文尝试提出"教学实践、教师成长、教师认知"三位一体模式，以一种整体、全面、发展的视点来重新看待教师发展，将教师日常的教学实践、作为学习者与教育者的成长历程与经验、对于语言教育的信念与知识之间的关系以一种交叉的、立体的、多维度的视角进行考察。

这一模式的提出可以带来三点影响。第一，站在教师研究这一研究领域，通过对教师发展研究中重要课题的内容与其关系之间的描绘，我们得以以一种更宏观和全面的视角来重新思考作为教育者的教师身份认知的全貌。这样的一种视角不仅仅体现了上文所述"以教师为主体"的视点，更将至今为止教师研究当中分散的内容以教师身份认知为中心重新进行定位，将"拥有多重身份（研究者、教育者、学习者等）的教师身份认知全

貌"这一看不见、摸不着的概念用大量详实的数据进行描绘。通过这样的描绘，我们眼中可以呈现一个更加完整、动态的教师形象。第二，站在语言学科建设和发展的立场，我们可以将通过描绘教师的个人史，尤其是针对于权威性／专家型教师的个人史的描绘，来补全完善中文教育史的发展路径。第三，通过让教师参与研究，在研究过程中让教师讲述他们的教学，可以让教师反思他们的教学理念和实践，从而帮助他们成为自己教学理念的自觉实践者（孙德坤 2008:83）。因此，我们认为这样一种模式的构建可以帮助教师对自己的教学实践进行总结，对自己作为学习者与教育者的成长历程与经验进行回顾，对自己作为教育者的所思所想与所知进行探索，而在这一反思或者说内省的过程中，教师通过对自己进行研究，研究这一行为也成为了教师的一种"自觉行为"（孙德坤 2008:83），这一切都会引起现实变化，引发教学实践的改变。

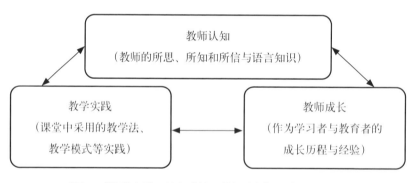

【图 1 "教学实践、教师成长、教师认知"三位一体模式】

在汉语教师认知（特别是教育理念与信念）和汉语教师成长的研究方面，本文以"叙事探究"（narrative inquiry）的方法，尝试通过多个叙事描绘教师的成长发展过程，特别是教师在学习者阶段和教育者阶段的变化以及原因。在教师认知（特别是语言知识方面）与教学实践研究方面，本文采取了课堂观察的方法，通过对教师长达 1 年半的课堂观察与访谈，以此探究汉语教师的（个人）实践性知识，以及教师课堂上所采用的教学方法与教学模式。因此，本研究的数据主要包括笔者分别与教师一对一、

面对面的访谈数据以及课堂观察及其笔者的研究日志等。具体的研究方法、数据整理方法以及分析结果按调查时间顺序如下。

【表1　研究方法及数据整理方法】

研究内容	研究方法	数据整理、分析方法	分析结果
教学实践	课堂观察	记录教师课堂当中采取的教学方法、教学模式，分析数据包括教科书、教师话语、板书以及学生话语等。	a 课堂内容分析： 　a−1 课程讲解 　a−2 日中汉字讲解 　a−3 简繁字体讲解 　a−4 汉语量词讲解 　a−5 汉语词汇讲解 b 教学法分析： 　b−1 字本位教学法 　　（语素教学法） 　b−2 翻译教学法
教师认知 （语言知识）	扎根理论	将课堂观察收集到的数据作为研究起点，从数据当中提取教师对语言知识的理解	c 汉语汉字知识 d 汉语词汇知识 e 汉语本体语法知识
教师认知 （教育理念 与信念）	半开放式访谈	以教学实践与教师所拥有的语言知识为基础，对教师的教育理念以及信念进行提炼	f 在日对日汉语教学理念 　（与对外汉语教学／国际汉语教学的区别） g 针对汉字圈母语者的汉字教学理念 h 活用汉日对比研究以及汉语本体语言知识的汉语语法教学理念
教师成长	叙事访谈 （life-story）	通过教师的自我叙述，总结教师成长经历，从众多故事当中提炼出教师在学习者阶段和教育者阶段认知变化	i 在大阪外国语大学的学习经历 j 在中国留学的学习经历

4 结果与分析

4.1 教师认知与教学实践：以汉字知识与日中汉字讲解为例

正如先行研究所示，教师认知隐含于教学实践当中，而日常教学实践也同样会促进教师的内省，从而改变教师的认知。首先，我们举出笔者对教师的课堂观察，再从其中分析教师的认知，尤其注意对于语言知识和教育理念的提炼。首先是课堂观察笔记的内容。

在第一堂课当中，教师首先运用参考书目和学生姓名来进行第一步的汉语汉字知识讲解。

【表 2　学生名簿（例）】

		简体字	拼音
岡田　愛夢	おかだ　あいむ	冈田　爱梦	gang tián ài mèng
朝倉　ゆりか	あさくら　ゆりか	朝仓　由里香	zhāo cāng yóu lǐ xiāng
秦　一樹	はた　いっき	秦　一树	qín yī shù
富田　咲	とみだ　さき	富田　笑	fù tián xiào

如图所示,日本学生的姓名当中,不仅仅会出现「夢（梦）」「樹（树）」「倉（仓）」等汉字,也会出现「咲」「辻」等"国字",即只在日本使用的汉字。除此之外,更会出现如「あかり」「ゆりか」等只使用平假名的名字。在这样的情况下，教师会根据学生姓名的发音找到一些对应的汉字，来帮助学生选择适合自己的汉语名字。而这一讲解姓名的过程也是帮助学生理解中日汉字之间区别的过程。其中不仅仅有简繁体的区别，也会让学生认识到自己所知道的一些汉字在汉语里是不存在的。换句话说，学生会在这一阶段意识到不是所有的日语汉字都可以对应到汉语汉字。其次，相比汉字"一字一音"的原则，日语单个汉字可以对应多个音节。这一区别在学生对比自己日语姓名的发音和汉语拼音的时候就可以发现，如「愛夢」的日语发音为「あいむ（ayimu）」，而用汉语发音"爱梦"一词的时候，只会有两个音节"ài mèng"。最后，通过帮助只使用平假名名字的学生找到对应汉字这一过程，学生也会发现，日语当中平假名或片假名不仅仅是表

示发音的记号，也可以作为文字进行书写。因此，日语人名才可以只使用平假名书写而不使用汉字，而汉语则不可能使用拼音书写人名。

从上述课堂观察笔记当中我们可以发现，教师对语言知识的理解，特别是对汉字教学的理解导向了一种特殊的教学方法，对以日语为母语的学习者产生了独有的作用。最后，笔者通过半开放采访，总结并提取了教师对于这一教学法背后的教学理念与教师所持有的信念。

笔者：开学第一节课进入学习之前，您主要会给学生传达哪些信息？传达这些信息的目的是什么？

古川裕老师：我会在第一节课的时候就让学生意识到自己作为日语母语者学习汉语的时候所拥有的汉字知识的优势。（中略）学生这个时候就会第一次知道自己的名字的汉语发音是不能从日语发音直接套用，而是要从汉字来考虑的，这也是学生会受到的第一个"文化冲击"。而且教学生名字的时候也会发现很多有趣的汉字问题，比如日本自己创造的"国字"要如何转换成简体字，比如"畑"、"辻"等字，或者用平假名姓名的同学应该如何选择自己姓名的汉字，比如「みどり（midori）」「ゆかり（yukari）」等等。

笔者：您觉得词汇教学当中的字本位教学法（或语素教学法）对于日本学生理解汉语构词是否有积极的作用？为什么？

古川裕老师：在讨论这个问题之前，我觉得需要先重新定义一下"字本位"教学法和"词本位"教学法这两个词的所指概念。这个讨论首先需要站在日语母语者的立场重新审视汉字。汉语当中的汉字是"字"，是"词"，用日语知识是没有办法分辨判断的。比如中国人听到"ying"这个发音的时候，不会认为它是一个"词"；但由于日语当中"樱"这个汉字念"sakura"，就是指"樱花"，因此对于日语母语者来说，"樱"这个汉字是可以作为词独立使用的。（中略）因此，我认为对于汉语学习者来说，语素意识十分重要。更进一步说，由于日本学习者已经拥有汉字知识，且日语汉字当中也存在自由语素和黏着语素的区别，在这一基础上，应当抛弃基于汉语汉字的"字本位"或"词本位"的区分，而是统一称为"汉字本位"，重视汉字本身是自由还是黏着这一点进行教学。

324

从上述数据中可以发现，教师的教学实践是如何展现了教学理念以及语言知识，而教师的教学理念以及语言知识又是如何隐含在日常微小的教学实践（一行板书、一个汉字、一份名簿）当中。

4.2 教师认知与教师成长：以学习方法与大学学习经历为例

教师的成长是如何塑造教师认知的形成，而教师认知又是如何持续在教师作为外语／第二语言学习者、教育者的时候贯穿教师的成长经历？下文将通过列举教师叙事中的故事与访谈当中的内容，对这一关系进行具体的描述。以下是在大阪外国语大学中文系学习汉语经历的叙事内容。

古川裕老师：当时大阪外国语大学的中文系的课程时间比现在的要多，从周一到周六都有课，一周至少有六节汉语专业课。（中略）不管是哪位老师，从基础的阶段开始都对发音的要求特别严格。当然这也是汉语的特性，如果不跨过发音这一关的话就没有办法前进。从这一点来看，我很感谢老师们对发音的严格要求。我大学一年级的时候每天要坐一个半小时的电车来位于大阪市的校区上学。那个时候我会利用坐电车的时间听汉语教科书的磁带，一直听到厌烦的程度。现在回想起来，真的是养成了一个很好的习惯，因为那是一个可以长时间接触到汉语语音的机会。发音这件事情，我觉得最终还是在于模仿。因此那个时候每天上下学都在电车里不间断地听汉语的磁带，虽然只是很被动的一直在听，但现在回想的话，还是觉得是很重要的事情。现在的学生能自由地接触到很多汉语的信息，因此我也希望现在的学生可以利用这些资源，给自己创造一个充分接触汉语的环境。

接下来是在半开放访谈中对教师认知当中的教学理念的提炼。

古川裕老师：除了翻译法之外，我还想讨论一下关于背诵这一学习方法的问题。在很多人看来，"背诵"这种外语学习方法简直就像中国古代私塾的学习方法，已经完全落后于这个时代了。但是在我来看，背诵是"王道"，即最正统的学习方法。虽然看起来像是"绕道"，但其实是最有效的学习方法。在非汉语环境下，学生接触汉语的机会就很少，也并没有汉语的"存货"。这个时候问要如何增加汉语的储备，如何奠定语言的基础，那就只有背诵一条路。这在将汉语作为第一外语进行教学的时候是必须的，就

算是不想背诵也得背诵。虽然这是个"土办法""笨办法"，但是对于大一的学生来说是效率最高的办法。这也是大阪外国语大学、现在是大阪大学一直以来的一个传统，也是我认为非常重要的一个传统。

通过教师叙事及访谈内容，我们可以发现教师作为学习者的经历深刻影响了教师现有的教学方法，并作为教育者将这一方法持续传递给现在的学习者。在这一过程当中，我们可以发现教师任何看似"无意识"的举动，都与教师曾经的学习经历，或者曾经自己老师的教学方法息息相关。

4.3 教学实践与教师成长：以汉语量词讲解与留学经历为例

教师的成长过程伴随着教学实践的不断重复，而语言教学的践行也同样促使教师成长，这里的成长也包含着教师自我反思的过程，即教师以自我批评的眼光审视自己的教学行为，并不断尝试新的教学方法或者改变教学模式。下文将通过列举教学实践的具体事例与访谈当中的内容，对这一现象进行具体的描述。首先，我们将通过量词这个知识点，通过列举实际课堂对话来分析教师的教学方法。

教师在讲解"把"这个量词的时候，通过对比日本人和中国人在使用量词时的焦点的差异，不仅说明了语言具体使用时的差别，更进一步的揭示了语言本身的选择如何影响我们对事物的认知。接下来，我们同样从访谈内容中总结教师为什么会进行这样的教学实践。

笔者：在讲解量词的时候，您最后说了"就在这样的地方，我们才能进入中国人的思想世界，明白他们究竟是如何看世界的"这样一句话，您如何解释这句话？您是否认为语言本体知识在课堂上的应用目的就在于此？

古川裕老师：我觉得作为一个外国人学习外语这件事情最终就在于此。通过学习使用这门语言，和这门语言的母语者进行交流，最后不仅仅要从一个学习者的角度理解目的语世界，更要从这门语言的母语者的角度，了解他们是怎样看待目的语世界的。在这一过程中，学习者会不断的将这个世界进行区别、划分和分类。在这其中，学习者自己对于世界的看法也会发生改变。(中略)这种语言观和汉语本体知识有很深的关系。如果不明白汉语语言结构的话，是没有办法将这种观念在课堂当中传达给学生的。如

326

【表3 量词"把"的讲解】

教师：(让学生朗读"一把扇子／一把剪刀／一把椅子"后用日语翻译)
学生：一把剪刀。
教师：用日语怎么说?
学生：一つ（注：直译为一个）。
教师：很好，那"一把椅子"用日语怎么翻译? 现在是考验日语能力的时候。
学生：一脚（注：直译为一椅子腿）。
教师：对! 日语说"一脚"。日本人是把焦点放在椅子腿上的。但是中国人呢，就完全对椅子的腿没有兴趣。中国人说"一把椅子"。大家还能想到什么用"一把"的东西吗?
学生：一把伞。
教师：对! 大家从开头看一下,"一把扇子""一把剪刀""一把椅子""一把雨伞"，这些使用"把"的物品的共性是什么? 可以用"把"这个量词的东西都是什么样的东西?
学生：能用手握的东西。
教师：能用手握住的，抓住的东西，对吧。"把"这个字本身就是表示"握"的意思的。汉语中"把握"这个词也是有这个含义。这里举出来的所有例子都是可以抓住或者握住的的物体。不管是扇扇子啊还是打伞的时候，都是要握住一个地方的。就像这样，是有一个发力点的。那大家想一下，椅子是要抓住哪里? 椅子是要抓住椅背对不对? 所以我们才说"一把椅子"。没有椅背的椅子就不是椅子了。英语里面说 chair，也指的是有椅背的椅子。如果是没有椅背的椅子的话，英语里面叫 stool。汉语呢，有一个单词叫"凳子"，指的就是没有椅背的椅子。这就是为什么用"一把"这个量词来数椅子的其中一种说法。还有一个说法是，椅子两边是有扶手的，人坐上去的时候会抓住扶手，所以可以用"一把"来数椅子。大家可以记住，只要是用到抓住或者握住这个动作的时候，中国人就会用"把"这个量词来数。比如"一把钱"，是有把钱攥在手里的感觉的。或者一把梳子，一把牙刷，一把吉他，这样的搭配都能感觉出来紧紧握住物体某处的含义。就在这样的地方，我们才能进入中国人的思想世界，明白他们究竟是怎么想的。日本人的话完全不会在意握住的感觉，而是把注意力放在了椅子腿的部分，所以才会用"一脚"来数椅子。这就是中日语言的差异。

果只是单纯的将汉语的语法点一个一个单独的教授给学生的话，学生就没有办法领会汉语语言整体的蓝图，也很难形成对汉语的世界观。而如果拥有汉语本体知识的话，则可以告诉学生语法现象之间的深层联系，帮助学生建立一个对于汉语的清晰认识。同时，如果有一个蓝图的话，教学方法也会随之变化。

最后，是教师成长经历中的叙事之一。

笔者：在留学期间，您在北大接受了什么样的课程？朱德熙先生的课对您有着什么样的启发？

古川裕老师：(略)朱德熙先生当时一周开设一节面对硕士和博士生的课程。那个教室虽然不小，但是一到上课的时候，整个教室座无虚席，甚至还有站着听课的人，教室的窗户也都是开着的，窗边和走廊里都挤满了来听朱德熙先生的课的人。看到这样的景象，我也切身感受到了学生们的求学之心。(中略)在课堂上的时候，朱先生一直抱着将语言学家视作科学家，将语言学视为科学的态度进行教学，这种严谨客观的态度也让我始终记忆犹新。

通过教师在课堂中对汉语量词"把"的讲解，我们可以发现这一讲解的背后包含了对于汉语本体语法与中日对比语言学的知识，而这些知识也进一步与教师的教育理念相结合，升华为教师的信念，在教学实践中传递给学生。而这一知识以及教学理念的来源，则可以从教师的成长叙事当中找到源头。需要注意的是，这些知识以及认知之间的链接并不是简单的因果关系，而这些知识和认知也并不是一成不变的，也并不是在短时间内迅速形成并完善的。这些观点、实践、知识、信念、行为等之间的链接互相补充，互相影响，并始终处在流动与变化之中。

5 讨论与今后的课题

由于篇幅的关系，本文不能将教师所有教学实践、教师成长、教师认知的因素进行完整的分析与罗列。但我们可以得出以下几个结论。第一，通过对三个主题之间的关系描绘，我们可以发现这一模式是一个动态的、

多维的模式。主题内容与主体之间关系始终处于不断的变化当中，而这三个主题与它们之间的关系组成了对于作为教育者的教师身份认知的全貌。教师的身份认知不仅仅存在于当下，而是如同 B. Norton2023 所提示的那样，身份认知不仅是人如何理解自我与世界的关系，同时也意味着这一关系跨越时间和空间被构建起来的过程，以及人如何理解未来的可能性。而语言教师的身份认知，即是教师如何理解自己与这个世界（自己的国家、语言、教授的语言、学生、课堂）的关系，这一关系又是如何跨越时间（教师曾经作为学习者、现在作为教育者的成长等）和空间（在不同地区、学校、网络等）被构建起来的，同时也包含了教师对未来的可能性（作为教师的未来、作为教育者的未来、学生的未来、学科的未来）的理解。第二，这一模式的构建对于教师自身来说，可以促进教师自我反思，并将其思考的结果作用于教学实践与自我发展，对教育现场与教师自身都起到了变革性的作用。第三，在这一模式当中有两个常常被忽略的要素，即教师情感的作用(吴勇毅 2019:54−59)以及文化在语言教学以及教师认知当中的位置。本文由于篇幅原因不能对这两点在这一模式中的作用和其他主题的关系性进行详细叙述，希望把这部分内容作为今后的课题。最后，笔者希望重申对教师个体实践经验研究以及身份研究的重要性。教师的身份认知研究以及模式构建，都让我们可以从现实中进行"切片"，将这一片小小的现实（可能是教师课堂上的一个举动、教师作为学习者经历的一段故事、教师脑海中的一抹信念）放在适当的社会文化语境下的时候，我们就可以获得这样一种可能性——重生为一个新的教育者、重塑一段学科历史、重构一种语言概念。

参考文献

牛窪隆太 2021 『教師の主体性と日本語教育』ココ出版

ボニー・ノートン著，中山亜紀子，福永淳，米本和弘訳 2000［2023］『アイデンティティと言語学習　ジェンダー・エスニシティ・教育をめぐって広がる地平』明石書店

崔希亮 2010　汉语国际教育"三教"问题的核心与基础,《世界汉语教学》(第

24 卷第 1 期），pp.173-81

李光曦 2022　教育叙事研究与日本专家型汉语教师发展——以大阪大学古川裕教授为例，《第十一届東亞漢語教學研究生論壇論文集》，pp.236-255

孙德金 2010　教育叙事研究与对外汉语教师的发展——《北京语言大学对外汉语教学名师访谈录》编后，《世界汉语教学》（第 24 卷第 3 期），pp.383-393

孙德坤 2008　教师认知研究与教师发展，《世界汉语教学》（第 22 卷第 3 期），pp.74-87

孙德坤 2014　国际汉语教师个人实践性知识个案研究，《世界汉语教学》，（第 28 卷第 1 期），pp.128-141

孙德坤 2015　教师知识、叙事探究与教师发展，《国际汉语教学研究》（第 3 期），pp.08-11

吴勇毅 2015　关于教师与教师发展研究，《国际汉语教学研究》（第 3 期），pp.04-08

吴勇毅 2017　如何研究汉语教师及其发展，《国际汉语教学研究》（第 1 期），pp.15-19

吴勇毅 2019　论情感在教室汉语耳语教学中的重要作用——给予叙事的探究，《华文教学与研究》（第 4 期），pp.54-59

Laura M.Ahearn 2001　Language and *Agency. Annual Review of Anthropology* Volume 30-1, pp.109-137，Annual Reviews Press

Simon, Borg 2003　Teacher cognition in language teaching: A review of research on what language teachers think, know, believe and do. *Language Teaching* Volume 36-2, pp.81-109，Cambridge University Press

（Lǐ・Guāngxī　大阪経済法科大学）

个性化语速选择对日本中级汉语学习者听力的影响

李　佳

1　引言

古川（2023:3-30）中提到在日汉语教学的新"三教jiāo"问题，即教什么、怎么教、为什么教。其中"怎么教"的问题，需要每位汉语教师以学习者为本、从多方角度出发去认真思考。外语教学一直重视培养学习者的交际能力，然而在实际交流中，很多学习者经常在听力的文本化和意义化过程中遇到困难。学习者常常表示他们"无法将汉语的发音转化为单词"、"听得出来发音，但是听不懂意思"或者"能理解单词意思，但无法理解句子整体意思"，这两种情况都表明学习者在听力方面存在诸多问题。

语速是听力问题中的一个关键因素。语速，可以理解为平均每分钟一个人所说的话的音节数。许多研究者认为"语速太快"是导致听力困难的因素。根据G.Buck（2001:43-53）、M.Rost（2002:7-21）和J.Rubin（1994:199-221）的多项研究表明，语速越快听力难度越大，语速的提高与文本难度相关。然而，虽然我们知道"语速快会导致听力困难"，但目前对于"哪种水平的学习者听取何种语速才能有效提高听力？"以及"适宜的语速对听力的文本化和意义化产生什么影响"的实证研究还非常有限。随着全球化社会的快速发展，为了满足学术研究、汉语习得和汉语交际能力等方面的需求，我们需要更多具体的实证研究。我们相信通过分析、解明语速对听力的影响，不仅能减轻学习者的不安感、增加其学习的积极性，还可以使教师的教学有的放矢。

2 文献综述

2.1 日本本土以日本学习者为对象的语速研究

目前，关于语速对听力产生影响的研究以日本汉语学习者为对象的并不多见，一般以英语习得居多。

冨田（1998:91-102）将117名大学一年级的日本学生分为同质的三个小组，每组听取三个不同语速（170wpm，125wpm，80wpm）的英语说明文后，进行英语单词的听力测试。研究结果表明，在80wpm的听力测试中，学生的正确率最高，随着语速的提高，正确率逐渐下降。

饭村（2004:125-130）调查了不同语速下的英语教学对日本高中生听力水平的影响。以3个班级的学生为研究对象，分别使用不同语速（210wpm，160wpm，110wpm）的音频历时5个月进行教学。结果发现，虽然语速的差异并不是造成听力能力差异的主要因素，但学习者对于语速的喜好存在差异，推测将教学重点长期放在语速上将有助于提高听力水平。

竹内（2010:221-226）调查了英语CD播放速度的改变对学生理解度的影响。研究中使用了语速分别为98wpm和117wpm的两个音频。第一次和第二次使用原始语速，第三次将语速提高或降低，最后对比分析了三次听取后的结果。结果显示，当第三次加快语速时理解度下降，而降低语速时理解度提高。因此,竹内认为调节语速练习听力的教学方法是有效的。

2.2 中国以日本汉语学习者为对象的语速研究

王珊（1999:98-100）以日本留学生为对象实施了听力坡度训练法，结果发现，该训练法可使听力水平尽快提高，较好地掌握发音、声调和句子停顿，HSK成绩优于未经训练的学生。该研究认为由慢至快、逐步提高语速的训练对听力水平的提高有正面影响。

2.3 问题提起

汉语教学作为第二语言教学，要以培养交际能力为目标，因此，任何教学方法都是为了引导学生听懂并理解正常语速下的汉语。那么什么是"正

常语速"？对于这个问题，学者看法各不相同，目前尚无定论。国家汉办编制的《高等学校外国留学生汉语言专业教学大纲》（2002:261-263）里明确规定一至四年级的学生能够听懂的语言材料的语速分别是160～180字／分钟、180～200字／分钟、180～240字／分钟、180～280字／分钟。孔子学院总部2009年编写的《新汉语水平考试等级大纲》中，将新HSK四级的"正常语速"规定在170～201字／分钟。孟国（2006:129-137）经过多方向调研发现，人的正常语速应该是245字／分钟左右。孟认为，以留学生为对象的中级听力训练应该完成从使用"较慢正常语速"（150～179字／分钟）的语言材料阶段到使用"接近正常语速"的语言材料（200～219字／分钟）阶段的过渡，这一阶段应该适当接触实况汉语听力材料。高级阶段应该完成使用"正常语速"（200～299字／分钟）听力材料的适应过程，全面地进行汉语实况听力的训练。然而，现研究中仍存在以下几个问题：

首先，听力练习时，适合日本中级学习者的"较慢正常语速"有待实证研究发现；其次，以往多数研究中被试年龄层的幅度较大，学习水平也缺乏针对性；最后，不同水平的日本汉语学习者偏好的语速是什么，在听取自己喜好的语速时或由学习者自己掌控语速时，会产生怎样的心理效应尚未解明。

为解决上述问题，我们需要针对同一水平学习者对不同语速的理解能力进行研究。这不仅有助于更全面地了解语速和听力能力之间的关系，而且能为听力教学提供更有效的指导。

3　方法

3.1　研究目的

本研究旨在探讨不同语速对日本中级汉语学习者听力理解的影响、学习者对语速难易度的感知范围、以及个性化语速选择所产生的心理效应。研究问题如下：

RQ1：日本中级汉语学习者偏好什么样的语速？

RQ2：听取自己喜欢的语速，是否会对学习者的听力产生积极影响？

RQ3：个性化语速选择会产生怎样的心理效应？

3.2 被试

本研究被试为，大阪大学外语系汉语专业的二年级学生，排除了因迟到或缺席而只能参加一次测试的学生，共计 41 人。其中，HSK4 级水平的学生占 27%、5 级水平的学生占 8%；日本中国语检定考试三级水平的学生占 6%、二级水平的学生占 4%，其余学生未考取资格或尚未参加过上述考试。为了更准确地了解被试水平，我们利用 HSK4 级模拟试题进行了一次水平测试，分数为 160 分～247 分，平均分为 194.0，标准差为 16.7。根据该结果，被试的平均水平可被判断为 HSK4 级至 5 级。表 1 是被试的汉语水平所对应的不同等级框架[1]。

表 1　被试的汉语水平所对应的等级框架

HSK4 级	属于中级汉语水平考试，通过该考试的考生可以用汉语与母语为汉语者进行流利的交流谈论，或者进行更为广泛的话题交流。
HSK5 级	属于中高级汉语水平考试，通过该考试的考生可以阅读汉语报刊杂志，欣赏汉语影视节目，用汉语进行较为完整的演讲。
中检 3 级	能够阅读和书写基本句子（掌握一般事务）。能够进行简单的日常对话。
中检 2 级	能够阅读中高级的汉语句子，包括复杂句型，可以写出 3 级水平的句子。能够就日常话题进行对话。

根据上述框架，我们可以将被试归为中级汉语学习者。他们能够通过语速适中且清晰的表达理解对话，这意味着较快的语速可能会对理解造成一定的挑战。此外，被试几乎没有海外居住或旅行经验，日常生活中也几乎不使用汉语，因此他们对汉语的熟悉程度较低，听取较快语速时会感到不自信。

3.3 实验材料

本研究使用了两套试题，分别为：中国语检定考试（下文简称"中检"）

第 106 回（2022 年 6 月）和第 107 回（2022 年 11 月）的二级试卷的短文听力部分。笔者根据 3.2 小节中提到的 HSK4 级模拟试题的听力成绩推断，大部分被试的听力水平相当于中检三级到二级之间，中检二级的问题应该略高于被试水平，存在一定难度。但我们发现，中检三级和二级听力测试中的语速不存在明显差异，例如第 106 回中检三级为 148 字／分钟，二级为 154 字／分钟。如果选择相对简单的三级试题，则很难发现语速对听取熟识度较低的生词时的影响，因此，我们选择二级试题作为测试音频。表 2 是本次实验中使用的测试音频的基本数据。

表 2　测试音频的基本数据

第一次听力测试音频的基本数据				第二次听力测试音频的基本数据			
第 106 回	字数	时长(sec)	语速(wpm)	第 107 回	字数	时长(sec)	语速(wpm)
短文一	441	164	162	短文三	462	176	158
短文二	432	184	141	短文四	437	167	156

3.4　实验方法

第一步，预测试。为了确认两次听力测试是否存在难易度差异，我们在他所大学外语系中文专业的两个班级（共计 38 人）进行了难易度差异测试。首先，确认两个班的汉语水平是否存在差异。我们对这两个班级进行了 HSK4 级模拟测试，发现平均分之间没有显著差异（t(38)=-0.54，p=.56），即两个班的汉语水平相近，排除了因汉语水平差异而导致的对听力测试结果的影响。然后，使用两套试题进行预测试，以确认这两套试题的难易度是否存在统计学上的显著性差异。结果显示：t(38)=-0.11，p=.72，无显著差异，这意味着两套试题在难易度上不存在明显差别。确认了上述结果后，我们实施了本次实验。实验时间为 2023 年 7 月，实验中的两次测试在同一节课上进行（90 分钟），测试时间均为 15 分钟。

第二步，第一次测试（简称 TEST1）。TEST1 使用了第 106 回中检二级考试的两个短文听力问题（共 10 个问题），我们没有对语速进行任何

干预。实验过程中，我们要求每位被试佩戴耳机，以确保音频听取质量。

第三步，个性化语速调试。我们采用了一款名为 Repeater[2]的软件作为调试语速的工具，该软件具备以 0.1 倍为单位的语速调节功能。在实验开始前一周，我们要求每位被试将 Repeater 软件下载至其手机中，并详细说明了该软件的使用方法。实验开始前，我们将测试用的音频上传至网络，供被试下载至其手机中的 Repeater 软件内。在第二次测试实施前，被试首先通过调试 TEST1 中短文一的音频找到自己感觉舒适的语速，并记录下来（调整时间为 3 分钟）。

第四步，第二次测试（简称 TEST2）。TEST2 使用了第 107 回中检二级考试的两个短文听力问题（共 10 个问题），被试把音频语速调整成刚刚记录下的倍速后开始测试。通过调节音频的播放速度，可观察被试对语速的偏好和个性化语速选择后的听取效果。

最后，问卷调查。实验结束后，通过问卷调查收集了被试对 TEST2 的感受。问卷回答无时间限制。

我们决定在同一节课上使用不同试题的原因有两点：第一，在同一节课上实施是为了尽可能缩短两次测试的间隔时间，减少其他汉语课程或汉语学习对测试结果的影响，从而确保其信度。第二，使用不同试题的理由是，如果使用相同试题，被试记忆的再认或遗忘可能会影响实验结果的效度。因此，同一节课上使用不同的试题测试，不仅可以确保实验结果的信度，还能较为准确地评估被试在不同语速下的理解能力，更全面地了解中级汉语学习者对听力教学的需求。

4 结果和讨论

4.1 研究问题一：中级汉语学习者喜好什么样的语速？

实验结果发现，中级汉语学习者选择的语速平均值为 0.85 倍速，大约为 133.5 字／分钟。在 41 位被试中，有 32 人选择降低语速，4 人选择不进行调整，5 人选择加快语速。选择最多的倍率是 0.8 倍速（15 人），其次是 0.9 倍速（8 人）。具体参见下一页表 3 和图 1。

表 3 各种语速的选择人数及其汉语水平

选择语速倍数	N	HSK 模拟考试平均分	语速（字／分钟）
0.5	1	210	78.5
0.6	2	204	94.2
0.7	6	201	109.9
0.8	15	198	125.6
0.9	8	213	141.3
1.0	4	199	157.0
1.1	2	205	172.7
1.2	2	231	188.4
1.3	0	-	204.1
1.4	1	247	219.8

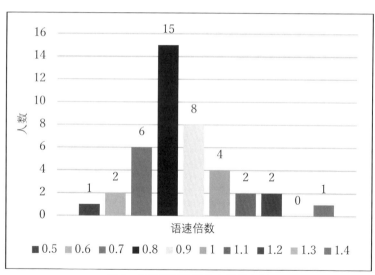

图 1 各种语速的选择人数分布图

中级汉语学习者偏好较慢的语速，可能是由于他们对汉语表达的熟悉程度不高，较慢的语速可降低听力难度，帮助他们更好地理解听力材料。但有少数被试选择加快语速，这可能与个体差异和学习喜好有关。需要注意的是，被试的语速偏好还可能与其他因素相关，如个人学习经验、母语背景和文化因素等。

4.2 研究问题二：听取自己喜欢的语速，是否会对学习者的听力产生积极影响？

我们使用了 t 检验以 5% 的显著水平来检验 Test1 和 Test2 的平均值差异。结果显示，$t(41) = -4.3$，$p=.0001$，这意味着这两组平均值之间存在显著性差异。

表 4　未调整语速和调整后语速的测试标准偏差值

Test1		Test2		t (41)	
平均值	标准偏差值	平均值	标准偏差值	t	p
5.97	2.52	8.04	2.73	−4.2	< .01

下一页表 5 和图 2 分别表示不同语速倍率下两次测试的平均分数。尽管各倍速的被试分布较少，无法进行统计处理，但仍可以观察到选择 0.9 倍速以上的被试在两次测试中的平均分没有差异，而选择 0.8 倍速以下的被试则存在差异。因此，可以得出结论，对于中级学习者来说，选择 0.8 倍速以下的较慢语速会对听力理解产生积极影响。这与研究问题一的结果"被试偏好较慢语速"一致，理解度会随着语速舒适度的提升而得到提高。

表 5　各语速倍率下的测试成绩平均分

调整后语速倍数	N	Test1 平均分	Test2 平均分	语速（字/分钟）
0.5	1	10.0	12.0	95.2
0.6	2	7.0	10.0	113.2
0.7	6	6.0	8.0	133.1
0.8	15	5.7	8.5	152.8
0.9	8	5.4	5.5	171.5
1.0	4	7.0	7.0	190.3
1.1	2	7.0	8.5	209.1
1.2	2	10.5	7.0	239.8
1.3	0	-	-	258.8
1.4	1	9.0	8.0	276.5
1.5	1	7.0	7.0	285.3

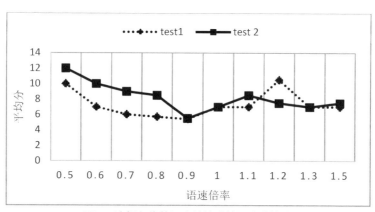

图 2　选择各倍数语速的被试的平均分推移

图 3 和图 4 分别表示 8 名选择 0.9 倍速的被试和 15 名选择 0.8 倍速的被试在两次测试中的结果，横轴表示被试编号。从图 3、图 4 可以看出，在选择 0.9 倍速的被试中，仅 3 名 TEST1 成绩好于 TEST2；在选择 0.8 倍速的被试中，仅 2 名 TEST1 成绩好于 TEST2、1 名分数没有变化。

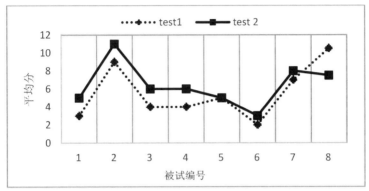

图 3　选择 0.9 倍速的 8 名被试的成绩

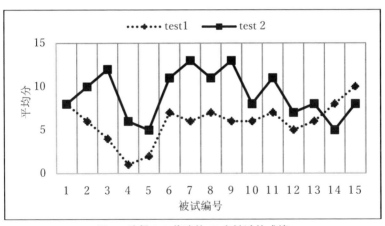

图 4　选择 0.8 倍速的 15 名被试的成绩

4.3 研究问题三：个性化的语速选择可能产生什么心理效应？

无论选择快语速还是慢语速，被试普遍表示以自己喜好的语速听取会产生"能够集中注意力"和"不会中途放弃"的心理效应。其中，选择快语速的被试表示"能够保持一定节奏和紧张感"和"不拖拉、不会忘记前面的内容"等与意义理解相关的有益效应；另一方面，选择慢语速的被试则指出"能够听清每个单词"等与语音理解相关的有益效应。这表明，中级学习者在听力的语音理解和意义理解两个过程中都存在困难，而通过调整语速则能在一定程度上缓解这些问题。

表 6　参加者意见总结

选择改变语速的被试的共同意见：	将语速调整到自己喜欢的速度后，听起来很舒适、容易理解。 可以听清每个单词的发音。 能够理解内容。
选择快语速的被试意见：	既不会忘记前面的内容，也能理解问题。 更流畅，不拖拉。 不一定要慢下来，才能听懂意思。 以前用这种方法练习英语听力，习惯了。
选择慢语速的被试意见：	能够听清楚每个单词的发音。 如果速度太快，会感到无法坚持听下去。 将速度设为 0.7 倍反而难以听清楚。 语速太慢会无法集中注意力。

其中，一部分被试表示，尽管自己事先经调试选择了 0.7 倍以下的语速，但测试开始后，出现了"无法集中注意力"和"理解困难"等负面效果。该结果可能与人类的知觉和短期记忆的时间限制有关。

根据研究，人类的短期记忆一次能够处理的意义单位约为 7 ± 1，感知和识别的信息量在 3 秒以内。在本次实验中使用的音频句子（以逗号切分）平均包含 20.1 个字、平均时长为 4.73 秒。随着语速减慢，句子的平均时长会增加，记忆处理时间也会变长。上述提到的"无法集中注意力"和"理解困难"可能是由于处理时间变长而造成的。这意味着较慢的语速对于中级汉语学习者来说虽然有一定的帮助，但超过一定的程度后，可能

会对其听力理解能力产生负面影响。然而，值得注意的是，一部分被试即使选择了更慢的 0.6 倍速和 0.5 倍速，测试成绩也有所改善。

由此可见，今后为了进一步探讨语速、听力和心理效应三者之间的关系，我们需要增加被试数量并进行更多后续实验，这样才能更好地理解中级汉语学习者在不同语速下的听力表现，更准确地测定其最佳语速范围，从而实现听力教学的有效指导。

5 教育启示

根据本次实验的结果，通过个性化语速选择，中级汉语学习者在进行听力时会感觉舒适并产生积极的心理效应。因此，教学中我们可以尝试以下教学方法。

首先，活用 CALL 教室和语速调节软件。中级学习者可能会对听力抱有一种"我不太擅长"和"我可能听不懂"的心理压力，但以适宜的语速听取时，会因听清或听懂内容而逐渐增加自信心。该方法可以在计算机辅助语言学习（CALL）教室通过调节播放语速进行。然而需要注意的是，过度依赖较慢的语速可能会产生一些负面影响。在问卷调查中，有些被试表示"最初从慢语速开始练习，但还是想尽快适应正常语速"。因此，听取较慢语速应该只作为一种过渡措施，并不适合长期使用。

其次，为了帮助学习者逐渐适应正常语速，可利用"自下而上加工"（top-down processing）来指导，例如在听取前介绍听力材料的背景和生词等。同时，也可加入一些技巧指导，例如快速阅读选项或将选项斜杠分句等，这些技巧可以帮助学习者更高效地处理文字材料，以便推测听力内容。

最后，对于对话文和短文的语速应该区别对待。对于中级学习者来说对话文较容易听取，而短文的单词量较密集，如果不能在测试开始时就判断出其主题或背景，就很难进行词语推测，因此难度较大。我们认为，短文听力的提高，除了与语速外，还与词汇量、推测能力以及反应能力等其他因素相关。

342

总之，通过调个性化的语速选择和进行有针对性的听力指导，可以帮助学习者在舒适的心理状态下逐步提高听力水平，并增加学习的乐趣和动力。同时，也要注意引导学习者逐渐适应正常语速，以实现听力水平的全面提高。

6 今后的课题

本次实验仍存在以下课题。首先，由于被试数量较少，各倍速的选择数量限制了对结果的统计分析。为了提高信度和效度，今后应增加被试数量，通过更多的后续实验进一步探讨语速和听力之间的关系。其次，虽然对一部分被试在选择 0.7 倍速以下时对理解有积极的影响，但在心理层面上却产生了一些负面感受，这可能与大脑处理信息的时间有关。为了更好地解释这些负面感受产生的原因，我们需要进一步研究人类短期记忆和知觉的时间临界值，并采取措施来减轻这种负面影响。最后，我们还需要分析教师的指导方式。目前，我们只关注了被试个性化语速选择的影响，而未涉及因教师听力指导方式的不同而带来的影响。

本研究将语速调节作为变量引入到听力理解的研究中，通过实验设计和数据收集，探讨了日本中级汉语学习者的个性化语速选择情况及其对听力理解的心理效应，对教学实践和教材开发具有一定的启示。教师和教材编纂者可以根据学习者水平，调整教学材料的语速，以提供更好的听力学习体验。今后，我们希望通过深入了解语速和听力之间的关系，填补语速对日本汉语学习者听力影响研究领域的空白，为语言学习和听力教学提供更有针对性的指导和建议，为相关领域的学术研究提供新的思路和方向。

注
1) 引用于：中国语检定考试网站 www.chuken.gr.jp/tcp/grade.html， HSK 网站 www.hskj.jp/level。
2) 一款可调试语速的 APP，由开发者 Shogo Hashimoto 为 App Store 上发布的 iOS 应用程序编写。

参考文献

飯村英樹 2004 インプットの発話速度の違いがリスニング力育成に与える影響，『STEP BULLETIN』（第 16 期），pp.125-130

竹内春樹 2010 リスニング活動における困難点についての考察 —英会話 CD の再生速度 及び再生回数が聞き取りにもたらす影響—，『高専教育』（第 33 期），pp.221-226

冨田かおる 1998 音声英語理解に及ぼす発話速度の影響，『ことばの学習と心理：河野守夫教授退職記念論文集』，金星堂

古川 裕ほか 2023 大学における中国語教育の現状と課題,『中国 21』（第 3 期），愛知大学現代中国学会編，pp.3-30

Buck, G. 2001 *Assessing listening.* Cambridge University Press

Rost, M. 2002 *Teaching and researching listening.* Pearson Education

Rubin, J. 1994 A review of second language listening comprehension research. *The Modern Language Journal*, 78-2, pp.199-221

国家对外汉语教学领导小组办公室 2002《高等学校外国留学生汉语言专业教学大纲》，北京语言文化大学出版社

国家汉办／孔子学院总部 2009《新汉语水平考试等级大纲》，商务印书馆出版

孟国 2006 汉语语速与对外汉语听力教学,《世界汉语教学》（第 2 期），pp.129-137

王珊 1999 针对日本留学生的听力坡度训练法,《西安外国语大学学报》（第 1 期），pp.98-100

（Lǐ・Jiā 大阪大学）

中国語初級テキストに記される
日本語対訳のもつ意義
──アスペクト助詞“了”をめぐる現状と課題から──

鈴木　慶夏

1　はじめに　問題提起とその背景

　本稿は，アスペクト助詞“了”を事例として，中国語初級テキストに記される日本語対訳のもつ意義を論じるものである。学習者の特性・学習環境の特性と関連づけて換言すると，日本語を母語とする中国語学習者が非目的語環境下においてゼロから中国語を学ぶことを想定している日本で出版された初級テキストをとりあげ，新出語句や提示例文，練習・ドリル等で利用される日本語対訳を議論の対象にするものである。

　日本語対訳に焦点をあてるのは，筆者らの共同研究[1)]が中国語教育文法（pedagogical grammar）の構築をめざす以下の過程で生じた問題意識による。(i)鈴木他 2019:40-41, 43-44, Suzuki et al. 2021:131-132，鈴木，西 2024:35-36 等で述べたように，教育文法は教育用途の文法体系を指し，中国語の規則や規則性を学習するというより，学習者が文法事項を実際に「使う」ために存在する。「使う」とは，学習対象となる文法事項（所与の文型や表現形式）を具体的な場面や状況に適切に位置づける行為を指す。(ii)学習者が学習対象となる文法事項を必要な場面や状況で使えるようになるには，従来の文法教授法だけでなく，テキストや授業でとりあげる文法事項の取捨選択や学習順序，導入時期等を見直す必要がある。(iii)また，実際の授業や教材で学習者の目や耳にはいる対訳としての日本語表現も見直す必要がある。文法事項によっては，日

本語母語話者が無意識のうちに生じさせやすい誤解や誤用がテキストで示される日本語対訳を契機にしている可能性を否めないからである。

そこで本稿では，アスペクト助詞"了"にかんする学習者の誤解と誤用を概括したうえで，中国語テキストにおける日本語対訳の現状と課題を論じ，中国語の教育・学習にとって日本語対訳がもつ意義を考察する。

以下，第2節で，学習者の誤解と誤用の傾向を概観し，学習者は「"了"＝過去」というイメージにとらわれやすいことをふりかえる。第3節では，このような誤解・誤用は，テキストに記された日本語対訳にも起因しているだろう点を論じ，日本語教育や英語教育で要注意と見なされている表現形式との関連に言及する。第4節では，中国語表現の日本語対訳がもつ教育上・学習上の意義について，昨今の教育環境の変化や動向をふまえて考察する。

2　アスペクト助詞"了"にかんする学習者の誤解・誤用の一原因

日本語母語話者が産出した"了"の誤用については，すでに多くの論著で具体例があげられており[2]，郭2001，郭2010等にも詳しい。ここでは，学習者が"了"を「過去をあらわすもの」と理解（誤解）しがちであることを確認しておきたい。なお，本稿では文末助詞の"了"は議論の対象としないが，先行研究の記述にふれる際に，先行研究の表記どおりアスペクト助詞を"了1"，文末助詞を"了2"と記す。

郭2010:40, 45では，日本語を母語とする初中級レベルの学習者から収集した誤用を70例以上あげて，「学習者は"了1"が過去だけを表すものと誤解しているだろう」，「基本的に"了2"の誤用が"了1"よりずっと多い」，「ほとんどの誤文は"了2"を過去を表すマーカーとしてとらえていることによる」と指摘している。しかし，誤用の分類基準や分析方法には検討を要するところも残されている。

郭2001や郭2010での記述を見ると，以下の誤文は文末に生起する"了

346

2"の誤用としてとらえている[3]。

(1)*上个星期，我每天练习足球了。　　　　　　　　（郭 2010:42）

　　先週私は毎日サッカーを練習した。

(2)*昨天他没来学校了。　　　　　　　　　　　　　　（郭 2010:42）

　　昨日彼は学校に来なかった。

(3)*昨天我买三本书了。　　　　　　　　　　　　　　（郭 2001:117）

　　きのう私は本を 3 冊買った。

(4)*上个星期我买我喜欢的东野的小说了。　　　　　　（郭 2010:40）

　　先週私は自分が好きな東野の小説を買った。

　誤用には，使うべきでない場合に使う誤用（上記(1)(2)等）だけでなく，使う位置を間違える誤用（上記(3)(4)等）もある。後者に相当する誤用は郭 2001 や郭 2010 では"了 2"の誤用と判断され，郭 2010:45 で，"了"の誤用は"了 1"より"了 2"のほうがずっと多いと見なされるのである。文末に"了"が配置された誤文を一律に"了 2"の誤用と見なすのは議論の余地がある。ただし，この点は本稿の論旨にかかわらないため，これ以上は立ち入らないことにする[4]。本節では，郭 2010:45 の提起する「なぜ学習者は"了 2"を過去マーカーと見なすのだろうか」という問いが"了 1"にも通底する課題であることをふまえ，学習者は「"了"＝過去」と見なし（誤解し）がちであることを確認しておく。

　これまで筆者が担当したクラスでは，専攻中国語クラス・非専攻中国語クラスを問わず，たびたび以下の状況に直面している。

(5) アスペクト助詞"了"の学習後，学習者は，自身の理解や認識についての迷いを払拭しようとするのか，ことあるごとに，「"了"は過去ですか。」「"了"は過去ですよね。」「過去のとき"了"を使うのですか。」と質問してくる。

(6) これに対して，文末助詞"了 2"については，"快……了"，"要……了"等の形式で学ぶ機会があるためなのか，「"了 2"は過去ですか。」という質問は，少なくとも学習直後に提起されることはない。

(7) 学習がすすんで，"快……了"，"要……了"等のパターンを見い
だせない表現形式に遭遇するようになると，中級以上のレベル
になっても，「"了"は過去ですか。」という自身の認識の正誤を
確かめようとする質問だけでなく，「過去なのに"了"を使わな
（くてい）いんですか。」という，自身の理解（誤解）による想
定と言語事実との乖離について理由の説明を求める質問が投げ
かけられる。

このように，学習者にとって「"了"＝過去」というイメージはかなり強
固であることが窺える。喩えると，学習者の中間言語の中では，テンス
という文法範疇はなんとなく存在するが，アスペクトという文法範疇は
なかなか根づかないと言うことも可能である。

　学習者がアスペクト助詞"了"を過去マーカーのように見なしがちで
あることへの対策には，さまざまな方法をとり得る。一定の学習時間や
学習動機が保障されたクラスであれば，アスペクトや完了という概念を
正面から明示的・論理的に解説するのも有効であると思われる。しかし，
時間をかけて文法を丁寧に解説する方法については，その重要性を認め
たうえで，本稿では別の側面から考察をすすめたい。それが，初級テキ
ストに提供されている日本語対訳である。

3　中国語初級テキストにおけるアスペクト助詞"了"の現状 と課題

　第3節では，学習者がアスペクト助詞"了"を過去マーカーとして誤
解しがちなのは，テキストの記述方法にも一因があるだろう点を述べる。

3.1　分析対象とする中国語初級テキスト

　本稿がとりあげる中国語初級テキストは，2024年刊行の9冊である。
2024年刊行のものを対象とするのは，最近の大学の教育条件に適合さ
せる目的で編纂されたテキストをあつかいたいからである。例えば，第

二外国語カリキュラムでの中国語は，必修科目から選択科目になったり，学習期間が短縮されたりと，全体的な学習時間が大幅に減少している。専攻中国語クラスでも，授業時数に占めるオーラル・コミュニケーションの比重が徐々に大きくなり，結果的に，二外クラス・専攻クラスとも，文法解説に投入できる時間は減少している。このような環境変化の影響を受けざるを得ない最新のテキストを考察対象にしたいのである。

　発音から学習を開始する2024年刊行の初級テキストは11冊であった。そのうち2冊は，テキスト自体が非常に薄く，アスペクト助詞"了"を文法事項としてとりあげていなかったため[5]，最終的に初級テキスト9冊を本稿の分析対象とした。

　9冊のテキストは，参照テキスト一覧で書誌情報を記したが，以下の議論では書名を示さず，AからIのアルファベットで記号化する。分析の過程で，問題視すべき課題を指摘することになるからである。もちろん，本稿筆者にテキスト編者に対する批判の意図は一切ない。

3.2　各テキストにおける提示例文と練習・ドリル

　対象となる初級テキスト9冊のうち7冊は，提示例文と練習・ドリルだけでなくその日本語対訳も，学習者に"了"は過去の出来事を述べるときに使うと誤解させかねないものであった。

3.2.1　「"了"＝過去」という誤解を抑制する方策が見られる記述

　まず，9冊のうち，学習者が抱きがちな「"了"＝過去」という誤解を生じさせない工夫が顕著なテキストAに言及する。

　テキストAは，課の冒頭にある会話文で，(8)の下線部のように非過去の事態をあらわす例文を用いている[6]。

　(8) 你会打乒乓球吗?　　　　あなたは卓球ができるの？
　　　—— 会一点儿。　　　　少しだけね。
　　　下了课，咱们去打乒乓球吧。
　　　　　　　　　　　　　　授業が終わったら卓球をしに行こうよ。
テキスト全体が紙幅の制限を受ける中で，前後の文脈とともに，学習者

が過去とは対極にあるととらえるであろう未来の事態をあらわす例文を会話に落とし込んでいる。このように，談話構造の中で非過去の事態をあらわす例文を示していたのは，テキストAとテキストCであった。

　テキストCでも，以下のような会話例が示されていた。

　　⑼ 我还想按摩一下肩。　　　　　肩もマッサージをしてほしいです。
　　　── 那做了足底按摩以后，再按摩肩吧。

　　　　　　　　　　　　では，足裏マッサージをしたら
　　　　　　　　　　　　肩もマッサージしましょうか？

ただし，テキストCでは，⑼以外の提示例文や練習・ドリルに付された日本語対訳が，「"了"＝過去」というイメージを強く暗示させるものであった。この点は，3.2.3で別のテキストとともに論じる。

　山崎2010:70-71によると，前掲⑻⑼の下線部に相当する「～してから～する」というパターンをとりあげるテキストは，数にして1/3にも満たないという。その1/3未満のテキストでは，おそらく，文脈から切り離された文によって"了"の一用法をあつかったものと推定される。⑻⑼のように，場面つきの会話という談話の中でこのパターンをとりあげたテキストA・Cは，これまで頻繁に見られていた誤解や誤用を抑えようとする方略をとったのではないかと推測される。

　さらに，テキストAでは，文法事項の説明部分でも，以下のような「未来にも用いられる」という明確な解説がある（下線部は本稿筆者による）。

　　⑽ 動詞末の"了"

　　動詞＋"了"＋修飾語が付く目的語　〈～した〉

　　　　<u>動作の実現や完了を表す。過去だけでなく，現在や未来にも用いられる</u>。目的語にはよく「数詞＋量詞」などの修飾語がつく。否定は動詞の前に"没（有）"を置き，"了"と「数詞＋量詞」をとる。［……］

　そして，リスニング練習をふくむドリルでは，以下⑾aのように，三宅2010:54-56でも指摘された「談話の出だしにおける全体状況の紹介で"了2"が用いられ，その後話題が具体的で詳細になると"了1"

350

が用いられる傾向」という，談話構造での特徴が反映されている。

⑾ 発音を聞いて，文を繰り返し，次に青字の語句を a, b に置き換
えて練習しなさい（代入箇所の波線は本稿筆者による）。

（11a） 今天买什么了？――我买了一件连衣裙。

a 一双凉鞋　b 两把雨伞

（11b） 下了课你打算做什么？――我打算去银座看画展。

a 台场／玩儿　b 池袋／吃中国菜

また，上記(11b) で未来の事態 "下了课你打算做什么？" を題材にして
代入練習を実施した後，次の⑿の日本語を中国語に訳す練習と，⒀の
個人化質問による練習も用意されている。

⑿ 次の日本語を中国語に訳しなさい。

授業が終わったら新宿へ買い物に行く。

⒀ 実際に基づき，次の質問にピンインで答えなさい。

今天下了课你打算做什么？

テキスト A は，提示例文や文法説明，練習・ドリルの各箇所で，学
習者の抱きがちな「"了"＝過去」という誤解を抑制するための手立てが
積極的にとられていると言える。

3.2.2　文法的意味の明示と学習上の効果

荒川 2010:1 は，"了1" も "了2" も文法的意味を明確に解説すべき
であると論じる。アスペクト助詞 "了" は「テンスではなくアスペクト」
「過去ではなく完了」であることを学習者に明確に伝えるのが理想であ
る。ところが，学習者が過去マーカーのように誤解してしまう状況が続
いていたためか，刘勋宁 1988 で "了" の文法的意味は「完了体」とい
うより「実現体」であると主張されて以来，国内でも「実現」という概
念が用いられるようになった。荒川 2010:2-3 が指摘するように，「実現
（完了）」，「完了や実現」と記すテキストも多い。ただ，文法的意味とし
て「完了」のほかに「実現」という概念を追加しても，「"了"＝過去」
という誤解や誤用を防げなかった事実は否定し難い。

本稿がとりあげた 2024 年刊行のテキストでは，文法的意味を表記し

ていないテキストＨを除くすべてのテキストにおいて，新出語句をリストアップする箇所，または，提示例文を利用して文法解説をおこなう箇所で，"了"の文法的意味を明示していた。テキストＡ・Ｃ・Ｄ・Ｅでは，文法的意味を「完了」と記し，テキストＢでは「実現」，テキストＦは「完了・実現・変化」，テキストＧは「完了や変化」，テキストＩは「実現や完了」と記している。

山崎 2010:68 では，（"了1"，"了2"の両者に対して）「完了，完成，実現，事態の変化，新状況の出現……」等，どの用語も抽象的な概念で「学習者の理解の助けになりにくい」と述べている。本稿筆者もこの主張に首肯する。とくに，文法説明に用いられる例文が，多くのテキストで見られるように，談話の支えがない孤立した文のみである場合，すなわち「文の終止性・完結性」という点で問題のない形式である場合，その文法的意味を「完了」「完成」「実現」「変化」等，どの抽象名詞で示されても，学習者にとって当該概念の理解が難しいのは当然である。

そもそも，明確な場面設定のある談話とともに豊富な例文と詳細な説明を盛り込むことは，ページ数のかさむテキストが敬遠される昨今の状況では非現実的である。このような条件下で，「"了"＝過去」という学習者が抱きがちなイメージを適切な方向に軌道修正できる文法的意味を明確化することは非常に難度が高い。「完了」や「実現」等，学習者にとってわかったようなわからないような漠然とした概念で説明するよりは，学習者の母語である日本語の表現を利用するほうが直感的な理解につながるのではないだろうか。

3.2.3 「"了"＝過去」という誤解を助長しやすい記述

実際に，2024 年刊行の初級テキストでも，提示例文や練習・ドリルには日本語対訳が提供されていたが，それは理解の助けをねらってのことであろう。ただし現状は，それらの日本語対訳がかえって「"了"＝過去」という誤解を助長させかねないものであった。とくに，否定文の日本語対訳が，日本語の「完了」の否定「～していない」ではなく，「過去」の否定「～しなかった」を採用しているからである。

日本語教育文法を論じた井上 2005:101 での「学習目的実現のために
学習者の母語をどう考慮するか」という観点から，中国語学習者の母語
である日本語をふりかえると，多くの初級教科書で"了"に記されてい
る「〜した」という対訳は過去と完了の両方をあらわすため，過去と完
了を分化できる否定文の日本語対訳にもっと注意を払うべきなのであ
る。

庵等 2000:43-45 や中西等 2020:18 では，肯定文での「〜た」は「過去」
と「完了」を表し，否定文になると「〜しなかった」「〜していない」
という異なる形式をとると説明されている。以下 (14) に，庵 2000:43-45
での記述を引用して整理する（ゴシックは庵 2000 での強調箇所である）。

(14)「タ形の二つの意味」

A：（午後 6 時ごろに）昼ごはんを食べましたか。　　　　【過去】

B1：○はい，食べました。／ ×はい，もう食べました。

B2：○いいえ，食べませんでした。　　　　【過去の否定】

B3：×いいえ，まだ食べていません。

B ：（午後 1 時ごろに）昼ごはんを食べましたか。　　　　【完了】

B1：○はい，食べました。／ ○はい，もう食べました。

B2：×いいえ，食べませんでした。

B3：○いいえ，まだ食べていません。　　　　【完了の否定】

ところが，中国語初級テキストでは，否定文では"了"を用いず"没
（有）"を使う点には言及するが，否定文の日本語対訳が，「完了」の否
定「〜ていない」ではなく，「過去」の否定「〜なかった」なのである。

(15) 我昨天**没**去图书馆。

私は昨日図書館へ<u>行きませんでした</u>。　　　　（テキスト C）

(16) 爸爸昨天**没**去北海道。

お父さんは昨日北海道に<u>行かなかった</u>。　　　　（テキスト I）

練習・ドリルに使用された日本語対訳でも同様である。以下，(17) – (19)
は日本語を中国語にする作文練習で，(20)(21) は与えられた日本語を参照
して指定された語句を並べ替える作文である。

⒄ 先生はコーヒーを飲みませんでした。　　　　　　（テキストC）

⒅ 私は昨日宿題をしなかった。　　　　　　　　　　（テキストD）

⒆ 私は夏休み東京へ行きませんでした。　　　　　　（テキストF）

⒇ 私は昨日アルバイトに行きませんでした。　　　　（テキストC）

　　　［打工　我　去　昨天　没］

㉑ 私は学校に行きませんでした。　　　　　　　　　（テキストE）

　　　［学校　我　没有　去］

いずれの例文も，「完了」（の否定）をイメージさせる「まだ（～ていない）」にほぼ相当する“还”を生起させず，⒂⒃⒅⒇のように，「過去」をイメージさせる“昨天”「昨日」という時間詞が多用されているのも特徴的である。否定文にあてられた日本語対訳が「過去」を強く暗示させる点は対策を講じる必要がある。日本語母語話者は，「～しなかった」と「～していない」を使い分ける語感を有しているからである[7]。

3.2.4　日本語対訳の利用と想定可能な効果

　日本語教育の領域でも，松田2011:295が，「～シタカ」[8]という問いに対して「～シナカッタ」を使う状況は限られており，無標の形態は「～シテイナイ」であるのに，多くの日本語学習者は「～シナカッタ」で答えるが，それは日本語母語話者にとって不自然であると述べている。また，「～シタカ」の返答形式としての「～シテイナイ」は，少なくとも一部の日本語テキストには導入されていないと指摘している。

　肯定と否定が完全に対称的な形式にならないのは，「～した」と「～していない」に限らない。中国語の“V了”と“没（有）V”はもちろんのこと，例えば，“比”を用いる比較文もデフォルトの否定形式は“没（有）”を用い，“不比”を用いる否定形式は特別な意味的差異を担っている。助動詞“要”の否定は“不要”ではなく“不用”である点も同様である。多くの言語で肯定形と否定形が機械的に対応しない現象が存在するからこそ，“了”が生起する表現形式の学習に際し，文法的意味の明示だけでは理解が難しい「完了」という抽象的な概念も，「完了」をあらわす適切な日本語対訳を利用できれば，母語に対するメタ認知に

よって直感的な理解にむすびつけられるかもしれないのである。

　英語教育の領域では，母語による直感的理解を利用するものがある。
石居・棄原 2020:56-59 は，「単純過去」と「現在完了」が日本語母語話
者にとって英語学習の難点になっているのは，以下⑵⑶のように，

　　⑵ I lost my car key.　　　　（車の鍵を失くした）

　　⑶ I've lost my car key.　　　（車の鍵を失くした）

日本語では多くの場合，両者が同じ「タ形」であらわされるからである
という点から解説を始めている。さらに，以下の例を挙げて，

　　(24a) モネ展に行った？

　　(24b) 行かなかった（よ）。

　　(24c) まだ行ってないよ。

日本語でも否定文では，(24b)(24c)のように，「単純過去」と「現在完了」
に対応する意味が形式上区別される場合のあることを示している。川村
2020:152-155 でも，石居・棄原 2020 とほぼ同趣旨で，日本語の例文か
ら感覚的に理解しようと，「まずは日本語の文で考えてみよう」という
ステップ１でクイズを出し，その後「英語の場合を見てみよう」という
ステップ２で英語表現の文法解説をおこなっている。母語の日本語を介
した足場かけを利用する方法は，中国語教育でも試行する価値はあるだ
ろう。

　なお，本稿では，学習者が理解し難い文法的意味を示す必要はないと
まで主張するものではない。文法的意味を「完了」と言うのであれば，
日本語対訳も「完了」をあらわすものにすべきであると主張したいので
ある。

3.2.5　日本語対訳の問題から見える"了"と共起する動詞の選択

　肯定文"V 了"の日本語対訳についても，これまでは「〜した」との
み記し，過度に単純化してきたきらいがある。石居・棄原 2020:59, 63
では，肯定文でも現在完了が「タ形」ではなく「テイル形」で表される
場合があるとして，「到着する」という瞬間動詞の結果状態に言及して
いる。

㉕　電車はすでに到着している。The train has already arrived.

　このような，瞬間動詞あるいは変化動詞と呼ばれるような動詞を，中国語教育学界ではあまりあつかってこなかったのではないだろうか。

　木村 2012:167-171 は，"了"による「完了」表現が成立する意味的・統語的要件や，その運用を動機づける機能論的な要件を論じて，"了"は限界性や変化性を具えた動作表現のみを結合対象とし，完了表現への適応度は，"过桥＞吃饭＞下围棋"の順に低下すると指摘している。この限界性や変化性を備えた動詞，例えば"破"のような動詞は，井上 2005:94-96 や白川 2005:60 でも指摘されているように，"窗户破了"に対応する「窓が割れました」と「窓が割れています」およびその意味的差異は，中国語母語の「学習者の勘違いを先回りして防ぐ」（白川 2005:59-61）べきポイントとなる。

　逆もまた然りで，山崎 2010:72 では，"了"と「た」の同一視は日本語母語の中国語学習者が犯しやすいミスであると指摘している。山崎2010:69, 72-73 では，"樱花开了"のように結果の残存をあらわすとき，日本語では「た」と「ている」という二つの形式で言い分ける（「桜が咲いた／咲いている」）が中国語では"了"という一つの形式で表示することは，入門期の中国語教育でもっと強調されてよいはずであると述べている。

　中国語表現と日本語表現が一対一に対応しないものは後回しにするという考え方も存在し得るが，よく使う形式だからと，目的語名詞に数量詞を共起させた例文を示すのであれば，よく使う形式なのだから，限界性・変化性を具える動詞を"了"と共起させた例文を示すことも，同じく理にかなっている。"樱花开了"，"窗户破了"のように，主語が人をあらわす名詞ではない点は，日本語母語話者にとって難易度が高いとは考えにくい。むしろ，学習者が日本語対訳を通して母語を客観視し，メタ認知による部分的または体系的な気づきを得ることで，「完了」という概念を理解しやすくなるかもしれないし，産出の面でも，「"了"を使う文」を具体的な場面や状況で使うことができるようになるかもしれない。

4 おわりに　中国語教育・中国語学習に日本語対訳を利用する意義

　ここまで，アスペクト助詞"了"にかかわる現状と課題に言及し，適切な日本語対訳を利用することの希望的側面を述べてきた。ここでは，中国語の教育・学習に日本語対訳を利用することは，昨今の教育環境の変化やその動向からもその意義を肯定されるだろうことを述べたい。

　まず，とくに非専攻中国語クラスでは，日本語対訳なしには授業が成立しない可能性がある。一昔前と異なり，第二外国語で学ぶ言語の辞書を購入することが期待できない現在，仮に，定評ある辞書をウェブサイト上で無料で利用可能なことを教員が知らせても，学習者は使いこなせないからである。現状として，少なからぬ学習者は紙辞書の使用経験がなく，ウェブサイトでも紙辞書と同様の，「親字」「見出し語」「語義」「例文」という情報の配列様式から今すぐ必要な情報を引き出すことができない。このような学習者が文単位でも検索可能な翻訳サイトへアクセスすることは，コスト（労力）がかからない点で合理的な行動だと言えるだろう。学習者が翻訳サイトの出力を（日進月歩であるとはいえ）無批判に受け入れてしまうことを危惧するのなら，はじめから日本語対訳を利用してメタ言語能力の涵養もねらうほうが，外国語教育の一翼を担う中国語教育の存在価値を高められるのではないだろうか。

　日本語対訳の利用は，CEFR による複言語主義（plurilingualism）の提起と《国際中文教育中文水平等級標準》での"译"（訳す）が加わった５技能の提起という流れの中でも，教育・学習上の意義が認められるはずである。第５の技能"译"は，古川 2022:4-5 が述べるように，学習者それぞれの母語と中国語のあいだで翻訳・通訳を行う能力として中国語習得レベルに密接に関係している。さらに，吉島，大橋等 2004:4-5 が記述するように，複数の言語を相互に無関係のままにしておくのではなく，教育機関での言語学習は多様性をもち学習者は複言語的能力を身につける機会を与えられなければならないという複言語主義は，中

国語教育に従事する者にとって当事者意識を強く喚起させられるものである。中国語教育における日本語対訳の利用は，継承語学習者・既習語学習者をふくむすべての中国語学習者にとって，初級・中級・上級等どの学習段階でも学習効果に資するところが大きいと思われる。

　三行上で用いた既習語学習者は，本稿での造語である。家庭要因等で，中国語が継承語とは言えないが，日本語を母語・第一言語とする者が人生の一時期に中国語圏で生活する経験を有し，ある程度の中国語を身につけている中国語学習者を指す。既習語学習者は，継承語学習者とともに増加の一途をたどっており，大学によってはクラス編成やクラス運営にも影響がある。また，継承語学習者・既習語学習者ともに，中国語だけでなく日本語も到達度・熟達度はまちまちである[9]。このような時代的社会的状況を考慮すると，日本語対訳を有効利用する中国語教育・中国語学習はいっそう積極的に検討する意義がある。

注

1）基盤研究Ｃ1900838「ユーザー視点による中国語教育文法設計の方法論構築―文法事項の分散化と文法説明の平易化」，基盤研究Ｂ22H00683「ユーザー中心設計による中国語教育文法の構築―事例研究からの実用化と体系化―」。
2）日本語母語話者による"了"の誤用に限っても，国内外で非常に多くの先行研究が蓄積されている。本稿では紙幅の制限があるため，国内の学会誌で特集が組まれた『中国語教育』第8号での郭2010をとりあげるに留める。より詳細な先行研究については，『中国語教育』1-79頁の各論考での参考文献を参照されたい。
3）例文(1)-(4)の日本語訳のうち，(1)(2)(4)は本稿筆者による。(3)は郭2001による。
4）もちろん，"了"をなぜ文末に使用する傾向が強いのかという文中の生起位置についても追究する意味はあると思われるが，本稿ではこの点にはふれない。
5）巻末索引を含めて50頁程度，発音4課分を含めて全12課というテキストもあり，アスペクト助詞"了"をあつかわないテキストの存在自体が，昨今の教育環境の変化を如実に反映していると言える。

358

6) 会話(8)(9)の日本語訳はテキストに記されていないため，当該テキストの教授用資料からの引用である。なお，例文中の下線はすべて本稿筆者による。引用に際し，例文番号は本稿での通し番号に変更し，本稿筆者が引用を省略した箇所は［……］と記した。各テキストでのゴシック体や色づけ等の強調箇所は，本稿では一律にゴシックで表記した。また，変換練習の代入箇所は，波線を付した。

7) 筆者は，これまで約 20 年間，毎年の授業で「朝ごはん／昼ごはんを食べた人」に手をあげさせ，挙手しなかった学生に「○○さんは？」と尋ねているが，(「いいえ」や他の学生の発言を受けての「私もです」を除き) 動詞を使用する返答は，現在のところ，「食べていません」が圧倒的多数である。

8)「〜した」「〜シタカ」「タ形」等の表記は，引用元の原文にしたがった。

9) 国籍と母語との対応は一対一とは限らないが，文科省 2021 には，2008 年からの 10 年間で，日本語指導の必要な日本国籍の児童・生徒が 2.1 倍増，公立高等学校の生徒では 2.5 倍増という報告がある。

参考文献

荒川清秀 2010 "了"をいかに教えるか，『中国語教育』第 8 号，pp.1-17，中国語教育学会

石居康男，栗原和生 2020 『日本語を活用して学ぶ英文法』，神田外語大学出版局

井上優 2005 学習者の母語を考慮した日本語教育文法，野田尚史編『コミュニケーションのための日本語教育文法』，pp.83-102，くろしお出版

郭春貴 2001 『誤用から学ぶ中国語—基礎から応用まで—』，白帝社

郭春貴 2010 "了"的病句傾向——日本学习着常见的错误，『中国語教育』第 8 号，pp.39-45，中国語教育学会

川村健治 2020 『日本語で理解する英文法』，明日香出版社

木村英樹 2012 動詞接尾辞"了"の意味と機能論的特性，『中国語文法の意味とかたち』，pp.156-183，白帝社

白川博之 2005 日本語学的文法から独立した日本語教育文法，野田尚史編『コミュニケーションのための日本語教育文法』，pp.43-62，くろしお出版

鈴木慶夏，岩田一成，張恒悦，西香織 2019 ユーザー中心の中国語教育文法設計に向けて，『日本中国語学会第 69 回全国大会予稿集』，pp.39-58，好文出版

鈴木慶夏，西香織 2024　中国語教育文法の設計に必要な談話文法の視点，『中国語教育』第 22 号，pp.35-55，中国語教育学会

中西久実子，坂口昌子，大谷つかさ，寺田友子 2020　『使える日本語文法ガイドブック―やさしい日本語で教室と文法をつなぐ―』，ひつじ書房

古川裕監訳，古川典代訳 2022　『国際中国語教育中国語レベル等級基準』（《国際中文教育中文水平等级标准》日本語版），ASK 出版

松岡弘監修　庵功雄，高梨信乃，中西久実子，山田敏弘 2000　『初級を教える人のための日本語文法ハンドブック』，スリーエーネットワーク

松田真希子，深川美帆，山本洋 2011　「使わなかった」は「使っていない」―掘ったイモを活かす教育文法と授業実験―，森篤嗣，庵功雄編『日本語教育文法のための多様なアプローチ』，pp.295-311，ひつじ書房

三宅登之 2010　"了 1" と "了 2" の相違点とその認知的解釈，『中国語教育』第 8 号，pp.46-66，中国語教育学会

文部科学省総合教育政策局国際教育課 2021　外国人児童生徒教育の現状と課題 https://www.mext.go.jp/content/20210526-mxt_kyokoku-000015284_03.pdf （2024 年 8 月 15 日閲覧確認）

山崎直樹 2010　"了" の導入――教科書における提示法の検討――，『中国語教育』第 8 号，pp.67-79，中国語教育学会

吉島茂，大橋理枝等訳・編 2004　『外国語教育Ⅱ――外国語の学習，教授，評価のためのヨーロッパ共通参照枠――』，朝日出版社

刘勋宁 1988　现代汉语词尾 "了" 的语法意义，《中国语文》第 5 期，pp.321-330

K. Suzuki, K. Nishi, Y. Furukawa, S. Nakata 2021　A proposal for a pedagogical grammar syllabus in tertiary Chinese language education in Japan, *Frontiers of L2 Chinese Language Education: A Global Perspective*, pp.126-143. London: Routledge

参照テキスト

相原茂，蘇紅 2024　『誌上体験　中国留学　初級中国語』，朝日出版社
綾部武彦，小路口ゆみ，劉心苗 2024　『晴れ晴れ中国語』，朝日出版社
王振宇，李小捷 2024　『中国語への旅立ち―基礎からの出発―』，朝日出版社
おもてなし中国語教材開発研究チーム 2024　『初級中国語でおもてなし（改訂

版)』, KINSEIDO

陳淑梅, 劉光赤 2024 『改訂版　しゃべっていいとも中国語　―中西くんと一緒に中国へ行こう！―』, 朝日出版社

筒井紀美, 王紅艶 2004 『しっかり定着　聞ける, 話せる中国語』, 朝日出版社

中原裕貴 2024 『听说写 中国語の一年生』, 朝日出版社

長谷川賢, 加部勇一郎, 陳敏　『実践初級中国語―理解から定着, そして活用へ―』, KINSEIDO

楊暁安, 高芳 2024 『ポイントチェック初級中国語』, 同学社

（すずき・けいか　神奈川大学）

来华留学生中国文化教学模式创新探索

刘 文雯

1 引言

　　中国文化教学作为汉语国际教育中不可或缺的一个部分，一直以来都是教学改革与创新的难点。目前，中国文化教学在教学内容上，讲解介绍中华传统文化的居多，教学方法上使用传统教学法的居多。另外，教学中普遍存在的问题是留学生很难与教师讲授的文化内容产生共鸣，开始时还有些许兴趣，但由于教学内容普遍离学生日常生活较远，课堂互动性不高，学生的兴趣逐渐回归冷淡。因此，中国文化教学需要在教学内容、教学模式、教学方法及手段上作出反思。

2 中国文化教学的现状及问题

2.1 当代中国对外文化传播的困境

　　随着中国的综合国力以及国际影响力的不断提高，就文化传播现状而言，某些国家的媒体及媒介仍然带有严重的刻板印象及文化偏见，乃至错误的价值导向，为中国在国际上树立良好形象、讲好中国故事造成了不小的阻碍。留学生教学作为对外文化传播的第一线，需要一种有效的方式为中国正面发声，使学生获得关于中国的正确认识和准确解读。

2.2 中国文化教学应用性研究不足

　　目前，有关中国文化教学的相关研究大都停留在理论层面上。如：提倡对中国文化教学的重视（崔宏 2022，戴昭铭 2020，李泉、丁秋怀 2017，侯

磊 2013，李泉 2007 等），讨论对外汉语教材中的中国文化构建问题（刘济芳 2023 等），文化教学体系重构（丁蕾 2024，丁彦匀、陈璠 2020，张亚楠 2020 等）以及中国文化教学在对外汉语教学中的发展现状及问题所在（李修斌、臧胜楠 2013，欧阳祯人 2007，简耀 2005 等）。此外，还有针对不同国别留学生的中国文化教学研究以及地域文化教学研究（吴吉忠 2022，王义学、刘玉杰、时延村、孙乐 2022，王成莉、毛海莹 2022 等）。然而在实际的教学应用方面，如何真正地把理论联系到实际，运用有效的教学模式与方法，提高中国文化教学的整体效果，此类研究却并不多见。

2.3 中国文化教学在内容及方法形式上需要有多样化的转变

如引言所述，目前，中国文化教学大部分采用讲授的方式，教学形式比较单一，教学方法缺乏灵活性，加之教学内容大多停留在传统文化方面，以致学习者认为中国文化就是功夫、书法、中国结、剪纸等具体文化事物，缺少对当代中国社会生活中相关文化的了解，课堂教学效果并不理想。

此外，文化类教材内容宽泛、不够深入，与概况类教材内容重复较多，也是一个比较突出的问题。很多高校甚至将概况类课程与文化类课程合并，以概况代之，这对留学生更好地了解中国文化并无益处。

因此，有关中国文化教学在内容选择、教学方法与模式方面的探讨需要进行相应的改革。

3 来华留学生中国文化教学模式创新实践情况

基于以上各方面背景，我们尝试将传统的文化教学模式进行改革与创新，从大纲制定、课程设计到教学实施、学生评价，全面阐述中国文化教学模式创新实践的整个过程，具体如下：

3.1 专业背景及特色

我校汉语国际教育专业（本科）开设于 2015 年，面向海内外华裔及各国留学生进行招生，着重培养"汉语＋商务"的应用型、复合型人才，

来华留学生中国文化教学模式创新探索 363

生源地集中在以伊朗、韩国、蒙古、越南及中亚国家为主的"一带一路"沿线国家与地区。招生至今，已培养出40余名本科毕业生，目前在校本科生十余名。从毕业走向上看，大部分毕业生从事与贸易、翻译及汉语教学相关的工作。对于这些学生而言，对中国文化的深刻理解、跨文化环境中顺畅的沟通，以及对异文化的包容程度将极大影响其职业发展的道路。

3.2 课程简介及学生背景

"中国文化体验"课程是为我校汉语国际教育专业本科留学生开设的实践类专业选修课，课程围绕当代中国社会、经济、文化等主题建构话题，旨在通过对中国传统与现代文化及习俗理论进行形象、直观性的体验，引领学生亲身感受中国人的思维方式和语言表达，深入了解和掌握基本的中国传统文化与习俗，培养留学生跨文化交际能力及与中国文化相关的礼仪。同时，通过课堂内外的学习与体验，增强留学生对中国国家形象的理解，帮助他们变为讲述中国故事、传播中国形象的主体，提升对中国国家形象的认同。

课程目前采用自编讲义进行授课。在教学内容的选择上，主要依据2021年教育部中外语言交流合作中心发布的《国际中文教育用中国文化和国情教学参考框架》进行编排与设计（详见3.3.2）。

从学生背景来看，我校汉语国际教育专业本科生多来自汉文化圈及与汉文化相对邻近的波斯、中亚文化，与中国文化的距离相对较小，但也有受基督教、东正教等西方文化影响的一些国家，如：俄罗斯、刚果（金）、马达加斯加等。在价值观、民族心理、风俗习惯上呈现出较大的差异。

3.3 课程建设过程
3.3.1 制定教学大纲

2017年课程开设之前，根据《北京工业大学汉语国际教育专业本科培养方案》，制定、撰写了教学大纲，并分别于2019年、2020年、2023年根据学校的相关要求和指导进行了修订。

3.3.2 确立教学框架

课程的授课对象为汉语国际教育专业本科三年级的留学生，此时学生

364

们的汉语水平已经达到 HSK5 级或相当水平，因此，课程主要依据《国际中文教育用中国文化和国情教学参考框架》，聚焦高级框架中的"社会生活"及"当代中国"一级文化项目，选取与留学生日常生活关联度较高的八类二级文化项目：饮食、语言与交际、休闲、消费、家庭、节庆、科技、对外交流。根据教学目标制定相应的中国文化与习俗知识进行学习。每一类文化项目设为一大专题，每一专题下又细分若干主题，学生可根据自己的兴趣爱好选择相应的主题进行分组学习（详见表1）。

【表1 "中国文化体验"课程主要教学内容及教学设计】

专题一 首都与北京	主题	1. 城市中轴线 2. 双奥之城
	教学内容 与目标	1. 了解北京城市中轴线的前世今生 2. 了解北京奥运会与冬奥会的"特别之处" 3. 理解中国的外交原则、中外交流的理念、现状和未来方向。
	文化要点	文化自信、外交自信、中国古代建筑美学与文化思想
	第二课堂 形式	参加中轴线主题讲座，参观北京城市规划馆、前门大街、景山公园亲身感受中轴线的魅力，中轴线经典建筑拼插体验。 打卡奥运场馆、冬奥场馆，观看奥运会及冬奥会相关视频讲座。
	任务作业	录制视频、制作介绍 PPT，并做小组汇报
专题二 中国的饮食	主题	1. 中国茶文化 2. 中国酒文化 3. 中国菜系及中国餐桌礼仪
	教学内容 与目标	1. 了解中国人在饮茶种类和饮茶习俗方面的特点和多样性。 2. 了解中国人在饮酒种类和饮酒习俗方面的特点和多样性。 3. 理解中国人饮食和健康观念及其变化。
	文化要点	以人为本、民以食为天、和谐自然观、优秀传统思想
	第二课堂 形式	茶馆、义利北冰洋工厂、牛栏山酒厂参观体验，或与中国同学一起去饭店品尝中国菜。
	任务作业	录制体验视频、制作介绍 PPT，并做小组汇报

专题三 中国人的 休闲方式	主题	1. 日常休闲方式：太极拳、广场舞、健身活动 2. 旅游方式及行为：跟团游、自驾游、出境游、旅游行为
	教学内容 与目标	1. 了解中国传统和现代体育活动的特点和多样性 2. 理解中国人休闲活动新趋势 3. 理解中国人旅游方式和行为的特点及其文化内涵
	文化要点	家国情怀、以人为本、和谐自然观
	第二课堂 形式	进入社区，太极拳／广场舞体验； 首都古迹一日游（长城、故宫、天坛等）。
	任务作业	录制体验视频、制作介绍 PPT，并做小组汇报
专题四 中国人的 消费观	主题	1. 中国人的消费方式：购物节、双十一活动、团购、外卖、快递 2. 中国人的消费观：月光族、储蓄意识、超前消费
	教学内容 与目标	1. 了解中国人网购的特点和互联网对消费者的影响 2. 理解中国人消费行为的变化和影响因素 3. 理解中国人的品牌意识和消费观念
	文化要点	以人为本、制度自信
	第二课堂 形式	校园内体验无人驾驶快递车收发快递；雄安新区、亦庄经开区、冬奥比赛场馆参观，体验自助超市、无人驾驶车辆、自助餐厅等。
	任务作业	录制体验视频、制作介绍 PPT，并做小组汇报
专题五 中国的 语言与交际	主题	1. 汉语、普通话、方言 2. 语言交际：称赞、请求、拒绝、间接、含蓄、委婉
	教学内容 与目标	1. 了解中国语言的分布与部分方言词汇 2. 了解中文称赞、请求、拒绝等言语行为的表达方式和得体行为 3. 理解中国人的语言交际风格的特点和文化内涵 4. 理解影响中文礼貌原则的文化因素
	文化要点	语言自信、语言多样化
	第二课堂 形式	采访不同地区的中国人(现场／线上)，了解方言特点，学习方言词汇和语句。
	任务作业	录制体验视频、制作介绍 PPT；或与中国人合作设计编排有关语言交际的情景小短剧；或自制方言介绍的短视频；开发方言互动游戏小程序等，并做小组汇报

专题六 中国姓名及 家庭	主题	1. 中国人的姓名 2. 中国人的婚恋观 3. 中国家庭及中国人的家庭观
	教学内容 与目标	1. 了解中国起名文化及时代变化的影响 2. 理解中国人恋爱方式的特点和择偶标准 3. 理解中国人婚姻关系的特点和夫妻角色的分工 4. 理解中国人婚恋观年和家庭观念及其变化
	文化要点	家国情怀、传统及现代价值观
	第二课堂 形式	设计制作调查问卷, 采访规定数量及要求的中国人, 了解中国起名／婚恋文化的相关知识和特点。
	任务作业	录制视频、制作介绍中国起名／婚恋文化的 PPT, 并做小组汇报
专题七 中国的节庆	主题	1. 中国传统节日、法定节假日 2. 特殊庆典：毕业典礼、婚礼、祝寿
	教学内容 与目标	1. 了解中国人庆祝现代节假日的行为和偏好 2. 理解中国人人生庆典方面的习俗和文化内涵 3. 理解外国节日对中国人节庆行为和观念的影响
	文化要点	文化自信、家国情怀
	第二课堂 形式	采访中国人, 或进入中国家庭亲自体验相关文化项目。
	任务作业	录制视频、制作介绍中国节庆的 PPT, 并做小组汇报
专题八 中国力量 (基建与科技)	主题	1. 中国桥梁 2. 中国高铁 3. 大兴机场
	教学内容 与目标	1. 了解中国当代科技的发展和最新成果 2. 了解中国科技发展的政策 3. 理解科技发展对中国经济和社会生活的影响
	文化要点	文化自信、家国情怀
	第二课堂 形式	观看中国桥梁、中国高铁、大兴机场相关视频讲座, 打卡大兴机场, 亲身体验机场里的黑科技, 乘坐高铁 感受中国速度等。
	任务作业	录制体验视频、制作介绍 PPT, 并做小组汇报

专题九 中外文化 对比与交流	主题	学生母体文化与中国文化的对比（任选 1-2 个方面）
	教学内容 与目标	1. 了解中国文化与母体文化差异的原因 2. 理解不同的文化观念 3. 尊重彼此文化，提升文化包容度
	文化要点	文化自信、人类命运共同体
	第二课堂 形式	以讲故事或设计编排小短剧（或视频）的方式讲述中外文化差异所引发的思考
	任务作业	录制体验视频、制作介绍 PPT，并做小组汇报

3.3.3 结合教学内容突出文化育人目标

课程以社会生活和首都生活为主线，以优秀思想文化为辅线设计教学内容。将与留学生日常生活相关的文化项目作为明线，将首都特色社会生活文化作为暗线，收集各类教学素材，结合学生水平进行教学内容的设计，制作教学课件，融合多媒体素材，形成具有首都特色的电子教学资料。在呈现上述内容的同时，挖掘社会生活背后蕴藏的优秀思想文化根基，探寻其当代价值与世界意义，包括：家国情怀、以人为本、和谐自然观、人类命运共同体等，使学生从中国当代社会生活文化中发出对于优秀中华传统思想的亲近感，最终搭建起母体文化与中华文化之间理解与沟通的桥梁。

3.3.4 创新授课模式、改革教学方法

课程以融合第一、第二课堂的沉浸式教学为授课模式，以翻转课堂为主要教学方法。具体如下：

课程采取第一课堂背景引导、第二课堂揭秘探索的联动机制，第一课堂以学生亲身经历或相似经历为导入，通过对各个主题的相关文化背景进行讲解与介绍，激发学生学习兴趣，并发布一些列相关问题引导学生展开思考，同时发布任务作业。学生根据兴趣选择不同主题的学习小组，带着问题进入第二课堂展开相应主题的探索与揭秘。不同小组承担不同主题的学习任务，各组学习内容不重叠。

第二课堂采用多种形式，或安排对中国人的采访，聚焦中国人的婚恋观、家庭观，形成自身感悟；或安排问卷调查，获得有关中国方言、中国姓名文化的第一手材料；或安排进入社区体验，亲自感受中国人的休闲生

活方式；或安排赴各地参观、交流活动，如茶馆、酒厂体验茶道、酒文化；雄安新区、亦庄经开区、冬奥场馆等体验自助超市、无人驾驶车辆、自助餐厅等，感受科技生活的便捷。学生在第二课堂亲身参与及体验的过程中找出问题的答案，并通过问题的引导探索问题背后所蕴藏的深层文化内涵，完成任务作业。

各小组完成任务后回到第一课堂进行小组汇报，这一过程既是对自己小组任务的总结与检验，旁听其他小组汇报的过程也是对专题内容的扩展学习。最后，教师对学生汇报进行点评，总结升华每一主题的文化内涵。六类文化专题学习之后，设置一个中外文化对比专题，学生反客为主充当各自文化的宣讲者，对母体文化和中国文化进行对比，以第一视角发掘中外文化的碰撞与交流。

3.3.5　更新教学手段

课程以融合现代虚拟技术的线上、线下混合式课堂为教学辅助手段。利用线上直播平台实现线上云参观及线下体验实践同步进行的新型学习方式，提升学生的学习体验。学生的任务作业也摒弃以往常用的报告或作文形式，采用录制体验或介绍视频、自制趣味短视频、自编自导自演小短剧、开发互动游戏小程序、采访与调查问卷研究、PPT 汇报等多种形式，提高学生参与度，激发学生学习与创作热情，提升课堂互动体验，增强趣味性。

3.4　学生评价

"中国文化体验"课程自 2017 年开设以来，至今已完成八轮讲授。从授课效果来看，课程授课效果良好，深受学生喜爱，八轮教学评价分值均在 4.8-4.9（总分 5 分）。以下为部分学生对该课程的评价：

国际学生 1（俄罗斯）：我真的很喜欢这门课程。我喜欢学习有关另一个国家的文化和传统的文化知识。我认为这是本学期最有趣的课程之一。

国际学生 2（伊朗）：总是在课堂上学习，有点儿腻了，这样学习很有意思。

国际学生 3（越南）：跟只是听老师讲相比，记得更牢，因为花费了

很多时间。

国际学生 4（泰国）：跟同学们一起讨论、商量、设计、外出，在以前的课这些都没有。

国际学生 5（韩国）：本来以为这门课很轻松，实际上要做的事情好多，但也学到了很多。

国际学生 6（马达加斯加）：交到了很多中国朋友，学到了很多中国文化。

4 反思与建议

通过上述实践过程，结合课堂授课实际情况与学生反馈，我们得出了一些反思与建议：

4.1 以学生亲身体验为教学切入点

找到学生真正关注、感兴趣的切入点是展开教学的良好时机。那么，什么才是好的切入点？我们认为有几个特点：贴近学生生活、文化差异大、社会关注度高。贴近生活，学生感同身受更容易理解与接受；文化差异大，学生求知欲更强；而社会关注度高则可激发学生对于不同文化间的思考，培养跨文化交际能力，提高文化包容度。比如：在介绍中国饮食文化专题中"中国饮食观念"这一部分时，以"你吃过哪些中国菜？你觉得中国菜能治病吗？"为导入展开讨论，引出饮食观念背后是自然观的差异。在介绍几种自然观的过程中，自然引入中国阴阳五行观念的基本思想，了解食物特性对于中国人生活的影响，最后组织学生分小组讨论来中国以后在生活习惯方面发生的变化以及所受的益处，最后总结升华，提供新冠疫情期间"中医"巨大功效的相关数据，揭示中国人"人与自然和谐共生"的生活理念，即传统自然观与当代文化之间的一脉相承。

4.2 以问代答获得更佳教学效果

"读万卷书不如行万里路""实践出真知"，相较于由教师在课堂上将

知识传授给学生，让学生自己通过实践来找寻答案以加深印象，也许是一个更有效的方式。学生在实践的过程中，求知欲会促使其不断探索问题的答案，而在找寻答案的过程中便完成了对于知识的学习，后续的课堂汇报又加强了对知识的巩固，如此，事半功倍。比如：在介绍中国力量这一专题时，将中国高铁、大兴机场相关知识点设计成问题的形式，引领学生进入第二课堂实践环节，让学生在亲身体验中国速度与机场黑科技的过程中寻找答案，感受中国科技的发展变化；结合观看中国桥梁建设的相关记录片，体会中国"基建狂魔"称号的由来，由此激发学生的理解与认同。

4.3 课程后续建设方向

由于课程学时及课程性质所限，所学习的中国文化知识并不能涵盖前述文化项目中的所有内容，因此，如何更加科学、合理地设计教学与实践过程以扩充课程的教学内容，将是课程后续要努力的方向。

同时，课程的教学对象可以不仅限于汉语国际教育专业，其他专业的来华留学生同样可以学习。目前，其他专业来华留学生所修的中国国情类课程主要是"中国概况"类课程。概况类课程与文化类课程有重叠的内容，但更多的是差异。概况类课程主要是对中国的各方面情况做一个浅而全的了解。而文化类课程，尤其是本门课程，主要是对日常生活相关的文化项目进行少而精的学习与思考。前者理论性更强，后者实践性更强；前者泛泛而谈，后者更有针对性；前者通常晦涩难懂，后者注重深入浅出。

此外，课程采用的教学辅助手段中有很多独特的线上教学资源，这些教学资源与课程独具特色的教学过程通过合理的设计与编排，可以作为海外汉语学习者的教学资料，充实中国文化教学资源库。

参考文献

崔宏 2022　加强中华传统文化在对外汉语教学中的讲授，《文学教育（下）》第 2 期，pp.49-51

戴昭铭 2020　汉语国际教育"文化教学"的迷失与回归，《汉语应用语言学研究》，pp.12-25

丁蕾 2024 "国际中文教育"新释义下文化教学体系的重构,《吉林省教育学院学报》第 1 期,pp.182-186

丁彦匀、陈璠 2020 试析汉语国际教育专业"中国传统文化"课程教学重构——以昆明理工大学津桥学院为例,《汉字文化》第 6 期,pp.61-62,78

侯磊 2013 论汉语国际教育中中国文化教学资源的整合与建设,《当代教育科学》第 21 期,pp.57-59

简耀 2005 文化教学在中国外语教学中的发展现状及问题所在,《第六届中国跨文化交际研究会年会论文摘要汇编》,pp.63-64

李泉 2007 文化教学的刚性原则和柔性策略,《海外华文教育》第 4 期,pp.11-16,32

李泉、丁秋怀 2017 中国文化教学与传播:当代视角与内涵,《语言文字应用》第 1 期,pp.117-124

李修斌、臧胜楠 2013 近三十年对外汉语教学中文化教学研究述评,《教育与教学研究》第 7 期,pp.73-77

刘济芳 2023 汉语国际教育文化教材发展综述,《临沂大学学报》第 1 期,pp.156-164

欧阳祯人 2007 浅谈对外汉语教学中中国文化教学的几个问题,《长江学术》第 4 期,pp.136-140

吴吉忠 2022 汉语国际教育中的地方文化教学,《文学教育(下)》第 7 期,pp.87-89

王成莉、毛海莹 2022 汉语国际教育中的海洋民俗文化教学——以妈祖信仰为例,《宁波教育学院学报》第 4 期,pp.97-99,111

王义学、刘玉杰、时延村、孙乐 2022 汉语国际教育中地域文化教育的功能优势及实践途径,《当代教研论丛》第 11 期,pp.117-120

张亚楠 2020 汉语国际教育专业《中国文化概况》课程实践教学"1+3"模式探索——以山西工商学院为例,《课外语文》第 33 期,pp.141-142

＊本文系北京工业大学研究生教育教学优秀成果培育项目"第一二课堂融合模式下的国际研究生中国文化课程建设"(编号:313000546322500)、北京工业大学"课程思政"示范课程培育项目"翻转课堂模式下的留学生中国文化实践课程建设"(编号:KC2022SZ058)的相关成果。

(Liú・Wénwén 北京工业大学)

日本中国语检定考试词汇特点考察

鲁　思含

1 引言

中国语检定考试（中国語検定試験，以下简称"中检考试"），由日本中国语检定协会（日本中国語検定協会）主办，旨在测量学习者汉语综合水平。中检考试一共包含六个级别，从低到高分别是准四级、四级、三级、二级、准一级和一级。考试内容充分考虑日语母语者的汉字知识背景，注重考察"译"的能力是其重要特色。从 1981 年起至今，经过四十余年的发展，中检考试证书已经成为日本本土用人单位的重要参考，是考生人数最多的本土中文考试。

中检考试作为日本本土影响力最大的汉语考试之一，是观察日本本土中文词汇教学的重要窗口。作为教学评估的一种形式，它与教学大纲共同对语言教学产生影响，二者之间处在一种不断变动、相互作用的状态 (邹申，2003)。因此日本本土中文考试的情况不仅能够一定程度上反映在日中文教学的真实情况，同样可以作为研制词汇大纲的参考依据。与其他国家相比，日本有着相对完善的中文考试体系。根据不同用途，日本本土汉语考试分为八类十种（侯仁锋，2016）。然而多数本土中文考试在词汇量和学习时长的指导性参考指标上并不明确。如表 1 所示，日本本土中文考试里只有两个提供了词汇量的参考指标。其中，实用中国语技能检定考试提供了较为全面的参考指标，而中国语检考试只提供了低级别考试的参考性指标。参考指标的缺失意味着考试试题本身就缺乏出题的范围和依据，与此同时考生对不同难度等级的考试也难以形成具象化的印象。

为了了解中国语检定考试各级别在难度上的差别，并以此一窥日本本

土中文词汇教学的现实情况。本文从词汇数量、词汇广度和词语难度三方面对中检考试的词汇特点进行全面考察和分析，在此基础上，考察中检考试对词汇各项指标的安排与中检考试的能力要求是否匹配，为日本本土化中文词汇大纲的研制提供数据支持和参考。

表 1　日本本土中文考词汇量参考指标汇总表

考试名称	五级	准四级	四级	三级	二级	准一级	一级
中国语检定考试	—	500	1000	2000	—	—	—
实用中国语技能检定考试	350	400-600	2000-3000	3000-4000	4000-6000		6000-8000

2　研究方法

本研究的材料来源于日本中国语检定官方网站[2)]，语料文本取自 2020 年至 2024 年（第 101 回至第 111 回）中检考试全部级别考试试题文本。其中包含准四级、四级、三级、二级、准一级考试各 11 套试卷，一级 4 套试卷，全部级别共计 59 套试卷。语料文本由听力文本、试卷内容及参考答案构成。原始语料文本经过人工处理，只保留中文试题文本，剔除日语考试指导语、英文字母、阿拉伯数字及其他符号等无关内容。

试题文本处理上，经过分词和词性标注[3)]，并采用人工筛选的方式对试题文本进行了清洗和汇总，在此基础上整理成为《中检考试各级别新增词汇表》（以下简称"中检词表"）。

3　中国语检定考试的词汇特点

词汇是语言测试的载体，其中词汇数量、词汇广度和词汇难度是衡量词汇特点的三个主要维度。本文将从这三个维度对中检考试的词汇特点进行考察和分析。

3.1 词汇数量特点及分析

张洁、张晋军（2010）指出中文考试难度在很大程度受词汇量的影响。为了考察中检考试词汇量分布的合理性，本文进行了统计分析，结果发现实际词汇量均少于其参考性指标，且各级别新增词汇量比例相差较大。如表2和图1所示，新增词汇量的增减趋势以中检二级考试为分水岭，从准四级至二级考试的新增词汇比例一直保持增长。初等词汇内部的变化较为平缓，准四级与四级考试的新增词汇数量呈现缓步上升的趋势。中等和高等的等内词汇量变化幅度都很大。这主要是因为二级考试的新增词汇量呈现出猛增的态势，是中检三级考试新增词汇量的2.94倍。

表2 中检考试各级别词汇数量分布表[4]

难度范围	难度等级	新增词汇量	新增词汇占比	累加词汇量	中检考试参考指标
高等	一级	439	3.82%	5588	—
	准一级	883	22.65%	5149	—
中等	二级	2592	45.02%	4266	—
	三级	774	15.42%	1674	2000
初等	四级	624	13.09%	900	1000
	准四级	(276)	0	276	500
合计		—	5588	—	5588

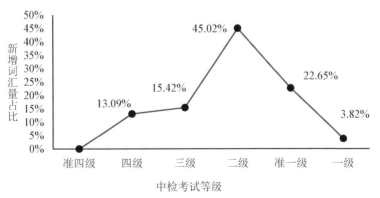

图1 中国语检定考试新增词汇量分布图

本文认为中检考试在词汇数量上呈现的分布特点与以下两方面因素有关。

一方面，初等考试词汇量严格控制在量化指标范围内，能够保证考试合格率的稳定性。为了保证考试合格率稳定在一定范围内，日本中国语检定协会一般会根据当次考试成绩和考试难度对及格线加以调整。侯仁锋（2013）指出中检考试初等阶段仅要求测试出考生对基础知识的掌握程度，没有拔高要求。因此，为了控制考试难度，试题文本中的实际词汇量会少于量化指标。经统计，中检考试准四级、四级和三级的实际词汇量分别相当于量化指标 55%、90% 和 84%，而词汇量的降低意味着降低了相应级别的考试难度，这也保证了考试的合格率。中检考试各级别合格率的数据（如图 2）可以印证本文的观点。准四级、四级和三级考试的合格率在所有考试级别中位于前三位，且上下浮动基本控制在 20% 以内。另外，据本文观察，近三年高等级别考试均多次出现对及格线进行调整的情况，而准四级、四级和三级考试较少出现及格线调整，准四级则从未调整过及格线。这说明虽然整体上中检考试对难度的控制并不稳定，只有前三个级别的考试难度控制得相对较好，这也与这三个级别考试的词汇量得到了严格控制有着直接的关系。

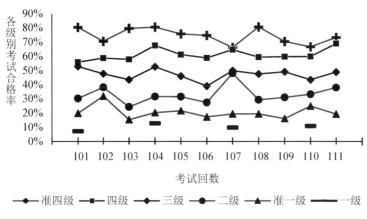

图 2　中国语检定考试各级别合格率趋势（第 101 至 111 回）

另一方面，中检二级考试新增词汇量比重陡然增加，能够使高等难度的中检考试更具区分度。一直以来中检二级考试被认为是"不付出相当程度的努力无法攀越的一大步重要的台阶"（侯仁锋，2013）。作为迈向准一级和一级考试的重要关口，中检二级考试难度承担着承上启下的任务。从官方介绍中不难发现，中检高等难度考试内容的重心开始向翻译能力的考察方向倾斜。其中明确要求准一级须具备翻译较高难度长文的能力，而一级考试除了要求具备高难度笔译能力，还要求能够口译。此外，通过中检一级水平者可以在日本政府观光局主办的"翻译导游考试"免除笔试，这相当于认可了中检一级考试难度已经具有专业级别难度。反观中检二级的要求，考生须具备日汉互译短文 100 字～300 字短文的能力，相比高等难度考试的要求，中检二级考试的难度相当于一个过渡性的级别，它连接着初中等难度，虽然对翻译能力的要求较低，但大幅度增加的词汇量对未来计划参加高等难度考试的考生起到了一定过滤和筛选的作用。

3.2　词汇广度特点及分析

词汇广度是衡量试题质量的重要指标。Laufer Batia（1991）研究表明语言水平受词汇广度影响，词汇量越丰富其文本质量越高。文本的词汇广度 TTR（Type-Token Ratio），TTR 比值越大代表词汇量越丰富。其具体计算公式如下：$TTR=$词汇规模[5]／文本长度[6]

本文对中检考试各级别词汇广度进行了统计，如下一页图 3 所示。随着中检考试难度等级上升，TTR 指数总体呈上升趋势，这表明中检考试试题文本的词汇广度呈上升趋势，词汇丰富程度加深。其中，准四级考试与一级考试的 TTR 指数变化较大。准四级试题文本的 TTR 指数均高于二、三、四级试题文本，这是因为四级考试试题文本长度远低于其他级别考试。准四级考试属于中检考试的最低级别，文本长度仅有 1998 词，文本长度短，词汇规模也小。而从四级考试开始，试题文本大幅增加，准一、二、三、四级试题文本分别是准四级试题文本长度的 14.59 倍、14.04 倍、8.86 倍和 6.43 倍，而相应级别的词汇规模增长率较缓，因此呈现出先降后增的趋势。一级试题文本的 TTR 指数出现陡增的趋势也与文本长度有关。由

于中检一级考试每年仅举办一次,而其他各级别每年举办三次,在相同时间长度内能够获取的试题文本数远少于其他各级别考试,其文本长度仅为 10064 词,因此中检一级试题文本的 TTR 指数出现远高于其他各级别考试的现象。

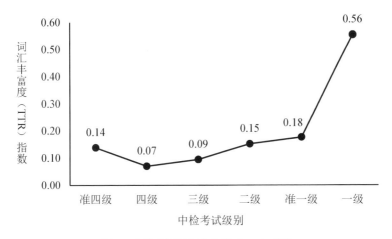

图 3　中检考试词汇丰富度（TTR）指数

表 3　中检考试试题文本广度指标统计表

考试等级 \ 指标参数	文本长度	词汇规模	TTR 指数
一级	10064	5588	0.625
准一级	29144	5149	0.208
二级	28043	4266	0.169
三级	17703	1674	0.116
四级	12848	900	0.089
准四级	1998	276	0.187

3.3 词汇难度特点及分析

语言能力测试对难度的控制能够体现试卷质量的高低，试题文本中的词汇是试卷难度的重要载体。为了控制试题难度、稳定考试效度，需要从命题、阅卷到制定合格标准等各个环节进行控制和干预。以新汉语水平考试（HSK）笔试为例，在一至三级考试的命题时严格遵守"词汇控制精密化"原则，紧紧围绕大纲中规定的词语研制试卷，不可超出范围。其他级别考试虽然有可调整范围，但考点依旧须要依据大纲进行选择(李桂梅等，2015)。由于中检考试的官方介绍并未提及是否参考某个大纲作为量化指标的参考标准，为了考察中检考试对于试题难度控制情况，本文参照《等级标准》，对中检考试各级别新增词汇表进行了标注和统计（如下一页表4所示）。

经过分析发现，中检考试各级别词语难度均高于《国际中文教育中文水平等级标准》（以下简称"《等级标准》"）相应级别词汇，其词语难度整体上呈现递增的趋势。为了考察中检考试词汇难度情况，本文统计了中检考试各等级词表中超出本级别难度的词语数量。以准四级考试为例，准四级大致可以对应《等级标准》中的一级。根据"词汇控制精密化"原则，该级别考试内不会出现超出准四级（对应《等级标准》的一级）难度的词语。如下一页表5与380页图4所示，经过统计分析，准四级考试中除本级词语以外，有高达43.84%的词汇超出准四级考试难度，这个数据远远超出了《等级标准》所提出的5%调整量。同样地，中检考试其他级别的词表均出现了大量高于本级别的词汇。其中，三级、二级和准一级考试词表中的超过其难度等级的词汇比例均超过了50%。结合这些数据，本文认为以全球通用性考试的标准来看，同等级别的中检考试词汇难度要高于汉语水平考试。

表4　中检考试各级别词汇难度统计表[7]

难度考试级别	一级	二级	三级	四级	五级	六级	七－九级	超纲	总计
一级	12	39	29	25	22	20	54	238	439
准一级	29	62	112	94	92	112	369	13	883
二级	46	168	312	321	258	175	497	815	2592
三级	54	134	130	85	61	36	74	200	774
四级	182	157	84	40	21	28	29	83	624
准四级	155	56	21	12	3	9	5	15	276
总计	478	616	688	577	457	380	1028	1364	5588

表5　中检考试词汇难度分析指标[8]

中检考试					HSK考试	
考试等级	超纲词数量	超纲词占比	超出本级别词汇数量	超出本级别词汇比例	考试等级	总词汇数量
—	—	—		—	7-9级	5636
一级考试	439	292	66.51%	439	6级	1140
准一级考试	883	494	55.95%	883	5级	1071
二级考试	2592	1745	67.32%	2592	4级	1000
三级考试	774	456	58.91%	774	3级	973
四级考试	624	285	45.67%	624	2级	772
准四级考试	276	121	43.84%	276	1级	500
总计	5588	3393	—	5588	—	11092

　　既然中检考试词汇难度大于新汉语水平考试，中检考试的考生还基本是在非目的语环境下接受的中文教学，那么是什么原因使得日语母语者在中检考试中依旧获得较高的合格率呢？中检考试加大词汇难度是否与日语母语者的汉语知识有关呢？高立群等（2005）的研究表明词形相似性会影

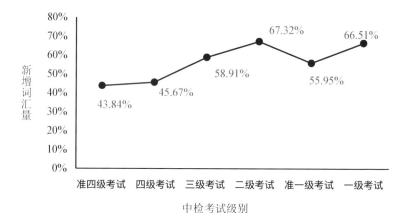

图 4　中检考试超出本级别词比例汇量示意图

响学习者的语义通达,同形同义有促进作用,同形异义会产生干扰。结合上文的数据,中检各级别考试超出本级别难度的词语都在 40% 以上,这说明日本本土中文考试对词汇难度的要求远远超过新汉语水平考试。为了考察是否有中日同形同义词中和了中检考试的词汇难度,笔者对中检词表中的中日同形词进行了统计[9]。结果发现中检考试词汇总表里的中日同形词占比为 25.95%。其中,同形同义占 19.40%,同形异义占 1.81%,同形类义占 3.36%。我们还统计了超出本级别词表中的中日同形词(见表 6),结果中日同形词的占比同样没有预想中的大。我们猜想可能是所分析的语料中听力原文语料的比重大,导致过高地估计了中检词汇难度。因为有研究表明在二语习得中,不同技能所需要的词汇量是有差异的。在英语二语习得中,听力所需的词汇量是阅读的一半(转引自钱旭菁 2002)。我们在统计语料时将听力原文的文本语料一并纳入词表中,可能无形中增加了各个级别的词汇难度和词汇数量。

表 6　超出本级别词表里中日同形词占比统计表

中检考试等级	一级	准一级	二级	三级	四级	准四级
占比	2.73%	2.83%	11.03%	16.17%	13.78%	12.32%

4 存在的问题及建议

本研究以词汇为切入点，考察并分析了中检各级别考试词汇量的具体情况，发现了如下问题。一是中检初等考试词汇与其参考指标有差距，尤其是准四级考试中的实际词汇量过低，可能无法真实地反映考生的中文水平。二是中检二级考试词汇量提升过多，远高于其他级别间新增词汇量，这导致中检二级考试难度过高，二级考试合格率并不稳定。本文认为上述两个问题的根源都在于中检考试没有本土化的等级标准或者词汇、语法大纲等作为出题范围和依据。侯仁锋（2016）在分析中检三级考试时也指出了类似的问题。可见，日本本土中文考试缺乏具有量化指标的等级标准这一问题由来已久，亟需得到解决。

为了增强日本本土中文考试的科学性和稳定性，促进本土中文教学的高质量发展，需要尽快将研制覆盖全部学习阶段的本土中文词汇大纲或者等级标准提上日程。这里特别强调"覆盖全部学习阶段"是因为日本本土并非没有词汇大纲，只是本土词汇大纲主要是面向初级阶段学习者，如日本全国高等学校中国语教育研究会研制的『高校中国語教育のめやす』、山田眞一编写的『基礎段階の語彙リスト』、中国语教育学会研制的『中国語初級段階学習指導カイトライン学習語彙表』等。从现有情况看，可以先基于已有的初级水平词汇大纲，先行研制出适合本土学习者且得到广泛认可的初等词汇大纲，并以此大纲为基准，逐步形成具有日本本土中文教学特色、涵盖初等、中等和高等级别的词汇大纲，从而满足不同的学习需求。

注
1）本研究得到教育部中外语言合作与交流中心"国别化《国际中文教育中文水平等级标准》的探索：与日本本土中文词汇教学的对接和调适"（YHJXCX 23-097）的资助。
2）日本中国语检定官方网站（https://www.chuken.gr.jp/），检索时间为 2024 年 3 月 24 日。

3）本文通过在线分词网站（https:// zhonghuayuwen.org/#/ylkzx）对语料文本进行分词和词性标注。该网站由教育部语言文字应用研究所开发，可以免费使用。

4）准四级为最低级别考试，其词汇量为基础词汇量，不存在"新增词汇"，因此将该级别词汇量用（）表示，新增比例为用——表示。在计算其他各级别词汇新增比例时，所使用的总新增词汇数为5921个。新增比例＝新增词汇／累加词汇量

5）词汇规模，也称类符或词种数，指的是某一文本中所出现的不同词语的总数。

6）文本长度，也称形符或总词数，指的是，某一文本中出现的全部词语的总数。

7）灰色区域是用于计算超出本级别词汇难度的部分

8）据官网介绍，将中检考试与新汉语水平考试的难度等级并非完全一一对应。由于没有详细参数作为参考，为方便比较分析，暂时将两个考试的难度等级按照一一对应的方式计算。

9）本文对中日同形词的标注使用了松下達彦, 陳夢夏, 王雪竹, 陳林柯 2020「日中对照漢字語データベース」（Version 2.00）（http://www17408ui.sakura.ne.jp/tatsum/database.html），下载日期为2024年4月23日。

参考文献

高立群、黎静 2005 日本留学生汉日同形词词汇通达的实验研究,《世界汉语教学》第3期，pp.96-405

侯仁鋒 2013 テスト理論と実践から見る中国語検定試験その3級を中心に,『県立広島大学人間文化学部紀要』巻8，pp.115-129

侯仁鋒、申荷丽 2016 日本的汉语考试概观,《海外华文教育》第5期，pp.624-636

李桂梅、张晋军、解妮妮、符华均 2015 新hsk词汇控制对试卷难度影响的研究《中国考试》第3期，pp.38-40

钱旭菁 2002 词汇量测试研究初探,《世界汉语教学》第4期，pp. 54-62

王鸿滨 2023 《国际中文教育中文水平等级标准》" 四维基准 " 互动研究,《天津师范大学学报（社会科学版）》第3期，pp.1-9

張勤 2024 検定試験に見るテストとCEFRとの接続—日本中国語検定の指定作文を中心に—,『社会科学研究』, 巻44，号2，pp.117-140

张洁、张晋军 2010 汉语水平考试用词统计分析报告,《中国考试》第1期，

pp.34-38

竹中佐英子 2020　中国語検定試験に関する一考察『経済論集』巻 45，号 2，
　　pp.183-198

邹申 2003　语言教学大纲与语言测试的衔接—TEM8 的设计与实施《外语界》
　　第 6 期，pp.71-78

Laufer Batia 1991 The development of L2 lexis in the expression of the
　　advanced learner, The Modern Language Journal Volume4, pp.440-448

（Lǚ・Sīhán　辽宁大学）

不同人际关系对选取理解型交际策略的影响分析

西　香織

1　引言

第二语言学习者（second language learners）在使用第二语言进行交际时，由于掌握该语言的能力不足，往往会出现理解和表达障碍，为了克服这些障碍，学习者会采取某些交际策略（communication strategies）。交际策略可以分为两大类：一类是产出型的（production-oriented），另一类为理解型的（reception-oriented）。后者主要指当二语学习者遇到听不懂或听不清对方所说的话时，要求对方提供更多的信息来克服交际中的困难。汉语中常见的有："请再说一遍""什么？""xx 是什么意思？""对不起，我听不懂""啊？""xx？（echo questions，回声问句）"等等。"理解型交际策略"实际上与语义协商（negotiation of meaning）策略（Dörnyei & Scott 1995a；1995b；1997；Dörnyei & Kormos 1998：374-376；西 2017）几乎重合，但它还包含假装明白、填充词（fillers）、回声[→]（echoing，一般用来表示说话者在思考中）等间接策略，它所涵盖的范围比语义协商更为广泛[1]。

以汉语作为第二语言学习者（second language learners of Chinese）为对象的理解型交际策略及语义协商的研究至今仍处于萌芽阶段，相关文献只有钱道静 2010；靳洪刚 2011；曲明等 2012；江晓丽 2015；王萍丽、李彦霖 2015；杨虹 2015；西 2016，2017，2021 等。其中，曲明等 2012、杨虹 2015 和西 2016，2017，2021 对以日语为母语的汉语学习者（皆为大学生）为主要对象进行了调查与分析。曲明等 2012 通过小组讨论和面试

两种口语考试，调查了中高级汉语学习者的口语交际策略使用情况；杨虹2015以汉语母语者和高级汉语学习者为对象，调查了学习者与母语者交谈中出现的语义协商的过程；西2016主要对初级汉语学习者在汉语口语测试中听不懂老师的提问或不知如何回答时采取的理解型交际策略进行了调查；西2017通过访谈的形式，对中高级汉语学习者所采取的理解型交际策略进行了调查。西2021以10名中高级汉语学习者（日语母语者5名，韩语母语者5名）和5名汉语母语者为对象，以求职应聘模拟面试的形式，对受试者所采取的理解型交际策略进行了调查分析。但至今似乎还没有从着重于语用因素的角度来调查汉语学习者和母语者所采取的交际策略差异。

综上，本文以日本中级汉语学习者和汉语母语者为对象，调查分析两组受试者在互动过程中遇到理解障碍时所采取的理解型交际策略。本文主要探讨以下两点：

1、日本汉语学习者和汉语母语者所采取的交际策略是否有差异？
2、人际关系的不同是否影响受试者所选择的交际策略？具体来说，与不认识的老人、通过视频第一次见面聊天的外国大学生谈话时所采取的交际策略种类是否有差异？

2　研究设计

本项研究主要采用口语型话语补全测试（oral discourse completion test：简称"口语DCT"[2]），对受试者在听不懂或听不清交际对方的话语时采取的交际策略进行了分析。受试者为日本中级汉语学习者（以下简称"学习者"）和居住于中国的汉语母语者（以下简称"母语者"）各25名[3]。学习者皆在日本的大学本科攻读汉语专业，其汉语学习经历为2.5-3.5年（课堂授课共计400课时以上，每课时1.5小时），其中5名学生曾在中国大陆、台湾等地学习过半年汉语。两组受试者皆为女性大学生。两项调查分别在日本和中国的大学多媒体网络（CALL）教室进行。每位受试者通过个人电脑，与事先录制好的视频中出现的某些人物进行谈话交流，并对

整个谈话过程都进行了录音。调查结束之后，把收集到的谈话内容（包括语调）转换成文本资料，并加上编号与标签。

调查中各播放了四段视频，即设定了四种不同交际情景，里面出现四种不同人际关系（亲疏关系，上下关系）的人，即：不认识的老人[疏／上]、通过视频第一次见面聊天的外国学生[疏／同]、授课老师[亲／上]、同班同学[亲／同]。本文专门对前两种情景进行了分析和对比。调查开始之前给受试者提示的情景如下：

情景 1. 你在大连一所大学校门口等朋友时，有位老大爷走过来和你搭话，说他从上海远道而来，要到学校里找人。

情景 2. 你通过视频第一次与一位在日本一所大学学习汉语的外国大学生[4]聊天。他有一个年幼的弟弟正在旁边玩玩具，他周围的声音比较嘈杂。

为了引出含有要求重复、澄清等话语，每段视频中特意将一些嘈杂的声音录进去，并要求视频中的人物故意发错音(包括用外国腔或方言腔)等。由于视频中人物的谈话都是事先录制好的，因此，这些人无法根据受试者的谈话内容做出不同的反应，偶尔会出现答非所问、文不对题等情况，如[5]：

⑴ 外 14：哦[↓]，你专业是？

　　学 14：**什么**？　　　　　　　　　　　　　　　　　　　　　　(S3)

　　外 15：啊，好厉害！

⑵ 外 34：啊啊啊，你知道吗？

　　学 34：**我不知道**。

　　外 35：啊，你也喜欢吗？啊，很好。那我们下次／·／一起玩儿吧。好吧？

这说明，虽然与笔语 DCT 相比，口语 DCT 这一调查形式更具有自然语料的特色，更适于研究自然话语（Yuan 2001；王晓彤 2008），但与自然交际中的话语仍有一定的距离。

3 研究结果

调查中,我们收集到含有要求澄清、重复等策略的话语(以下简称"策略话语")共 397 条,其中共含有 533 条理解型交际策略。详细分布情况如下表 1:

表 1 策略话语和理解型策略的数值统计

	情景 1 (不认识的老人)		情景 2(第一次 聊天的外国学生)		情景 1+ 情景 2	
	策略 话语	理解型 策略	策略 话语	理解型 策略	策略 话语	理解型 策略
日本汉语学习者	105	131	128	156	233	287
平均	1.2		1.2		1.2	
汉语母语者	64	101	100	145	164	246
平均	1.6		1.5		1.5	
共计	169	232	228	301	397	533

受试者有时会选择沉默、各种交际性的非言语行为(如,歪头表示不明白等)或假装明白(装懂)。但由于参加此项调查的受试者人数较多,采用的是录音方式,而且没有进行跟踪调查,因而无法知道受试者当时的表情和动作,也无法判断受试者真正的交际意图。因此,本文不将沉默、间接表示不明白(即非言语行为)、假装明白等策略作为考察对象。我们也排除用于回答问句"你知道吗?"的"我不知道"(如例 2)。另外,学习者在语音、语法、词汇等方面出现不少偏误,但本文暂且不考虑其话语的准确性。

从表 1 的结果可以看出,在一条策略话语中,学习者平均使用 1.2 个策略(情景 1、情景 2 都为 1.2),而母语者平均使用 1.5 个策略(情景 1 为 1.6,情景 2 为 1.5),情景 1 和情景 2 的结果之间差异不大。此结果说明虽然两组受试者都倾向于在一个策略话语中只使用一种交际策略(如:"请再说一遍""Yongzhe dou elong〔勇者斗恶龙〕?"等),但母语者使用

复合交际策略的比例也相对较高（如："啊[↑]？什么？""第几幢？不好意思，我没听清"等）。两组间策略话语数量的差异或多或少地反映了学习者和母语者对谈话内容理解能力的差异，也反映了语言形式运用能力的差异。另外，两种情景间策略话语数量的差异在某种程度上反映了视频时间长度的不同（情景 1 时长约为 70 秒，情景 2 时长约为 200 秒）。

此项调查中受试者使用了理解型交际策略共 533 条（学习者 287 条，母语者 246 条）。通过对数据加以分析，我们将结果分成 8 类[6]。每个交际策略典型的例子如下表 2，其分布情况如下表 3：

表 2　理解型交际策略的分类及其例子[7]

交际策略	例子
S1. 直接要求澄清	"Sunzi 是什么意思？"
S2. 间接要求澄清／重复	a. 回声[↑]："Tajikesi？""Taji? Taji？"
	b. 感叹词[↑]："嗯？""啊？"
S3. 直接要求重复	a. 重复全部话语："请再说一遍""（说）什么？"
	b. 重复部分话语："第几幢？""从什么地方来的？"
S4. 间接要求重复	表示没听清："没听清""听不清""声音太小了"
S5. 要求确认	"汉语学院，是吗？"汉语学院？（回声[↑]）"
S6. 表示不明白	"听不懂""不知道"
S7*. 表示思考中	a. 回声[→]："Tajike…""Di si zhuang…"
	b. 填充词（感叹词）[→]："嗯－""啊－"
S8*. 表示歉意	"对不起""不好意思"

表 3　理解型交际策略的分类及其分布情况（百分比）[8]

交际策略	情景 1		情景 2		情景 1+ 情景 2	
	学习者	母语者	学习者	母语者	学习者	母语者
S1. 直接要求澄清	9.2	0.0	7.1	0.7	8.0	0.4
S2. 间接要求澄清／重复 　a. 回声[↑] 　b. 感叹词[↑]	13.0 (1.5)	16.8	48.7 (1.3)	24.1	32.4 (1.4)	21.1
	3.1	1.0	39.1 (0.6)	13.8	22.6 (0.3)	8.5
	9.9 (1.5)	15.8	9.6 (0.6)	10.3	9.8 (1.0)	12.6
S3. 直接要求重复 　a. 重复全部话语 　b. 重复部分话语	15.3	28.7	18.6	35.9	17.1	32.9
	12.2	13.9	14.7	21.4	13.6	18.3
	3.1	14.9	3.8	14.5	3.5	14.6
S4. 间接要求重复	0.8	10.9	1.9 (0.6)	17.2	1.4 (0.3)	14.6
S5. 要求确认	3.1	30.7	0.6	5.5	1.7	15.9
S6. 表示不明白	29.8 (0.8)	1.0	8.3	1.4	18.1 (0.3)	1.2
S7*. 表示思考中 　a. 回声[→] 　b. 填充词（感叹词）[→]	19.1 (1.5)	1.0	10.9	9.7	14.6 (0.7)	6.1
	16.8	1.0	9.6	6.9	12.9	4.5
	2.3 (1.5)	0.0	1.3	2.8	1.7 (0.7)	1.6
S8*. 表示歉意	9.9	10.9	3.8	5.5	6.6	7.7

表 3 中，带星号＊的策略（即 S7 与 S8）一般极少单独使用。

回声[↑]可以用于间接要求澄清／重复（S2a），还可以用于要求确

390

认（S5）。我们根据受试者的语气、上下文、发音的完整性等来确定说话人的意图。此项调查中，将回声[↑]用于要求确认的都是母语者，如："勇者斗恶龙？嗯[→]，没听过"等。另外，S8. 表示歉意策略中，学习者只使用"对不起"，而在母语者的回答中没有出现"对不起"这一形式。母语者使用最多的是"不好意思"（如例18）。此外，有1位母语者使用"抱歉"（如例7），另有3位受试者使用"你好"（如例3）[9]。

⑶ 老1：同学，你好！

母1：大爷，你好！

老2：我是来找*我的孙子的*（咳嗽声）。

母2：**啊—[↑]? 你好，听不清。** (S2b+S8+S4)

在此使用的"你好"不是一般的问候语，而是用于礼貌地引起对方注意，事前请求对方允许，相当于"不好意思"。"你好"本身并不表示歉意，但本文暂且将其归类为S8。

4　讨论

4.1　汉语学习者和汉语母语者所采取的交际策略是否有差异？

首先我们需要了解的是，学习者和母语者之间存在着汉语理解能力和运用能力的差异，两者所采取的交际策略也会随之发生变化。

在情景1中（即交际对方是不认识的老大爷），学习者使用最多的是S6. 表示不明白策略（占29.8%），其次为S7. 表示思考中策略（占19.1%）。而母语者使用最多的则为S5. 要求确认策略（占30.7%）和S3. 直接要求重复策略（占28.7%）。例如：

⑷ 老8：听我孙子说，他住在*第四幢*（嘈杂音）学生宿舍。

学8：**我听不懂。** (S6)

⑸ 老4：他在hān语学院念书。

学4：**Hanyu xueyuan/……/。** (S7a)

⑹ 老4：他在hān语学院念书。

母4：**汉语学院，是吗？** (S5)

⑺ 老8：听我孙子说，他住在*第四幢*（嘈杂音）学学生宿舍。

母8：是哪一栋？抱歉，我没有听清。 （S3b+S8+S4）

在情景2中（即交际对方是通过视频第一次见面聊天的外国大学生），学习者使用最多的是S2.间接要求澄清／重复策略（占48.7%），S3.直接要求重复策略次之（占18.6%），而母语者使用最多的则为S3.直接要求重复策略（占35.9%），其次为S2.间接要求澄清／重复策略（占24.1%）。

⑻ 外7：我是从这个塔吉克斯坦来的。

学7：Tajisan 来[↑]？ （S2a）

⑼ 外11：我的专业是 yījīn 工学。

学11：什么？ （S3a）

⑽ 外6：我是从 /·/ *塔吉克斯坦*（嘈杂音）来的。

母6：你是从哪里来的？ （S3b）

⑾ 外20：再来一次。它叫*勇者斗恶龙*（嘈杂音）。

母20：嗯[↑]？勇者 dong boluo[↑]？ （S2b+S2a）

两组受试者使用S3.直接要求重复策略的比例都较高，其中，母语者除了要求重复全部话语（如："请再说一遍""什么？"，即S3a）外，要求重复某一部分话语（如例7、10，即S3b）的比例也相当高，而学习者却很少使用要求重复部分话语的策略。

另外，母语者使用较多的"听不清""没听清"等S4.间接要求重复策略（例如3、7，占14.6%）和S5.要求确认策略（例如6，占15.9%）在学习者的结果中反而很少观察到（S4占1.4%，S5占1.7%）。比如，在情景2中，交际对方将"基因工学"误说成"yījīn 工学"时，不少母语者使用S4（如例12、13），而在学习者的回答中却没有出现。

⑿ 外11：我的专业是 yījīn 工学。

母11：什么？我没听清。能麻烦你再说一遍吗？ （S3a+S4+S3a）

⒀ 外11：我的专业是 yījīn 工学。

母11：你的专业是什么？刚刚没太听清。 （S3b+S4）

相反，学习者使用比例较高的两种回声（即：S2a.回声[↑]和S7a.

回声［→］）和 S6. 表示不明白策略（如："不知道""听不懂"等）在母语者的回答中却很少出现。尤其要说明的是，学习者使用的"不知道"实际上很多都是"听不懂"的意思。

⑭ 老 4：他在 hān 语学院念书。

　　学 4：**我不知道**。　　　　　　　　　　　　　　　　　　（S6）

⑮ 老 8：听我孙子说，他住在*第四幢*（嘈杂音）学生宿舍。

　　学 8：**我不知道**。　　　　　　　　　　　　　　　　　　（S6）

⑯ 老 21：听我孙子说，他住在*第四幢*（嘈杂音）学生宿舍。

　　学 21：**对不起，我不知道**。　　　　　　　　　　　　（S8＋S6）

在例⑭－⑯中，回答说"我不知道"和"我听不懂"，两者表达的意思不相同。说"我不知道"，一般被理解为不知道第四幢学生宿舍在哪儿。我们认为这很有可能是受了学习者母语（日语）的影响。因为汉语的"不知道""不明白""不懂（听不懂，看不懂）"，在日语中都说："わかりません（wakarimasen）"。这说明，不少学习者还未掌握这些词的区别，导致言不达意或出现语用失误。

另外，两组受试者同样使用 S2b. 感叹词［↑］，但母语者对年长者使用这一策略时一般与其他策略连用，则使用复合型交际策略，而学习者单用 S2b 的比例较高，如：

⑯ 老 2：我是来找*我的孙子的*（咳嗽声）。

　　母 2：**啊**［↑］**？是谁？**　　　　　　　　　　　　　（S2b＋S3b）

⑰ 老 2：我是来找*我的孙子的*（咳嗽声）。

　　学 2：**嗯**［↑］[10]**？**　　　　　　　　　　　　　　　　　（S2b）

再如，母语者对于年长者很少单独使用"什么？"(S3a. 直接要求重复策略)，一般都与其他策略连用。相反，学习者单用"什么？"的比例较高。如：

⑱ 老 2：我是来找*我的孙子的*（咳嗽声）。

　　母 2：**什么？不好意思，没听清**。　　　　　　　　　（S3a＋S8＋S4）

⑲ 老 2：我是来找*我的孙子的*（咳嗽声）。

　　学 2：**什么？**　　　　　　　　　　　　　　　　　　　　（S3a）

对年长者要求重复话语时，如果只说"啊？""什么？"等简单的词语，虽然因语气而有所不同，但有时会被认为是不礼貌或不适当。

4.2 人际关系的不同是否影响受试者所选择的交际策略？

此项调查中设定了两种不同的交际情景。同样是互不相识（即关系疏远）的两个人对话，但不同之处是一个是长辈（年长者），另一个是平辈（同龄人）。在传统汉日文化中，非常注重"长幼有序，长者为尊"的观念。直至今日，此观念仍体现在汉日言语交际中的各种礼貌用语上，对年长者说话应客气委婉。情景1和情景2的不同分布也应该反映出这一特点。但实际上在这两种情景中，除了长幼上下之别外，还有一些因素会影响到受试者选择交际策略。比如，交际对方为一个是汉语母语者，另一个是非汉语母语者；交际方式表现为一个是面对面，另一个是通过视频面对面；情景设定为一个是问路，另一个是聊天。最后一个不同点则是谈话内容的不同。受试者选择的交际策略会随着谈话内容的不同而有所改变。两种情景的不同分布所反映的与其说是人际关系的不同，不如说是谈话内容的不同。因此，要找到纯粹反映出归因于不同人际关系的差别其实不是一件容易的事情。但仔细观察两组受试者在情景1和情景2中采取的策略分布情况后我们可以发现，在情景1中，母语者较多使用要求确认（即S5，如例6），直接要求重复部分话语（即S3b，如例7）等策略来力图积极地解决理解障碍。这两种策略有一个共同的特征，即表示受试者听懂了对方大部分的话语，只有某一部分还没听懂或没听清楚。于是进一步与对方进行沟通，以便弥补信息缺失。这些策略同时还可以体现说话者对年长者的尊重和关注。

相反地，学习者却倾向于采取表示不明白（即S6，如例4、14、15、16）、表示思考中的回声[→]（即S7a，如例5）等相对消极的交际策略[11]。在实际交际中，以"听不懂"或"不知道"来应答，往往会表示说话人不愿参与或有意结束该谈话。日本汉语学习者与年长者进行谈话时，或许生怕自己的言行举止不合乎汉文化的礼仪，更何况是自己没听懂的事情。于是受试者索性采取了"敬而远之"的态度，而这一态度在汉文化中反倒被

认为是不够礼貌的。因为在汉文化中，对别人的关心和体贴也是一种表示礼貌的方式（毕继万 1996）。

5 结语

　　本文通过口语 DCT 的方法收集数据，分析了汉语学习者和汉语母语者遇到理解障碍时所采取的交际策略的差异。结果发现，学习者与母语者所采取的交际策略分布情况不尽相同，最大的不同体现在对于年长者说话时所采取的交际策略上。不少学习者似乎遵循自己的母文化（即日本文化）的礼貌准则采取了一些消极的交际策略，如表示不明白或表示思考中等。而这些消极交际策略在汉文化中容易被误解为不够礼貌得体，即会引起语用失误。为了避免跨文化交际中的语用失误，培养学习者的汉语语用能力和跨文化语用能力是至关重要的。在汉语课堂教学中，教师应当有意识地向学习者讲授汉语语用知识，并培养他们的语用能力。

注
1）表示思考中的策略一般用来推延要表达的内容，避免沉默的尴尬。学习者的"沉默"有时可以起到向交际对方暗示"自己正处于交际困境"的功能（Neustupný 1981、1995：192、229），或许可以算为一种特殊的策略。
2）口语 DCT 非常接近于闭合式角色扮演(closed role play with no interaction)。参看 Kasper & Dahl 1991：217，239 ；Yuan 2001：283。
3）参加调查的学习者和母语者共有 68 名。为了排除性别差异、汉语水平差异等因素的干扰，从有效样本中各随机抽取了女性中级汉语学习者和女性汉语母语者各 25 名作为样本。所有受试者在参加调查之前都要签署语言调查知情同意书，其内容包括：研究的意义和程序、个人隐私保密措施等。受试者还要填写个人信息表，内容包括受试者的性别、年龄、出生地、第一语言和第二语言，外语学习经历及其水平，以及在国外留学等经历。
4）这位外国学生具有 HSK（汉语水平考试）6 级 180 分以上的汉语水平。虽然他一直在非汉语环境中学习汉语，但他的口头表达能力相当出色。
5）以下例子中，/·/ 表示约 1、2 秒钟的无声停顿，/…/ 表示约 3-5 秒钟的沉默。

受试者重复对方的全部或部分话语（即本文所说的回声）时，由于一般只是模仿对方的发音，并不知道其意思，而且其发音、声调等很多都不太准确，因此这些词语主要用拼音字母显示，但不加以声调。带箭头[↑]的感叹词表示上升调，[→]表示平调，[↓]表示下降调，"—"表示拖长音。没有标出语调的感叹词则是轻读／轻声。因嘈杂的声音而无法听到或听清对方话语的部分用下划波浪线显示。"外"表示外国学生，"老"表示老大爷，"学"表示学习者，"母"表示母语者。

6）主要根据西 2017 进行了分类。但由于调查类型与西 2017 不同，分类的过程中，我们也做了一些删除、添加、修改、细分。

7）学习者使用自己母语（即日语）的例子除 "えっ（eh）[↑]？" "えー（e-）[→]" "あのー（ano-）" 等感叹词、填充词外，还有 "タジキスタン？（＝塔吉克斯坦？）" "全然わからん（＝一点都听不懂）" "うるさい（＝吵死了）" 等。如果用日语表示不明白，交际对方也会听不懂，在实际交际中，恐怕无法起到任何作用。

8）表 3 中的数字都为小数点后两位进行四舍五入而得出，所以可能不能够合计为 100.0％。表中括号内的数字表示学习者使用自己母语（即日语）的比例。

9）至少城市年轻人在日常生活中已普遍使用 "你好" 的这一用法。如今，"你好" 在中国大陆出现几种新用法，其实际使用情况还有待于观察研究。

10）由于汉语感叹词 "啊[↑]？" 在日语中语气有些太重，通常表示说话人生气或不耐烦的情绪，因此学习者很少使用该感叹词。

11）不少汉语老师反映，在课堂上向日本学生提问时，许多学生常常毫不犹豫地，貌似想都没想就回答说 "わかりません（wakarimasen，不明白）"。甚至有些日本学生选择保持沉默。他们或许将这种不太积极主动的学习态度带入与汉语母语者的交流中。

参考文献

ネウストプニー，J. V. 1981　外国人場面の研究と日本語教育，『日本語教育』
　　第 45 号，pp.30-40

ネウストプニー，J. V. 1995　『新しい日本語教育のために』大修館書店

西香織 2016　口頭試験における初級中国語学習者のコミュニケーション・ス
　　トラテジー——「聞き返し」を中心に——，『国際論集』（北九州市立大学）第
　　14 号，pp.117-133

西香織 2021　面接場面における受容型コミュニケーション・ストラテジー
　　――中国語学習者と母語話者を比較して――，『中国語教育』第 19 号
　　pp.53-73

曲明・増野仁・張黎・張希峰 2012　日本人大学生の中国語コミュニケーショ
　　ンストラテジーに関する一考察――テストの形式による使用頻度の違いを
　　中心に――，『言語文化研究』第 32 巻第 1-1 号，pp.147-172

楊虹 2015　日中接触場面の中国語会話における「聞き返し」―効果的な聞き
　　返し方略を探って―，『鹿児島県立短期大学紀要』第 66 号，pp.1-18

毕继万 1996　"礼貌"的文化特性研究，《世界汉语教学》第 1 期，pp.51-59

黃佳瑩，重松淳 2005　日籍華語學習者之填空詞使用～以遠距形式談話為中心
　　的考察～，『第四屆全球華文網路教育研討會論文集（網路版）』

江晓丽 2015　美国大学生汉语口语交际难点与应对策略研究，《世界汉语教学》
　　第 2 期，pp.250-264

靳洪刚 2011　现代语言教学的十大原则，《世界汉语教学》第 1 期，pp.78-98

西香织 2017　基于会话的日本汉语学习者理解型交际策略分析，《世界汉语教学》
　　第 1 期，pp.128-142

钱道静 2010　语义协商交际活动在对外汉语课堂教学中的应用，《第十届国际汉
　　语教学研讨会论文选》第十届国际汉语教学研讨会论文选编辑委员会主编，
　　万卷出版公司、北方联合出版传媒集团，pp.536-541

王萍丽、李彦霖 2015　语义协商的效用与话步构成――基于母语者和非母语者
　　自然语言互动的个案研究，《世界汉语教学》第 3 期，pp.377-392

王晓彤 2009　话语补全测试的有效性研究述评，《外语与外语教学》第 3 期，
　　pp.23-27

Dörnyei, Z., & Scott, M. L.1997　Communication strategies in a second
　　language：definitions and taxonomies. *Language Learning*, 47, pp.173-210

Dörnyei, Z., & Kormos, J.1998　Problem-solving mechanisms in L2
　　communication：A psycholinguistic perspective. *Studies in Second
　　Language Acquisition*, 20, pp.349-385

Færch, C. & Kasper, G.(eds.) 1983　*Strategies in interlanguage communication.*
　　Longman

Kasper, G., & Dahl, M. 1991　Research methods in interlanguage pragmatics.
　　Studies in Second Language Acquisition, 13(2), pp.215-247

Yuan, Yi. 2001 An inquiry into empirical pragmatics data-gathering methods： Written DCTs, oral DCTs, field notes, and natural conversations. *Journal of Pragmatics*, 33, pp.271-292

（にし・かおり　明治学院大学）

継承中国語学習者の言語能力
―中国ルーツの大学生への縦断調査から―[1]

小川　典子

1　はじめに

　本研究では，これまで見過ごされがちであった大学に在籍する外国ルーツの学生に焦点をあてる。近年海外から日本へ移住してくる人々や国際結婚の件数が増加しており，外国にルーツのある子どもの数も増え，彼ら彼女らが大学に進学するケースもまた多く見られるようになってきた。

　外国語教育とは従来は外国のことばを教える教育であったが，大学に進学する外国ルーツの学生の増加により，今日では大学の外国語教育のクラスに外国にルーツのある学生が一定数在籍し，母語や自身のルーツのある国のことばを学ぶようになっている。中でも，中国にルーツのある学生の数は最多であることが予測され[2]，大学における中国語のクラスでは，中国ルーツの学生が在籍することが常態化している。

　大学に進学する中国ルーツの学生が今後さらに増加し，学生の多様化が進むことは明らかであり，ニーズの異なる学習者への適切な言語教育のあり方を考えることが必要となっている。

2　継承語と継承語教育

　「継承語（Heritage Language）」の定義は研究者によって様々であるが，広く知られているものの1つに，Polinsky が提唱した定義がある。

Polinsky 2008:38 では，継承語について「習得の順番からいうと第一言語だが，その国の主要言語に移行したために（第一言語として）完全に習得しなかった言語」と定義づけている。中島 2010，2016 では親から受け継いだことばを「継承語」とした上で，親の母語・母文化を子に伝えるための教育支援を「継承語教育」と定義し，継承語教育の必要性を訴えている。

　近年では，その社会的重要性と必要性から，日本国内でも継承語および継承語教育に関する研究が盛んになりつつあり，外国ルーツの子どもの言語能力についての調査（櫻井 2018，真嶋編 2019）や，小学校での継承語教育の実践（櫻井 2007，高橋 2011，田他 2017）等が数多く報告されている。

　一方で大学での教育に目を向けると，継承語を学ぶ学生が増加しているにも関わらず，多くの場合，継承語学習者と一般の外国語学習者が一律に同じクラスで同様の内容の授業を受けているのが現状である。また，大学で継承語を学ぶ学習者の言語能力に関する研究は，日本国内では決して多くは見られない。国外では，大学に在籍する継承語学習者に適した教授法も検討されるようになり（曹賢文 2014），継承語学習者と外国語学習者の混合クラスでの指導方法も提案されるようになっている（ダグラス 2019）。

　上記のような背景から，本稿では大学に在籍する継承中国語学習者の言語能力を調査し，彼らにはどのような指導が求められるのか，これからの大学における継承語教育に何が求められるのかを検討したい。

3　調査概要

　本研究では，大学で中国語を履修している 5 名の中国ルーツの継承語学習者を抽出し，大学入学時から 3 年間にわたる縦断調査を実施した。その上で，継承中国語話者の言語能力にはどのような特性が見られるのか，大学入学後の言語能力はどのように変化していくのか分析した。

3.1 調査協力者

　表1では5名の調査協力者と彼らのバックグラウンドを示している。本稿では，以下5名の学生をそれぞれA，B，C，D，Eと記号化し仮名にする。

表1　調査協力者とバックグラウンド

	親の出身地		家庭内言語		中国滞在期間	親族訪問	中国語学習経験
	父	母	父	母			
A	日本	中国 (桂林)	—	桂林語	幼稚園(半年)	有(毎年)	有 (小学生)
B	日本	中国 (上海)	日本語	日本語	無	有(毎年)	有 (高校)
C	中国 (上海)	日本	日：上海語 父　6：4 本人7：3	日本語	無	有(毎年)	無
D	日本	中国 (上海)	日本語	上海語	～小学校卒業 (12年)	有(毎年)	有 (小学校／ 現地校)
E	中国 (吉林)	中国 (吉林)	中国語	中国語	小4～中3 (6年)	無	有 (小中学校／ 現地校)

　5名の学生のうち，A，B，C，Dの4名の学生は，両親のうちどちらか一方が中国出身の所謂「ハーフ」で，私立X大学のそれぞれ異なる学部に在籍し，第二外国語として中国語の授業を履修している。うちA, B, Cの3名はX大学で開設されている既修者のためのクラスで中国語を学習しており，Dは初修者のためのクラスで学習している。Eは国立Y大学外国語学部の中国語専攻に在籍しており，両親ともに中国人である。

　次に，家庭内の使用言語を見ると，学生AとEの家庭内言語は完全に中国語のみ[3]で，Bは母親の日本語が流暢であるため，家庭内では日本語のみを使用している。Cは父親とは日本語と中国語（上海語）を交

えて会話している。

　中国で生活した経験があるのは A，D，E で，そのうち D と E は中国
国内で義務教育を受けている。多くの学生は，コロナ禍以前は中国国内
にいる親族のもとを毎年訪問していたが，E は日本の自宅近辺に親族が
多く居住していることもあり，日本移住後は一度も中国を訪れていない。

　大学入学前の中国語の学習歴に関しては，A は小学生の頃に，中国
にルーツのある子どものための中国語教室に通って学んだ経験がある。
B は高校で第二外国語として中国語を履修していた。D と E は，それ
ぞれ中国の現地校の"语文课[4]"で学習している。

3.2　調査方法
　調査は大きく 2 つのパートに分けられる。

3.2.1　言語能力調査
　下記 2 種の言語能力調査を大学入学時と毎年学年度末に 1 回，計 4 回
実施し，調査協力者の言語能力と，3 年間の言語能力の推移を分析した。

　(a)『ヨーロッパ共通参照枠』(CEFR) の「自己評価表」(Self-assessment
Grids)[5]を用いた「聞くこと」「読むこと」「やりとり」「表現」「書くこと」
に対する自己評価。

　(b)北京語言大学版『漢語水平考試 (HSK1.0)』による言語テスト。中
国語能力が異なる調査協力者に，同じ内容の試験を受験してもらい比較
分析するため，旧版の HSK1.0 を使用した。本稿では便宜上，「HSK」
と記す。

3.2.2　インタビュー調査
　言語能力調査と併せて，毎学期末に 1 回ずつ，1 人あたり計 6 回以上
のインタビュー調査を実施した。インタビューは筆者と調査協力者の 1
対 1 で行い，調査時間は各回 1 人につき 1 時間 30 分〜 2 時間 30 分程度
であった。

　インタビュー内容は調査協力者の承諾を得た上で IC レコーダーで録
音し，収集した音声データはすべて文字化作業を行った。

402

4 調査結果と分析

4.1 継承中国語学習者の言語能力の特性

4.1.1 CEFR「自己評価表」の結果より

表2はCEFR「自己評価表」に基づいた，大学入学時点の5名の学生の言語能力をCEFRレベルで示したものである。

表2 大学入学時の言語能力（CEFR「自己評価表」より）[6]

		理解すること		話すこと		書くこと
		聞くこと	読むこと	取りやり	表現	書くこと
A	日本語	C2	C2	C2	C2	C2
	中国語	B2	B1	B2	B1	B1
	桂林語	C2	N/A	C1	B2	N/A
B	日本語	C2	C2	C2	C2	C2
	中国語	A2	A2	A1	A1	A2
	上海語	B1	N/A	A2	A2	N/A
C	日本語	C2	C2	C2	C2	C2
	中国語	B1	A2	A2	A2	A1
	上海語	C1	N/A	B1	A2	N/A
D	日本語	C2	B2	B2	B2	B1
	中国語	C2	B2	C1	C1	B2
	上海語	C2	N/A	C1	C1	N/A
E	日本語	C2	C2	C2	C2	C2
	中国語	C2	C2	C2	C2	C2

表2を見ると，総じて多くの学生が自身の中国語の「聞く」能力が最も高いと自己評価していることがわかる。これは学生たちが生活の中で家族や親族が話す中国語に触れることができる環境にあり，「聞くこと」によるインプットの量が多いためであると考えられる。そして中国国内

で義務教育を受けた経験が無く，中国語のインプットを主に家庭内言語や中国の親族訪問時のみに頼っている A, B, C の 3 名は中国語（普通话）よりも，桂林語や上海語といった方言の能力の方が高いことも，これを裏付けている。

これら方言に関しては，「中国語（普通话）学習には役に立たない」「むしろ足かせになることもある」とインタビュー調査で語っていた学生もいれば（学生 A の桂林語），「発音など似ている単語がある」「上海語の知識が役立つこともある」と語っていた学生もいる（学生 B の上海語）。この相違は，各言語間の距離も関係していることが考えられる。

また軽視してはならないのが，日本語よりも中国語の能力が高い D のような学生の存在であろう。本来「外国語」として開設されている授業に，このように母語話者に近い言語能力を有する学生が在籍しているという現実と，教師は向き合わなければならなくなっている。学生 D の在籍する大学では，既修者のためのクラスが開設されているにも関わらず，D は初修者のためのクラスで学んでいる。その理由について，D はインタビュー調査の中で「めんどくさいと思って」「とりあえず単位を取れれば」と語っている。

4.1.2　HSK の結果より

次に，HSK の得点から継承中国語学習者の言語能力の特性を考えてみたい。図 1 は，大学 1 年次の終了時に実施した HSK の各学習者のセクション（听力，语法，阅读，综合）別の得点を表している。

図 1 中の点線は，調査協力者と同年度に入学した一般の CFL 学習者[7]を示す。内訳は「専門」が学生 E のクラスメート 5 名の得点の平均で，「二外」が学生 D と同学部で同じ授業を受けている 7 名の得点の平均である[8]。これら CFL 学習者のグラフを見ると，当然ながら「専門」の学生の方が得点は高いのだが，どちらも似た傾向が示されていることがわかる。つまり，一般的な CFL 学習者は総じて"听力（リスニング）"の得点率が他セクションと比べて低く，"阅读（リーディング）"の得点率は高いという，同じようなダイヤ形をしている。このダイヤ形には，漢

字知識を活かすことができる"阅读"は得意で，その反面，文字に頼りがちで"听力"は相対的に苦手であるという，典型的な日本語母語話者の特徴が表れているということができるだろう。

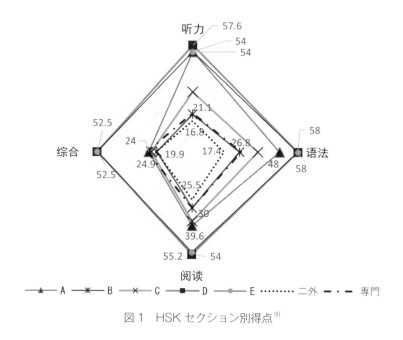

図1　HSK セクション別得点[9]

　CHL 学習者5名については，まずは学生 D と E を見てみたい。中国国内で義務教育を受けた経験が有るこの2名は，全てのセクションにおいて高得点をとり，グラフはバランスのとれた綺麗な四角形を描いている。

　続いて学生 A に注目したい。家庭内言語が完全に中国語のみである A は"听力"に関しては，D および E と同レベルで非常に高い。しかし学生 A のグラフはいびつな四角形をしており，"听力"が突出し，"语法（文法）"はやや高いものの，"综合（総合）"に関しては受験時点で学習歴が1年にすぎない「専門」の CFL 学習者より若干低い。学生 C は，家庭内での中国語の使用量が A より少ないため，その得点は A と比べ

て低い。しかし，Cのグラフも A とよく似た四角形をしており，やは
り"综合"の得点が他のセクションと比べて低い。学生 B は日常では
家庭内で中国語を使用することはなく，毎年長期休暇に中国の親族を訪
問し，中国語に触れる程度であった。そのため学生 A，C より全体的に
得点が低く，高校から第二外国語として中国語を履修しているが，"听
力""语法""阅读"の得点は「専門」の CFL 学習者とほぼ同じで，そ
して"综合"の得点はやはり低く，「二外」の CFL 学習者と変わらなかっ
た。

　それでは，学生 A，B，C の得点が総じて低かった"综合"では，ど
のような問題が出題されていたのだろうか。以下は学生たちが入学時に
受験した HSK"四、综合填空"第二部分の問題と各学生の解答例である。

　中原影剧院 155 庆祝"六一"儿童节，将于 5 月 20 日 156 6 月 10 日
的每天下午 3:00 − 4:30 放 157《马大哈奇遇记》《小叮当的故事》等立体
环幕 158 片，对团体 159 行优惠价。
（中原映画館では，6 月 1 日の子どもの日を祝い，5 月 20 日から 6 月 10 日の毎
日午後 3:00 ～ 4:00 に『うっかりさんの不思議な話』や『ドラえもん物語』等
の 360° 型 3D 映画を上映する。団体客には優待価格が適用される。）　　（筆者訳）

表 3　入学時 HSK"综合填空"第二部分解答例

	155	156	157	158	159
A		到	送	影	
B	国	致	着	两	就
C	会	到	着	一	就
D	为	至	映	影	施
E	为	至	映	影	施

　"综合"第二部分は記述式穴埋め問題で，空欄に適した漢字 1 字を記
述することが求められる。表 3 は 5 名の学生の解答例で，表中の太枠は

正答を表し，枠内の黒塗りは未記入であったことを表す。これを見ると，中国で義務教育を受けた経験のある学生ＤとＥは，159以外の問題は全て正答であった。一方で，学生Ａ，Ｂ，Ｃの３名はほとんど全ての問題が誤答もしくは空欄であった。以下，問題を順に見ていきたい。

出題番号155の正答は"为……（～のために）"である。これは書面語表現と言えるが，口語では一般的に"为了……（～のために）"と表現することが多い。"为了……"であれば，日常会話で使用していた可能性が考えられるが，空欄には１字しか記入できないため，学生Ａ，Ｂ，Ｃの３名は正答にたどり着けていない。

156で出題されている"○月○日至○月○日（○月○日～○月○日）"も，典型的な書面語表現である。ＡとＣは"到（～まで）"と記入しており，Ｂは漢字がよく似た"致"と記入している。これは恐らく口語では一般的に"从……到……（～から～まで）"を用いることから，上記のように解答したと思われる。

157"放映（上映する，放映する）"も，日常会話では"放"と単音節の動詞で使われることが多いため，ＢとＣは動詞"放"の後にアスペクト助詞の"着"をつけたつもりなのかもしれない。

158は家庭内での会話でも使用することがあったためか，Ａは正答"影片（映画）"を記入することができている。ＢとＣは"片"を量詞と考えたのか，空欄には数詞を入れている。

159は全員が誤答であった。ここは本来であれば正答は"实行（実施する，実行する）"なのだが，ＤとＥは，類義語の"施行（実施する，実行する）"と記入している。"实行"と"施行"は意味的には非常に近いのだが，"施行"には法令に基づいて実施する場合等，より厳格なニュアンスが含まれる。この出題文の中では，目的語が"优惠价（優待価格）"であるため"实行"の方が相応しい。しかし語彙レベルとしては，《国际中文教育中文水平等级标准（国家标准・应用解读本）第二分册：词汇》によると，"实行"は三級レベルで"施行"は高等レベルであり，一般の学習者にとっては"施行"の方が難度はずっと高く，記述式問題で"施

行"という語を思いつき尚且つ記述することができるのは相当な上級者であると判断することができる。また，ＤとＥの語彙量がそれだけ多いことを裏付けているとも言える。

続いて，以下は大学１年終了時，つまり図１の受験時に出題された"四、综合填空"第二部分の解答である。

由市委、市青少年宫等单位联合 161 办的"第四届青少年歌手大赛"，将按年 162 分为儿童组、少儿组及青年组。本市 163 围内居住的青少年均可报名参赛。164 评选节目奖、创造奖外，大赛还将 165 拔尖子选手，代表全省参加７月在天津举办的"国际少年儿童文化艺术节"和"全国少儿歌手大赛"等。大赛报名自４月９日 166 ，截止到 16 日。
（市委員会，市青少年会館等の機関により合同で実施される「第四回青少年歌唱大会」は，年齢に応じて「こどもの部」「少年少女の部」そして「青年の部」に分けられる。市内在住の青少年はみな大会に応募することができる。「プログラム賞」「クリエイティブ賞」のほか，大会ではさらに優秀者を選出し，優秀者は省代表として７月に天津で実施される「国際児童少年文化芸術祭」や「全国こども歌唱大会」等に参加することができる。大会申し込みは４月９日から，締め切りは 16 日となっている。）　　　　　　　　　　　　　　　　　（筆者訳）

表４　１年終了時 HSK"综合填空"第二部分解答例

	161	162	163	164	165	166
A	共	龄	区			起
B	手		把	批	先	开始
C	会	龄	範	批	给	开
D	举	龄	范	除	选	起
E	举	龄	范	除	选	起

ここでは，記述した学生全員が 162 の解答を"年龄（年龄）"の"龄"とすべきところを日本語の「齢」としてしまっている。また 163 でもＣ

408

が“范围（範囲）”の“范”を日本語の「範」としている。このように，例え中国での学習経験がある継承語話者であっても，日本での生活が長くなると日本語の干渉を受けるようになることがわかる。

　そして表4の解答からも，表3と同様の傾向を見ることができる。164は“除……外（〜のほかに）”という構文だが，口語では“除了……以外（〜のほかに）”と表現される。BとCは少し離れた後にある“外”の字に気がつかなかったのか，或いは書面語表現では漢字1字“除”のみで表現できることを知らなかったのか，164の空欄の直後の“评”の字のみを見て，文脈としてはおかしいが“批评（批判する）”という語であると判断したと思われる。

　166でも書面語の“自……起（〜から始まり）”という表現が出題されている。学生Bは意味的，内容的には理解することができており“开始（始まる）”と解答している。学生Cは“开”と解答しているが，これもおそらく同様に“开始”を連想したのではないかと推測される。しかし2名とも，書面語表現である“起”を用いることはできていない。

　上記HSKの結果からは，中国語のインプットをほぼ家庭内言語もしくは親族訪問時に耳にする中国語のみに頼ってきたCHL学習者は，書面語の知識に欠けているということが見えてくる。“综合”のセクションでは，第一部分は四択式，第二部分は漢字の記述式でそれぞれ穴埋め問題が出題されているが，その出題文にはほぼ書面語が用いられている。図1の学生Aの例が顕著であるが，例え家庭内では完全に中国語のみで会話をし，一見すると流暢に中国語を操るように見えるCHL学習者であったとしても，“听力”の能力には長けていても，日常の生活の中では書面語に触れる機会は無いため，“综合”のセクションは一般のCFL学習者と同程度の結果であったと考えることができる。

4.2　大学入学後の言語能力の推移

　最後に5名の学生の言語能力の推移を見てみたい。図2では，大学入学後3年間のHSKの総合得点の推移を表している。

継承中国語学習者の言語能力　409

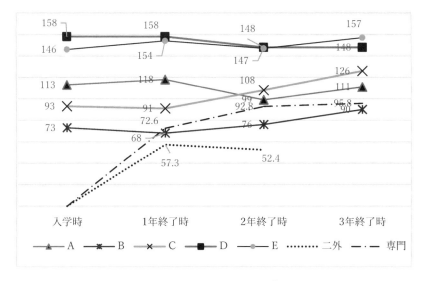

図2　HSK 得点推移[10]

　なおコロナ禍の影響により，調査協力者が2年次には，X大学では完全にオンデマンドもしくはオンライン授業で対応しており，学生たちは大学に通うことができていない。Y大学では一部教室授業を実施したが，多くはオンライン授業であった。3年次にはX大学，Y大学ともに教室授業を再開したが，学生たちは1年間を通して大学に通えたわけではない。

　また，5名の学習者の3年間の中国語科目の履修状況も，それぞれ異なる。学生Aは既修者クラスで2年次まで中国語を履修し，3年次では中国語を履修していない。BとCはX大学で設置されている副専攻プログラムを選択し，3年次まで中国語を履修している。Dは2年次に中国語の単位を落とし，3年次に再履修をしている。Eは専門中国語として中国語の学習を続けている。このように5名の学習環境はそれぞれ異なり，本調査の結果には様々な要因が複雑に絡まっているであろうことを先に断っておきたい。

　図2を見ると，CHL 学習者の得点は，大学3年間横ばい程度，或い

は中には下降ぎみの学生も見られる。学生Bは得点をあげてはいるものの，大学から学習を始めた「専門」のCFL学習者にぬかれていることがわかる。また，本来は中国語能力が母語話者に近く，単位を取得できさえすればよいと考えていた学生Dは，コロナ禍の影響もあり学習意欲を喪失し，授業に参加しなくなり，上述のように中国語の単位を落としてしまっている。

　大学での中国語の履修状況や授業のコマ数が異なり，各々の学習条件が異なることを考慮する必要はあるが，本調査の結果から見ると，明確に得点が上がっていたのはCのみであった。

5　まとめと今後の課題

　本稿では，5名の中国ルーツの学生への調査結果から，彼らの言語能力の特性と大学入学後の中国語能力の変化について分析および考察を行った。今回のケースでは，大学入学後に言語能力を伸ばしていた学生は多くはなく，中には大学入学後に中国語学習をスタートしたCFL学習者にぬかれてしまう者も見られた。現状では，CHL学習者が本来持っていたはずの言語能力は十分に活かされていないと考えられ，彼らへの教育方法については再検討が求められると言えるだろう。

　これまでの研究の蓄積からも，継承語の習得過程は母語や外国語とは異なるということが指摘されており（Polinsky 2000），本調査の結果でも，日本育ちのCHL学習者は例え家庭内言語が完全に中国語であっても，書面語の知識に欠けている可能性が示唆された。CHL学習者へは，まずこれらの足りない知識を重点的に強化していく必要性があるだろう。また，CEFRの2018年補遺版『CEFR Companion Volume』で提唱されるようになった，「仲介（Mediation）」能力を高めることも考えたい。本稿での学生DやEのように母語話者と遜色ない程度の中国語力を持っている学習者には，その能力を活かした「社会的仲介者」としての存在意義を見出し，言語の学習意義と目標を発見してもらいたい。

今回の 5 名の調査協力者のバックグラウンドと言語能力がそれぞれ異なったように，学習者の多様性は実に複雑で，高橋 2020:27 でも「中国にルーツを持つ」ということばでは，もはやひとくくりにできないようになってきたことが指摘されている。多くの大学では同じクラスにCFL 学習者と CHL 学習者が混在しており，ダグラス 2019:160 は混合クラスでの指導について，「教科書を使って同じ内容を同じペースで学ぶカリキュラムではなく，学習者のニーズに適応させる学習者中心のアプローチと，内容と言語を統合的に教えるアプローチが必要になる」さらには「学習者のニーズに応じて学習活動を区別化し，一時的な学習支援（スキャフォールディング）を柔軟に組み込む必要がある」と述べている。異なる性質，そして異なる言語能力の学習者に，教師がいかに工夫して対応していくのかが，これからの言語教育に求められてくると言えるだろう。

注

1) 本研究は科学研究費補助金（JP19K13277，代表：小川典子「継承中国語学習者のアイデンティティと言語能力の縦断的研究：大学外国語教育への提言」）の助成を受けたものである。

2) 出入国在留管理庁 2024 によると，2023 年度末時点で在留外国人は 341 万992 人（前年末比＋33 万 5,779 人，10.9％増）と過去最高を更新しており，その中でも中国籍は 82 万 1,838 人（前年末比＋60,275 人）で最多である。出入国在留管理庁 2024　令和 5 年末現在における在留外国人数についてhttps://www.moj.go.jp/isa/publications/press/13_00040.html

3) ここでの「中国語」は方言を含む。なお，学生 A は，幼少期に両親が離婚しており，父親とは同居していない。

4) 日本の「国語」の授業に相当。

5) Council of Europe「Self-assessment Grids（CEFR）」 は，Can-doStatements を用いて，何がどこまでできるのかを自己評価することで，言語能力を評価するものである。https://www.coe.int/en/web/portfolio/self-assessment-grid

6) CEFR では，外国語の運用能力を 6 段階で評価している。下から順に「A1」

「A2」「B1」「B2」「C1」「C2」となる。なお，桂林語や上海語等の方言に関しては「読むこと」「書くこと」を測ることはできないと判断し，「N/A」とした。

7）本稿では，大学でゼロ初級から中国語学習を開始した一般の学習者を CFL（Chinese as a Foreign Language）学習者とし，継承中国語学習者を CHL（Chinese as a Heritage Language）学習者と記す。

8）CFL 学習者は，概ねクラス平均になるよう授業担当教員に抽出してもらい，毎年 CHL 学習者と同時期に言語能力調査に参加してもらった。

9）図1では，各セクション60点満点になるよう計算している。グラフが見辛くなることを防ぐため，学生BとCの数値は表示していない。

10）「専門」および「二外」の CFL 学習者は，大学入学時はゼロ初級であったため，言語能力調査を実施していない。また「二外」CFL 学習者は1年次および2年次は中国語が必修科目であったが，3年次も続けて中国語を履修していた学生は7名中2名のみで，平均値を出すには適さないと判断し，3年次には調査を実施していない。「二外」学習者の多くは，2年次の中国語のコマ数は1年次より減っていることも2年終了時の得点に影響していると思われる。なお，図2では，HSK の得点は170点満点に換算している。

参考文献

櫻井千穂 2007　渡日直後の外国人児童の在籍学級参加への取り組み，『日本語・日本文化研究』第 17 号，pp.155-164

櫻井千穂 2018　『外国にルーツをもつ子どものバイリンガル読書力』大阪大学出版会

高橋朋子 2011　門真市砂子小学校の取り組み―中国にルーツを持つ子どもたちのために―，『月刊みんぱく』第 35 巻第 5 号，pp.25-47

高橋朋子 2020　外国人住民が日本社会に求めるもの―中国にルーツを持つ子どもたちへの中国語教育―，『中国語教育』第 18 号，pp.18-19

ダグラス昌子 2019　外国語学習者と継承語学習者の混合日本語クラスでの指導，近藤ブラウン妃美，坂本光代，西川朋美編『親と子をつなぐ継承語教育：日本・外国にルーツを持つ子ども』，pp.160-174，くろしお出版

田慧昕，櫻井千穂 2017　日本の公立学校における継承中国語教育，『母語・継承語・バイリンガル教育（MHB）研究』第 13 号，pp.132-155

中島和子 2010 『マルチリンガル教育への招待：言語資源としての外国人・日本人年少者』，ひつじ書房

中島和子 2016 『完全改訂版バイリンガル教育の方法』，アルク

真嶋潤子編著 2019 『母語をなくさない日本語教育は可能か：定住二世児の二言語能力』，大阪大学出版社

曹賢文 2014 "継承語"理论视角下的海外华文教学再考察，《华文教学与研究》，第 4 期，pp.40-54

中国教育部中外语言交流合作中心 2021《国际中文教育中文水平等级标准（国家标准·应用解读本)》，北京语言大学出版社

Council of Europe2018 Common European Framework of Reference for Languages: Learning, teaching, assessment Companion volume with new descriptors. https://rm.coe.int/cefr-companionvolume-with-new-descriptors-2018/1680787989

Polinsky M 2000 A Composite linguistic profile of a speaker of Russian in the US, O. Kagan & B. Rifkin (Eds.) The Learning and Teaching of Slavic languages and Cultures, SLAVICA, pp.437-465

Polinsky M 2008 Heritage Language Narratives, D M Brinton, O. Kagan, & S Bauckus, (Eds.) Heritage language education: A new field emerging, Routledge, pp.149-164

（おがわ・のりこ　愛知大学）

参 考 資 料

在日本潜心汉语教学与研究三十六载[1]
——古川裕先生学术生涯记述

黄 勇

笔者按：古川裕是日本大阪大学人文学研究科教授、外国学图书馆馆长、世界汉语教学学会副会长，同时也是北京语言大学汉语国际教育研究院兼职研究员和香港教育大学荣誉教授。古川裕教授专注于现代汉语认知语法研究、日汉对比语言学以及在日汉语教学等领域，主要著作包括《现代汉语认知语法与教学语法研究》（商务印书馆，2021）、《对日汉语语法教学法》（合著，北京语言大学出版社，2013）等，主要译著包括《现代中国语文法六讲》（日中言语文化出版社，2014：沈家煊《语法六讲》，2011）等，并发表百余篇学术论文，在国际中文教育界享有盛名。笔者于2024 年 6 月 5 日、6 月 12 日和 7 月 17 日共进行了三次深度访谈，地点均为古川裕教授的研究室。本文由笔者整理，并已获得古川裕先生的确认。

1 古川裕先生简介

古川裕先生（姓：古川 Furukawa；名：裕 Yutaka），1959 年 8 月生于日本京都。著名汉学家和语言学家，北京大学中文系文学博士。现任日本大阪大学人文学研究科教授、博士生导师、外国学图书馆馆长。兼任世界汉语教学学会副会长、北京语言大学兼职研究员、香港教育大学中国语言学系荣誉教授等。曾担任日本中国语教育学会会长、亚太地区国际汉语教学学会会长、NHK 电视学中文主讲人等重要职务。担任《世界汉语教学》（世界汉语教学学会）、《汉语教学学刊》（北京大学）、《对外汉语研究》（上海师范大学）、《华文教学与研究》（暨南大学）、《国际汉语》（中

山大学)、《国际汉语教学研究》(北京语言大学)、《汉语与汉语教学研究》(樱美林大学)等十几家期刊杂志的编委。

古川裕先生 1982 年 3 月本科毕业于大阪外国语大学中国语专业,师从日本当代著名的语言学家、汉学家大河内康宪教授;1986 年 3 月获得东京大学中国语学专业文学硕士学位,师从日本当代另一位世界知名的汉学家平山久雄教授;1986 年 9 月至 1988 年 7 月作为中国政府奖学金高级进修生在北京大学中文系进修,师从中国当代世界知名语言学家朱德熙教授;2004 年 9 月至 2008 年 6 月在北京大学中文系研究生院在职攻读博士学位,获文学博士学位,师从中国当代国际级语言大师陆俭明教授。

古川裕先生一直致力于现代汉语认知语法研究、日汉对比语言学、在日汉语教学等研究,主要著作有《现代汉语认知语法与教学语法研究》(商务印书馆,2021)、《对日汉语语法教学法》(合著,北京语言大学出版社,2013)等,主要译著有《现代中国语文法六讲》(日中言语文化出版社,2014:沈家煊《语法六讲》,2011)等,承担多项日本学术振兴会、中国国家汉办、大阪外国语大学等部门科研项目,出版、发表百余部(篇)学术专著、汉语教材及学术论文,在国际中文教育界享有盛名。

图 1 2024 年,古川裕先生近照

2 与汉语偶然结缘

古川裕先生将于 2025 年 3 月光荣退休，告别他坚守了三十六年的讲台。先生与汉语的缘分始于 1978 年，当时他 18 岁，考入大阪外国语大学的中国语专业，这是他生平第一次接触汉语。众所周知，1978 年是一个不寻常的年份。这一年，不仅是中国改革开放的开端，也是中日两国签订友好条约的年份。"现在回想起来，对于我们这些 60 后的人来说（其实我是 1959 年生的），学汉语真的是一件幸事，因为我们赶上了一个好时代。"先生骄傲地说道。

当时，日本有两所国立的外国语大学，一所是东京外国语大学，另一所就是大阪外国语大学。两所学校各有侧重，东京外国语大学历来比较注重欧美语言，大阪外国语大学则比较注重亚洲和非洲的语言，所以在大阪外国语大学，中国语即汉语可以说是最重要的专业之一。实际上，中文系从大阪外国语大学成立之初就有，直到现在也是目前日本高等教育机构当中设立中文系历史最为悠久的高等院校之一。

然而，当时先生在考大学时，大阪外国语大学并非第一志愿，作为"一期校"的京都大学才是第一志愿，很遗憾先生未能如愿进入京都大学学习，于是先生选择了"二期校"的大阪外国语大学。"我这辈子的一个遗憾就是一直未能与京都大学发生联系。"先生如是感叹道。尽管后来先生在其导师大河内康宪先生的建议下，考进了日本的最高学府——东京大学。"在京都人眼里，京都大学才是最高学府。"先生幽默地说道。可见，先生进入大阪外国语大学与汉语结缘有很大的偶然性。但这种偶然性中又蕴含着某种必然性，先生在高中时代就对"国语"课上的"汉文（相当于国内的古文）"以及中国历史感兴趣，这也是促使他后来选择将汉语作为专业的一个内在因素。

因此可以说，先生与京都大学失之交臂，恰逢中国改革开放和中日两国签订友好条约的好时代，再加上先生高中时代对中国的古文和历史的浓厚兴趣，这三个因素促使先生与汉语结下了不解之缘。

3 坚定走学术之路

进入大阪外国语大学中国语专业后，先生幸运地被分配到当时在学界享有盛誉的大河内康宪先生的班级。大河内康宪先生不仅是一位在大学任教的教授，同时也是一位和尚，这是日本特有的一种现象。据先生描述，大河内康宪先生非常严厉，学生都很怕他。"上课铃响了，听到大河内先生皮鞋的脚步声，大家一下子就紧张起来了。"先生回忆道。所谓严师出高徒，正是由于大河内先生的严厉要求，培养出了包括杉村博文先生（大阪大学名誉教授）、木村英树先生（东京大学名誉教授）在内的一流学者。毋庸置疑，先生也是其中之一。

其实，先生并不是一开始就立志要走学术这条道路的。据先生回忆，刚入学时，班上的大部分同学和先生一样，都是因为第一志愿没考上才来到这所学校，所以大家的学习积极性并不高。在这样的班级氛围下，先生对学习汉语也并没有那么积极。"我是上了二年级以后才有了那种感觉。大一的时候什么都不知道，只能按照老师的要求去学。二年级是一个大转折点，因为我参加了话剧团。那段经历改变了我的性格，以前我比较内向，不爱和不认识的人交流，也不习惯在别人面前说话。所以说参加话剧团是我在大二时的重要转机。"先生如是说道。当时，先生参演了曹禺的话剧《日出》，在剧中扮演李石清一角（见图2）。这段经历不仅塑造了他的性格，

图2 1979年，古川裕先生（右）饰演李石清，
与现为古川太太的同学（左）同台

还促成了一段美好的姻缘。当时扮演李石清太太的女生后来成了古川太太，两人相濡以沫，一起在汉语的海洋里遨游。2022 年，先生的太太将《国际中文教育中文水平等级标准》翻译成日文，并由先生负责审定，两人携手推动了国际中文教育在日本的发展。

在演话剧中找到自信的先生从此迷上了汉语话剧，在大三时，他作为导演指导学弟妹们演出了鲁迅的作品《祝福》。在"玩"汉语的同时，先生还积极参加大河内先生的组会，在组会上与研究生学长学姐们一起接受学术训练。在组会浓厚的学术氛围熏陶下，先生立志走上学术道路，尽管当时就业形势一片大好。针对笔者"当时老师没有想过工作吗"的提问，先生坚定地回答："从来没想过。"可见，先生内心十分坚定，丝毫未受当时大环境的影响。在选择考研院校时，先生为了弥补高考未能考上京都大学的遗憾，打算报考京都大学的研究生。然而，当他将这一想法告知导师大河内先生时，大河内先生十分干脆地建议让他别考京都大学，而是直接报考东京大学。于是在大河内先生的建议下，他报考了东京大学，并顺利通过考试，成功入学。在东京大学期间，先生不仅专注于现代汉语语法的研究，还广泛涉猎了中国古代文学和音韵学等领域，全面吸收了这些学科的丰富知识。这种多领域的研究方法，不仅深化了他对现代汉语的理解，还为他的语言学研究提供了更为深厚的历史和文化背景。

总的来说，先生的学术之路是坚持与机遇相结合的典范。从一名对学术初无太大兴趣的学生，到成为汉语研究领域的专家，先生的经历展示了他在学术追求上的坚定和执着。通过不断积累的学术经验和深入的跨学科研究，他不仅为个人学术生涯打下了坚实基础，也为汉语教学和研究领域的发展做出了重要贡献。

4 两度赴北大深造

先生在东京大学读研究生期间，受到了当时著名汉学家平山久雄先生的指导。平山先生对他的学术发展非常关心，并经常鼓励他尽快取得学位，然后前往北京留学。先生非常争气，在获得硕士学位后，成功申请到中国

政府奖学金,并以高级进修生的身份前往北京大学进行为期两年的深造。"幸运的是,我的导师是现代汉语语法界的泰斗——朱德熙先生。朱先生当时担任北大的副校长,事务繁忙,每周只为中文系研究生上一次课。所以,在日常的学习和生活中,主要由陆俭明老师和马真老师负责指导和照顾我们(见图3)。当时,两位老师都非常年轻,比现在的我还要年轻。在我留学的那两年,也就是1986年到1988年,北京真的在变得越来越好,就像当时非常流行的歌曲《在希望的田野上》和《明天会更好》所传达的那样,大家都对美好未来充满了希望。那段时光也是我青春最美好的两年。"先生幸福地回忆道。

图3 1988年,去陆俭明先生(左一)和马真先生(左二)家做客

在北大期间,先生曾到朱先生家中登门拜访(见图4)。当时,由中川正之先生和木村英树先生翻译的朱先生的代表作之一《语法答问》日文版刚刚问世,先生受托将这本书亲手交给了朱先生。"这也是一个命运的安排吧。"先生说道。此外,先生还曾随朱先生赴广州参加了中国语言学会第四届年会(见图5),并在会上作了题为《副词修饰"是"字情况考察》的学术报告。这是先生第一次正式在学会上作报告,而且是用中文。"我在日本国内都没有参加过学会,当时非常紧张。"先生回忆道。这篇文章后来发表在了1989年第一期的《中国语文》上,成为了先生的学术处女作。

当时参会的日本学者还有日本著名汉学家内田庆市先生，那一年，内田先生正好在复旦大学中文系进修，并已晋升为副教授。"这个年龄段的老师才有机会去中国进修，所以我算很幸运，当时还是个硕士毕业生。"先生说道。

图 4 1987 年，拜访朱德熙先生家

图 5 1987 年，中国语言学会第四届年会代表合影

除了参加中国语言学会第四届年会，先生还出席了 1988 年 5 月在北京召开的第五次现代汉语语法学术讨论会。他用自己携带的录音机记录下了朱先生的报告，并将其视为珍宝，珍藏至今。可见，先生在北大深造期间，十分勤奋好学，表现出了对知识的渴求与专注。同时，先生还积极主

动地与中国人广泛交友,例如当时的语伴哈伟先生。哈伟先生于1978年考进北京大学中文系,1982年毕业后留校任教,并继续攻读研究生课程。如今,他在澳大利亚从事对外汉语教学与研究,继续发光发热。先生表示:"我跟哈伟现在还有联系。今年秋天要去澳大利亚,已经跟他约好见面。我每次去澳大利亚,肯定会见他。"除了语伴,先生还结识了如今活跃在学术第一线的知名学者,包括李宇明先生、崔希亮先生、张伯江先生、张敏先生、袁毓林先生、郭锐先生和金立鑫先生等(见图6)。这不仅展现了他广泛的学术交往,也反映出他开放与包容的精神。

图6 1987年,与李宇明先生(右一)、申小龙先生(右二)、张黎先生(左二)的合影

实际上,先生在北大中文系深造的两年并非他第一次踏足中国。早在读本科期间,他就已经两次前往中国。第一次是在大二的暑假,先生以中文学习者的身份赴华交流,见证了中日友好的开端(见图7)。当时,中国刚刚对外开放,作为较早的一批交流人员之一,这次中国之行给他留下了深刻的印象。"当时的民众非常淳朴,一看到我们这些外国人便会好奇地围上来。有人甚至会问我,'你戴的手表多少钱?'"先生回忆道。第二次是在大三的暑假,先生又得到了去北京语言学院(现在的北京语言大学)参加暑假短期汉语培训班的机会。"所以说,我在中国的第一所母校可以

说是北京语言学院。这段学习经历至今让我难以忘怀。因为那时我第一次真正在中国生活和学习,接触到的东西跟在课本上学的、老师讲的,有很多不一样的地方。在北京,我听到的是活生生的汉语,看到的是活生生的中国人……这些鲜活的记忆让我对北京产生了深厚的感情,北京也因此成了我的第二个故乡。"先生如是说道。

图 7 1979 年,参加第一次中文学习者友好访华团

在 2004 年至 2008 年期间,先生再次前往北大深造。尽管他当时已晋升为大阪外国语大学教授,并破例连任两届中国语教育学会会长,但他的求知热情依然不减。有一次与陆俭明先生见面时,他当面表达了希望在职攻读博士学位的想法。陆先生当即答应,并建议他前往北京参加博士课程入学考试。先生表现出色,顺利通过考试,随后在陆先生门下攻读博士学位。针对笔者"当时为什么会产生在职读博的想法?"的提问,先生回答道:"博士学位对我来说非常重要,我一定要在 50 岁之前实现这个梦想。因为在 20 多岁时,一直没有机会写博士论文,也没有迫切需要博士学位的要求。

当时，无论是做硕士生导师还是博士生导师，都没有这样的硬性规定。尽管我已经是大阪外国语大学的教授，但没有博士学位让我在担任博士生导师时感到缺乏自信。"由于先生并没有脱产攻读博士学位，他需要一边在大阪外国语大学教书，一边定期飞往北京上课以取得学分。

尤其是在最后一年2008年时，先生的日程非常繁忙。在2008年，先生受日本NHK电视台《看电视学中文》节目邀请，担任主讲人。当时的嘉宾（学生角色）是日本女演员小池荣子（见图8）。这档节目的前身是1967年开始的《中文会话》。从2008年度起，各语言讲座节目开始改革，与德语、法语、西班牙语、意大利语和韩语讲座一起进行调整，同时节目的标题也被更换为《看电视学中文》。作为调整后的第一任主讲人，先生的任务显然非常繁重。同时，他还需要完成博士论文。"那一年是我这辈子最忙的一年。"先生感慨道。

图8 2008年，编写的NHK《看电视学中文》
杂志封面，嘉宾为小池荣子女士

然而，凭借坚定的意志和不懈的努力，他最终顺利完成了题为《基于认知"凹凸转换"原则的现代汉语语法研究》的博士论文。这篇学位论文是在先生已有学术成果的基础上完成的，例如《有关"为"类词的认知解释》，这篇文章曾获得知名语言学家沈家煊先生的好评。此外，还包括《谈现象句与双宾语句的认知特点》《"跟"字的语义指向及其认知解释——起点指向和终点指向之间的认知转换》《外界事物的"显著性"与句中名词

的"有标性"——"出现、存在、消失"与"有界、无界"》《〈起点〉指向和〈终点〉指向的不对称性及其认知解释》《现代汉语感受谓语句的句法特点——"叫／让／使／令"字句和"为"字句之间的语态变换》等。这些文章都有很高的引用率,显示了先生的论文在中国语言学界已获得了相当高的评价。

在完成博士论文后,先生于 2008 年 6 月从大阪飞到北京参加答辩,得到了答辩委员会评委的一致认可,顺利通过了答辩。据先生回忆,当时北大中文系的老师都出席了答辩,答辩委员会包括崔希亮、袁毓林、郭锐、詹卫东、王洪君等先生(见图 9)。这庞大的阵容让先生感到非常紧张。他笑着自我调侃道:"崔希亮针对我的博士论文的英文摘要提意见,说我的英语太差了。"拿到博士学位后,先生在指导博士生时信心大增,培养了一大批青年翘楚,为促进汉语研究及其应用的国际化做出了杰出贡献。

由此可见,先生的两次赴北大深造经历深刻地塑造了他的学术生涯。第一次在 1986 年至 1988 年间,他在北大获得了严谨的学术训练,并通过亲身参与学术活动和与顶尖学者交流,为其后来的研究奠定了坚实的基础。第二次在 2004 年至 2008 年,尽管身兼多职,他仍坚持在职攻读博士学位,并完成了高质量的博士论文。这些经历不仅展示了他的学术坚持和深厚的

图 9 2008 年,完成博士论文答辩后的合影

研究能力，也彰显了他在中日学术交流中的重要角色。通过这些努力，先生不仅巩固了自己的学术地位，也为推动汉语研究的国际化做出了卓越贡献。

5 在日汉语教与研

我们常说"努力的人，运气都不会太差"。先生 1988 年在北大顺利结束留学生活回国后，恰逢大阪外国语大学中文系招聘，他幸运地获得了一个珍贵的机会，得以回到母校从事汉语教学工作。"我是 88 年 10 月 1 号起，以助教的身份开始教汉语。助教、讲师、副教授、正教授，到现在也有 30 多年的教龄了。"先生回忆道。刚参加工作时，先生不仅要适应从学生到老师的身份转变，还要兼顾家庭，因为在参加工作的第二年，他的大女儿出生了。此外，先生当时还接到大河内康宪先生和杉村博文先生的指令，负责编写一部汉语教材。"这部教材是在大女儿住院时，我在她的床边写的。"先生声音中带着些许哽咽说道。据先生透露，1992 年，他的大女儿被诊断出白血病，而同年 9 月，他的二女儿也出生了。那一年对先生来说是一个巨大的挑战。"多亏了现代医学的帮助，老大完全恢复了健康，上个月刚刚结婚。"先生露出欣慰的笑容说道。

尽管当时家庭的压力巨大，先生依然完成了教材编写的任务，『チャイニーズ・プライマー（Chinese Primer)』第一版于 1993 年由日本著名出版社东方书店出版（见图 10）。第一版分为上下两册，封面的颜色分别是红色和绿色。据先生回忆，当时畅销书村上春树的《挪威的森林》也是采用红绿搭配，先生希望自己的教材也能像那本书一样，成为一部畅销教材。这部教材于 2001 年推出了第二版，并一直作为大阪大学中文系的教材使用至今。除了这部经典之作之外，先生还陆续出版了『中国語の文法スーパーマニュアル（汉语语法超级手册)』和『新感覚！イメージでスッキリわかる中国語文法──文法の規則を覚える前にネイティブの感覚を身につけよう！（新感受！通过形象思维轻松掌握汉语语法──在记忆语法规则之前，先培养母语者的感觉！)』等教材。

图 10 1993 年，编写的『チャイニーズ・プライマー（Chinese Primer）』第一版出版

随着教学经验的不断积累，先生对在日本教授汉语的理解也愈发深入，并提出了"在外汉语教学"的概念。"从某种意义上来讲，我们并非'对外汉语教学'的老师，而是'在外汉语教学'的老师。更确切地说，我们是"在日汉语教学"的老师。因为'对外汉语教学'跟'在外汉语教学'是两个截然不同的概念，也代表了两种完全不同的教育系统。"先生解释道。在此概念的基础上，先生进一步思考，并提出了新的"三教"问题。"过去所谓的三教（jiào）问题，指的是教师、教材和教学法，这些都是名词。而我提出的三教（jiāo）问题，则是教什么、怎么教以及最重要的——为什么教。作为老师，我们当然要了解教什么和怎么教，但归根结底，最重要的应该是为什么教汉语。这个问题，不管是日本老师还是中国老师，都需要认真思考。我经常向老师们提出这个问题，希望他们能有自己的想法。每个人的回答可以不尽相同，但如果只是为了谋生，或者仅仅因为自己是中国人，这样的回答未免显得过于简单，或者对汉语教学的理解还不够深入。因此，站在'在外汉语教学'的角度上，面临的最大挑战就是'对外'和'在外'的区别。从事'对外'汉语教学的教师和'在外'汉语教师，在回答这个问题时的思考必然截然不同。而'在外'汉语教学的老师们对这一问题的思考，也将对未来'在外'汉语教学的发展起到至关重要的作用。"先生继续解释道。

此外，先生对"文化教学"也有独到的见解。"在对外国际中文教育中，文化教学是一个重要且常被提及的概念。然而，在'在日'汉语教学的语境下，文化教学的实际重要性并没有大家想象中那么突出。中国国内的一些老师可能会对我这一观点提出异议，但我也想提出一个问题：所谓'文

化教学"中的'文化'究竟是什么？我们应该如何进行这种'教学'？例如，剪纸常被视为典型的中国文化的一部分，并经常出现在'文化教学'中。然而，并非所有的中国人都会剪纸，也不是所有的地区都有剪纸文化。那么，剪纸所体现的'中国文化'含量究竟在哪里？我们的学生是否真的需要掌握这一技巧呢？因此，我提出'文化教学并没有那么重要'的观点，是基于'在日'汉语教学的背景。在这种情况下，我们更希望学生通过各种媒介，如电影、音乐、文学作品或话剧等，来丰富自己的汉语语言储备，了解与自己认知不同的中国知识，提升对异文化的理解与接受能力，并找到更多运用汉语的机会。我认为这些内容不应简单地归为'文化教学'，因为它们通常不包含直接的'教'与'学'的过程（很多日本学生的知识来源于课堂外），而且涉及的知识也很难统称为'中国文化'（近年来学生学习汉语的动机中，包括了"为了解自己喜欢的当代中国偶像"等情况）。学生在这一过程中进行的思考活动（如在了解中国知识后对自身文化的反思）也超越了单纯的'知识获取'。在这种情况下，我认为我们需要重新审视'文化教学'这一术语的含义，以便更好地将文化与语言教学结合起来。"先生如此解释道。他也一直积极践行他的理念，例如与学生共同翻译华语电影、组织电影字幕翻译讲座、将华语音乐的歌词融入课堂教学、并推动用汉语讲述日本"落语"（类似单口相声）活动等。这些努力不仅为学生提供了运用汉语的机会，还促进了中日文化的交流与融合。

在学术研究方面，先生始终坚持"用中文作报告、用中文写文章"的原则。在2023年由上海大学出版社出版的《国际中文教育研究论文写作案例与方法》一书中，他明确指出："非汉语母语者尽量多用中文书写论文。"这一原则与他两次在北大的留学经历密切相关。"如果没有在北大的两次留学经历，或许现在的我会完全不同。正因为有了这两次留学经历，让我明白了搞汉语研究是怎么一回事儿，就是用中文作报告、用中文写文章，这种实践经历为我提供了一种宝贵的感性认识。"先生说道。除了这一点，先生的坚持也与他"不甘坐井底之蛙"的精神密切相关。"从事学术研究的话，必须与学界的第一线保持联系。如果你打棒球，那么美国才是主流，最顶尖的选手都在那里。如果你想在国际上取得成功，就必须像大谷翔平

那样去美国挑战自己。"先生用了一个通俗易懂的比喻解释道。先生也一直在努力成为汉语界的"大谷翔平"。自第一篇处女作发表在《中国语文》上以来,他在《语言教学与研究》《世界汉语教学》《汉语学报》《汉语学习》等中国国内主流期刊上,陆续发表了多篇学术文章。此外,他还在 2010 年召开的第七届世界汉语教学学会理事会上成功当选为副会长,代表日本出任该职,并一直连任至今。在中国语言学界获得广泛认可后,先生频繁受邀在各大高校和学术会议上作报告和讲座,成为了往返于日本和中国之间的"空中飞人"。例如,他受邀在 2019 年国际中文教育大会开幕上发表主题演讲,指出"汉语有资格成为下一个国际语言"。这一观点在《光明日报》(2019 年 12 月 10 日 07 版)中得到了报道。

此外,先生还一直强调要将自己的母语作为研究汉语的"武器"。他说道:"外国人研究汉语时,他们的强项在于从外语的视角审视你们的母语。如果没有这种优势,我们恐怕难以超越母语者的研究。"同时,先生也不断强调课堂教学的重要性,认为课堂是研究问题的"聚宝盆"。他说道:"我们的研究问题意识都是来源于日常的课堂,能够解决这些问题,至少能对教学有所贡献。"他的这些研究思路在 2021 年由商务印书馆出版的《现代汉语认知语法与教学语法研究》一书中得到了充分体现。该书收录了他十八篇关于现代汉语语法认知研究及其教学应用的学术论文。他从二语教学的角度分析汉语,并结合外国学习者的视角,深入挖掘了母语者难以察觉的问题。通过运用认知语言学的思维方式,先生进行了细致而周密的研究,提出了许多具有创新性和普遍意义的结论。陆俭明先生在该书的序言中对先生给予了高度评价。他指出,作为一位外国学者,古川先生在汉语语法现象的观察与分析上达到了深入、细腻且精准的程度,而他的文字表达也极为流畅清晰,充分体现了其卓越的汉语研究能力与水平,以及深厚的汉语素养和全面的汉语综合能力。陆先生还特别提到,一些连母语者都未曾注意到的语法现象,古川先生却能够敏锐地发现并加以研究,这进一步展现了他的学术洞察力和研究功底。

总而言之,先生的学术旅程深刻体现了他对汉语研究的坚持和对教学的执着。他通过在北大的留学经历,确立了"用中文作报告、用中文写文章"的原则,这为他的研究奠定了坚实的基础。同时,他在学术界的持续

努力和广泛影响，以及对"在外汉语教学"概念和文化教学的独到见解，都展示了他在汉语教学和研究中的创新与贡献。先生不仅凭借自己丰富的研究和教学经验，为汉语教育的发展提供了宝贵的思路和实践，还通过个人的努力，成为了中日学术交流的重要桥梁。

6 荣休后的新计划

上面我们提到先生在 2008 年完成了一篇题为《基于认知"凹凸转换"原则的现代汉语语法研究》的博士论文，并因此获得博士学位。然而，这篇论文自完成以来一直未曾正式发表。荣休之后，先生心中首要的愿望便是将博士论文整理成书，并以专著的形式出版。据先生透露，已经有出版社同意出版他的博士论文。这意味着他的研究成果将很快以专著的形式与学术界和广大读者见面。

此外，先生还计划继续保持对学习的热情，探索一些未知的领域，比如学习中药知识和中国菜烹饪。"过去的中医研究大多数是通过日语翻译来进行的，但我可以直接通过汉语来研究，这是不是一条可行的道路？"先生一边指着书架上中医相关的书籍，一边如是说道。谈到烹饪时，先生骄傲地笑道："关于中国菜烹饪，这有点受我太太的影响。"先生的太太对中国菜颇有研究，多次在烹饪大赛中获奖，并出版了一本名为『料理で学ぶオイシイ中国語（通过烹饪学习"美味"的中文）』的教材。这些新领域的学习不仅会进一步丰富他的生活，同时也展示了他对中华文化的持续热爱和兴趣。

综上所述，先生在荣休后的新计划中，除了整理并出版他的博士论文，还计划深入探索中医知识和中国菜烹饪。他这些新计划不仅表明了他对学术研究的坚持，也体现了他在个人兴趣和文化探索上的广泛追求。

注

1) 本文原载于《国际中国文化研究》（2024 版），国文出版社。

（Huáng・Yǒng　浙江师范大学）

古川裕教授　業績目録

単著

1. 『中国語発音・形態編』，『中国語総合編』，東京外国語大学アジア・アフリカ言語文化研究所，1991 年 6 月。
2. 『チャイニーズ・プライマー vol.1』，『チャイニーズ・プライマー vol.2』，東方書店，1993 年 2 月，1993 年 8 月。
3. 『ヒアリング・チャイナナウ』，大阪外国語大学，1996 年。
4. 『離婚指南：別れのてびき』，蘇童原著，古川裕編注，東方書店中国現代小説系列，1997 年 1 月。
5. 『中国留学へのパスポート CD 版 HSK 対策 3〜5 級』，アルク，2001 年 9 月。（『HSK 対策』韓国語版，韓国時事日本語社，2002 年）。
6. 『チャイニーズ・プライマー New Edition』，東方書店，2001 年 3 月。
7. 『HSK《漢語水平考試》徹底対策 初中等』，アルク，2006 年 5 月。
8. 『テレビで中国語：イメージでつかむ中国語！』，日本放送出版協会，2008 年 4 月〜2009 年 3 月。
9. 『中国語の文法スーパーマニュアル—中国語の奥底を流れる超重要ルールがわかる』，アルク，2008 年 4 月。
10. 『新感覚！イメージでスッキリわかる中国語文法—文法の規則を覚える前にネイティブの感覚を身につけよう！』，アルク，2009 年 2 月。
11. 《现代汉语认知语法与教学语法研究》，商务印书馆，2021 年 3 月。

共著・共編

1. 『病院看護職員のための中国語』（胡士云・古川裕），（財）全国市町村振興協会・全国市町村国際文化研修所，1994 年。
2. 『公務員のための中国語』（胡士云・古川裕），（財）全国市町村振興協会・全国市町村国際文化研修所，1998 年。
3. 『消防職員のための中国語：消防队员用汉语会话教程』（胡士云・古川裕），（財）全国市町村研修財団，1994 年第 1 版，2005 年第 2 版，2016 年第 3 版。
4. 『白水社中国語辞典』，伊地智善継編，白水社，2002 年 2 月。
5. 『ポケットプログレッシブ中日・日中辞典』，武信彰・山田眞一・森宏子・古川裕編，小学館，2006 年 2 月。
6. 《日本现代汉语语法研究论文选》，张黎・古川裕・任鹰・下地早智子主编，

北京语言大学出版社，2007 年 9 月。

7. 『超級クラウン中日辞典』，松岡榮志主幹：費錦昌・古川裕・樋口靖・白井啓介・代田智明編著，三省堂，2008 年 2 月。

8. 《对日汉语语法教学法—怎样教日本人汉语语法》（黄晓颖・古川裕），北京语言大学出版社，2013 年 6 月。

監訳・翻訳

1. 『現代中国語総説』（原著：北京大学中文系现代汉语教研室《现代汉语》，商务印书馆，2003 年）松岡榮志・古川裕監訳，三省堂，2004 年 6 月。

2. 『ビジネス中国語単語パーフェクト 1400』（原著：张进凯・田胜泉《商务汉语考试词汇卡片Ⅱ》，外语教学与研究出版社，2008 年），古川裕監訳，三省堂，2012 年 4 月。

3. 『現代中国語 文法六講』（原著：沈家煊《语法六讲》，商务印书馆，2011 年），古川裕訳，日中言語文化出版社，2014 年 9 月。

4. 『胡同及びその他 − 言語学から見る「胡同」という言葉の由来と北京の街路名』（原著：张清常《胡同及其他（增订本）》，北京语言大学出版社，2004 年），語文研究社，2015 年 10 月。

5. 『日本語と華語の対訳で読む台湾原住民の神話と伝説 上巻・下巻』（原著：『台湾原住民的神話與傳說』，幸福綠光股份有限公司，2016 年），古川裕・林初梅監訳，三元社，2019 年 11 月。

6. 『中国語と中国語研究十五講』（原著：陆俭明・沈阳《汉语和汉语研究十五讲》，北京大学出版社，2016 年），古川裕監訳，葛婧・畢曉燕・中田聡美訳，東方書店，2021 年 6 月。

7. 『国際中国語教育中国語レベル等級基準』（原著：中外语言交流合作中心《国际中文教育中文水平等级标准》，2021 年），古川裕監訳，古川典代訳，アスク，2022 年 2 月。

8. 『国際中国語教師専門能力規準』（原著：中外语言交流合作中心《国际中文教师专业能力标准》，2022 年），アスク，2024 年 3 月。

9. 『基礎から学ぶ実用台湾華語 初級』（原著：《當代中文課程》第一冊，台灣師範大學國語教學中心，聯經出版事業股份有限公司，2015 年），日本語版監修古川裕，IBC パブリッシング，2024 年 10 月。

監修

1. 『話し放題中国語』（古川裕監修，卢华岩著），金星堂，2008 年 1 月。
2. 『話し放題中国語スリム版』（古川裕監修，卢华岩著），金星堂，2009 年 1 月。
3. 『アクション！開始！』（古川裕監修，鈴木慶夏著），朝日出版社，2016 年 2 月。
4. 『アクション！開始！2』（古川裕監修，鈴木慶夏著），朝日出版社，2017 年 2 月。
5. 『巨大中国の今：中級中国語ディベートへの招待』（古川裕監修，張恒悦著），朝日出版社，2019 年 1 月。

論文

1. 内容修飾語を承ける名詞の類，『中国語』1988 年 10 月号，大修館書店。
2. 副词修饰"是"字情况考察，《中国语文》1989 年第 1 期。
3. "的 s"字结构及其所能修饰的名词，《语言教学与研究》1989 年第 1 期。
4. 数量詞限定名詞句の認知文法，『大河内康憲教授退官記念中国語学論文集』，東方書店，1997 年 3 月。
5. 指称性词组和陈述性词组―状态形容词的名词修饰功能，《第五届国际汉语教学讨论会论文选》，北京语言文化大学出版社，1997 年 10 月。
6. 谈现象句与双宾语句的认知特点，《汉语学习》1997 年第 1 期；《汉语法特点面面观》，北京语言文化大学出版社，1999 年 3 月。
7. 现象句和双宾语的认知特点―"数＋量＋名"词组的出现条件，『日本語と中国語の対照研究』第 17 号，1997 年 3 月。
8. 移动事物的＜顕眼性＞與名詞的＜有標性＞―認知和語言的相關關係，《第五届世界華語文教学研討会論文集》，1997 年 12 月。
9. 日中作文コーパスにおける数量表現について，『日中作文コーパスの作成とその利用　論文とデータ』，国立国語研究所日本語教育センター，1999 年 3 月。
10. "跟"字的语义指向及其认知解释―起点指向和终点指向之间的认知转换，《第六届国际汉语教学讨论会论文选》，北京大学出版社，2000 年 9 月；《语言教学与研究》2000 年第 3 期。
11. 有关"为"类词的认知解释，《语法研究和探索（10）》，商务印书馆，2000 年 9 月。
12. 现代漢語疑問句的両個功能系統―表疑句式和提問句式，《第六届世界華語

436

文教学研討会論文集》，2000 年 12 月。

13. 在日本实施的汉语能力测试的若干问题，《对日汉语教学国际研讨会文集》，中国社会科学出版社，2001 年 1 月。

14. 外界事物的"显著性"与句中名词的"有标性"—"出现、存在、消失"与"有界、无界"，《当代语言学》2001 年第 4 期。

15. 〈起点〉指向和〈终点〉指向的不对称性及其认知解释，《世界汉语教学》2002 年第 3 期；《汉语语法研究的新拓展（一）》，浙江教育出版社，2002 年 12 月。

16. 现代汉语感受谓语句的句法特点—"叫／让／使／令"字句和"为"字句之间的语态变换，《语言教学与研究》2003 年第 2 期；《第七届国际汉语教学讨论会论文选》，北京大学出版社，2004 年。

17. 词法和句法之间的互动及其接口—以"可怕／怕人"和"好吃／难吃"等句法词为例，『現代中国語研究』第 5 期，朋友书店，2003 年 10 月；《汉语词汇·句法·语音的相互关联》，北京语言大学出版社，2007 年 4 月。

18. "怕"类词的句法功能及其扩展机制—"怕""害怕""可怕""哪怕""恐怕""怕是"等词语的内在联系，『平井勝利教授退官記念中国学·日本語学論文集』，白帝社，2004 年 3 月；《汉语语法研究的新拓展（二）》，浙江教育出版社，2005 年 2 月。

19. 现代汉语句法以及词法的认知语言学研究—以"凹凸转换原则"为例，《汉语研究与应用》第二辑，中国社会科学出版社，2004 年 7 月。

20. 对外汉语教学语法和汉语认知语法—"怎么教"和"怎么解释"，武汉大学《汉字、汉语、汉文化》，新世界出版社，2004 年 9 月。

21. 中国語の比較構文と程度副詞，月刊『言語』特集「比べる」2004 年 10 月号，大修館書店。

22. 现代汉语的中动态句式—语态变换的句法实现和词法实现，《汉语学报》2005 年第 2 期；《汉语被动表述问题研究新拓展》，华中师范大学出版社，2006 年 5 月。

23. 关于动词"来"和"去"选择的问卷调查报告，《汉语教学学刊》第 1 期，北京大学出版社，2005 年 7 月；《中华文化传播：任务与方法》，上海人民出版社，2008 年 10 月。

24. 关于"要"类词的认知解释—论"要"字由动词到连词的语法化途径，《世界汉语教学》2006 年第 1 期；《语言文字学》2006 年第 6 期，中国人民大学书报资料中心编复印报刊资料；《第八届国际汉语教学讨论会论文选》，高等

教育出版社，2007 年 4 月。

25. 助动词"要"的语义分化及其主观化和语法化，《对外汉语研究》第二期，2006 年 8 月；助动词"要"的语义分化及其主观化和语法化，《日本现代汉语语法研究论文选》，北京语言大学出版社，2007 年 9 月。

26. 中国語構文の認知的特徴，『EX ORIENTE』vol.13，大阪外国語大学言語社会学会，2006 年 4 月。

27. 日本汉语教育的现状与未来的课题，《第 8 届 韩中教育文化论坛－韩国外大BK21 新韩中文化战略事业团国际学术会议论文集"汉语教育的发展方向"》，韩国外国语大学校，2006 年 10 月。

28. 认知语言学研究在汉语语法教学上的应用价值，《21 世纪世界汉语教学理论与实践》，韩国淑明女子大学中文系，2006 年 12 月。

29. 日本"中國語"教育的現状及課題—兼論日本近十年來實施的大學入學考試中心"中國語"考試的回顧及其試題分析，《第八屆世界華語文教學研討會會議手冊》，2006 年 12 月。

30. 中国語らしさの認知言語学的分析—日本語から見える中国語の世界，『日中対照言語学研究論文集』，和泉書院，2007 年 3 月。

31. 高等学校における中国語教育に期待するもの—教員レベルでの高大連携を例として，日本私学教育研究所編『調査資料 = Research report of the EIPSJ』，2007 年 3 月；『中国関係論説資料第 50 号第 2 分冊（文学・語学）増刊』論説資料保存会，2010 年 1 月。

32. 关于日本全国统一高考"中国语"考试的反思，《世界汉语教学》2007 年第 3 期。

33. 有关"亏"字语义转换现象的语用—认知解释，『现代中国語研究』第 9 号，朋友书店，2007 年 10 月。

34. 中国語における新生語句の生成と転生の諸相—復古と外来の圧力下で，『日本語学』2007 年 11 月，明治書院。

35. 日本"中国语"教学的新面貌—中学汉语教学和大学汉语教学的衔接问题，《云南师范大学学报（对外汉语教学与研究版）》2008 年第 2 期；《中华文化传播：任务与方法》，上海人民出版社，2008 年 10 月。

36. 漢字簡化在對日漢語教學中起到的負面作用，《華文世界》第 102 期，華文世界雜誌社，2008 年 12 月。

37. 動詞由来型形容詞の意味と構造に関する日中対照研究－日本語「みにくい」と中国語"难过"を手がかりにして，《汉日理论语言学研究》学苑出版社，

2009 年 6 月。

38. "再"字 NP 作主语的"假单句",《汉语学习》2009 年第 5 期。

39. "变化"事件的两种认识及句式特点,《汉语学报》2009 年第 4 期。

40. 常用副詞"才"和"就"前後呼應句式的句法語意分析及其教學法,《第九届世界華語文教學研討會：語言分析(1)》,2009 年 12 月。

41. 日本汉字和中国汉字—兼论日本学生对汉字字体的困惑,《汉语教学学刊》第 5 辑,北京大学出版社,2009 年 12 月。

42. "我不想 VP"和"我不要 VP"—论第一人称主语句的否定意愿表现,《第九届国际汉语教学研讨会论文选》,高等教育出版社,2010 年 5 月。

43. "才 P 就 Q"句式的表达特点及其教学法,《汉语与汉语教学研究》創刊号,東方書店,2010 年 7 月。

44. 現代中国語の副詞呼応型"才 P 就 Q"構文について－日本語で対応する表現とその教育法,《日语学习与研究》2010 年第 4 期。

45. 日本"中国语"教学概况,《全球语境下的汉语教学》,学林出版社,2011 年 2 月。

46. 汉字文化圈内的"汉语文化"教学,《国际汉语》第一辑,中山大学出版社,2011 年 5 月。

47. 关于"要"类词的认知解释—论"要"字由动词到连词的语法化途径,《汉语主观性与主观化研究》,商务印书馆,2011 年 11 月。

48. 流行歌曲的歌词在课堂上的应用,《第十届国际汉语教学研讨会论文选》,万卷出版公司,2012 年 4 月。

49. 現代中国語における〈変化〉事象の捉えかたと構文特徵,『日中理論言語学の新展望 2：意味と構文』,くろしお出版,2012 年 4 月。

50. 现代汉语语法"认知凹凸转换理论"及其教学应用研究,《第十届全国语言学暑期高级讲习班学员手册》,复旦大学中文系,2012 年 7 月。

51. 现代汉语"起"类词的功能扩展机制及其感性教学,《汉语教学学刊》第 8 辑,北京大学出版社,2012 年 12 月。

52. 現代中国語における〈変化〉事象の捉えかたと構文特徵—〈断続的変化〉と〈連続的変化〉,《日语研究》第 8 辑,商务印书馆,2012 年 12 月;《日语研究论文精选》,商务印书馆,2019 年;『日中対照言語学研究論文集』第 2 卷,和泉書院,2024 年 2 月。

53. 现代汉语助动词"应该"的情态解读及其切换机制,《走向当代前沿科学的汉语语法研究》,商务印书馆,2013 年 5 月;『木村英樹教授還暦記念中国語

文法論叢』，白帝社，2013 年 5 月。

54. 日本語と中国語における〈流動〉及び〈流動物〉の認知特徴と言語表現，『現代中国語研究』第 15 期，朝日出版社，2013 年 10 月。

55. 從華語詞彙教學看中文修辭特點，『修辭學與國語文教學國際學術研討會論文集』，高雄師範大學國文學系，2013 年 12 月。

56. 汉语和日语〈流动（物）〉的认知特点及其表达特点，《汉语语言学日中学者论文集：纪念方经民教授逝世十周年》好文出版，2015 年 9 月。

57. 日本の大学生の中国語学習動機づけ―全国 6 言語アンケート調査に基づく量的分析，王松・古川裕・砂岡和子，『中国語教育』第 14 号，2016 年 3 月。

58. "左 VP 右 VP" 对举格式的语法化，王峰・古川裕，《汉语学习》2016 年第 6 期。

59. 词法和句法之间的互动及其接口，『杉村博文教授退休記念中国語学論文集』白帝社，2017 年 3 月。

60. 关于 "再好的演员" 一类词组，『楊凱栄教授還暦記念論文集』，朝日出版社，2017 年 7 月。

61. 擬製名詞句 "再好的演员" をめぐる日本語と中国語の対照研究，《汉日语言对比研究论丛》第 8 辑，华东理工大学，2017 年 8 月。

62. 动词前 "好" 字的语法化途径―兼论 "好 V" 型形容词的成立条件，《语言学研究的多元视野－庆祝史有为教授八十华诞文集》，商务印书馆国际有限公司，2017 年 8 月。

63. 汉语 "对举形式" 的语法特点及其教学对策，『現代中国語研究』第 19 期，朝日出版社，2017 年 10 月；《汉语语体语法新探》，上海中西书局，2018 年 12 月。

64. 基于日语母语者偏误分析的在日汉语语法教学，張恒悦・古川裕，『中国語教育』第 16 号，2018 年 3 月。

65. 日本学生汉字知识对汉语教学的功和罪，《汉字文化圈汉语教学与研究》，河内国家大学出版社，2018 年 12 月。

66. 语素因素对日语母语者汉语词汇习得影响研究，李冰・古川裕，《汉语学习》2020 年第 2 期。

67. A proposal for a pedagogical grammar syllabus in tertiary Chinese Language education in Japan, Keika Suzuki, Kaori Nishi, Yutaka Furukawa, Satomi Nakata, *In Frontiers of L2 Chinese Education: A Global Perspective*, Routledge, Sep 2021.

68. 非现实性视角下对"再 P 也 Q"句式的分析，申慧敏・古川裕《汉语副词研究论集》第 5 辑，上海三联书店，2021 年 9 月。

69. 关于在日汉语教学语法体系的几点思考，张恒悦・古川裕《汉语教学学刊》第 14 辑，北京大学出版社，2021 年 12 月。

70. 在外中文教育的新"三教问题"，《固本求新：国际汉语教学的新理念、新思路与新方法》，河内国家大学出版社，2023 年 2 月。

71. 近代以來日本"中國語"教學的歷程，《華語教學發展時空的移轉與匯集》，五南圖書出版公司，2023 年 6 月。

72. 外界事物的"显著性"与句中名词的"有标性"—"出现、存在、消失"与"有界、无界"，方法谈：非汉语母语者尽量多用中文书写论文，《国际中文教育研究论文写作：案例与方法》，上海大学出版社，2023 年 11 月。

73. 中国語における"对"の表現と文法特徴，『中国語教育』第 22 号，2024 年 3 月。

74. 日本汉语中介语语料库的建设与探索，《第七届汉语中介语语料库建设与应用国际学术讨论会论文选集》，张恒悦・古川裕，上海三联书店，2024 年 6 月。

75. 从汉语教学看无关联词语转折复句的形式特点，李丹芸・古川裕，《对外汉语研究》第 31 集，商务印书馆，2025 年 3 月。

その他

1. 禁止表現をめぐって，『中国語』1992 年 4 月号，内山書店。

2. 疑問表現をめぐって―コトの"疑い"とムードの"問いかけ"，『中国語』1992 年 5 月号，内山書店。

3. みせかけの疑問表現について―"明知故问"の語気詞"嘛"，『中国語』1992 年 6 月号，内山書店。

4. 否定疑問"不是…吗？"の表現意図，『中国語』1992 年 7 月号，内山書店。

5. 副詞"也"の接続機能―並立添加そして逆接譲歩，『中国語』1992 年 8 月号，内山書店。

6. 状態形容詞を含む名詞句の特性，『中国語』1994 年 9 月号，内山書店。

7. 中国語学：何を学ぶか，『蛍雪時代臨時増刊全国大学・学部・学科案内号』，旺文社，1997 年 3 月〜2024 年 3 月。

8. 中国語教育の現状と課題，『コンピュータ＆エデュケーション』Vol.3，柏書房，1997 年 11 月。

9. 世界の言語研究所（4）：中国社会科学院語言研究所（中国），『日本語科学 4』，

国立国語研究所，1998 年 10 月。

10. 世界の言語研究所（5）：語言文字応用研究所（中国），『日本語科学 5』，国立国語研究所，1999 年 4 月。

11. 認知言語学による中国語研究の新展開，『言語』〔リレー連載：海外言語学の最新動向⑤中国〕2000 年 5 月号，大修館書店。

12. 色彩語小辞典―色の名前と色の世界，『中国語』〔特集〕2001 年 3 月号，内山書店。

13. 現代中国音楽・歌曲からの誘惑，『トンシュエ』第 19 号，同学社，2000 年 1 月；『トンシュエ綜輯号』，同学社，2001 年 5 月。

14. 現代中国音楽とのコミュニケーション，『異文化コミュニケーションを学ぶ人のために』，世界思想社，2006 年 3 月。

15. 从日本国立大学的合并政策看人才培养，《外国人看中国教育》，高等教育出版社，2012 年 12 月。

16. コア・イメージをつかんで伸ばそう！中国語の語彙力，『決定版！中国語学習ガイドブック』，コスモピア，2013 年 2 月。

17. 多読のすすめ－中国語を読みこなす"眼力"養成講座，『たくさんキクヨム中国語』，コスモピア，2013 年 8 月。

18. 中国での日本語表記，『毎日新聞』中国媒体報告，2013 年 8 月 5 日。

19. 日本大学生汉语学习动机的调查研究，《世界汉语教学学会通讯》2013 年第 3 期，（砂冈和子・古川裕・王松），2013 年 10 月。

20. "本土化"和"相对化"，《国际汉语教学研究》第一期，北京语言大学出版社，2014 年 3 月。

21. 汉语的全球化和在外汉语教学的国际化，《世界汉语教学学会通讯》2014 年第 4 期，2014 年 12 月。

22. グローバル・チャイニーズへの期待と不安，『トンシュエ』第 48 号，同学社，2014 年 10 月。

23. 教学法与汉语教学―2017 年"汉语与汉语教学座谈会"（座谈会记录：刘元满・吴勇毅・阮黄英・古川裕），『漢語与漢語教学研究』第 8 号，東方書店，2017 年 7 月。

24. 新冠疫情下的"在日汉语教学"，《语言教学与研究》2020 年第 5 期。

25. 趣味は人生を彩り豊かに―兴趣爱好会让你的人生变得丰富多彩，『中国語の環』第 116 号，日本中国語検定協会，2021 年 1 月。

26. 在《国际中文教育中文水平等级标准》新书发布会暨国际学术研讨会上的致

辞，《国际汉语教学研究》2021 年第 2 期。

27. 日本の多文化・多言語環境下でのコミュニケーション，全国市町村国際文化研修所『国際文化研修』第 117 号，2022 年 10 月。

28. 日本中国語学会編『中国語学辞典』，執筆項目：「コンテクスト」「概念近接性の原則」「言語テスト」「時間順序原則」「譲渡不可能」「対外漢語教育」「統語的類像性」「隣接性の原理」「類像性の原理」，岩波書店，2022 年 10 月。

29. 中国語教育の「次の一手」，『トンシュエ』第 65 号，同学社，2023 年 3 月。

30. 大学における中国語教育の現状と課題（座談会：古川裕・丸尾誠・清原文代・中川裕三・阿部慎太郎・小川典子，司会：安倍悟）『中国 21：中国語教育の危機、そして展開』vol.58，東方書店，2023 年 3 月。

連載

1. 使って覚える中国語講座，全国市町村国際文化研修所『国際文化研修』第 13 号〜第 17 号，1996 年 10 月〜1997 年 10 月。

2. 中国語ウォーミングアップ講座，『中国語』1997 年 4 月号〜1998 年 3 月号，内山書店。

3. 中国語ブラッシュアップ＆パワーアップ講座：集中講義編，『中国語』1998 年 5 月号，内山書店。

4. 覚えて話す中国語講座，全国市町村国際文化研修所『国際文化研修』第 33 号〜第 38 号，2001 年 10 月〜2003 年 1 月。

5. システム中国語講座，『中国語ジャーナル』2004 年 4 月号〜2005 年 3 月号，アルク。

6. フルカワ老師の HSK 攻略道場，『中国語ジャーナル』2005 年 4 月号〜2006 年 3 月号，アルク。

7. HSK "聴力理解" 対策：めざせ！中国語リスニングの達人，『中国語ジャーナル』2006 年 4 月号〜2007 年 3 月号，アルク。

8. イメージでマスター：中国語発想術，『中国語ジャーナル』2007 年 4 月号〜2009 年 3 月号，アルク。

9. 続・イメージでマスター：中国語発想術，『中国語ジャーナル』2009 年 4 月号〜2010 年 3 月号，アルク。

10. HSK 新攻略，『中国語ジャーナル』2010 年 4 月号〜2013 年 3 月号，アルク。

11. 例文で説き（＝解き）ほぐす中国語文法，『中国語の環』第 117 号〜連載継続中，日本中国語検定協会，2021 年 4 月〜現在。

古川裕教授　業績目録　443

大阪アジアン映画祭 OAFF 上映字幕翻訳作品

1. 『一万年愛してる』（《愛你一萬年》，北村豊晴監督 2010 年作品，台湾，2011 年 3 月上映）。

2. 『ソード・アイデンティティ』（《倭寇的踪迹 The Sword Identity》，徐浩峰監督 2011 年作品，中国，2012 年 3 月上映，竹書房 DVD）。

3. 『離れられない』（《形影不离》，伍仕賢監督 2011 年作品，中国，2012 年 3 月上映）。

4. 『GF*BF』（《女朋友。男朋友》，楊雅喆監督 2012 年作品，台湾，2013 年 3 月上映）。

5. 『二重露光』，（《二次曝光》，李玉監督 2012 年作品，中国，2013 年 3 月上映）。

6. 『上から見る台湾』（《看見台湾》，齊柏林監督 2013 年作品，台湾，2014 年 3 月上映）。

7. 『逆転勝ち』（《逆轉勝》，孔文燕監督 2014 年作品，台湾，2015 年 3 月上映）。

8. 『ファイナルマスター・師父』（《師父》，徐浩峰監督 2015 年作品，中国，2016 年 3 月上映，竹書房 DVD）。

9. 『敗け犬の大いなる煩悩』（《令伯特煩悩》，鄭建国監督 2017 年作品，マレーシア，2017 年 3 月上映）。

10. 『大大ダイエット』（《大大哒》，周青元監督 2018 年作品，マレーシア，2018 年 3 月上映）。

11. 『悲しみより、もっと悲しい物語』（《比悲傷更悲傷的故事》，林孝謙監督 2018 年作品，台湾，2019 年 3 月上映，TC エンタテインメント DVD）。

12. 『大いなる餓え』（《大餓》，謝沛如監督 2019 年作品，台湾，2020 年 3 月上映）。

13. 『I 〜人に生まれて〜』（《生而為人》，倪曜監督 2021 年作品，台湾，2021 年 3 月上映，ライツキューブ DVD）。

14. 『宇宙探索編集部』（《宇宙探索编辑部》，孔大山監督 2021 年作品，中国，2022 年 3 月上映，ムヴィオラ DVD）。

15. 『黒の教育』（《黑的教育》，柯震東監督 2022 年作品，台湾，2023 年 3 月上映）。

16. 『トラブルガール』（《小曉》，靳家驊監督 2023 年作品，台湾，2024 年 3 月上映，ライツキューブ DVD）。

執筆者紹介 （掲載順）

毕　鸣飞	大阪大学・同志社大学非常勤講師
池田　晋	佛教大学文学部准教授
島村　典子	京都外国語大学外国語学部准教授
高　渊	南京信息工程大学文学院讲师
葛　婧	北方工业大学日语系副教授
吉田　泰謙	関西外国語大学英語国際学部教授
李　梓嫣	杭州电子科技大学人文艺术与数字媒体学院、法学院讲师
前田　真砂美	奈良女子大学研究院人文科学系准教授
任　鷹	神戸市外国語大学中国学科教授
森　宏子	流通科学大学商学部准教授
太田　匡亮	大阪大学・神戸大学非常勤講師
王　峰	関西外国語大学英語国際学部助教
王　枫	立命館アジア太平洋大学言語教育センター嘱託講師
袁　晓今	愛知県立大学外国語学部准教授
张　恒悦	早稲田大学文学学術院准教授
张　黎	大阪産業大学国際学部教授
章　天明	小樽商科大学言語センター教授
中田　聡美	大阪大学人文学研究科准教授
周　韧	北京大学中文系教授
郭　修静	大阪大学人文学研究科特任講師
黄　勇	浙江师范大学日语系讲师
李　光曦	大阪経済法科大学国際学部特任助教
李　佳	大阪大学人文学研究科特任講師
鈴木　慶夏	神奈川大学外国語学部教授
刘　文雯	北京工业大学外国语学院讲师
鲁　思含	辽宁大学国际教育学院讲师
西　香織	明治学院大学教養教育センター教授
小川　典子	愛知大学現代中国学部准教授

（2025 年 3 月現在）

古川裕教授榮退記念 **中国語学・教育研究論文集**

2025 年 3 月 7 日　印刷
2025 年 3 月 10 日　発行

　　編　者　　古川裕教授榮退記念 中国語学・教育研究論文集刊行会
　　発行者　　佐藤和幸
　　発行所　　白 帝 社

〒171-0014　東京都豊島区池袋 2-65-1
TEL 03-3986-3271　FAX 03-3986-3272
info@hakuteisha.co.jp　http://www.hakuteisha.co.jp/

組版・印刷　倉敷印刷㈱　　製本　㈱ティーケー出版印刷

© Furukawa Yutaka kyoju eitai kinen chugokugogaku・kyoiku kenkyu ronbunshu 2025
Printed in Japan 6914　ISBN 978-4-86398-599-5
造本には十分注意しておりますが落丁乱丁の際はお取り替えいたします。